新世纪高等学校教材

U0659556

教育管理专业系列教材

丛书主编　褚宏启

教育行政学

JIAOYU XINGZHENGXUE

刘淑兰　著

北京师范大学出版集团
BEIJING NORMAL UNIVERSITY PUBLISHING GROUP
北京师范大学出版社

图书在版编目（CIP）数据

教育行政学/刘淑兰著. —北京：北京师范大学出版社，
2013.11（2023.12 重印）
新世纪高等学校教材教育管理专业系列教材
ISBN 978-7-303-15805-8

Ⅰ. ①教… Ⅱ. ①刘… Ⅲ. ①教育行政－高等学校－教材
Ⅳ. ①G46

中国版本图书馆 CIP 数据核字（2012）第 285635 号

图书意见反馈： gaozhifk@bnupg.com 010-58805079
营销中心电话：010-58802755 58800035
北师大出版社教师教育分社微信公众号 京师教师教育

出版发行：北京师范大学出版社 www.bnupg.com
　　　　　北京市西城区新街口外大街 12-3 号
　　　　　邮政编码：100088
印　　刷：唐山玺诚印务有限公司
经　　销：全国新华书店
开　　本：730 mm×980 mm 1/16
印　　张：22.75
字　　数：322 千字
版　　次：2013 年 11 月第 1 版
印　　次：2023 年 12 月第 7 次印刷
定　　价：45.00

策划编辑：郭兴举　　　　　　责任编辑：刘松弢　郭兴举
美术编辑：陈　涛　焦　丽　　装帧设计：陈　涛　焦　丽
责任校对：陈　民　　　　　　责任印制：马　洁

教育管理专业系列教材

总序　什么样的教育管理知识最有价值？

　　编写这套教育管理专业系列教材，是出于一个非常朴素的目的——为读者提供最有价值的教育管理知识。

　　什么样的教育管理知识最有价值？标准有二：

　　其一，对个人是否有用？能否更好地满足个人需求？

　　对读者有用、满足读者需求是本套教材的生命线。本套教材主要有两类读者：一类读者是高校本科生和研究生，他们毕业后或者是继续深造或者是走向职场，本套教材对他们的用处在于为他们继续深造或者走向职场奠定扎实的知识基础。教育管理现象纷繁复杂，高校学生大多涉世不深，教育管理知识是对于教育管理现象的系统认识，本套教材将给予他们观察教育管理现象的理论视角和解决教育管理问题的方法技术，将赋予他们力量、智慧和勇气，当他们面对教育管理的实践问题和理论问题时，不再手足无措，一筹莫展。为学生的未来做充分的知识准备，是这套教材的使命之一。

　　另一类读者是广大教育管理实际工作者。他们中的多数在职前基本没有受过系统的教育管理知识的科班训练，但是在实践中积累了丰富的管理经验，这个群体不缺经验，缺的是对于教育管理的系统的、有深度的理性认识。本套教材将给予这个实践群体一双理性的眼睛，使他们走出经验型管理的老路，踏上理性化管理的坦途，让他们的管理实践更具科学性。为实际工作者当下的管理实践提供有力的智力支持，是这套教材的使命之二。

　　教育管理知识对于读者的作用不止于此。本套教材提供的管理理论、方法和技术，同样有助于对于个人和家庭的战略管理、目标管理、财务管理、时间管理等，这些知识会让你更上一层楼，一览众山小，会让你有一个更富智慧、更有效率、更加成功的人生。让读者学会管理自我、创造更美好人生，是这套教材的使命之三。

其二，对社会是否有用？对教育是否有用？能否更好地满足社会需求、满足教育改革与发展的需求？

教育管理知识是有灵魂的，是有强烈的入世精神的。知识是手段，管理也是手段，教育管理和教育管理知识都是为教育发展、人的发展、社会发展服务的。教育管理的根本目的在于促进人的公平发展、全面发展、个性发展和自主发展，在于促进社会的全面进步。我们所需要的、这套教材所提供的，不是观念滞后、价值陈腐的教育管理知识，而是现代精神所统摄的、充满社会责任感的教育管理知识。我们要兴办的是现代教育，我们要培养的是现代人，我们要建设的是现代国家，因此，我们需要的是现代教育管理，我们要提供的是有助于兴办现代教育、培养现代人、建设现代国家的教育管理知识。

现代精神的本质是人道精神、科学精神、民主精神、法治精神。现代精神是本套教材的价值追求。

教育以育人为本。教育应该让人更幸福，让人更有尊严。教育管理不只是约束人，更要发展人、解放人。陶行知先生自问自答：中国要到什么时候才能翻身？要等到人命贵于财富，人命贵于机器，人命贵于权位，人命贵于一切。只有等到那时，中国才站得起来！诚哉斯言。人有穷人与富人之分，教育应该更多地为穷人服务还是为富人服务？在教育资源的份额中穷人获得的有多少？是谁在占据着优质的教育资源？教育是否在复制甚至强化社会的不平等？我们需要能够有效促进教育公平和社会公正的教育管理（包括政策和制度），教育和教育管理不能势利，不应该摧眉折腰事权贵，越是穷人就越是需要受到关注，须知"野百合也有春天"。

教育管理不能见物不见人、见钱不见人、见权不见人，也不能见"分"不见人。为考而学而教而管，误民误国，伤了学生的元气，也伤了中华民族的元气。学生不仅高分低能，而且身体素质与心理素质也问题多多，可持续发展能力差。学生千人一面，没有个性。学生的学习、成长、发展是被学习、被成长、被发展，他们没有自主的时间和自由的空间，而没有自主和自由，何谈创新？教育管理需要有更强的人道精神，为学生的一生幸福着想，为学生的可持续发展着想，促进学生的全面发展、个性发展、自主发展。

　　我国封建历史很长，传统管理文化中的现代精神并不丰沛，当前管理现实中的现代精神亟待充实，包括教育管理在内的各级各类行政与管理依然存在不少问题，有些问题盘根错节，甚至积重难返。管理落后是制约中国社会发展和教育发展的关键因素。管理中的非人道化、功利化、随意性、情绪化、一言堂、腐败等现象并不鲜见。对于这些问题，每位读者多多少少都会有些亲身体会，有人深感个人能力菲薄，对改变现状无能为力，以致悲观失望。

　　我认为大可不必。知识的力量就在于能让人从消沉、无助、失望的状态中解脱出来，让你冷静、敏锐、理智地看到问题的症结，从而找到解决问题的策略和方法。不要小看个人的力量，不要轻视知识的力量。当你认为知识无用时，那是因为你还没有找到真正的知识；当你认为自己对于改变现状无能为力时，那是因为你还没有掌握真正的知识。我们每一个人、每一位读者都是有力量的，我们坚信，无数次小的改变，会带来大的变革。管理的真正变革是非常艰难的，但我们所做的事情越是具有挑战性，越是艰难，就越有价值。人生的光荣与梦想、高贵与尊严，就体现在这种对艰难的征服中、对信念的坚守中。这种决绝的追求，虽败犹荣。我们直面甚至欢迎各种问题，正是这些问题的存在让我们有了用武之地，我们不随波逐流，不怨天尤人，不悲观失望，我们尽个人之力改变现状，我们有热情和激情，但我们不莽撞、不随意、不轻狂，因为我们有必要的知识储备和理性思考，更重要的，我们有深藏在知识之后的、知识内化后所生成的教养和信念。真正有教养的人做管理，管理必定是人道而美丽的，不会是简单粗暴的，更不会是丑陋丑恶的。

　　我们每一个人有力量让我们的教育管理、我们的教育、我们的社会更富现代精神，亦即更富人道精神、科学精神、民主精神和法治精神。至少，当我们自己个人在实践这些精神时，世界就已经与前不同。这套教材无疑提供给读者的是知识，但更重要的，我希望每一位读者都能在此基础上，窥见知识背后的价值取向，形成现代精神，进而以之改变社会人生。

　　因此，这套教材除为读者未来的学习或者就业做准备、为读者当下的管理实践提供智力支持、为读者学会管理自我提供帮助外，其最重要的使命是：以知识的力量改造我们的教育管理，改造我们的教育，改造我们的社会。我们的教育管理、教育、社会都需要现代精神的滋润和洗礼。教育管理知识应该有责任、有担当甚至有血性！铁肩担道义，妙手著文章。我们不仅需要描述和解释这个世界，我们更需要改造这个世界。我希望这套教材有朝气、有正气、有豪气，给教育管理知识的传播带来阵阵清新之风，带来教育管理的新思想，思想如风，春风又绿江南岸，正是种种新思想给我们的教育、我们的社会带来生机和活力，改变着我们的教育和社会。

基于以上思考和设想，我们组织力量对于本套教材的编写进行了总体设计。本套教材所提供的教育管理知识具有如下特色：

第一，实用性。本套教材以向读者提供最有用的教育管理知识作为首要目标。面向读者的个人需求、教育管理改革的社会需求来把握教材内容的深度和方向，以满足国内高校教育管理专业（或公共事业管理专业）的本科生、教育经济与管理专业的研究生以及教育管理培训的教学需求。教育管理领域已经积累了大量的知识，我们要求每一位作者精心筛选最有价值的基础性知识，作为教材的基本素材。同时，在编写体例上，设置更为科学、更符合教学要求的体例，如加入"本章学习目标""本章精要""案例分析"等，既不影响教材的严谨性，又有利于师生的教与学；既有利于提升学习者的理性思维能力，也有利于提升其应用能力与实践能力。

第二，系统性。本套教材是目前国内种类最齐全、最具规模、内容最新的教育管理专业系列教材，基本涵盖了教育管理的主要知识领域，能为读者全面认识教育管理现象提供系统的智力支持。本套教材共有 14 本，包括《教育管理学教程》《教育政策学》《教育法学》《教育行政学》《教育督导学》《教育评价学》《学校管理学》《教育组织行为学》《教育领导学》《教育人力资源管理》《教育经济学》《教育政治学》《中外教育管理史》《教育管理研究方法》。

第三，新颖性。教育管理知识增长迅速，各分支学科皆有不少成果问世，理论分析框架和研究方法不断创新，本套教材力求反映国内外教育管理研究的最新成果，力求反映国内外教育管理实践的最新进展，体现教育改革与发展对于教育管理知识的时代要求，让读者站在教育管理研究与实践的前沿思考教育管理问题。

第四，权威性。这套教材的编写是一项浩大的知识工程，非一人或一校所能为，须全国教育管理知识精英鼎力协作方能完成。本套教材共有全国几十家高校的专家学者参与编写，其中多数教材每一本就有十余家高校共同合作完成，这种组织方式突破了一个人、一个学校、一个区域的局限，可以博采众长。这套教材编写的具体组织工作由北京师范大学教育管理学院承担，该学院是我国第一个教育管理学院，由顾明远先生于 1985 年创建并任第一任院长，2004 年我有幸成为第二任院长。长期以来，学院一直致力于教育管理学术研究，有较好的学术积淀，该学院所依托的学科是教育经济与管理学科，目前我国只有北京师范大学和北京大学的教育经济与管理学科是国家重点学科。由这个学院担任组织工作，并集结全国之力编撰这套教材，教材的品质和权威性是有保障的。

这套教材的出版是我国学界建立教育管理学科体系的进一步尝试，是促进教育管理知识体系化的又一次努力。随着教育管理实践与研究的不断发展，教育管理教材的内容也应该不断升级换代，本套教材也需要不断修订完善。欢迎广大读者提出富有建设性的意见。

感谢每一位作者的智力贡献，感谢北京师范大学出版社的大力支持！我们来自五湖四海，之所以走到一起是为了一个共同的目标：筛选、梳理出最有价值的教育管理知识，搭建一个开放并持续改进的知识平台，引导教育管理的教学、培训与研究向纵深发展，进而改善我国教育管理的知识状况，提高我国教育管理的实践水准。

褚宏启

前　言

教育行政这一概念在实际使用中有广义和狭义之分。广义的是指教育工作的管理和组织领导，包括各级教育行政机关和各级各类学校的管理工作，也被称为教育管理。狭义的是专指各级教育行政机关对教育事业的管理与领导，也被称为宏观教育管理。与此相对应，把对一所学校内部工作的管理与领导，称之为微观教育管理。本教材《教育行政学概论》是在狭义的教育行政意义上进行研究和学习的。因此，其内容是以各级教育行政机关对教育事业的管理与领导活动为研究对象，探讨作为整个教育事业管理主体的国家教育行政机构对各级各类学校（教育机构）进行管理与领导活动的规律。

在内容体系上，本书设 12 章，分别为：绪论、教育行政体制、教育行政组织、教育制度、教育课程行政、学校与社区、教育人事行政、教育财政、教育计划、教育法规、教育督导和教育信息管理。依据教育行政活动构成因素划分，可把以上 12 章内容分为三个部分：第一部分是对教育行政主体的论述与探讨，主要包括教育行政体制、教育行政组织与教育行政机关工作人员；第二部分是对教育行政的对象或称为内容的论述及探讨，包括教育制度、学校与社区、教育财政、教育人事行政、教育课程行政、教育信息管理；第三部分是对教育行政的手段或渠道的论述与探讨，包括教育法规、教育计划、教育督导。这样划分不是绝对的，也就是说，三个部分的内容既相对独立又有联系与交叉。例如，地方教育行政机关既是地方教育工作的管理主体又是中央教育行政机关的管理对象，教育法规、教育计划既是教育行政的手段也可以称它为教育行政的内容对象，又如教育信息既是行政管理的对象又是行政管理的工具。

在内容资料的选择组织过程中，我们力求将历史资料与现实新资料、新研究成果结合起来，力求既反映国外的有关新理论、新情况，又反映国内的教育行政改革的新动向、新举措，力求做到既注重理论阐述又注意实际运用。

但必须要在此加以明确说明的是，本教材冠名为《教育行政学》的主旨，在于表明本教材的内容主要集中在阐述教育行政的一些基本概念、理论、原则与方法，并不能就每一部分做极其深入细致的展开性探讨。事实上，随着教育行政理论与实践的发展，无论在国外，还是在国内，教育行政研究中的诸多领域问题，已得到教育行政管理理论研究人员与实际工作者的极大关注与系统深入的探讨，正逐步从教育行政学中分离出来，形成一个个相对独立的研究领域，如：教育法、教育预测与计划、教育督导与评价、教育财政、教育人力资源开发等。因此，有兴趣或有志向于教育行政理论与实践问题研究的同志，可以在学习教育行政理论的基础上，去阅读和学习以上这些新的分支交叉学科的研究成果。本门课的学习应该是一种基础性的学习，每一位学习者应该清楚地认识这一点，把对这门课的学习期望放到一个恰当的水平上。

最后，就中国教育行政理论与实践的发展与研究现状而言，与世界范围的发展水平相比，我们起步较晚，但进展很快。特别是改革开放以来，我们基本确立起了这门学科的知识体系。但是，从整体的历史发展角度看，它仍然是年轻的发展中的学科，尚有诸多的理论与实践问题需要深入探讨。特别是限于作者的能力，本书会存在诸多缺失与问题，敬请读者批评指正。

本书在编写中引用了许多中外学者与实践者的大量研究成果，作者在此表示感谢！

目 录

1

第一章 绪 论

第一节 行政与教育行政的概念

一、行政的概念

(一)行政的定义及属性

行政一词源于拉丁文"administrare"意为治理、管理和事务执行，是相对于"政治"这一概念而产生的。西方早期的行政学者认为"在一切政治制度中只有两种基本功能，即国家意志的表现和国家意志的执行，而政治是国家意志的表现，行政是国家意志的执行"。这样，行政就被理解为国家管理的全部活动，也就是"政府官员推行政府功能的活动"。人们把这种对行政的解释称之为广义的行政。应该说这是从"政治"角度对行政观察的结果。随着西方资本主义国家立法、行政、司法三权分立学说的流行，有的学者从"三权分立"的观点出发，将行政解释为除立法、司法以外的政务，那么行政就是政府组织中行政部门的事务。这是从政府的组织角度来论及行政的，人们把这种解释称为狭义的行政。

(二)行政管理

在行政问题的研究和实践活动中，有"行政管理"概念的使用，有的研究追究了其来源，认为是由于现代生产技术的发展，在组织生产的过程中形成的"科学管理"的理论和方法，逐渐被引入到国家行政管理活动中。因此，"行政"的含义又被人们从管理的角度去加以解释，即行政是通过运用组织、领导、计划、人事、协调、监督与财务等手段，有效地处理政务或处理公务的活动。这种解释从根本上讲是将行政作为管理活动来加以规定的。

1

从行政的产生来看，它是从社会管理中演化出来的，是社会管理的一个领域，是行使国家权力的管理活动。日本的《教育行政过程论》一书指出："行政学从本质上讲可以说是作为管理理论来加以规定的，至少从其发展的历史来看，其基本结构就是行政管理学，至今这个框架仍然没有失去，特别是代表现代行政学的美国行政学，这种倾向是非常明显的。因此，现代行政学的建立是为科学的管理理论压倒优势的影响所支配的。行政管理的研究课题，首先就是行政效率的提高问题。"①这便是我们今天常常看到的行政管理一词的来源。

从以上的解释出发，行政与行政管理的内涵没有什么根本的区别，只是行政管理代表了现代行政理论上的发展，突出了科学管理理论的引进，强调行政工作的科学化、合理化、效率化。这也是人们把行政学看做是管理学的一个分支的原因。行政是一种管理活动的观点，突破了仅仅从政治角度去界定行政的做法，突破了只强调行政活动的权力作用，而忽视权力机关或者行政组织在实现其目标的程序与手段的科学化、合理化、效率化的观念和做法。应该说，这是行政理论发展的表现。当然，在实际使用上，或者说在英文语义中，"行政"与"管理"二词虽含义相近，但仍有区别。通常人们将较高层次的管理称之为行政，主要包括规划、决策、指导、组织、协调等活动；将较低层次的管理活动称之为管理，指事务处理，主要包括执行任务的技术、方法和程序等；同时将二者统称为行政管理。这种使用上的区别是应该引起我们注意的。总之，人们把从管理角度对行政的解释称之为最广义的行政概念。

以上对行政概念的不同解释，并不会给我们对行政的理解带来什么混乱，反而有助于我们从不同的角度来观察认识行政活动。因此不必强求划一。但现代国家一般把行政表述为"国家事务的管理"，这是对行政活动的基本把握。在中国，多数学者从我国的实际情况出发，将行政定义为行使国家权力从事国家管理的活动。可以说这是对行政最简单的解释，就其实质而言，它是国家统治权产生作用的一种，其属性主要有：第一，行政必须属国家；第二，行政的权限由法律规定；第三，行政必须依据法规；第

---

① ［日］伊藤和衛编著：《教育行政过程论》，241页，东京，第一法规出版，1977。

四，行政必须是处理公务；第五，行政必须以维护和推进公共利益为目的。

二、教育行政的概念

从以上对行政含义的多种理解中，我们可以看到行政是一种多元的社会现象或职能。那么作为行政的一个方面的教育行政，也具有同样的特点，因此，对教育行政的解释也是多种多样的。既有从字义出发的理解，也有从管理理论出发的理解，还有从管理过程理论、社会系统理论、行政行为理论等出发的理解。这些理解是从不同的角度观察教育行政活动的，在解释中各自强调了不同的侧面，这对我们全面把握教育行政活动大有益处。但是，我们以为在阐述教育行政的概念时，最根本的是要突出教育行政的本质特征。所谓事物的本质特征是指事物的根本性质，也就是一个事物区别于其他事物的质的特性。**在中国，一般把教育行政的概念表述为国家各级教育行政机构对教育事业的管理，即从事贯彻教育方针、推行教育法令、拟定教育规章、编制教育计划、分配教育经费、任用教育人员、指导考核所属机构及人员，实现计划、组织、决策、沟通、指导、协调等职能活动的统称。**

对教育行政概念在这里需要强调说明两点：

第一，教育行政是国家行政的一个部分，其根本特征是与国家政权联系在一起的，它是国家各级教育行政机构存在和活动的主要方式。可以说，有国家教育行政组织就有教育行政。教育行政组织所拥有的管理权是由国家法律规定的。

第二，这种表述是指严格意义上的或者说狭义的教育行政，即指国家各级教育行政机构对教育事业的宏观管理，不包括学校管理。教育行政与学校管理虽然有着密切的联系，但又有所不同。教育行政以各级各类学校为活动对象，其主要任务是指定各级各类教育发展的规划，调整教育结构及布局，研究解决各级各类学校带有共同性、普遍性的问题，为学校管理制定政策与标准。其突出的行为特点是运用国家权力，通过学校领导来推行教育方针、政策、法令。学校管理则以学校内部的各种因素即人、财、物及各种因素相互联系所形成的各种活动为管理客体。其主要任务是对学校内部的学生、教师、财务工作，特别是教育、教学活动进行组织、协调与控制。其行为特点是在学校的各种活动中具体贯彻落实教育方针、政策和法令。

三、教育行政的作用①

(一)教育行政的作用

教育行政的作用是指教育行政主体对于教育行政客体的作用。一般来说，行政作用只有在行政主体和行政客体相联系时才能成立。也就是说，行政作用是通过行政主体与行政客体的连接形态、方式来体现的。教育行政主体对行政客体的作用可分为权力方面的限制作用和非权力方面的助成作用，这两种作用的具体存在形态是支配(领导)、协助、促进援助、管理经营。对教育行政作用的研究首先就是要以上边的这些问题为内容，这是教育行政作用本身的问题。

我们已有一些文章探讨了教育行政的作用问题，但其研究的角度多集中在：第一，从教育行政客体的发展与要求出发，阐明教育行政活动在各级各类教育发展中的促进作用、保证作用以及实现国家经济和社会发展对教育需求的满足作用。第二，从教育行政的职能或任务出发，论述了教育行政活动可以使教育行政客体的教育系统内部的各级各类学校教育上下衔接、相互配合，按计划、按比例的发展；使各级各类教育经费得到合理分配，人力、物力得到合理调配；可以使各级各类学校教育的目标及发展总体目标得到实现。以上这些研究严格地讲，不是对教育行政作用本身的研究，而是对教育行政作用结果的阐发。

(二)教育行政的主客体、教育行政作用的限制与促进及其特点

1. 教育行政的主客体

教育行政的主体主要是指各级教育行政组织(机构)及其成员。在我国就是指中央教育行政机构及其成员、地方各级(包括省、市、县、乡镇)教育行政机构及其成员。

教育行政客体是指教育行政主体的对方或者说进入教育行政主体活动

---

① 参见[日]名和宏彦：《教育行政学》(第4版)，17～23页，东京，福村出版株式会社，1982。

领域的组织、人、事与物。主要包括各级各类学校和社会教育设施及儿童、学生、教职员，其中包括构成学校教育活动的人、财、物等因素。

教育行政主体与客体的区分不是绝对的，而是相对的，就是说有时主体也可以成为客体。比如，中央教育行政部门对地方教育行政部门进行指导或提出要求时，地方教育行政机构就成了教育行政的客体。应该说在教育行政组织的层级系统中，某一层级的教育行政组织对上是教育行政客体，对下又成为教育行政的主体了。

2. 教育行政作用的限制与促进

从教育行政主体行为与行政权力的关系，可以把教育行政作用分为权力的限制作用与非权力的助成作用。权力的限制作用是指行政主体根据法律、法规、政策等规定对教育行政客体行为的限制或对行政客体赋予一定的义务。其主要表现形态即支配。助成作用是指教育行政主体对行政客体给予专业上的指导、建议以及经费上的援助，这样一些活动一般是非权力性的。

支配也可以称为指挥、控制。这是行政活动中限制作用的主要存在形态。具体讲是指教育行政主体对教育行政客体保持有一定权力关系而实施的作用，也就是行政主体与行政客体的权力性的支配与服从关系。这方面被看做是最本质的行政作用。例如，国家教育行政机构对于地方教育行政机构及其办学团体给予的办教育的许可或限制；教育行政主体对于行政客体的国民赋予接受一定年限教育的义务或解除这种义务的权利。在不同国家，由于教育行政体制的不同，这种权力支配作用的范围和强度是不同的。

在我国通常把这种支配作用称为领导。我们认为不管在什么体制下的教育行政领导都是反映领导与被领导之间的支配与被支配（服从）的关系，不同的是领导统一意志所代表的物质利益不同。我们特别强调教育行政领导中的领导活动，强调对行政客体行为的率领、引导等原则性的约束。

助成作用，通常以专业指导、建议、援助的方式实现。也就是说教育行政主体为了鼓励、援助教育行政客体的各种教育活动，对他们的活动给予专业上的指导、建议以及经费上的援助。这种作用，是以不妨碍教育行政客体的自主性为前提的，目的是促进教育活动的有效实施，因此这些作用多不是强制性的，所以在这个意义上我们说助成作用是一种非权力性的作用。但从维护教育行政客体的自主性立场上讲，可以说也是一种干涉或一种制约，因此在许多国家对教育行政主体的指导、建议、援助行为的范围等也做一些规定，当然这与为实现教育行政主体的限制作用所需的权限的各类规定是不同的。

除了以上两种作用外，还有以设置、管理为形态的教育行政作用。具体讲就是指一般国家为了实现国民教育事业的发展积极地发展、维持、管理本国大规模的教育事业，在多数国家中，中央与地方各级教育行政主体设置了小学、中学、特殊教育学校、大学、成人教育学校等，并对这些机构进行维持运作，除此之外还有图书馆、青少年之家、体育设施等社会教育设施等的设置与运作维持，实际上这些是教育行政主体所进行教育行政行为的主要构成部分。必须指出，这里讲的国家或地方政府对学校与教育机构的设置与管理活动与学校法人所进行的学校经营管理活动是有本质区别的。

3. 教育行政作用的特点

从教育行政主体的对方——行政客体来看，教育行政是以公共教育为中心的活动，也就是以支配、指导建议、援助等方法来参与组织学校教育和社会教育，特别是为了成长中的一代，维持各阶段教育的运作，保证一定的教育发展水平，保障受教育者的受教育权利，这些可以说是形成教育行政行为的核心部分，换句话说教育行政的核心部分是教育行政主体对各级各类学校教育的管理。

从教育行政作用的本身性质看，最本质的作用就是权力性的限制作用，但由于教育行政有别于一般行政，即这种限制作用在教育行政领域中是比较少的，这主要是由教育活动的特点所决定的，教育是培养人的活动，是使受教育者身心得到发展的活动，而人的身心发展是有其自身规律的。所以教育行政的发展趋势是越来越重视其助成作用的发挥。

从教育行政的目的或结果来看，教育行政就是为实现国家的教育目标并为实现这一目标创造条件，筹措调配人力、物力、财力。多数国家都标榜教育行政的主要目标是保障国民受教育的权利，因为受教育者的权利是被看做人的生活、生存权利的一部分。

第二节 教育行政与教育行政学的产生与发展

一、教育行政与教育行政学的产生

教育行政是政府的职能，是国家行政的重要组成部分，是国家通过政府的教育行政部门对教育事业进行组织、领导与管理。

教育行政的产生，是同近代工业生产联系在一起的，是与近代教育发展的需要分不开的，也可以说是近代教育组织化、制度化的产物。从世界范围看，进入 19 世纪，一些主要工业国家在竞争和扩张中逐步认识到教育的作用，认识到只有提高劳动者的文化素质，才能创造更多的剩余价值，于是提出普及义务教育，建立公立学校，从国家财政中拨款给教育，强调国家要干预与控制教育。例如，在 1833 年以前，英国的教育是由私人慈善团体和教会经营的。随着工业革命的兴起和人口出生高峰的到来，人民与政府对教育提出了更高的要求，政府决定从国家财政中拨款资助宗教与社会慈善团体办学。之后，又实施了"尽可能多的支付援助金制度"。1871年，英国通过了初等义务教育法，1902 年又通过了中等义务教育法。这样，学校的数量不断增加，规模不断扩大，教学内容更加丰富，教学方法更加多样化。这些教育的发展，使得教育行政事务日益繁杂，建立相应的教育行政组织和教育行政制度化的需求凸显出来。例如，1828 年法国设立了教育部；1871 年日本创建了文部省，其主要职责就是"总管教育事务，管理大中小学"。

教育行政实践的出现，要求并催生了教育行政学的诞生。

对于教育行政学何时建立，何地诞生，学者们的看法大致可分为两种：其一是形成于 19 世纪后半期的德国，代表人物是著名的行政学家、法学家施泰因（L. V. Stein），他的教育行政观点集中在 1868 年著述的《行政学》和1884 年出版的《行政》两书中；其二是形成于 20 世纪初的美国，代表人物是达顿（Dutton）和斯奈登（Snedden），作为标志的是这两人在 1908 年合著的《美国教育行政》一书出版。以上两种观点都基于一定的事实及合理的分析，因此，我们可以说，教育行政学形成于 19 世纪末 20 世纪初。教育行政学的产生，不仅是对教育行政实践需求的回应，也是当时企业管理理论、行政学、法学、社会学等理论发展的推动的结果。

二、教育行政学的发展

现代教育行政学在发展过程中，吸收了其他理论的营养，如行政学、管理学、法学、社会学、心理学等。其中行政学和管理学理论对教育行政理论的发展影响最大，构成教育行政理论的两大理论渊源。20世纪以来，形成了教育行政管理学的种种流派。主要有大陆派的教育行政管理理论和以美国为中心的职能主义管理理论，20世纪60年代以来，这两种理论有逐渐接近、融合的趋势。下面分别概述这两种理论：

（一）大陆派的教育行政管理理论

着眼于作为教育行政主体的国家和国家权力对教育的作用，被称为大陆派的教育行政管理理论。这一理论强调教育行政是国家行政的一个部门，主张国家有权把教育作为制度加以组织管理，并负责建立教育行政管理机构，任用教育人员，建立诸种设施以及使用法规规范控制和干预教育活动。其代表人物是德国的施泰因。[①]

施泰因（1815—1890）是德国的法学家和社会学家。现在人们普遍认为，施泰因对"行政学"的贡献更值得称誉。在1884年出版的他撰写的《行政学》中，对行政职能的独立性及教育行政的特点等问题进行了系统的研究，所以被世人称为"现代行政学之父"和"现代教育行政学理论的创始人"。施泰因对现代教育行政学的贡献，正如日本学者久下荣志郎在《现代教育行政学》中所评价的那样："施泰因给我们留下了很大的功绩，特别是在同社会科学其他各学科的联系中能够充分理解教育行政学这一点，在现代教育行政学里还没有超过他的。另外，施泰因把一直认为没有关系的教育学和行政学结合起来，在近代市民社会的土壤中用科学的方法讨论问题，提出现代教育行政学的基本结构，直到如今还未出现超过他的研究者。"

1. 国家与社会的概念

施泰因的国家与社会概念是基于他的社会理论提出来的。他认为社会

---

① ［日］名和宏彦：《教育行政学》（第4版），27～31页，东京，福村出版株式会社，1982。

生活的终极目标是个人幸福与人生成就的实现，而实现个人幸福与人生成就必须以财物的获得为前提，财物的获得是通过满足人格发展需求的劳动获取的。他进一步指出，个人是受社会制约的存在，个人财物的获得，仅靠个人的力量是不能实现的，必须有其他人的劳动与奉献，在这个意义上个人也必须为他人奉献。由此他提出人类共同体的概念，在他看来，人类为了生存、为了实现个人幸福和人生成就，许多人必须聚集起来，相互依存，就形成人类共同体。共同体的最高形式是国家，这个国家不是现实态的国家，也不是作为地理空间的国家，是作为抽象的、理想的观念性国家，它是为克服对个人的制约而存在。其本质是具有与个人人格一样的自律性人格，自我、意志和行为的，是与所谓的元首、立法、执行相对应的，这样的国家可看做是一个有机体。国家为了达成自己的使命，必须运用最高的权力，努力于万人的发展，其达成的方法是根据施泰因的宪政与行政的原理提出的。社会是共同体中拥有非人格的自然要素。社会通过财物分配而赋予条件，通过劳动的有机组织而建立纪律，通过需求系统而行动，以及通过家族及法律而结成世代相传的人类有机统一体。

2. 行政、内务行政与教育行政

施泰因在他的行政学中非常重视行政，认为行政就是国家机关的活动，是劳作的国家，又是国家组织的劳作，是为实现国家的使命即所有个人的最高人格的发展。在这个意义上他认为行政学是关于文明与国家权力的永久的相互作用的学问，决定行政内容的是国家权力的一切机能发挥的各个领域行政活动。在他的学说中，赋予极大关心的是内务行政，他认为内务行政是与外交、军事、财政、司法有着不同特征的，如果说外交、军事、财政是国家保证个人发展的第一条件的话，那么内务行政就是保证个人发展的其余条件，从内务行政的特点看，其构成要素是人格生活、经济生活、社会生活三大领域，或者把人格生活分为身体生活与精神生活，形成内务行政的四个领域。而教育行政即是内务行政中的精神生活行政。

3. 作为精神陶冶行政的教育行政

施泰因主张，教育行政作为内务行政的一环，是关于人的精神生活全领域的行政。而精神生活是精神、物质财富支配的前提，与个人自由的获得有密切的关系。为此，施泰因提出了他独特的"陶冶理论"，这个陶冶理论是构成他的教育行政学的重要要素。首先陶冶指什么？他认为人的存在可以分为精神的存在与物质的存在，前者是作为获取精神财富必要的精神生活，后者是作为获得物质财富的必要的物质生活。此外，还要将人的外部世界纳入人的内部世界去加以理解，即所谓的从外部环境到人的主观世界，这是人获得精神财富的历程，而这个过程就是陶冶。这样，人们为了运营精神生活一个重要的东西就是陶冶能力，施泰因指出陶冶能力的获得不仅关系到精神生活财富的获得也是物质财富获得的不可或缺的条件。为此。在阶级社会的秩序里，有产阶级把精神陶冶看做是保持自己社会地位的手段，而对无产阶级则意味着通过精神陶冶而获得物质财富改变从属地位。从以上的观点我们可以看到施泰因的陶冶理论企图适应当时社会的基本现实，把精神陶冶与个人幸福与人生成就的实现结合起来。

在此基础上施泰因强调，精神陶冶不是个人孤立进行，而是离不开共同体的，因此本质上精神陶冶是共同体通过有机的意识冲突向个人提供精神的财富，应该说陶冶过程是共同体的历史的、社会的陶冶过程。

陶冶的内容和形式是施泰因教育行政理论的重要内容。他认为陶冶包括基本陶冶（Elementar bildung）、职业陶冶（Berufs bildung）及一般陶冶（Allgemine bildung），这三部分陶冶，各自拥有独自的目的与内容，且相互连接，通过共同体的活动实现个人的陶冶，同时使三部分陶冶成为一体，形成教育制度。随着文明的发展进步，三部分陶冶的组织、设施、活动得以建立发展，这虽不能说完全是国家的干预和推动的结果，但从教育制度的组织与教育行政的关系角度看，它是伴随社会发展与社会秩序的进展获得的，因此其全体或部分就成为了国家意志的对象，被国家权力所干预。所以教育行政是国家介入教育制度时形成的，陶冶活动的形态、内容等应由教育公法所规定。

施泰因之后的一百多年来，他的教育行政思想成为大陆派的一面旗帜，对许多国家的教育行政理论与实践产生了重大影响。特别是他提出，教育行政是国家内务行政的一部分，教育制度的建立与发展离不开国家权力的干预，陶冶（教育）活动应由教育公法所规定等主张，至今仍具有理论与实践意义，仍有生命力。当然他的思想也有其难以克服的局限性，主要是他研究教育行政的政治与哲学基础是法国空想社会主义和黑格尔哲学，从解决社会不平等现象入手，把实现社会公平的希望寄托在教育上。

(二)以美国为中心的职能主义教育行政管理理论

美国派的教育行政管理理论强调限制国家政权对教育的干预，着眼于教育或者说教育行政工作的合理性和效率性的分析。这种理论主张行政管理只是为实现教育目的服务的一种手段或为其实施准备必备的条件，偏重于教育行政管理的技术方面，具有经营管理的色彩。这是现代教育行政管理学的主流。这一理论的形成与发展前后受到各个时期流行于美国的管理理论的深刻影响。

管理是世界文明的伴生物，管理思想自古有之。但作为科学的管理思想的出现，是工业革命以来的事情。以美国为中心的西方职能主义管理思想在一百余年的发展中，走过了一段既辉煌灿烂又有几分曲折的历程。多数学者将其划分为三个阶段：

古典管理理论阶段(19世纪末至20世纪30年代)：以泰罗、法约尔等为代表，包括科学管理思想、行政组织理论等。

行为科学理论阶段(20世纪30年代至第二次世界大战结束)：以梅奥、赫茨伯格、麦格雷戈等为代表，包括人际关系、需求理论及人性理论等。

现代管理理论也称管理科学阶段(第二次世界大战结束至今)：包括多种管理思想学派，被称为"管理理论的丛林"。对这一阶段管理思想的发展，有中外学者又分为两个管理理论丛林进行分析，即前管理理论丛林(第二次世界大战结束至20世纪80年代)和新管理理论丛林(20世纪80年代至今)。

概括地讲，在对西方管理思想发展的梳理中，我们应该看到：

第一，管理思想发展的三个阶段是以时间为线索划分的，是相对的，并非是截然分开的。

第二，每一个发展阶段及其思想，都有其特定的时代背景。

第三，每一个发展阶段的管理思想有相对共同关注的重点及解决的问题。

1. 科学管理理论与教育行政管理理论

科学管理思想是古典管理思想发展时期(20世纪30年代前后)的重要内容，产生于欧洲和美国。科学管理思想是管理思想发展史上的一个高峰，同时也是第一次管理思想的大综合，它是使管理成为科学的一次质的飞跃，它的历史作用重大，被称之为人类社会自我发展过程中的一个里程碑。

科学管理思想的灵魂是对效率的追求，它是群体合作的结晶。弗雷德里克·温·泰罗(F. W. Taylor)是科学管理思想发展过程中的核心人物，其1911年出版的《科学管理原理》一书是对科学管理思想的集中阐述，此外，主要论著有《计件工资制》、《工厂管理》、《在美国国会的证词》等。书中系统阐述了科学管理的目的和基本任务，就是提高劳动生产率，具体研究内容主要有：

第一，对工人操作的每个动作进行科学研究，用以替代老的单凭经验的办法。

第二，科学地挑选工人，并对其进行培训和教育，使之成长；而在过去，则是由工人任意挑选自己的工作，并根据其各自的可能进行自我培训。

第三，与工人亲密协作，以保证一切工作都按已发展起来的科学原则去办。

第四，资方和工人们之间在工作和职责上几乎是均分的，资方把自己比工人更胜任的那部分工作承揽下来；而在过去，几乎所有的工作和大部分的职责都推到了工人身上。①

泰罗的科学管理法的影响在1910—1929年期间达到高峰，有很多忠实的追随者，他们热情探讨并把该理论运用于政府、学校、医院等组织的管理中。教育领域的代表之一，美国教育学者富兰克林·鲍必特在1913年发表了题为《用来解决城市学校系统问题的若干一般原则》的论文，探讨了学校管理全面运用泰勒制的可能性与必要性，主张通过教师、教学活动的标准化实现与提升学校教育的效率。泰罗科学管理思想并非完美，它也存在许多局限和不科学的地方，20世纪30年代以后逐渐被民主管理思想与人际关系理论所压倒，但它对美国及其他国家的影响并没有结束。20世纪70年代形成，80年代在美国广泛应用的"有效学校理论"就是科学管理理论和效率学说的继续，而1991年彼得·F. 德鲁克的《新生产力的挑战》一文更被认为是泰勒主义复兴的标志。

---

① [美]F. W. 泰罗：《科学管理原理》，冼子恩等译，169～170页，北京，中国社会科学出版社，1984。

与泰罗的研究同时具很大有影响力的是法国管理学者亨利·法约尔
（H. Fayol，1841—1925），1916 年他的代表性著作《工业管理和一般管理》
出版，该书是管理学发展史上的重要文献，其最大的贡献在于提出了"一般
管理理论"，成为管理学中过程学派的理论基础。如果说泰勒的研究是从
"车床前的工人"开始的，法约尔的研究则是从"办公桌前的总经理"出发的，
是以企业整体作为研究对象，从管理最下层的运行为焦点展开的。该书在
区分了"经营"与"管理"概念基础上提出企业经营的六项职能，管理处于核
心地位，而管理活动由计划、组织、指挥、协调、控制要素构成。

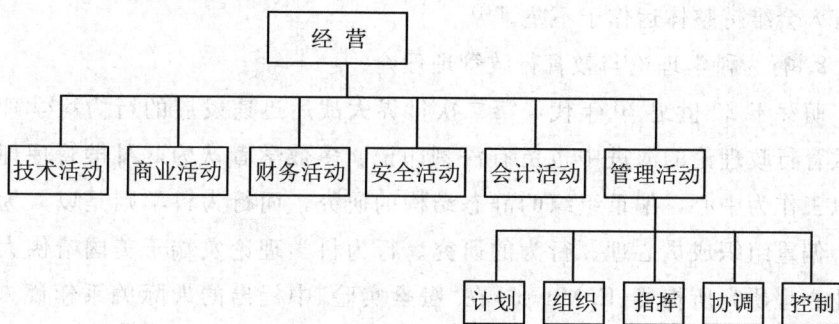

```
                        ┌─────────┐
                        │  经  营  │
                        └────┬────┘
    ┌──────────┬──────────┬──────────┬──────────┬──────────┐
 ┌──┴───┐  ┌──┴───┐  ┌──┴───┐  ┌──┴───┐  ┌──┴───┐  ┌──┴───┐
 │技术活动│  │商业活动│  │财务活动│  │安全活动│  │会计活动│  │管理活动│
 └──────┘  └──────┘  └──────┘  └──────┘  └──────┘  └──┬───┘
                          ┌──────┬──────┬──────┬──────┐
                       ┌──┴─┐ ┌─┴─┐ ┌─┴─┐ ┌─┴─┐ ┌─┴─┐
                       │计划│ │组织│ │指挥│ │协调│ │控制│
                       └───┘ └───┘ └───┘ └───┘ └───┘
```

图 1-1 "经营"与"管理"的关系

希阿兹是第一位将法约尔的管理过程主张及管理活动的职能观点导入
学校管理的学者。他认为学校管理是一个过程，这个过程由计划、组织、
指挥、协调、控制五要素或环节构成。今天许多学者认为希阿兹主张的贡
献是从管理者的职能角度，把学校管理作为一个动态过程把握。

另一位与泰罗同时期对管理理论有重大影响的是德国的社会学家、经
济学家和管理学家马克斯·韦伯（1864—1920）。他的代表著作有：《古典西
方文明衰落的社会原因》（1896），《新教伦理与资本主义精神》（1919），《经
济与社会》（1921）。韦伯在这些著作里阐述的有关社会学、经济学、历史、
宗教等方面的思想与新观点，有助于我们了解德国 19 世纪的家族企业资本
主义和当时出现的大工业组织同政府之间的关系。他在管理思想上的最大
贡献是提出了"理想的行政集权制理论"，也被称为"官僚制"。这一理论主
要反映在《经济与社会》一书中。它在管理思想史上占有非常重要的地位，
韦伯因此被人们称为"组织理论之父"、"官僚主义之父"。"官僚制"各类组

织包括教育组织的结构与行为的理论影响巨大，一直延续至今。美国的学习型组织理论的创造者彼得·圣吉，在分析批评学校的管理系统时指出："就像所有工业时代的组织一样，一所工业时代模式的学校肩负的任务，也被分割成许多叫做'工作'的部分，一个是督学，另一个是校长，还有的是老师。这样的分工对团体合作是必要的；但是我们却从未想过要在这些人之间建立一种伙伴关系，或是一种集体责任意识。相反地，大家以为只要每一个人各司其职，事情就一定做好。工业时代的管理模式把系统切割得支离破碎，创造了许多专家，让每个人只做自己的那一部分，同时以为自然有人会维持整体运作于不坠。"①

2. 行为科学理论与教育行政管理理论

萌芽于 20 世纪 30 年代，第二次世界大战后迅速发展的行为科学理论在教育行政理论的演进中也留有深刻印记。多数学者认为，科学管理理论是以工作为中心，偏重组织的静态结构的研究，而行为科学则是以人为中心，偏重组织成员心理、行为的研究。行为科学理论发端于美国哈佛大学工业心理研究所梅奥（E. Mayor）在"霍桑实验"中提出的人际关系学说。当时美国正处于全球性的经济大萧条时期，泰罗的科学管理带给工人的是压抑、苦闷和反抗。在这个背景下，从 1924 年开始，美国科学界组织一批专家到美国西屋电气公司的霍桑实验室进行有关如何提高劳动生产率的试验。试验的目的是研究影响工人劳动生产率的因素是什么，以及怎样才能提高劳动生产率。试验从研究物理因素对劳动生产率的影响开始，进而研究人的生理因素、经济因素和社会心理因素对劳动生产率的影响。梅奥在上述试验的基础上撰写了《工业文明的人性问题》一书，全面系统地论述了人际关系学说，奠定了行为科学的基础。

第二次世界大战以后，由于国际形势的变化和科学一体化（学科交叉）的进展，一些学者提议综合各学科知识系统的研究人的行为，并将这类研究称为"行为科学"。20 世纪 60 年代行为科学研究开始了对组织行为的研究，到 70 年代行为科学发展成了一个拥有多种学科派别的理论。主要派别

---

① ［美］彼得·圣吉等著：《学习型学校》上册，杨振富译，79 页，台北，天下文化坊，2002。

有人际关系学说，需求层次理论、激励保健学派、XY理论、领导行为理论等。

这一时期，不仅社会各行各业大讲行为科学，在教育界关注人际关系与行为科学的人也越来越多。其中影响比较大的著作有：美国俄亥俄大学教育系助理教授威尔伯·约契（W. Yauch）1949年出版的《改善学校管理中的人际关系》和丹尼尔·格里菲思（D. Griffith）写的《教育管理中的人际关系》(1956)。约契主张学校校长要正确处理他同教职工之间的关系。他认为这对学校管理是有决定意义的。教职员要参与决定有关监督、预算分配、课程、制定规章制度以及日常管理之类事宜。校长和教职员之间要以平等的地位对话。大家在学校里应该享有平等的权利。格里菲思认为学校全体教师士气的高涨是与管理者帮助他们每个人在工作中获得满足所能达到的程度联系在一起的。

此外，自20世纪40年代开始陆续出现的美国学者对密歇根大学领导行为研究提出的员工导向、生产导向的两种基本的领导行为主张及在此基础上发展而成的四分图理论、九九方格图理论、还有领导生命周期理论、权变理论等组织领导行为的理论对教育行政领导行为选择产生的影响不可忽视。

3. 现代管理理论与教育行政管理

科学管理理论的这一时期也被称为系统理论时期，根本原因是系统理论对管理理论与实践的影响。

美国切斯特·巴纳德（C. D. Barnard）是社会系统管理学派的创始人之一。他认为：任何组织（企业、学校、医院、商店）都是一个系统。这个系统是由物质的（含工作条件、工资）、生理的（含营养、卫生、保健）、个人的（含需要、感情、欲望）和社会的（含社会条件、文化传统、经济发展水平）要素所组成的。

第二位系统管理思想的代表人物是西蒙。他提出的"管理就是决策"的著名论断，强调决策行为贯穿于管理的全过程。如果决策错了，管理的方式方法越好，造成的危害就越大。所以决策在整个管理过程是关键。他还认为，组织是由作为决策者所组成的系统，它要求把决策过程、决策准则、程序化决策和非程序化决策、组织机构的建设等问题联系起来统一考虑，在决策中，我们得到的不可能是最好的，只能是较好的。

第三位是卡斯特。他提出权变理论，要求管理者不必追求普遍适用的、一成不变的管理理论和管理方法。那在实际上是不存在的。管理者只有一切从实际出发，根据环境和内外条件的变化，随机制宜地进行管理，才能达到预期的目标。

系统管理理论对教育行政管理产生了深远影响。系统理论，特别是社会系统理论引进到教育行政和学校管理之中就像是一场风潮，许多人把行政组织和学校组织视为在开放系统中一种动态组织。社会上各种因素（政策的、观念的、经济的、行为习惯等）都对行政组织与学校的工作质量和工作秩序、效率发生影响。在诸多因素中有一类是确定性的，其行政组织与学校工作质量和效率是线性关系；另一类是不确定性的，其行政组织与学校工作质量和效率是非线性关系。这两类因素相互影响使组织的工作质量和秩序呈波动状态。教育管理人员把系统理论作为一种价值观和方法论来研究以解决教育管理中的各种问题。

把系统理论和系统方法引进到教育行政与学校管理之中，使教育管理的科学化和现代化进入到一个新的阶段。教育质量管理、教育评价等新技术、新方法都是根据系统理论的原则设计出来的。从整体上研究影响教育质量和秩序的各个因素之间的关系和联系，研究各种不同组合方式所产生的不同效果。采用系统分析的方法解决整体的协调性、结构合理性、运行稳定性、环境适应性以及技术的先进性。

4. 新管理理论丛林论时期

根据美国著名管理学家哈罗德·孔茨（Harold Koonlz）1961年发表的论文《管理理论的丛林》及1980年发表的《再论管理理论的丛林》（Harold Koonlz：《The Managenment Theory Jungle》，Acadeny of Management Review，Vol. 5，No. 2，1980）的观点，把20世纪40年代以后、80年代以前出现的管理理论称为旧管理理论丛林，而20世纪80年代以后产生的众多新管理理论称为新管理理论丛林。这一时期对各类组织管理包括教育组织产生重要影响的主要有企业文化理论、战略管理理论、新公共管理理论、学习型组织理论等。

（1）组织文化理论

组织文化理论也称企业文化理论，被称为管理理论发展的第4个阶段。

美国 R·帕斯卡尔等著的《日本企业管理艺术》一书中曾指出："企业管理不仅是一门科学，而且是一种文化，即有它自己的价值观、信仰、工具和语言的一种文化。"随着对企业管理认识的不断加深，企业文化作为一种新的管理方式开始被人们认识并加以实践。企业管理随之也在经历过经验管理、科学管理阶段后进入文化管理阶段，所以企业文化理论被称为管理理论发展的第 4 个阶段。

企业文化理论，其发展的基本轨迹是：

这一理论的正式产生，应该说是在 20 世纪 80 年代初期。但这并不意味在此之前不存在企业文化现象与思想。严格说，在经典管理思想中始终都有文化管理的因素，只不过它是以隐性状态存在的，具体说是以零散的思想状态和理论的经验状态存在的。

一般认为以下 4 本书是 20 世纪 80 年代企业文化的"新潮四重奏"，标志着企业文化的研究进入了一个崭新阶段。它们是：R·帕斯卡尔等著《日本企业管理艺术》(1981)；威廉·大内《Z 理论——美国企业界怎样迎接日本的挑战》(1981)；托马斯·彼得斯和小罗伯特·沃特曼合著《寻求优势——美国最成功公司的经验》(1982)，特雷斯·迪尔和阿伦·肯尼迪《企业文化》(1982)。还有认为是 T·莫尔和 L·刘易斯等著《组织文化》、R·基尔曼和 M·萨克斯顿编著《赢得公司文化控制》、E·谢恩《组织文化与领导》这 3 本书的问世，将企业文化理论的研究推向了成熟。

"尽管没有人能最终统一'什么是企业文化'的答案，可对此问题长时间的研究和讨论，也促进了企业对文化管理的重视，理论的力量逐渐转为物质的效应，更重要的是，人们对企业文化的结构形成了深刻的认识。"企业文化属于文化现象范畴，又属于管理手段范畴，所以对其结构的认识也存在差异。从文化的角度看，一般认为企业文化分三个部分：一是精神文化部分；二是制度文化部分；三是物质文化部分。①

企业文化自 20 世纪 80 年代至今受到国内外企业界的重视并实行，在学校领域也得到了积极地运用。

---

① ［美］迈克尔·D·波顿：《大话管理 100 年》，277 页，北京，中国纺织出版社，2002。

许多研究者指出，组织效能和组织的文化特质息息相关："Gorton (1982)认为一所有效能的学校必须具备三个文化特质：①学校重视学生的学习努力和学业成就；②学校期望老师能够追求卓越、学生能够发挥学习潜能；③学校具有一系列鼓励师生成就的象征性活动。"①

亨利·杰·贝克(Henry Jay Becker)和玛格丽特·M·耐尔(Margaret M Riel)重视合作式学校文化，将其分解为以下五个维度②：

第一，目标一致。多数教师对学校的核心目标有共同信念；常在教师会议上讨论学校发展的目标；校长教育价值观和哲学观与学校个体成员的理想相接近。

第二，学习机会。尊重教师发展，为教师学习和培训提供机会，关注学习过程。

第三，认可教师。对教师的成就公开认可，公开承认和表彰改革成功的教师。

第四，教师伙伴关系。教师之间提出建设性批评意见，友好互助。

第五，教师归属感。教师能感觉自己处于不断自学的专业人员组成的合作性集体之中。

概括地讲，组织文化理论是一个与传统的结构学派的组织理论不同的新学派。其理论基础主要是社会学和人类文化学，而不是结构学派的经济学、政治学等。它为组织建设与发展包括学校组织的维持、改进及创新提供了一个文化建构模式，这一模式的本质特点是强调组织应发展出一套价值，这些价值说明组织的基本哲学和任务，成为组织大多数成员在组织中所采取一贯行为的假设前提。同时，组织文化理论中对组织内亚文化及不同亚文化的冲突的主张，也促进了学校组织中教师文化与行政人员文化的冲突、师生文化、领导文化的研究。

(2)新公共管理思潮

新公共管理思潮与新管理运动。20世纪80年代以来，为了应对新时代发展的挑战，西方国家掀起了一场以新公共管理为标志的行政改革运动，

---

① 张德锐：《教育行政研究》，50页，台北，五南图书出版公司，1984。
② 谢翌：《关于学校文化的几个基本问题》，载《外国教育研究》，2005(04)。

运动的核心思想是主张在弹性市场机制基础上，采用商业管理主义的理论、技术和方法对公共部门进行全方位的改革和再造。新公共管理旗帜鲜明的以经济学和私营部门管理为理论基础，它在本质上是一种管理主义理论、方法和技术在公共部门的应用。这场改革从西方发源并逐步席卷整个世界。新公共管理在不同国家有不同的名称，诸如"以市场为基础的行政"、"管理主义"、"企业型政府"、"后官僚制典范"等，新公共管理是最著名的称谓。

　　新公共管理思潮与新管理运动对教育行政改革的影响是巨大的。新公共管理思潮提供了教育及教育行政改革的新视野，即公共机制与市场机制的融合，行政管理方法的创新与行政组织体制的变革。新公共管理思潮提供了教育及教育行政改革思路与工具，使三十多年来世界很多国家在教育行政改革中选择了教育运营的民营化，加大了对教育结果及绩效的关注，并采取了教育行政权力的重新分配等重大举措。当然，也有学者与教育现场的教育人员指出，教育领域改革运用新公共管理理论中的不当。例如，对市场机制的过度崇拜、有些教育改革举措中的经济价值取代教育本位价值等。

　　（3）学习型组织理论

　　由于变化的普遍存在和持续不断，组织如何面对变化，维持生存及持续发展，唯一的应对方法就是学习。学习型组织理论就是阐释这一观点与做法的理论。美国麻省理工学院资深讲师彼得·圣吉（Peter Senge，1947—）的《第五项修炼》提出了此种观点。20 世纪 90 年代这一理论随着快速的全球化进程，盛行于世界各国的企业界，并迅速被政府、医院、军队、学校等各种组织吸收、运用。

　　学习型组织理论指出，学习型组织通过弥漫于整个组织的学习气氛而建立起来的一种符合人性的、有机的、扁平化的组织。这种组织具有持续学习的能力，是可持续发展的组织。

　　"学校改革经常失败，这是由于忽视了建立一种通过成人合作学习来促进教师发展的学校文化。学习型学校不仅仅是一项以学校为基础的改革，它的建立也为其他旨在推进学校进步的创新行为持续出现提供了一个有益的组织基础。总而言之，学习型学校日益被作为学校改革成功的重要标志"①。

---

　　① ［美］Jane Bumper Huffman、Kristine Kiefer Hippz：《学习型学校的文化重构》，贺凤美、万翔等译，4～5 页，北京，中国轻工业出版社，2006。

2000 年，彼得·圣吉和他致力于组织变革的伙伴撰写了《学习型学校——第五项修炼教育篇，献给教育工作者、父母、以及关心教育的每一个人》。该书内容包括序和上下两部分。主要分析了工业时代教育系统的特点及现代弊端，强调了学校应通过调整学校发展方向、看见学习者、言之有物、系统思考、学校愿景、开放教师、教职员培训、领导风格等方面的学习与行动改变去实现学校的持续改进与成长。20 世纪末期以来，世界各国都在理论与实践上积极探讨着学习型学校的创建。

虽然圣吉的《第五项修炼》一书被《哈佛管理评论》杂志列为过去 75 年来最具影响的书，至今也有许多组织加入了修炼的行列，但是，这一理论应该说还是一个处在发展中的理论，其周延性、适用性如何，正在被研讨与检验中。例如，学习型组织究竟如何定义？组织发展到什么程度才可以说是学习型组织了？圣吉在他们的著作中并没有明确的答案，多为学习者自己的解释。

这一时期，战略管理理论、团队建设理论、新领导理论等对教育组织管理也有非常突出的影响。

随着教育活动的发展、教育行政活动领域的扩大及日益复杂，教育行政学正在繁衍出若干分支学科，成为一个学科群。

教育行政学是一门实践性很强的学科，而实践是发展的、动态的，因此教育行政学的内容体系还必须充实与完善，以满足实践发展的需要。

三、中国教育行政学发展的概况

19 世纪末德国的教育行政理论由日本介绍到中国。1898 年光绪下诏变法，兴学堂，印行大量译著，其中包括大量日本的教育行政方面的著作。

1903 年清政府正式颁布了我国近代第一个正式的学制《奏定学堂章程》，《章程》规定初级师范学堂的教育科目中有教育法令和学校管理两科，这些科目在 20 世纪 20 年代演变为教育行政科目。

20 世纪三四十年代，我国出版了一批教育行政学的专著。如 1931 年的张季信的《中国教育行政大纲》，杜佐周的《教育行政与学校行政原理》，1932 年夏承枫的《现代教育行政》，1942 年罗廷光的《教育行政》等。这些著作都是当时很有影响的教育行政方面的专著。从内容或观点上看，大体上是移植国外的理论。

新中国成立后，教育行政学的教学与研究中断了，主要受苏联教育模式的影响。

十一届三中全会以后，我们开始进行教育行政学的重建工作，至今取得了长足的发展。

第一，不仅有一支研究人员队伍，而且成果显著，教育行政学的专著及教材已有几十种版本，初步形成了一个比较系统的教育行政学的学科内容体系。

第二，教育行政学中一些内容领域，随着实践与理论的发展，已逐步形成独立的研究领域，如教育政策学、教育法学、教育财政学、教育督导与评价等，构成了教育行政学的分支学科。

第三，对教育行政理论与实践问题研究的方法也从重视政治学、法解释学的静态研究走向重视教育行政过程与职能的动态研究；在坚持历史的、比较的研究方法研究的同时，倡导临床调查研究、行动研究、个案分析等实证性方法的研究。

第四，教育行政学的教育与人才培养也有了迅速的发展。高校中本科层次设置了公共事业管理（教育管理方向）专业，硕士、博士层次教育设置了教育经济与管理专业。

但是，与教育行政实践的发展需要相比较，还显得较为滞后。

当前，在我国教育行政学研究和发展中需要关注的具有长期性的基本问题有：

第一，从学术上看，教育行政学具有学科的综合性，教育学与管理学是其根本学科渊源，如何在教育行政理论发展与实践运作中遵循教育学与管理学的基本原理、根本规律、原则，处理好教育学与管理学二者的学科渊源的关系，而不是简单地把哪个放在优先位置上。

第二，需要进一步兼顾学习借鉴国外教育行政学理论与实践方面的优秀成果和挖掘本土优秀行政理论与实践经验。这是当代教育行政学的全球化与本土化的问题。从我国教育行政学的发展看，我们既有传播、借鉴国外先进理论不足的情况，又存在挖掘本土教育行政理论与经验不足的问题。

第三，教育具有公共性，行政的本质是国家行政权力的作用，因此教育行政孜孜以求的根本目标必须是公平与效率，教育行政的理论与实践如何实现教育的公平与效率是教育行政学研究的一个长期的课题。

第四，决策理论指出，管理就是决策，教育决策是教育行政的核心。随着我国经济与民主政治的发展，公民参与公共决策已成为一种普遍而重要的政治现象。教育与每一个公民的发展和利益息息相关，不断扩大和完善有序的公民教育决策参与，是推动教育决策科学化民主化的根本途径。

第五，教育行政理论的建构、发展，离不开诸多相关学科的理论与发展，百年来越来越多的相关学科的知识、技术被迁移到管理领域，使管理理论呈现出丛林状态，丰富多彩。可以说目前理论并不缺乏，而是这些理论在解决现实问题中如何发挥作用，简单说是这些理论的实践问题。

第六，教育行政理论与实践研究方法的科学化问题。学术研究的关键是方法问题。至今中国教育行政理论与实践问题的研究多采用调查法、实验法、统计法、历史法、文献法、比较法、个案法等，从研究方法科学化的视角看，今后的研究在方法的选择上应加强宏观统筹性的系统法，在方法的使用上需提高方法使用的准确性、规范性。

思考题

1. 如何理解教育行政的内涵？
2. 你认为教育行政的作用有哪些？
3. 简述教育行政学的理论渊源。
4. 简要说明我国教育行政学的发展与当前的重要研究课题。

第二章　教育行政体制

第一节　教育行政体制及其类型

一、教育行政体制的概念

教育行政体制是指一个国家的教育行政组织系统，或理解为国家对教育的领导管理的组织结构形式和工作制度的总称。它主要由教育行政组织机构的设置、各级教育行政机构的隶属关系及相互间的职权划分等构成。教育行政体制是国家行政体制的重要组成部分。所谓国家行政体制是指中央和地方各级政府的行政组织系统和工作制度。它由社会的政治、经济所决定，一旦建立就制约着国家的政治与经济。因此，教育行政体制将随着社会政治、经济的发展变化、国家行政体制的发展变化而发展变化。

二、教育行政体制的基本类型

教育行政体制的类型就是指国家以什么方式来干预教育活动，也就是教育行政组织的形态。从教育行政权力的划分及行使方式的不同，教育行政体制可以分为集权制和分权制两种基本类型。

集权制是指行政权力集中于中央政府或上级机关，其下属地方政府和下级机关没有或很少有自主权，一切措施都必须以中央制定的法令和指示为准。分权制是指下级机关和地方政府在其管辖的范围内，有完全的独立权力，中央政府对其在权限内的事项不加干涉。在教育上实行集权制的突出代表是法国。法国从教育事业是国家事业的观念出发，建立了代表国家权力的教育部，统一领导和监督全国的教育事业。其权力范围包括确定各级各类教育机构的目标、考试时间和内容，管理公立学校的教职员，确定教育经费等。实行分权制的典型代表是美国，美国联邦会议强调"自治办教育"的思想，主张把办教育的权限和责任留给州和地方学区及州所规定的其他机关。中央教育机构即美国联邦教育部没有实权，处于指导和资助的地位，其职能是服务性的。

教育行政上的集权制与分权制各有利弊。

教育行政上的集权制有利于教育政策的统一，有利于统筹全局、规划教育事业的发展，也便于调节各地教育发展的不平衡，有利于统一办教育的标准，保持全国教育发展的整体水平。但教育行政上的集权制又极易使教育行政缺乏弹性，难于因地制宜地发展教育，也常束缚下级机关办教育的积极性、主动性和创造性。

教育行政上的分权制的最大长处在于，可以使教育行政管理具有弹性，避免一刀切，因地制宜地发展教育事业，可使教育适应各地的实际需要。权力保留在地方，还可以充分发挥地方、下级机关的主动性、积极性和创造性。但权力过于分散，会带来对教育事业的领导与管理上的政令不统一、地方各行其是等问题，以致造成教育发展上的盲目混乱、教育行政的整体功能难以发挥等弊端。

从教育上的集权制与分权制的利弊分析中可以看出，正确处理好集权与分权的关系是教育行政体制中的一个重要问题。各国在处理这个问题上做了许多尝试，一些国家在实践中逐步形成了教育行政上的中央与地方合作制，这是一种介于集权与分权两者之间的制度。如日本在第二次世界大战后，以地方分权为基本原则，中央文部省通过建立指导、建议、援助制度、措施要求制度及地方教育委员会的任命制度、教师任命制度等，来加强中央与地方教育领导管理上的联系，即加强宏观控制，在保护地方办教育的积极性、创造性的前提下，统筹全局，使全国各地教育平衡发展。

中国现行的教育行政体制是依据"统一领导，分级管理"的根本原则设立的。即中央政府一级设国家教育部，地方的省市县乡四级，省设教育厅，市、县设教育局，乡设教育科、室（组）等专门性的教育行政组织。地方各级教育行政组织均受中央统一领导。可以说我国的教育行政体制基本上属于集权制。

三、教育行政集权与分权体制的比较分析

人们一般把教育行政的本质规定为国家政权对教育进行领导、控制及管理的活动。就是说教育行政为国家权力所支持。

各国社会政治制度、国家体制及文化传统等方面的差异是构成教育行政体制不同的重要因素。而决定教育行政体制不同的根本点，在于对教育行政权力的划分与行使的方式，或者说从教育行政功能即教育行政系统所具有的作用和职能上讲，主要表现在如何发挥这些功能上。

下面从教育行政体制的基本类型及教育行政职能两个方面对教育行政体制加以比较分析。

(一)基于体制类型选择的比较分析

教育行政是采用中央集权制还是采用地方分权制，这是一个很大的问题，世界上任何一个国家都依赖其历史发展状况，在教育行政上或采用集权制或采用分权制，通过制度化教育行政来实现本国教育的发展。若单从教育行政体制的类型上来比较，很难说哪一种类型优，哪一种类型劣。就是说，不管哪一种类型都有其长处与不足，所以问题并不在于二者择一即可，关键在于依据各国的国情、民情、行政内容、行政区划的大小以及中央集权制、地方分权制的特点等方面综合地加以判断。

因此，有的学者认为，理想的教育行政体制应是地方与中央两方面的协力。从教育行政为实现教育目的服务的立场出发，有的人认为，教育的内部事宜由中央权力决定是不妥的，教育的外部事宜则应由中央权力做出决定。教育的内部事宜根据地方分权的原则，应鼓励地方自由和独创。还有的人认为，不能把分权和集权对立起来，以一种类型代替另一种类型的尝试是徒劳的，不能采取极端化的方式。教育行政活动的某些领域应由中央政府负责，其他领域由地方行政区负责。另外，美国有些学者认为，中央政府应把设定教育的最低标准、财政的援助、专门的技术指导建议及教育的调查研究作为主要任务，关于教育方针、教育课程、教育方法、教学活动等方面，应给地方与学校一定的自主权。苏联根据民主集中制的原则，确保教育的目的、内容的统一性。法国虽然是中央集权型的，但实际上却有把教育的内部事宜由国家处理，外部事宜委托给地方的传统。它是通过

能保证其学区、教育的专业性的组织来维持发展的，这是它教育行政上的特征。这与英国、美国都是不同的。因此，教育行政上的集权制还是分权制的问题，必须根据各国的国家体制及传统加以考察，为促进国民教育的发展，应注重考虑在现实中以哪一种类型作为基本的方式。

当然，在某种程度上国家对教育的控制是重要的和必要的，但由此常常引出许多问题，如中央政府在什么程度上，实施哪类的控制；在什么范围内，把不必要的控制转让给地方；必要的控制与不必要的控制如何区分等。尽管如此，如果希望有一个有效的教育控制，那么中央集权是不可缺少的。但就以中央集权为主的教育行政体制而言，其具体情况也因国而异。如澳大利亚国家一级的集权很少，州一级的集权倾向突出。美国实行地方分权制，而在州一级也是分权的，就是说州教育行政组织也把教育权大幅度地委让给地方教育行政组织，可以说美国的教育行政制度是以地方学区为基本单位、州负有最终责任的州的地方分权制。而联邦德国也以地方分权为基本原则，但其地方权力是集中于州一级的。因此可以说，世界上的很多国家都在使用与发展着某种形式的中央集权制的教育行政或某种形式的地方分权制的教育行政。故而有的学者认为，依据教育行政权力的划分与行使方式把教育行政分为中央集权与地方分权两种类型已经很不够了。格拉默(J. F. Gramer)和布朗(G. S. Brown)主张把世界主要国家的教育行政体制划分为六种类型：美国的地方责任型、英国的责任分担型、法国的国家责任型、澳大利亚的州责任型、加拿大的一部分州的宗派控制型和苏联的联邦政党控制型。[①]

世界各国不管采取哪一种类型的教育行政，都面临着中央教育行政与地方教育行政如何协调、连接的问题。

(二)基于教育行政职能的比较分析

教育行政的职能是指教育行政系统(或组织)所具有的作用和职责。集权制的教育行政系统和分权制的教育行政系统在其职责划分上、作用发挥上呈现出种种的不同，突出表现在计划、组织、管理、监控、服务等职能方面。

----

① ［日］高木太郎：《义务教育制度的研究》，412 页，东京，风间书房出版社，1971。

教育行政的计划职能就是根据政治、经济和社会发展的需要对教育的发展方向、速度、规模做出计划，以保证教育事业的稳步发展。制订计划，实质上就是做出决策。从内容上说，应包括三个层次：

第一，对教育的发展目标及应采取的措施做一个原则上的决定；

第二，为了执行这个决定，必须拟定具体方案，方案既要有实施的时间表，还要有教育资源的配备；

第三，要把实施方案转化为具体的行动设计。

这三者是互相联系、由一般到特殊、逐层包容的关系。两种教育行政体制在计划职能上反映出的差异是：中央集权制的教育行政注重教育整体发展计划，其计划多为指令性的，就是说这种计划对下级机构具有强制性效力；而地方分权制的教育行政强调指导各地方教育计划的制订及协调地方教育计划的实施功能，其计划多为指导性的，对下级机构不具有强制性的效力，主要为地方教育计划制订与实施提供参考意见。

教育行政的组织职能是指为实现教育发展目标及教育计划所建立的组织机构体系，及通过组织机构的各种活动实现教育资源，即人力、物力、财力的配置作用。组织职能的核心问题是组织机构的体制问题。依据中央集权原则所建立起来的教育组织系统呈现出高度集权、机构紧密的特点。特别是不同层次的教育行政组织之间存在着明显的权力支配关系。而依据地方分权原则建立起来的教育组织系统则带有分权倾向和松散的特点，特别是中央教育行政组织与地方各级教育行政组织之间保持着一种指导、援助、建议的非权力作用的关系。

教育行政的管理职能是指教育事业发展所需要的教育资源的管辖使用等，以维持教育活动的顺利进行。具体的如教育人员的聘任，经费的使用，教育设备的整备，教育内容的制定，课程设置等。集权制国家教育行政的管理职能一般为国家或上级行政组织所具有，而分权制国家教育行政的管理职能一般赋予地方行政组织和学校。

教育行政的监控职能是指为了实现教育发展及教育行政的既定目标及计划，使教育活动及教育行政活动有秩序、有节奏地进行，并避免偏离目标，使其不断向前推进所采取的监督和控制措施。从途径上说，监控有行政监控和法律监控。教育行政为集权制的国家强调行政监控，而教育行政为分权制的国家则注重法律监控。再从行政控制的具体方式上讲，集权制的教育行政多采用上下对应的控制方式，而分权制的教育行政多采用上下协调式的控制方式。

教育行政的服务职能是指国家教育行政为地方和学校提供诸如信息、咨询、协调、资助等服务项目，在决策环境和管理条件上对下级施以影响，通常分权制的教育行政突出强调教育行政的这一职能。而集权制的教育行政对这一职能并未给予高度的重视。

第二节　中国的教育行政体制及其改革

一、中国现行的教育行政体制

教育行政体制是教育行政的中心问题。教育行政是国家行政的一个重要组成部分，教育行政体制不仅与国家政权的性质、政体形式有着十分密切的关系，而且还受一个国家经济基础、文化传统等方面的影响。我国是社会主义国家，党领导行政管理的原则、民主集中制的原则、人民群众参政的原则是国家行政应遵循的根本原则。反映到教育行政上，就构成了教育行政体制的主要特点：

（一）党对教育行政的领导

党的领导是社会主义国家教育行政管理的一个最基本的特征，也是教育行政机构代表人民意志，沿着正确的方针路线实行教育行政管理的根本保证。党对教育行政管理的领导主要是政治路线、政策的领导，而不是直接行使教育行政组织的职能。它要求教育行政管理必须以马列主义毛泽东思想为指导思想，各级各类教育行政组织都必须贯彻党中央制定的教育方针、政策，各级教育行政机构都必须接受各级党委的领导，并建立由国务院到地方各级政府从上到下的强有力的工作系统，由专门的教育行政组织具体领导和管理教育事务。

（二）统一领导下的分级管理

这是民主集中制原则在中央教育行政与地方教育行政职权划分上的体现，是反映我国教育行政体制基本特征的根本所在，也是决定我国教育行政体制类型的主要依据。统一领导的含义：

1. 从教育行政组织上讲，是指中华人民共和国中央政府一级设国家教育部，地方在省、市、县、乡镇四级分设教育厅、局、科、室(组)等各级专门的教育行政组织。以上这些组织均受中央统一领导。

2. 从教育行政内容上讲，我国的教育方针、政策、宏观规划等大政方针均由党中央与国务院制定，由各级教育行政组织具体贯彻执行。分级管理的含义是指对全国整个教育事业实行中央、地方(包括省、市、县、乡镇)两级管理。即国家教育部与地方各级教育行政机构对全国及所辖地区内的各级各类教育实行职能管理。具体情况大体如下：

(1)教育实行中央、省(自治区、直辖市)、中心城市三级办学体制。由国家教育部，中央各有关业务部门及各省、市、自治区人民政府及其所属的教育行政机构实行管理。

(2)职业技术教育主要由地方负责。即省、市、自治区所属的高等、中等专业学校，由省、市、自治区领导；有关业务部门主管，属中央各部委办的，地方应给予协调和配合。

(3)基础教育由地方负责，分级管理。地方负责具体政策、制度、计划的制订和实施，对学校的领导、管理和检查。省、市、县、乡镇四级对基础教育的管理也有职能上的分工。

概括起来讲，中央统一领导下的分级管理就是在中央统一的方针政策指导下，对教育事业实行中央教育行政与地方教育行政两级管理。如上所述，我国现行的中央统一领导下的分级管理的教育行政体制，是以中央集权为基本，中央行政与地方行政相结合的体制。这里应该明确一点，即中央教育行政与地方教育行政之间存在着上下级的关系，同时作为教育行政机构的国家教育部，地方教育厅、教育局、教育科(组)等与国家一般行政机构是一体的，也存在着上下级关系。

二、中国教育行政体制改革

中华人民共和国成立后，我国的教育行政体制几经变迁，主要原因是受我国政治、经济发展的推动及教育事业发展的影响。历次改革都是以集权与分权的关系，即中央与地方教育行政权力、职责的划分为中心问题的。

一些研究表明,从新中国成立以来教育行政体制的发展过程来看,至今我国进行了三次较为重大的教育行政体制改革。1958—1959年间的教育行政体制改革可以称之为第一次尝试。

在我国第一个国民经济五年计划开始实施时,对教育事业也实行了"中央集中统一领导"的行政体制。即关于教育事业发展的综合计划的制订,中学(包括高中)、大学的教学计划、大纲与教科书,大学的新生招收与分配,大学教员的任免,教育经费等全部由中央统一管理。1956年,毛泽东发表了《论十大关系》,随之在全国范围内开始解决中央与地方的关系问题。在教育方面,主要解决中央向地方放权的问题。为此,1958年4月4日中共中央颁布《关于高等学校和中等技术学校下放问题的意见》。这一文件指出:"①为了切实加强党对高等学校和中等技术学校的领导,为了使这些学校培养出来的人才更加适合各地社会主义建设发展的需要,除了少数综合大学、某些专业学院和中等技术学校仍旧由教育部或者中央有关部门直接领导以外,其他的高等学校和中等技术学校都可以下放(中等技术学校包括技工学校可以比高等学校多下放,地方性较大的学校可以更多地下放),归各省、市、自治区领导。②改变统一招生制度。③改变毕业分配办法。"[1]

同年8月4日,中共中央、国务院发布了《关于教育事业管理权力下放问题的规定》,其目的是为了充分发挥各省、市、自治区举办教育事业的主动性和积极性,加强地方对教育事业的领导与管理。其主要内容是:"①今后教育部和中央各主管部门,应该集中主要精力研究和贯彻执行中央的教育方针和政策;综合平衡全国的教育事业发展规划;在中央领导下协助地方党委进行政治思想工作;指导教学和科学研究工作;组织编写通用的基本教材、教科书;拟定必要的全国通用的教育规章、制度;对高等学校教师进行必要的调配;及时总结交流经验。并且办好直接管理的学校。②小学、普通中学、职业中学、一般的中等专业学校和各级业余学校的设置和发展,无论公办或民办,由地方自行决定。新建高等学校和中等工科技术学校,地方可自行决定或由协作区协商决定。③所有学校的政治思想工作

---

[1] 中央教育科学研究所:《中华人民共和国教育大事记》(1949—1982),220页,北京,教育科学出版社,1984。

及各种社会活动，都归地方党委领导。④各地方根据因地制宜、因校制宜的原则，可以对教育部和中央主管部门颁发的各级各类学校指导性教学计划、教学大纲和通用的教材、教科书，领导学校进行修订补充，也可以自编教材和教科书。"①

在这之后，各级教育行政组织的管理权限有了一些具体的变化：

第一，把部分由中央教育部直接管理的大学、高等专业学校移交给地方或者中央业务部门来管理，具体是把以前由中央教育部所管辖的 53 所高等教育机构中的 39 所移交给省、市、自治区，7 所移交给业务部门，只留下清华大学、北京大学等 7 所由中央教育行政组织直接管理。另外把由中央各部管辖的 47 所高等专业学校中的 21 所移交给地方。这样当时的 229 所大专院校中的 187 所院校就归地方管辖了。

第二，对中等专业学校的管理权限也大幅度地移交给地方。以前由中央直接管理的中等专业学校有 252 所，其中 154 所移交给地方管理。另外把 114 所技工学校中的 75 所也从中央移交给了地方。

以上这些是新中国成立以来对教育行政体制的第一次改革，改革的中心是强调地方政府对教育事业负的领导、管理的责任。但由于中央政府放权后，缺乏对我国教育发展的宏观控制，加之地方政府和地方教育行政组织缺乏对我国教育、特别是对高等教育的管理经验等，产生了地方盲目发展教育的问题，主要反映在高等教育的发展方面。1957 年，我国高等教育机构（包括大学和高等专业院校）中的在学人数为 44 万人，到 1959 年，增加到 81 万人。再有，1956 年高等学校数有 229 所，1958 年又新建 800 余所，同年全国高等教育机构数已达千余所。教育的快速发展脱离了我国社会发展的实际，特别是经济发展现状。因此，随之而来的必然是对教育发展速度的调整，也就是减速。从以上事实可以看出，这次中央教育行政组织向地方教育行政组织下放一部分权力的改革并未取得预期的成功。

1961 年之后，为了纠正教育行政工作中出现的诸多问题，进行了教育行政的调整工作。1961 年年初，中央批转了中央文教小组的《关于 1961 年

---

① 中央教育科学研究所：《中华人民共和国教育大事记》(1949—1982)，228 页，北京，教育科学出版社，1984。

和今后一个时期文化教育工作安排的报告》①。报告指出："新中国成立以来，特别是 1958 年'大跃进'以来，文化教育工作基本上适应了经济基础和生产力发展的需要……但也还有一些不相适应的地方，工作中还存在着不少问题和缺点……"提出："当前文化教育工作必须贯彻执行调整、巩固、充实、提高的方针。"②在这一方针指引下，高等学校及中等专业学校在缩短战线、压缩规模、合理布局、提高教学质量等方面有所推进。特别是 1961 年制定的《高教六十条》纠正了 1958 年以来许多不切实际的过左的东西。为了加强对教育的领导和管理，1963 年中共中央、国务院颁发了《关于加强高等学校统一领导、分级管理的决定(试行草案)》。该《决定》强调指出，对教育事业问题的处理，各地方各业务部门都必须贯彻实施中央统一规定的指导方针和政策，必须实行中央制定的全国统一的重要规定和教育计划。同时对教育部、中央各业务部门与各省、市、自治区人民委员会的行政权限也做了同样的规定。总之，这个决定表明，中央再一次对教育事业，特别是高等教育，加强集中统一的领导。以上这些变动被看做是教育行政体制的第二次改革。

"文化大革命"期间(1966—1976)，《关于加强高等学校统一领导、分级管理的决定》遭到破坏。"文化大革命"结束，中央统一领导下的分级管理的教育行政体制又一次得到恢复。

从 1963 年至今的教育管理体制改革的历史实践中，我们可以看到，教育行政体制在某种程度上影响着我国教育行政的效率，或者说它存在着阻碍教育行政效率的一些弊端。特别是党的十一届三中全会以来，我国经济体制、政治体制改革，尤其是有计划的商品经济的发展，大大促进了我国教育事业的发展，冲击了原有教育管理体制，使我们清楚地看到，教育管理权过分集中不利于教育的发展，发展教育必须放权，以使教育更加适应社会主义建设的需要。1985 年《中共中央关于教育体制改革的决定》(以下简称《1985 年决定》)拉开了第三次教育行政体制改革的序幕。《1985 年决

---

① 中央教育科学研究所：《中华人民共和国教育大事记》(1949—1982)，228～289 页，北京，教育科学出版社，1984。

② 中央教育科学研究所：《中华人民共和国教育大事记》(1949—1982)，228～289 页，北京，教育科学出版社，1984。

定》指出："必须从教育体制入手，有系统地进行改革。改革管理体制，在加强宏观管理的同时，坚决实行简政放权，扩大学校办学自主权，调整教育机构，相应地改革劳动人事制度。还要改革同社会主义现代化建设不相适应的教育思想，教育内容，教育方法。"可以说，《1985年决定》为教育行政体制改革指明了方向，也指明了我国教育行政体制改革的内容。概括起来讲，就是中央放权给地方，教育领导部门放权给校长，政府放权给社会。

具体地讲：

第一，中央放权给地方。

主要是将发展基础教育的责任交给地方政府，实施"基础教育由地方负责，分级管理"的原则，以调动地方政府和广大群众的办学积极性。1985年，《中共中央关于教育体制改革的决定》指出："实行九年制义务教育，实行基础教育由地方负责、分级管理的原则，是发展我国教育事业、改革我国教育体制的基础一环。"之后，1993年《中国教育改革的发展纲要》及其实施意见等均提出继续完善基础教育主要由地方负责、分级管理的体制。根据各地实际，加大县级人民政府对教育经费、教师管理和校长任免等方面的统筹权。改革实践进程中，基础教育由地方负责，分级管理的体制在一定程度上调动了地方政府和广大群众的办学积极性，我国基础教育获得了较快的发展。根据教育部发布的《2006年全国教育事业发展统计公报》，到2006年年底，全国实现"两基"验收的县（市、区）累计达到2973个（含其他县级行政区划单位205个），占全国总县数的96％，"两基"人口覆盖率达到98％。

但是这一行政体制在实施的过程中也出现了一些问题。例如，由于1994年分税制改革，财政权力上移，一些乡镇政府无力承担义务教育的庞大开支，造成许多地方拖欠教师工资、学校危房无钱改造、学校举债运转的问题。又如，中央把基础教育的权力下移到地方，地方又逐级下移部分权力直至乡镇，由于各地经济发展不均衡，义务教育的管理重心过于向下，造成义务教育的投入差距拉大。在一些经济困难的地方，基础教育经费难以落实，形成了较为严重的拖欠教师工资，向农民摊派教育经费和乱集资、乱收费的问题。义务教育的巨大投入差距，拉大了基础教育的校际差距，出现了许多薄弱学校，一定程度上导致教师的单向流动和学生"择校热"，造成义务教育的不均衡发展，教育公平问题凸显。对此，2001 年 5 月，国务院做出了《关于基础教育改革与发展的决定》，其中明确提出：农村义务教育实行在国务院领导下，由地方政府负责、分级管理、以县为主的体制。2002 年 5 月国务院办公厅发出了《关于完善农村义务教育管理体制的通知》。通知中明确了各级政府对农村义务教育的领导和管理责任。这标志着我国农村义务教育管理体制的又一次重大转变：管理权限由乡镇上收到县。①

在我国高等教育行政改革的中央与地方的关系上，这一阶段调整的中心是进一步确立中央与省（自治区、直辖市）分级管理、分级负责的教育管理体制。到 2000 年年底，中央政府直接管理普通高等学校从 1993 年的 358 所减少到了约 116 所。同时，中央集中力量办好和建设好一部分关系国家经济、社会发展全局的重点大学和重大教育工程项目。如 1993 年原国家教委实施的"211 工程"重点建设项目，1998 年教育部设立的"创建世界一流大学计划"（简称"985 计划"）等。

第二，扩大高校办学自主权。

扩大学校的办学自主权不仅在高校，中小学校也通过推行校长负责制，加强与扩大学校办学的自主权。但重点是扩大高校的办学自主权。因为改革政府对高等教育统得过多的问题，是我国推进高等教育发展的关键。

受西方 20 世纪 70 年代末以来以"高效"、"灵活"、"低成本"而著称的新公共管理运动的影响，我国在高等教育方面积极调整政府与学校之间的关系。主要做法是：在招生、专业调整、机构设置、干部任免、经费使用、职称评定、工资分配和国际交流等方面，分别不同情况，进一步扩大高等学校办学自主权，使学校建立起主动适应经济建设和社会发展需要的自我发展、自我约束、自我激励的运行机制②；在政府管理学校的方式上，高等教育由政府对学校的直接行政管理，转变为运用立法、拨款、规划、信息服务、政策指导和必要的行政手段，进行宏观管理。

1998 年，政府对中央教育管理部门等政府组织进行了重大重组，将原

---

① 张玉芳、黄辉：《对以县为主的农村义务教育管理体制的思考》，载《当代教育科学》，2005(3)。

② 杨德广：《高等教育公理学》，31 页，上海，上海教育出版社，2006。

国家教育委员会更名为国家教育部，对其职责和权限作了相应的调整。新的国家教育部的职能由过去国家教委对高等学校实行直接的行政管理转向宏观的统筹规划与管理①。在教育部与其他部委的关系上，扭转了高教部门办学条块分割的局面。1998 年 11 月李岚清同志在扬州召开的高教体制改革经验交流会上提出的"共建、调整、合作、合并"的八字方针，全面部署了加大改革力度、加快改革步伐、全面推进改革的任务。据统计，截至2004 年 6 月，中国的普通高等校数达到了 1683 所，其中民办高校 214 所（不包括香港、澳门、台湾地区的高等学校）。在 1469 所公办高等学校中，教育部所属院校 73 所，占公办高校总数的 5％；其他中央部委所属院校所，占总数的 2.6％；而地方政府所属院校 1358 所，占总数的 92.4％。②

第三，政府利用社会资源与发挥社会力量。

在充分认识到"国家包揽办学"不符合"穷国办大教育"的国情的基础上，20 世纪 80 年代以来，政府积极鼓励和支持"社会力量办学"。1987 年国家教育委员会发布了《关于社会力量办学的若干暂行规定》，1997 年国务院颁布了《社会力量办学条例》以及《中外合作办学条例》、《民办教育促进法》等法规政策有力地引导和推动了我国民办教育的发展。从 20 世纪 80 年代起，公办教育一统天下的局面开始打破，各种私立、社会力量办学的学校如雨后春笋般发展起来。特别是《民办教育促进法》的实施，它已成为我国民办教育腾飞的新起点。目前，我国已经初步形成了一定规模、多门类、多学科的民办教育体系。据有关部门统计：到 2000 年，具有独立颁发学历文凭资格的民办学校 43 所，比上年增加 6 所，到 2001 年已经增加到 73 所，民办非学历高等教育机构 1282 所，比上年增加 42 所③。根据 2003 年全国教育事业发展统计公报，截止到 2003 年，全国共有民办普通高等学校和民办的其他高等教育机构共注册 181.4 万人④。从这一系列数据中可以看出：我国民办教育的规模不断扩大，注册的学生不断增加，民办教育在公共教育

---

① 杨德广：《高等教育公理学》，31 页，上海，上海教育出版社，2006。

② 胡建华：《中国高等教育管理体制改革分析》，载《南京师大学报》，2005(4)。

③ 金忠明，李若驰，王冠等：《中国民办教育史》，422 页，北京，中国社会学科出版社，2003。

④ 房剑森：《中国民办教育发展报告》，北京，中国社会学科出版社，2003。

体制中的比重不断加大①。可以预见，民办教育将在整个教育体系中处于更为重要的地位。

纵观第三次教育行政体制改革，应该说取得了重大成果。正如 2002 年《全国教育事业第十个五年计划》指出的："教育管理体制改革取得决定性进展。中等及中等以下教育实行'地方负责、分级管理'的体制，取得了明显成效；国务院部门所属高等学校管理体制改革任务基本完成，布局结构调整实现重大突破，部门办学、条块分割的局面得到了根本性扭转。……学校办学自主权进一步扩大。学校内部管理体制改革向纵深发展，招生、收费、考试、毕业生就业制度改革不断深化。高等学校后勤社会化改革全面展开。……教育资源配置日趋合理，校均规模逐年扩大，办学效益不断提高。"归纳起来：

第一，表现为人们在教育行政体制方面，有了一个观念上的转变。那就是，以前人们普遍认为教育同政治、经济一样，应该强调实行高度集中的管理，这是社会主义领导体制的特点。因此各级地方及校长必须按统一规定办教育。其结果就使整个教育发展脱离了我国地域广大，各地区政治、经济、文化发展不平衡的状况而陷于全国划一、僵化的状态。从我国实践及考察国外教育行政体制及教育的发展中，人们开始认识到，教育管理实行中央集权还是地方分权，主要是由于各国历史情况造成的，与各国社会制度并无必然联系。在当代世界范围的教育改革中，教育管理实行中央集权的国家，加强了地方和学校的管理权；反之，实行教育管理分权的国家则强调加强国家对教育事业的统一管理。

第二，放权之后，各级地方与学校办教育的积极性获得了相当程度的发挥。"在国家宏观指导下，初步建立起了基础教育主要由地方负责，分级管理的体制，农村基础教育实行县、乡、村三级管理，以县管为主的体制，加快了普及义务教育的进程。"②

第三，在改革实践中，不断地以教育法律和教育法规的形式将以上的改革内容确定下来，进而以教育法规去规范这一改革，并且根据社会政治、

---

① 王旭：《从民办教育的发展看未来的公共教育体制》，载《柳州师专学报》，2006(1)。
② 教育部：《2006 年全国教育事业发展统计公报》，北京，中国教育部发布，2007。

经济的发展不断完善与修订教育法律、法规。例如，1986 年颁布并于 2006 年修订的《义务教育法》、1992 年出台的《义务教育法实施细则》、1987 年国家教委、财政部颁发的《关于农村基础教育管理体制改革若干问题的意见》等，都进一步对中央和地方各级的基础教育政权划分原则作了具体规定。又如，1986 年国务院发布的《高等教育管理职责暂行规定》，1987 年国家教委发布的《关于扩大普通高等学校录取新生工作权限的规定》和《关于高等学校基本建设管理职责暂行办法》，1998 年颁布的《高等教育法》这些文件，都进一步对政府与高校的管理职责进行了划分。

但是，在改革中，由于分权之后，缺乏中央必要的宏观管理，更明确地讲，是政府按照职能转换的原则干预教育的行为不到位，致使教育事业发展出现了一些混乱，也暴露出新的管理体制中诸多不完善的地方。如高等教育方面，盲目建新校和学校盲目升格的现象。1978 年至 1988 年间，高校数由 598 所增加到 1075 所，10 年里就增长了近一倍，特别是 20 世纪 80 年代初期，几乎四五天就出现一所新学校。大量的新建学校耗去了相当数额的教育经费，使得本来就不够宽裕的教育资源得不到有效利用。另外，在我国某些种类的专科还存在缺口的情况下，一些高等专科学校盲目向本科升级，而本科高校又都希望设硕士点、博士点或研究生院。这就形成了我国高等教育发展中的盲目追求高层次的问题。

再有，基础教育管理体制方面，管理权限的横向分配过于向普通行政即地方各级政府倾斜，致使出现在统筹地方经济、社会各方面的发展中，义务教育得不到应有的重视及经费保证，各级财政用于教育的部分随意性增大，教育行为短期化。尤其是 1994 年后，教育经费短缺情况更为加剧。1994 年，我国实行分税制改革，财政权力上移，一些乡镇政府无力承担义务教育的庞大开支，造成许多地方拖欠教师工资、学校危房无钱改造、学校举债运转，义务教育的财权和事权严重不符，在公共财政的名义下义务教育被架空；同时，义务教育乡镇办学造成学校布局分散，教育资源浪费严重。加上各地经济发展不均衡，义务教育的管理重心过于向下，造成义务教育的投入差距很大。尤其是贫困地区、少数民族地区的义务教育得不到有力的公共财政保障，流动人口的子女受教育权得不到保障等问题日益凸显，有损于教育的公平与公正原则。以上这些问题为教育改革提出了新的要求。

对此，2001 年 5 月，国务院做出了《关于基础教育改革与发展的决定》，该决定可以看做是教育行政体制改革的深化与延伸。《决定》提出：农村义务教育实行在国务院领导下，由地方政府负责、分级管理、以县为主的管理体制，表明教育行政体制改革开始把目光聚焦于日渐严峻的教育公平问题。2002 年 5 月国务院办公厅发出了《关于完善农村义务教育管理体制的通知》。该通知明确提出：农村义务教育实行在国务院领导下，由地方政府负责、分级管理、以县为主的体制。县级人民政府对农村义务教育负有主要责任，省、地(市)、乡等地方各级人民政府承担相应责任，中央政府给予必要的支持。这标志着我国农村义务教育管理体制的又一次重大转变：管理权限由乡镇上收到县。2002 年以来的农村税费改革、义务教育"一费制"的实施，以及 2005 年关于逐步实现免费义务教育的政策，是对以往改革中过度关注效率而造成的教育不公问题的根本扭转。在今后的教育体制改革中，应把促进教育公平作为重要的原则，不断推进教育的民主化进程。

纵观我国教育行政体制改革，在集权与分权的关系上，即在中央与地方教育行政权力职责划分问题的改革尝试中，我们认为没有取得预期效果的关键是并不在于某些权力该不该下放给地方与学校，而在于权力下放之后，中央对地方如何保持良好的沟通与联系，即有力的宏观调控。具体解释如下：

第一，下放权力给地方和学校，是现代教育发展的需要，是现代教育特征的直接反映，是一种大趋势。在我国由于市场经济的建立、体制的改革和文化的发展，使得教育日益复杂化、专业化、区域化，且变化速度加快。这些变化迫使教育组织要提高自身的反应速度和灵活性。而下放权力正是基本对策之一。

第二，分权的趋势并不意味着集权的无所作为。事实恰恰相反，就组织而言，由于下放权力造成诸多事业上的结合部，也由于进一步分权形成各个职能部门更依赖于其他部门，因此，组织协调工作和整体规划，宏观领导工作的重要性比以往更强。这就要求在下放权力的同时必须注意加强宏观调控这种另一类形式的集权。

所谓宏观调控，从过程上讲，实际就是依据教育发展的基本规律，运用间接调控手段或称之为管理方式，把地方、学校及各人的微观教育活动纳入宏观教育目标，使整个教育事业健康、高效地发展。因此我们说，加强中央对教育系统的宏观调控是处理好教育管理集权与分权的关键。宏观调控的内容有：

方向调控。统一制定教育的培养目标、方针、政策、法令。

进程调控。编制教育发展的长期规划，确定国民经济发展对各级各类人才需求的总需求量和构成比例，确定各类大学、各种专业的编制和标准，分配政府高等教育经费。

活动调控。规定招生方式、标准和分配原则，教师和学生的操作准则，财务制度等①。

加强宏观调控的手段有：

1. 计划调控。科学制定教育规划，解决对教育系统的管理，要加强统筹规划，确定各级各类教育发展的规模、速度、布局，抓好各种教育形式的协调，使教育事业从外部到内部都得到协调发展。

2. 行政调控。要加强政策指导，发挥教育政策、法令等的导向、协调和控制功能，要把握好教育政策的弹性幅度和稳定性。我国现行的教育政策弹性小且不够稳定，使教育系统的发展缺乏一个较大的回旋余地和相应的稳定，往往造成大起大落的发展变化。

3. 法律调控。要加强教育法规建设，健全的教育法规是现代教育的标志，是对教育系统进行控制、约束的手段。

1978 年党的十一届三中全会以来，我国的教育法规建设取得了巨大的进展，特别是《中华人民共和国义务教育法》、《中华人民共和国教师法》、《中华人民共和国教育法》、《未成年人保护法》、《中华人民共和国高等教育法》、《中华人民共和国民办教育促进法》、《中华人民共和国职业教育法》等教育法律的颁布和实施，极大地促进了我国教育事业的发展，尤其是基础教育事业的发展。但就教育法规建设整体而言，我们的任务还很繁重。

我们的教育法规还不够完备，有的规定还仅停留在政府决策阶段，教育法规的实施细则出台滞后，教育法规本身的质量需进一步提高。

---

① 帅相志：《市场经济与中国高等教育体制改革》，273 页，济南，山东人民出版社，2005。

教育法规实施不够有力。因此，应继续加强教育立法及教育法的实施工作，以保证教育系统的健康稳定发展。

4. 经济调控。突出教育投资的方向性，教育投资方向具有重要的管理学意义，也可以说教育投资就是一种有效的激励和惩罚的管理方式。许多国家就是采用经济资助对国内教育系统的发展实行合理的宏观控制。我国目前教育经费紧缺而又浪费严重，因此，应突出教育投资的方向性，使教育系统协调发展，使教育经费获得较好的效益。

5. 监督手段。加强教育督导与评价，健全的教育督导制度和教育评价系统是中央教育行政与地方教育行政保持沟通、紧密联系的有效形式。教育发达国家都非常重视教育督导、教育评价这种宏观调控管理方式。我国自 1986 年国务院批准国家教委重新设立督导司至今，普通教育督导制度已得到了基本的恢复重建，全国已正式建立起中央、省、地（市）、县四级教育机构，拥有了一支数量达 2.4 万人的专、兼职结合的督导队伍。特别是1991 年 4 月，国家教委公布了《教育督导暂行规定》，使教育督导有了法规依据。在贯彻落实《义务教育法》、《中国教育改革和发展纲要》等政策和法规的活动中，发挥了很好的执法监督作用。但是我国教育督导制度尚需完善，如健全教育督导评价制度、进一步明确各级教育督导机构的职责范围、充分发挥职能等。

总之，加强宏观调控是深化教育管理体制改革，解决集权与分权关系的一个关键性的问题。对教育发展的宏观调控就是通过以上诸种管理形式来实现的。

第三节　20 世纪 80 年代以来外国教育行政体制改革的例举

教育行政是国家行政的重要组成部分，各国教育行政体制受各自不同的政治理念、行政体制、文化传统的影响而不同。第二次世界大战后，各发达国家普遍关注并开始进行教育行政体制改革。尤其是 20 世纪 80 年代以来，随着各国对教育的关注程度加大，各国对教育行政体制的改革力度也随之加大，教育行政体制改革进入了一个重要的时期。原来实行教育行政中央集权制的国家正在采取措施，加强地方的管理权，而实行教育行政地方分权制的国家则采取措施，逐步强化中央的权限。① 发达国家教育行政体制改革的主要特征，可以概括为扬长避短，趋向均权化。②

一、美国

美国是一个以地方分权制为基础的国家，奉行"自治办教育"的思想，地方分权和行政运作上的民主是美国教育行政上的一个重要特点。美国的教育行政管理体系分为联邦、州、地方三个层次。美国联邦宪法规定，联邦政府并无教育行政权，教育行政权属于各州，而各州又将教育行政权委托给地方，故形成美国教育分权的特色。③ 美国联邦教育部代表国家对整个教育事业实行宏观管理，主要肩负国家财政援助、教育研究、教育统计等职责，处于指导和资助的地位。州教育部代表各州政府管理本州的教育事业，主要是协助地方完成教育计划和制定各种教育条件的最低标准。学区的教育管理机构负责管理辖区内学校的具体事务。从总体上说，美国教育行政管理的权力主要在各州政府及地方教育部门，联邦政府只是通过间接的方法对各州教育事业的发展及改革发挥其指导作用。

美国教育行政虽然以分权和民主著称，但近年来也有强调集权的动向。受苏联人造卫星发射成功的震动，考虑到国家安全，美国把教育置于事关国家安全的重要战略地位，对教育进行必要的干预。历史上，美国建国后200多年没有设中央教育行政机关。当时的联邦政府没有教育管理权限，对于教育事务极少参与，教育权限属于各州，大部分教育事务由地方政府独自负责。1979 年通过联邦教育部法案后，才正式成立独立的中央教育行政机构——联邦教育部。联邦教育部主要负责统一处理联邦教育政策和经费。联邦政府通过有条件的教育拨款对地方教育事业发展施加影响，从而把地方教育发展纳入联邦政府的规范和控制。如美国在 1988 年新设"大学基金委员会"，通过对具体职能的规定而加强了对大学的控制。对教育投入从 1989 年的 3530 亿美元增加到 1999 年的 6350 亿美元，教育投资已占美

---

① 杨德广：《高等教育管理学》，21 页，上海，上海教育出版社，2006。
② 陈永明等：《比较教育行政》，2 页，上海，华东师范大学出版社，2005。
③ 孙绵涛：《教育行政学》，57 页，武汉，华中师范大学出版社，1998。

国 GDP 的 7%以上，在发达国家中名列前茅。① 此外，美国政府还加强了地方学区的重组和合并。美国将小学区合并为大学区，既可达到教育行政的经济化和地方教育的均衡化发展，也可达到教育的整体规划的目的。②

20 世纪 90 年代以来，美国历任总统与联邦教育部都积极关注教育改革，制定教育发展规划，从宏观上推动美国教育的整体发展。1997 年 2 月，克林顿发表题为《作好准备，迎接 21 世纪》的演说，在教育改革方面提出了 21 世纪要达到的三大目标和十大措施。③ 此外，联邦政府还积极规划组织各种教育改革政策措施，尤其是制定全美教育发展战略及其教育课程达标期限，提出建立全国教育质量标准和与此相应的考试制度，1999 年举办全国性的四年级学生阅读考试和八年级学生的数学考试，检验和评估各地是否达到对核心学科既定的质量标准。④ 克林顿政府提出《2000 年目标：美国教育法》，表明美国在教育改革上决心进一步强化联邦政府的主导作用。

2001 年 1 月 23 日，美国新任总统乔治・W・布什向国会提交了题为《绝不让一个孩子落伍》的基础教育改革法案，在 2002 年 3 月宣布了教育部未来五年的战略计划，提出了六大目标：

1. 创建一种实现目标的文化氛围，措施原则是责任心、灵活性、扩大家长择校机会等；

2. 提高学生成绩，措施主要有阅读优先，促进数学和科学教学，改革教学，提高教师和校长素质等；

3. 改善学校环境，加强品德培养；

4. 使教育成为以事实为依据的领域，提高教育科研；

5. 发展中学后教育和成人教育；

6. 建立优质教育管理系统，在教育内部形成一种负责任的文化氛围。⑤

通过这些政府法律、法令和战略规划，联邦政府的教育行政力量正在

---

① 陈永明等：《比较教育行政》，11～12 页，上海：华东师范大学出版社，2005。
② 孙绵涛：《教育行政学》，57 页，武汉，华中师范大学出版社，1998。
③ 钱源伟：《基础教育改革研究》，34 页，上海，上海科技教育出版社，2003。
④ 陈永明等：《比较教育行政》，11～12 页，上海，华东师范大学出版社，2005。
⑤ 中国驻美使馆教育处：《美联邦教育部颁布未来 5 年战略计划》，载《世界教育信息》，2002(11)。

逐步加强，也表明美国的教育行政管理体制出现集权的趋向。

但是美国强调联邦政府主导作用也是有限度的。由于地方分权的政体，美国历来重视并尊重各州和地方的作用，在教育改革上也不例外。为了免于对传统的地方权限的削弱，美国议会强调："关于教育的权限和责任，保留给地方学区一级州所规定的其他机关。"同时，正是考虑到这一点，《2000年目标》自始至终强调自愿的原则，而且在编订标准上，既有国家水准，又允许有州水准。

二、英国

英国教育行政的特色是中央和地方密切合作，重视中央和地方教育行政机关的沟通与协调，中央和地方的权限根据国会立法确定。英国政府的立场是"不希望使自己陷入到宪法规定由大学自己负责的事务中去，但也不会把由政府本身来承担更为合适的任务强加给学校。"由于英国四大区域之间的差异很大，各自的教育行政和财政体制也各不相同。

英国的教育行政管理体系分为中央、地方和学校三级。[1] 英国的中央教育行政由教育技能部负责，主要指导地方教育当局贯彻国家政策，一般不对学校进行直接管理。地方教育行政上，由于英国实行地方分权制，地方议会就是地方教育行政权力机构。地方教育委员会负责实施教育管理工作。中央教科部和地方机关的关系是伙伴与协商关系，不能直接指挥各地教育行政，只能通过国会的决定才能使自己的教育政策对地方当局产生制约，对地方执行情况进行督导。校级教育行政层次上，主要有校董事会、校议会、校评议会等具体处理学校的事务。[2]

从 20 世纪 80 年代中期开始，英国教育制度的基本权力结构开始改变，中央政府对教育的管理和控制加强，中央政府在基础教育方面的影响日益扩大。而在历史上，19 世纪上半叶前，英国的教育行政权力多属地方或私人，教育事业纯由私人及宗教团体经营，英国没有中央教育行政管理机关，中央政府对地方的教育也极少干预。后来，英国政府设置了教育委员会

---

① 史万兵：《教育行政管理》，92 页，北京，教育科学出版社，2005。
② 史万兵：《教育行政管理》，92～93 页，北京，教育科学出版社，2005。

(1900—1994)。英国的《1944年教育法》确定英国公共教育体系，对中央和地方教育行政体制进行重大的改革，为第二次世界大战后英国教育事业发展奠定了基础。

按照教育法规定，中央最高教育行政机关首长掌握国家教育政策的最后决定权，但又必须切实保障地方的自治权。[1] 为了加强国家对教育质量的监测和评估，英国国会于1988年7月29日通过《1988年教育改革法》，统一中小学课程。这在英国教育史上是一件开天辟地的大事，因为英国的中小学课程在此之前是不统一的和多样化的。法案规定在中小学开设两类课程，即核心课程（包括英语、数学和科学三门课程）和基础课程（包括现代外语、历史、技术、美术等），全国所有公立中小学义务教育阶段实行统一课程。[2] 全国统一课程的实施，有助于检查和评估，以加强中央政府的统一领导。英国自中小学义务教育阶段实行统一课程后，在每个阶段都有国家统一规定的成绩标准，每一位学生都要通过四次全国统一考试。[3] 此后，英国进一步加强了对教育质量的监测和评估。高等教育方面，1992年英国高等教育体制改革后，原来的多所科技学院更名为大学，由统一的高等教育基金委员会负责分配经费和评估指导。这样中央政府实际上扩大了高等教育管理权限，地方教育当局的权限被削弱。[4]

1994年，通过教育法案将教育委员会改为教育部，教育部又与科学部合并成为教育科学部。其主要职权为制定国家教育政策，而不直接管理学校，不决定学校的课程、教法，也不颁布课程标准，不组织教科书的出版。[5]

2001年6月，作为英国中央教育行政机关的"教育雇用部"被改称为"教育技能部"。中央教育技能部成立以后，制定《2002—2006英国教育发展目标》，确定了继续改革全国课程和考试制度等三方面的目标。中央教育行政

① 陈永明等：《比较教育行政》，16页，上海，华东师范大学出版社，2005。
② 钱源伟：《基础教育改革研究》，42页，上海，上海科技教育出版社，2003。
③ 钱源伟：《基础教育改革研究》，42页，上海，上海科技教育出版社，2003。
④ 杨德广：《高等教育管理学》，25页，上海，上海教育出版社，2006。
⑤ 帅相志：《市场经济与中国高等教育体制改革》，81页，济南，山东人民出版社，2005。

开始对地方教育行政具有监督指挥权，中央的教育行政权力有所提高，从教育技能部和地方的教育行政部门的关系看，现行的英国教育行政既非严格的中央集权制，也非绝对的地方分权制，属于中央与地方共同合作制的类型。

三、法国

法国的教育行政特色是强有力的中央集权和专家领导。当前，法国教育行政单位在层次上分为中央，学区（法国有 26 个学区），省（府），及市镇村四级。① 中央教育行政机构是国民教育、青年和体育部，简称国民教育部。国民教育部几乎承担了全部的公共教育事务。地方教育行政机构包括学区和省级教育行政机构。省级以下的市镇村各级行政机构负责初等学校和保育学校的设施和管理工作，由于对教育方针、教育内容等重大问题的影响不大，所以没有独立的教育行政机构。②

法国是实行中央集权制的典型代表，几百年来法国视教育为国家事业，各种教育机构要受国家权力的指挥与监督。教育行政独立于一般行政，中央和地方是一种垂直的指挥及命令关系，中央政府统管的内容广泛而又具体，地方办学须要遵照中央政府的旨意。③ 但是在高度中央集权的教育行政体制下，学校与外部社会疏离，难以适应科学技术日益发达和产业日益现代化的当今世界趋势，教育本身也失去了应有的活力。这种教育行政管理体制逐渐遭到人们的抵制，促使政府通过不断的教育改革逐步淡化其集权的色彩，逐渐增大地方教育行政机关的权限。

从 1968 年开始，法国议会颁布了《高等教育方向指导法》，赋予地方大学区教育行政机关和高等教育机构较大的自主权，强调了大学的自主性和独立性，大学在行政、财政教学方面享有自治权，改变了国家任命大学区总长并由其同时兼任所辖大学区几所大学校长的传统做法。进入 20 世纪 80 年代以后，法国政府把教育放权活动推向深入，1982 年颁布的《地方分权

---

① 孙绵涛：《教育行政学》，49～50 页，武汉，华中师范大学出版社，1998。
② 萧宗六、贺乐凡：《中国教育行政学》，42 页，北京，人民教育出版社，2004。
③ 陈永明等：《比较教育行政》，19 页，上海，华东师范大学出版社，2005。

法》，扩大了地方自主权。从 1983/1984 年度起，国民教育部把职业培训交由各学区负责，把初中和高中学校的管理权交给了各省。① 1984 年法国新的《高教指导法》生效，通过法律规定高等教育机构具有教学、科研、行政和财务的自主权。1985 年后，法国初等学校的管理权由原来的市镇村委员会下放到市、镇教育行政。② 由于政局变更，1986 年上台的右翼新政府更加强调减少国家干预。1986 年制定的《高等教育改革法》（又称《德瓦凯法案》）明确指出：要减少国家对高校的干预，使其在经费、教学、科研、招生和管理等方面享有完全的自主权③。1989 年的《教育指导法》，将学校计划包括制定培训预测纲要和投资预测纲要的责任都下放给了学区和省教育行政部门。④ 同年，法国政府拟定的 2000 年教育发展规划，重申减少政府对教育的集权领导，确保学校享有自主权⑤。虽然法国在行政管理、人事安排、教学、科研和经费使用等方面向大学下放了不少权力，但总的说来，高等教育的立法权及校长的任命、经费的分配等重大事务的决定权仍在中央，所以中央集权制的特征并未改变。⑥

20 世纪 90 年代以来，法国政府把教育行政管理结构调整和课程教学作为教育改革的重点，明确了中央教育行政管理的基本职能是宏观指导，制定教育政策，并监控其落实情况，不是直接干预地方教育的发展。1990 年 6 月，国民教育部根据政令成立教育高级理事会。教育高级理事会根据地方分权的精神，引进新的合作伙伴如家长协会、校外团体和国内的各地方行政机构。1997 年，国民教育部颁布有关机构调整和人事放权的政令，教育部重新改组，将原来的 16 个司压缩为 11 个，改变以往教育行政部门僵化保守的形象，加强宏观规划职能和部门之间的横向联系，在学制、教育大纲、教学内容和师资管理方面逐步下放权力，如中小学教师由各级管理

① 萧宗六、贺乐凡：《中国教育行政学》，47 页，北京，人民教育出版社，2004。

② 帅相志：《市场经济与中国高等教育体制改革》，283 页，济南，山东人民出版社，2005。

③ 杨德广：《高等教育管理学》，22 页，上海，上海教育出版社，2006。

④ 萧宗六、贺乐凡：《中国教育行政学》，47 页，北京，人民教育出版社，2004。

⑤ 杨德广：《高等教育管理学》，22 页，上海，上海教育出版社，2006。

⑥ 史万兵：《教育行政管理》，95 页，北京，教育科学出版社，2005。

改为学区管理，教师在教学方面享有更大的自主权。①

如今，法国的教育行政管理体制正在沿着变孤立、僵化为综合、协调的总方向进行改革。从近 20 余年来法国教育改革的动向中，可以预见在未来一段时间里，法国将进一步下放教育行政权力，敞开各级教育机构的大门，推动教育机构面向社会、面向社区、面向实际，鼓励学校与企业界、经济界建立更多的各种形式的联系，这也将成为世界各国教育发展与改革的一种基本趋势。

四、德国

德国是个联邦制国家，德国教育行政的特色是文化自治，分权协调。②联邦宪法《基本法》规定，在整个学校制度、大学以及一般的艺术、文化等方面的立法权都是属于各州的权限，各个州可以根据自己州的文化、历史、地理、社会的情况自主决定，这就是所谓的"文化最高权力"。据此，德国建立了教育地方自治制，在文化教育的管理上实行联邦主义，即把文化教育的立法权、管理权交给各州。③ 联邦的权限不多，只是一般的监督和调节。

联邦德国高等教育教育行政管理体制分为以下几个层级：联邦、州和高校。④ 联邦的权限是宏观的、有限的和有侧重的，州政府对教育的管理则是全面的、经常的和具体的。

第二次世界大战后，联邦德国长期没有中央一级的教育领导机构，联邦政府对各级教育的监管，主要是通过各州的教育部执行的。由于各州教育自主，各州的教育内容、方法和管理都极不相同，这给联邦德国全国各地教育的均衡发展造成很大的障碍。1969 年 5 月，联邦德国宪法修改以后，联邦政府对高等教育的管理权限扩大。联邦政府有权颁布关于高等教育事业的一般原则和总纲，但不可对具体事务做出最终规定，使各州可以在此基础上制定进一步的具体的规定。1975 年 12 月制定《高等学校总纲法》，并

---

① 　陈永明等：《教育行政新论》，328 页，上海，华东师范大学出版社，2003。
② 　陈永明等：《比较教育行政》，23 页，上海，华东师范大学出版社，2005。
③ 　杨德广：《高等教育管理学》，25 页，上海，上海教育出版社，2006。
④ 　史万兵：《教育行政管理》，96 页，北京，教育科学出版社，2005。

授予联邦政府若干教育行政权力，如设立联邦教育行政机关——联邦教育科学部等。从此以后，联邦政府积极采用与各州合作及补助方式，以健全联邦和州之间的教育行政关系，旨在强化联邦政府的干预。1994 年成立的联邦教育学术研究技术部，旨在推进学术研究和科学技术一体化。同年，修改《基本法》，承认联邦政府对高等教育的作用。1998 年修改《高等教育大纲法》，进一步确认联邦政府对全国高等教育事业发展的地位与职责。这些变化表明，德国联邦政府对全国教育事业发展正在逐步扩大权限和加强职能，趋向于均权化。①

但是，德国的"联邦主义"是以尊重各州教育主权为前提的，联邦政府只能在教育方针、政策上进行宏观领导，不能进行直接具体领导，制订教育计划、组织管理实权仍在各州教育部。

现在德国各州议会通过立法和财政预算参与对学校教育发展的调控，州文化教育部则通过发布命令和指示以及制定教育发展规划来对学校教育进行监督。因此各州之间教育管理体制和教育财政制度（包括教育拨款、分配方式、政府和学校拥有的实权与义务）各不相同。②

五、俄罗斯

俄罗斯教育带有苏联时期教育的浓厚色彩。苏联也是教育行政体制实行中央集权制的代表之一。苏联解体后，俄罗斯联邦把协调集权与分权、统一与分散的关系，作为本国教育行政体制改革的中心任务，致力于理顺中央与各共和国、地方、学校的关系，明确各自管理权限。改革的明显的走势是将中央集中统一和部门条块分割的管理变为分级管理，实行联邦中央、共和国、地区三级分级管理体制③。各级分工合作，权责分明。

俄罗斯联邦中央的主要权限是制定教育政策，制定教育国家标准、教育的经费预算和拨款等宏观管理，由直接管理向间接管理过渡，由过去的行政命令向依靠经济、政策、法律和市场信息手段调控过渡。共和国的管

---

① 陈永明等：《比较教育行政》，25 页，上海，华东师范大学出版社，2005。
② 陈永明等：《比较教育行政》，24 页，上海，华东师范大学出版社，2005。
③ 史万兵：《教育行政管理》，102 页，北京，教育科学出版社，2005。

理主要是在保证俄罗斯教育政策统一的前提下，充分考虑和尊重民族、地区文化经济的差异性，适当分权，调动地方的积极性。共和国地区一级教育行政管理机关的基本职责是结合全国的要求，本地区、本民族的文化历史特点、经济条件，发展本地区的教育体系，为地区教育体系提供物质保障。①

俄罗斯自苏联解体后由计划经济艰难地向市场经济过渡，教育体制改革因社会发展需要而多样化。由于教育财政困难，俄罗斯试图推进教育行政的地方分权化。② 1993 年颁布的《俄罗斯联邦宪法》，规定联邦教育行政机构制定的教育政策和教育制度等必须以维持联邦的统一性为基本原则。联邦教育行政要在遵守既定原则的前提下尊重各自治体的教育运作实情，如各共和国教育行政机构既能称为"教育委员会"，又可叫做"教育部"。③ 1996 年教育部决定改变中央集权的教育管理体制，教育和学校享有相互选择的自由。④ 1999 年 7 月新改称的联邦"教育部"仍然沿袭传统，统管全俄从学前教育乃至高等教育的整个教育体系。其主要的权限和职责是：决定联邦教育政策和教育制度，建立与完善联邦教育法规；制定和执行国家教育预算；制定审查和认定有关所有教育机构设置与废除的基准；制定和颁布明示各教育机构设置基准的《标准规程》；制定联邦共同教育课程标准和示范性《标准学科课程》；依法对地方教育行政当局进行管理和指导；收集与公布教育统计数据以及向地方和教育机构提供信息情报；参加国际性教育援助和开发组织，等等。⑤

总之，俄罗斯联邦对教育行政权力进行了重新分配，适当赋予各联邦主体和地方自治机构一定的教育管理权力。不过，由于俄联邦是由 21 个共和国、6 个地方、10 个自治区、2 个特别市、1 个自治州、10 个自治管区等 89 个自治体、一百多个民族组成"联邦构成主体"的联邦制国家，为了避

---

① 史万兵：《教育行政管理》，102 页，北京，教育科学出版社，2005。
② 陈永明等：《教育行政新论》，319 页，上海，华东师范大学出版社，2003。
③ 陈永明等：《比较教育行政》，30～31 页，上海，华东师范大学出版社，2005。
④ 陈永明等：《教育行政新论》，319 页，上海，华东师范大学出版社，2003。
⑤ 陈永明等：《比较教育行政》，29～30 页，上海，华东师范大学出版社，2005。

免分裂，保证对全国的有效的领导，中央拥有的教育权力不会有太大的削弱。① 联邦中央的管理权力仍是主要和重要的。

六、日本

日本教育行政体制集中央集权和地方分权之长，既加强中央教育行政部门的统一领导，又充分发挥地方的积极性，彼此取长补短，教育行政的运作表现出集权与分权交织的态势，但也有表现出强化集权的走势。②

日本的教育行政单位分为中央，都、道、府、县，市、镇、村三级。③现阶段，日本参众两院各设有"教育常务委员会"，负责审查政府的教育方针、教育法规、教育计划等，是日本教育政策的最高审核、决策机构。文部省是日本教育管理的最高机构，在内阁统辖之下负责国家的教育、学术、文化及宗教等国家事务。文部大臣由内阁总理大臣任命，是中央教育行政机关的最高长官。文部大臣受首相的委托，主管全国的教育工作。④ 地方实行自治，教育行政管理机关是省市级和区街乡村级教育委员会，他们分别负责自治范围内的教育行政管理事务。⑤

第二次世界大战前，日本在教育行政体制上采取高度中央集权制，文部省统辖全国的教育行政机构。第二次世界大战后，在美国的影响下，日本又将教育分权作为教育管理的基本原则，削弱文部省的权力，其主要特色是民主化、地方分权化和教育行政从一般行政中独立出来。但是，实践上，这种过度的地方分权的政策措施成为推行国家教育政策的阻力，因而相继修改有关的教育法令，增加中央政府的教育行政实权。因此，从 20 世纪 50 年代以后，日本教育行政体制改革总的趋势是加强中央集权意识，扩大文部省的领导权力。文部省已不仅是提供指导、建议的咨询性机构，在一些方面对地方教育行政机构也有了相应的控制权力。⑥

---

① 肖玉梅：《高等教育行政管理学》，29～30 页，北京，中国人民大学出版社，2006。
② 孙绵涛：《教育行政学》，58 页，武汉，华中师范大学出版社，1998。
③ 孙绵涛：《教育行政学》，58 页，武汉，华中师范大学出版社，1998。
④ 陈永明等：《比较教育行政》，34 页，上海，华东师范大学出版社，2005。
⑤ 钱源伟：《基础教育改革研究》，32 页，上海，上海科技教育出版社，2003。
⑥ 肖玉梅：《高等教育行政管理学》，109 页，北京，中国人民大学出版社，2006。

　　20 世纪 80 年代以来，日本政府通过组织全国性高等教育改革加强了中央对高等学校的控制权，甚至出现修改《基本教育法》以恢复天皇对教育的影响的动向①。1984 年 8 月，日本成立超越于"中央教育审议会"的、直属总理大臣的"临时教育审议会"，推行以"多样化、灵活化、国际化"为核心的教育改革方案。②

　　进入 20 世纪 90 年代，日本进行战后第三次教育改革，改变过去统得过死、过多的办法，给予高校以更多的自主权。1996 年 7 月通过的《科学技术基础计划》，制定了新一轮改革纲要，核心内容包括进行制度创新，建立能"伸展个性，提供多样性选择"的学校制度等。③ 1998 年 9 月中央教育审议会发布的咨询报告《关于今后地方教育行政的发展》指出，由于对学校过强的制度控制，学校之间缺乏横向竞争的机制和意识，从而造成公立学校整体上的个性缺失。政府主导的主要改革目标是在地方分权的基础上，确立学校的资助性和自律性，把学校从官僚行政管理体制的强力约束下解放出来，把课程管理权适当下放到学校基层，让学校自主管理和自律运营。④ 2001 年 1 月日本文部省制订了《21 世纪教育新生计划》（又称长虹计划），确立了 21 世纪初日本基础教育改革的基本方针，包括增强学校管理的自主权等六个方面的举措。⑤

　　进入 21 世纪后，日本政府进行了以"提高行政效率"为目标的行政改革，其主要特点是精简机构，简政放权；对中央政府和地方政府的职能重新定位，对义务教育经费承担比率重新确定等。⑥ 经过日本中央行政机构组织改革重组，2001 年新改名的文部科学省下设大臣官房、国际事务官、终身学习政策局、初等中等教育局、高等教育局、科学技术与学术政策局、研究振兴局、研究开发局、体育与青少年局、文化厅等机构。⑦

①　肖玉梅：《高等教育行政管理学》，110 页，北京，中国人民大学出版社．2006。
②　史万兵：《教育行政管理》，104 页，北京，教育科学出版社，2005。
③　钱源伟：《基础教育改革研究》，25 页，上海，上海科技教育出版社，2003。
④　钱源伟：《基础教育改革研究》，39 页，上海，上海科技教育出版社，2003。
⑤　钱源伟：《基础教育改革研究》，37 页，上海，上海科技教育出版社，2003。
⑥　陈永明等：《教育行政新论》，331 页，上海，华东师范大学出版社，2003。
⑦　陈永明等：《比较教育行政》，35 页，上海，华东师范大学出版社，2005。

在理顺中央与地方的关系、明确中央与地方在教育管理方面的职责权限的基础上，日本已建立了既有中央的有力的集中领导，又能充分调动地方教育积极性的合作型领导体制。① 在均权制度下，中央教育行政负责制定教育方针及政策、各种教育规定、全国教育发展规划、教育课程的最低标准和全国教育统计，等等。地方则遵照既定的全国性目标和标准，根据地方的需要，拟订具体计划并付诸实施。中央注重指导和监督，地方注重执行和创新。②

从教育行政体制上看，无论是分权国家还是集权国家，各国对教育大都实行分级管理。作为基础教育重要组成部分的义务教育，多由基层地方政府主管，但公共投资则由各级政府共同负担，中央或较高层次的政府甚至负有更大的投资责任。③

纵观主要发达国家教育行政体制改革的演变过程，从中了解到的特征及获得的启示，主要有四个方面：

第一，各国政府参与或主导教育改革意向日益加强；

第二，各级政府教育行政权限趋于职责化与统合化；

第三，集权的逐步分权，分权的逐渐集权，趋向均权化；

第四，中央重在规划和指导监督，地方重在执行与创新。④

思考题

1. 简述教育行政体制的含义及其在教育行政管理中的意义。

2. 教育行政的集权制与分权制的利弊是什么？

3. 如何看待不同类型的教育行政体制？

4. 我国现行的教育行政体制是什么？

5. 新中国成立以来，我国教育行政体制改革主要有哪些经验和教训？

6. 实现与加强教育行政宏观调控职能的主要途径和方法有哪些？

---

① 肖玉梅：《高等教育行政管理学》，北京，中国人民大学出版社 2006。
② 陈永明等：《比较教育行政》，34 页，上海，华东师范大学出版，2005。
③ 陈永明：《教育行政新论》，312 页，上海，华东师范大学出版社，2003。
④ 陈永明等：《比较教育行政》，41 页，上海，华东师范大学出版社，2005。

📖 资料链接

管理体制改革

（四十五）健全统筹有力、权责明确的教育管理体制。以简政放权和转变政府职能为重点，深化教育管理体制改革，提高公共教育服务水平。推进中央向地方放权、政府向学校放权，明确各级政府责任，规范学校办学行为，促进管办评分离，形成政事分开、权责明确、统筹协调、规范有序的教育管理体制。中央政府统一领导和管理国家教育事业，制定发展规划、方针政策和基本标准，优化学科专业、类型、层次结构和区域布局。整体部署教育改革试验，统筹区域协调发展。地方政府负责落实国家方针政策，开展教育改革试验，根据职责分工负责区域内教育改革、发展和稳定。

（四十六）加强省级政府教育统筹。进一步加大省级政府对区域内各级各类教育的统筹。统一管理义务教育，推进城乡义务教育均衡发展，依法落实发展义务教育的财政责任。促进普通高中和中等职业学校合理分布，加快普及高中阶段教育，重点扶持困难地区高中阶段教育发展。促进省域内职业教育协调发展和资源共享，支持行业、企业发展职业教育。完善以省级政府为主管理高等教育的体制，合理设置和调整高等学校及学科、专业布局，提高管理水平和办学质量。依法审批设立实施专科学历教育的高等学校，审批省级政府管理本科院校学士学位授予单位和已确定为硕士学位授予单位的学位授予点。完善省对省以下财政转移支付体制，加大对经济欠发达地区的支持力度。根据国家标准，结合本地实际，合理确定各级各类学校办学条件、教师编制等实施标准。统筹推进教育综合改革，促进教育区域协作，提高教育服务经济社会发展的水平。支持和督促市（地）、县级政府履行职责，发展管理好当地各类教育。

（四十七）转变政府教育管理职能。各级政府要切实履行统筹规划、政策引导、监督管理和提供公共教育服务的职责，建立、健全公共教育服务体系，逐步实现基本公共教育服务均等化，维护教育公平和教育秩序。改变直接管理学校的单一方式，综合应用立法、拨款、规划、信息服务、政策指导和必要的行政措施，减少不必要的行政干预。

　　提高政府决策的科学性和管理的有效性。规范决策程序，重大教育政策出台前要公开讨论，充分听取群众意见。成立教育咨询委员会，为教育改革和发展提供咨询论证，提高重大教育决策的科学性。建立和完善国家教育基本标准。成立国家教育质量监测、评估机构，定期发布监测评估报告。加强教育监督检查，完善教育问责机制。

　　培育专业教育服务机构。完善教育中介组织的准入、资助、监管和行业自律制度。积极发挥行业协会、专业学会、基金会等各类社会组织在教育公共治理中的作用。

　　资料来源：《国家中长期教育改革和发展规划纲要(2010—2020年)》，第十五章。

第三章　教育行政组织

第一节　教育行政组织及其职能

一、教育行政组织的含义及特征

现代社会科学一般把组织定义为：人们在共同目标基础上，按照一定形式联合起来的整体。组织作为管理学中的一个重要范畴，不仅具有上述一般的含义，还有其他各种特定的释义。归纳起来，有以下三种：

第一，组织是一种管理主体，是专门进行管理工作的组织机构。就是说，管理是由组织去进行的，从事管理活动的管理者同时作为组织的代表。

第二，组织是管理的客体或管理的对象，即管理是对组织的管理。

第三，组织是一种活动、工作、行为，或者说是一种管理职能。

管理学家一般认为，管理活动应包括建立组织、维持组织的存在及促进组织的发展等活动。这些活动也被称为组织。由此可见，在管理范围中，组织的确具有多种含义。这里需要强调说明的是，我们讲教育行政组织是指教育行政的主体，即把它作为教育行政机构来使用。实质上讲的是静态意义上的教育行政组织。在这个意义上，教育行政组织是一类行政组织或者说国家行政组织的一个构成部分，我们把它定义为：依据国家制定的教育方针、政策、法令以及规章制度等，领导和管理教育事业的机构。

教育行政组织有以下几个主要特征：

第一，教育行政组织是国家性质的社会组织，为国家权力所支持。就是说教育行政组织的全部活动内容，体现着国家的教育意志，代表着统治阶级的利益。在我国则为人民教育意愿的体现，人民利益的代表。此外，教育行政组织是运用国家权力，行使行政权，管理教育事业的机构。

第二，教育行政组织具有严密的体系性。世界各国虽然国家体制不尽相同，但作为管理政务行使国家行政权的行政组织，都形成了从中央政府到地方政府，依宪法和法律规定，上下沟通、密切配合的层阶式组织体系。教育行政组织也不例外。这是由于每一个教育行政组织都有一定的职权范围，承担一定的任务，在整个教育行政组织系统中占有一定的地位，同时每一个教育行政组织在实现其职能时，需要同上下左右的组织进行沟通与协调。

二、教育行政组织

(一)教育行政权力与教育行政组织职能

教育行政组织是教育行政权力的载体，教育行政组织的职能和其所拥有的教育行政权力有着非常密切的关系。教育行政体制一章中已指出，在教育行政权力分配过程中，逐渐形成了中央集权和地方分权这两种基本形态。从教育行政组织的决定职能而论，迪尔(E. Dale)认为集权与分权的程度是由下列因素决定的：

1. 各层级所作决定的数量：上层领导所作的决定数量越多，则集权程度越高；下层单位所作的决定越多，则分权程度越大。

2. 各层级所作决定的内容的重要性：上层领导所作决定的内容越重要，则集权程度越高；下层单位所作决定的内容越重要，则分权程度越大。

3. 各层级所作决定的事务范围：上层领导所作决定的事务范围越广，则集权程度越高；下层单位所作决定的事务范围越广，则分权程度越大。

4. 各层级作决定须上报核准的限制：下层单位作决定后必须报请上级领导核准时，则分权程度越低，并且，须上报核准的次数越多，就是分权程度越低。

在世界范围内由于各国的社会政治制度、国家体制、文化传统等方面的不同，使得国家、地方教育行政组织的职责和权限，彼此之间有一定的区别。但共通之处是教育行政实行中央集权制的国家，国家教育行政组织的权限相当广泛，一般有领导、检查或监督全国公、私立教育机构，确定学校教育政策，统一规定教学大纲等权力，而地方教育行政组织则为国家教育行政组织的代行机构。教育行政实行分权制的国家，国家教育行政组织的权力性职能相对较少，而省、州级地方教育行政组织则具有在本地区举办教育事业的独立自主的教育行政权。

(二)行政组织结构与教育行政组织设置

行政组织结构是指构成行政组织各要素的排列组合方式。行政组织的结构模式对行政组织的效能发挥具有重要的意义。

这里集中谈行政组织的纵向结构与横向结构。

1. 行政组织的纵向结构：即行政组织的层级结构，它是在对行政组织进行纵向垂直分工的基础上形成的层级节制的阶梯系统。

组织的层级结构有着古老的历史，最早见于《圣经》记载的希伯来人的领袖摩西的岳父耶特鲁提给摩西的建议。后来又称之为古典组织理论中的关于组织结构的等级原则，及现代组织管理理论中的分层次、按等级进行组织管理的重要原则。

德国的韦伯(M. Weber)对行政组织理论研究的突出贡献，就是提出了所谓理想的行政组织体系阶梯级金字塔式的组织结构，或称层峰组织结构。他主张："要实现一个组织的目标，就要把组织中的全部活动划分为各种基本的作业，作为公务配给组织中的各个成员。各种公职和职位按照职权等级原则组织起来，每一职位有明文规定的权利和义务，形成一个指挥体系或阶层体系。"[①]这一主张给组织理论以极大的影响，至今许多国家特别是发展中国家的行政组织结构模式依然是这样的。

当代西方管理理论中的决策理论学派的代表人西蒙(H. A. Simon)指出："复杂系统的组成差不多普遍存在着分层现象，这说明在结构原理上，存在着某种超出了人类组织特性之外的基本东西。"[②]

行政组织的层级结构一般是按纵向分为许多层次，上下层为领导与服从的关系。行政组织不同，其层级多寡也不同，但有一点是共同的，即上级任务偏重于原则的制定与决策，所需人数较少，下级任务偏重于具体执行，所需人数较多。可以说上下级关系是一种权力和责任分配的关系。所

---

① ［美］哈罗德·孔茨、西里尔·奥唐奈等：《管理学》，黄砥石、陶文达等译，4页，北京，中国社会科学出版社，1987。

② 齐振海：《管理哲学》，233页，北京，中国社会科学出版社，1988。

以不管在美国的学区组织图中，还是在我国教育行政组织系统中，都可以看到权力和责任的垂直联系。

在研究行政组织的纵向结构时，还必须探讨行政组织的层级与管理幅度的关系，这是因为管理幅度的限制，决定了在一切规模较大的组织中必须划分层次等级，同时行政组织的层次与管理幅度之间成反比关系，即行政组织的层级多，管理幅度则小；行政组织层级少，管理幅度则大。所谓管理幅度亦称控制幅度，是指一级行政组织或一个管理人员能有效地直接管辖、领导多少下级组织或人员。管理幅度是有限的，也就是说，一级行政组织或一个管理人员的控制能力是有限的，当他们直接指挥和协调下属组织和人员超过一定数量时，就不能实施有效的领导。因此，必须在掌握和确定适当的管理幅度的条件下，进行分层次、按等级的管理。

这里需要强调的是，管理幅度适当与否是能否建立层级合理的行政组织的关键，也是影响行政组织效能发挥的因素。美国一位管理学家指出："当管理幅度以算数级数增加时，管理者和下属间可能存在的相互交往的关系数，将以几何级数增加。"①实践中，管理幅度小，虽可使行政组织和管理人员有效地控制、协调下级组织和人员的活动，但势必要增多组织层级。组织层级的增多将带来管理活动中人力、财力支出的增大，信息传输渠道的延长，层阶间协调的困难等问题。管理幅度过大，虽可减少组织层级，消除层级过多的弊端，但又会产生因组织结构松散而难于控制等问题。对于行政组织层级与管理幅度之间的这种矛盾状态，人们多通过改善管理层级之间的相互关系来增大有效管理幅度，以减少管理层次来达到提高行政组织效能的目的。

2. 行政组织的横向结构：即行政组织的部门结构，它是在对各级行政组织内部工作进行水平分工的基础上形成的，是行政组织活动和组织工作日趋复杂、行政组织结构日益庞大、组织功能日益增多所致。

在管理实践中，一般按以下几种方法来分设行政组织的横向部门：

第一，按照业务工作性质来划分行政组织部门，即把性质相同或业务相似的工作进行归类，形成一个行政组织单位或部门，由该单位或部门全

---

① 齐振海：《管理哲学》，234页，北京，中国社会科学出版社，1988。

权负责该类工作。这是被广泛采用的划分行政组织部门的基本方法。目前我国和许多国家的各级行政组织部门的划分都是采用这种方法。教育行政组织内部的部门划分也是采用这种方法。这种方法的最大优点是，部门的职责明确，遵循了职业专业化的原则，有利于管理效能的提高。其明显的弱点是，由于权责过于集中，容易带来集权、本位主义及部门间协调的困难，从而降低行政组织的整体效能。

第二，按照功能来划分行政组织部门，即根据每个行政部门在整个行政组织中所发挥的不同作用来划分行政组织部门。根据这种方法，一般可以将一个行政组织划分为决策部门、执行部门、监督部门和信息反馈部门。行政组织的这种横向功能结构形式，构成了一个行政组织的全部活动过程。这些功能部门若能互相配合，就可以充分发挥行政组织的整体效能，较好地实现行政组织的管理目标。

第三，按工作程序来划分行政组织部门。

第四，按地区来划分行政组织部门。

第五，按服务对象来划分行政组织部门。

以上这些方法在实际行政组织横向部门的划分中，常常不是采用某一种方法，而是采用混合方法。这是因为行政组织的横向部门划分，实质上是行政组织为了实现其目标而对组织内部工作进行的一种专业分工。那么，衡量行政组织横向部门结构是否合理的标准，不是组织部门的划分形式与方法，而是能否高效、低耗地完成行政组织的目标与任务。

目前，我国和多数国家的行政组织结构类型是以层级——职能型为主。层级—职能型结构是以层级式结构为基础、在各级主管人员的领导之下设置相应的职能部门、实行主管人员统一指挥同职能专业部门相结合的行政组织结构形态。这种行政组织结构有两个显著特点：

第一，它是按照行政组织任务、业务工作的性质和管理职能来划分部门和设置组织结构的，突出专业分工。

第二，把管理部门和管理人员分为两类，一类是层级指挥机构和管理人员；一类是职能机构和管理人员。层级指挥机构和人员有权在自己的职责范围内进行决策，对下级组织及人员有指挥命令权，同时也对自己范围内的工作负有全部责任。而职能机构及人员，通常是在层级指挥人员的领导下，在业务范围内提供建议和进行业务指导。我们说这种行政组织结构是在充分利用层级式行政组织结构和单纯职能式行政组织结构的长处、摒弃其不足的基础上形成的，运用得当，将是一种有助于提高行政组织效能的较好的行政组织结构形态。[①]

(三)中国教育行政组织与职能

教育行政组织的纵向结构，按其行政主体或者按其所拥有的权限和所管辖的范围，可分为国家教育行政组织和地方教育行政组织。它们各有自己的职能。下面主要就我国的情况分别加以介绍。

1. 国家教育行政组织与职能

国家教育行政组织是指国家一级的教育行政组织，也有人称它为中央教育行政组织，它包括国务院和国家教育部。

国务院是国家的最高行政组织。根据《宪法》规定，中华人民共和国国务院对教育行使领导和管理的职权。从这个意义讲，国务院也是国家最高教育行政组织，它有依据《宪法》和法律制定教育行政法规、审定教育发展规划和财政预算、批准高等学校设置等权力与职能。按其主管业务的性质而言，它不是专门的教育行政组织。

教育部是国家一级的专门性的教育行政组织。它是国务院主管教育工作的一个职能部门，实质上是国家教育行政的执行机构。

教育部有其自身变革发展的历史，可简单概述为：1949 年 10 月成立文化教育委员会、教育部。1952 年 11 月增设高等教育部、体育运动委员会、扫除文盲工作委员会。1954 年扫除文盲工作委员会并入教育部。1958 年 2 月高等教育部并入教育部。1964 年 7 月恢复高等教育部。1970 年 6 月撤销教育部，成立国务院科教组。1975 年 1 月重新设立教育部。1985 年 6 月撤销教育部，建立国家教育委员会。国家教育委员会是国务院主管教育工作的一个综合职能部门，其基本职能在《中共中央关于教育体制改革的决定》中已明确："为了加强党和政府对教育工作的领导，成立国家教育委员会，负责掌握教育的大政方针，统筹整个教育事业的发展，协调各部门有关教育的工作，统一部署和指导教育体制的改革。"1998 年 3 月全国第十五届人

---

① 齐振海：《管理哲学》，北京，中国社会科学出版社，1988。

民代表大会通过了《政府机构改革方案》，方案提出按照精简、统一、效能的原则，调整政府组织结构，实行精兵简政，按照权责一致的原则，调整政府部门的职责权限，目标是建立办事高效、运转协调、行为规范的政府行政管理体系，完善国家公务员制度，建设高素质的专业化行政管理队伍，逐步建立适应社会主义市场经济体制的有中国特色的政府行政管理体制。在这一目标指导下，国务院组成部门从 40 个减少到 29 个，国家教育委员会更名为教育部，各级地方政府也要自上而下有步骤、有秩序地进行机构改革，精简机构和人员。这次机构改革是改革开放以来变化比较大、人员调整比较多的一次。从名称上讲，教育部取代了原国家教育委员会，其内部机构的精简也于 1998 年 8 月基本完成，现教育部内设机构为：办公厅、研究室、发展规划司、人事司、财务司、基础教育司、职业教育与成人教育司、高等教育司、民族教育司、师范教育司、教育督导团办公室、社会科学研究与思想政治工作司、高校学生司、科学技术司、体育卫生与艺术教育司、语言文学应用管理司、语言文字信息管理司、国际合作与交流司。从数量上看，比原教育委员会内设的 23 个部门，减少了 5 个，为 18 个。其职能也有部分划出与划入的调整，调整后的主要职能有[①]：

(1)研究拟定教育工作的方针、政策；起草有关教育的法律、法规草案。

(2)研究提出教育改革与发展战略和全国教育事业发展规划；拟定教育体制改革的政策以及教育发展的重点、结构、速度，指导并协调实施工作。

(3)统筹管理本部门教育经费；参与拟定筹措教育经费、教育拨款、教育基建投资的方针、政策；监督全国教育经费的筹措和使用情况；按有关规定管理国外对我国的教育援助、教育贷款。

(4)研究提出中等和初等教育各类学校的设置标准、教学基本要求、教学基本文件；组织审定中等和初等学校的统编教材；指导中等及中等以下各类教育的教育教学改革；组织对普及九年义务教育、扫除青壮年文盲工作的督导与评估。

(5)统筹管理普通高等教育、研究生教育以及高等职业教育、成人高等

---

① 资料来源：http://www.mon.cn/vebsite/info3445.htm.

教育、社会力量举办的高等教育、成人高等教育自学考试和继续教育等工作；研究提出高等学校设置标准，审核高等学校的设置、更名、撤销与调整；制定学科专业目录、教学基本文件，指导高等学校教育教学改革和高等教育评估工作；负责"211工程"的实施和协调工作。

(6)统筹和指导少数民族教育工作，协调对少数民族地区的教育援助。

(7)规划并指导高等学校的党建工作和各级各类学校的思想政治工作、品德教育工作、体育卫生与艺术教育工作及国防教育工作。

(8)主管全国的教师工作，制定各级各类教师资格标准并指导实施；研究提出各级各类学校的编制标准；统筹规划学校教师和管理人员的队伍建设工作。

(9)统筹管理各类高等学历教育的招生考试工作；制订各类高等学校招生计划；负责各类高等学历教育的学籍管理工作；管理高校毕业生就业制度改革，拟定高校毕业生就业政策，组织实施高校毕业生就业分配工作。

(10)规划并指导高等学校的自然科学和哲学、社会科学研究；宏观指导高等学校的高新技术应用研究与推广、科研成果转化和"产学研"结合等工作；协调并指导高等学校承担国家重大科研项目、国防科技攻关项目的实施工作；指导高等学校国家重点实验室、工程研究中心的发展建设。

(11)统筹管理并协调、指导教育系统的外事工作，拟定出国留学和来华留学管理工作的方针、政策；规划并协调、指导对外汉语教学工作；指导我驻外教育机构的工作；负责协调同香港、澳门特别行政区及台湾地区的教育交流。

(12)负责教育基本信息的统计、分析和发布。

(13)拟定国家语言文字工作的方针、政策；编制语言文字工作中长期规划；制定汉语和少数民族语言文字的规范和标准并组织协调监督检查；指导推广普通话和普通话测试工作。

(14)统筹规划学位工作，起草有关学位工作的法规；负责实施国家的学位制度；负责国际间学位对等、学位互认等工作；承办国务院学位委员会的有关具体工作。

(15)负责协调"中国联合国教科文组织全国委员会"各委员单位及其他部门、机构与联合国教科文组织开展教育、科技、文化等方面的合作与交流；负责与联合国教科文组织总部、亚太地区办事处、驻京办事处的联系与交流；负责与我国驻联合国教科文组织常设代表团的联络并指导其工作。

(16)承办国家科技教育领导小组交办事项。

(17)承办国务院交办的其他事项。

2. 地方教育行政组织与职能

地方教育行政组织是指一个国家的各级地方政府对教育事业进行组织、领导和管理的机构。在我国主要指各级地方人民政府及各级地方专门的教育行政机构。

各级地方人民政府。作为地方行政组织的省(自治区、直辖市)、市(地、州)、县(区)、乡(镇)人民政府，依照法律规定，管理本行政区域内的教育行政工作，因此省(自治区、直辖市)、市(地、州)、县(区)、乡(镇)人民政府也是地方教育行政机构。

地方专门性的教育行政组织。在各级人民政府内，设置各级专门性教育行政机构，具体为省、自治区教育厅，直辖市教育局；省辖市、自治州、地区教育局；县(区)教育局(科)，乡镇教育组，一般未设专门教育行政机构的，只设专门人员。目前我国地方专门的教育行政组织的设置也很不统一。特别是在1985年国家教委成立之后，一些省、地、县、乡也先后成立了相应的地方教育委员会。这些机构在各级地方政府的领导下，同时接受国家教育委员会及上一级教育行政机构的业务指导，具体管理本地区的教育工作。各级地方教育委员会在落实十五大通过的"政府机构改革方案"过程中，陆续更名为教育厅、局(科)等。

我国各级地方专门的教育行政机构的基本任务和主要职能是：贯彻执行中央的教育方针、政策和法令，以及上级教育行政部门的教育工作指示；负责本地区教育事业发展计划、基本建设、教育经费、干部和教师的管理工作；领导本地区各级各类学校教育和教学工作，并对厂矿企业举办的学校进行业务指导等。

我国各级地方专门性教育行政组织的横向结构及其内部部门的划分，因地区及层级的不同而有所不同，即使是同一层级的专门教育行政组织的内部设置也是各不相同的。一般情况是：

省、自治区、直辖市教育厅、局(教育委员会)内设有办公室、普通教育处、高等教育处、职业教育处、师范教育处、成人教育处、人事处、计划财务处。有些省、自治区、直辖市教育厅局内，还设有体育卫生处、学生政治思想处、校办厂处、教学研究室等。有些省、市还单独设立高教局、成人教育局。

地区(州)教育局内设置办公室、普通教育科、成人教育科、计划财务科、人事科。

直辖市所辖区、县教育局内一般设置办公室、中教科、小教科、人事科、成人教育科。有的还设有体育卫生科、幼教科、校办厂科等。一般县(市)教育局内设办公室、人事组、计财组、教育组、文化组。部分县(市)教育局内只设办公室，配备秘书、人事、财务、教育干事若干人。全局工作由局长、副局长分工处理。

乡镇教育行政工作多数由分工的乡、镇长主管，并设有专职教育助理处理日常工作。有的乡镇设有学校管理委员会(组)、工农成人教育委员会(组)、学前教育委员会(组)等组织。

以上是我国现行的地方教育行政组织系统，它是在新中国成立以来不断变动中形成的。就其纵向结构即组织系统的层次划分而言，新中国成立初期，全国设大行政区，大行政区内一般设有文教委员或文教部，那时的地方教育行政组织系统是由大行政区、省、市、县四级的一般教育行政组织和专门性教育行政组织构成。1954年，中央人民政府决定撤销大行政区制，撤销大行政区委员会及所属机构。因此，地方教育行政组织系统由省、市、县三级构成。1980年，国务院决定撤销20世纪50年代末建立的人民公社组织，成立乡(镇)人民政府。乡(镇)成为我国级别最低的政府机构。至此，我国地方教育行政组织系统由省、市、县、乡(镇)四级构成。就横向结构即每一级行政组织内部的部门设置而言，随着新中国成立以来教育事业规模的扩大，教育行政事务的日益繁杂，以及对部门机构设置的"上下对应"的强调，各层级的教育行政部门都在不断增加。

第二节　教育行政组织(机构)的改革

一、中国教育行政组织效率不高，效益不大的原因

提高教育行政组织的效率和效益是教育行政组织的改革和建设实践活动中要解决的重要课题和要达到的根本目标。

所谓效率，是指所完成的任务与时间、人力和物力消耗的相对量，或者说完成任务与所用的时间、人力、物力的比例。效率是对完成任务的速度和成本的数量要求。效益是就所完成的任务对社会需求的满足程度而言的，是关于完成某项任务的人力、物力的耗费同满足社会需求的相对值，这是对所完成任务的质量要求。效率和效益是衡量行政机构工作的两个相互联系的尺度。没有高的效率就不可能产生好的效益，而缺乏好的效益，所谓高的效率也就失去了它的实际意义。因此，提高教育行政组织的效率与效益是教育事业获得发展的保障。

一般说来，制约行政组织效率、效益的因素主要有：

第一，行政组织结构合理与否；

第二，行政工作程序安排设计因素；

第三，行政管理方式方法选择与运用的因素；

第四，行政机关工作人员的素质。

目前，在我国现行的教育行政体制下，教育行政组织的效率不高、效益不大的情况相当普遍。分析我国教育行政组织效率不高、效益不大的原因，主要有：

第一，行政组织职能实现不力；

第二，各级各类教育行政组织的职权范围不很明确，机构增减缺乏法律依据，从而导致机构层次多、部门林立、增减有随意性、机构中人浮于事的现象；

第三，教育行政的管理方式、技术有待改进；

第四，教育行政组织的领导者及一般工作人员的素质有待提高，特别是领导干部的素质不能适应教育事业发展的需要，干部结构不合理。

二、提高中国教育行政组织效率和效益的措施

从以上分析，我们可以得知，转变教育行政组织的职能、精简机构和提高教育行政领导干部和一般工作人员的素质，就是改变我国教育行政组织效率低、效益小的主要措施。

(一)转变教育行政组织的职能

教育行政组织的职能是指教育行政管理活动所具有的能力和作用，又指教育行政组织为实现其任务而进行的职务活动。

教育行政组织的职能行为是一个完整的体系，包括计划、组织、监督控制、指导服务等方面。计划职能是指确定教育发展的目标和实现目标的手段和程序。组织职能是指为达到教育目标而进行的组织教育系统的机构及机构的管理。监督控制职能是指为了保证计划顺利进行而采取的适当措施，以免出现偏差，偏离目标。监督控制主要采用行政监督和法律监督。指导服务职能即教育行政组织为下一级行政组织及各级各类教育机构提供信息、协调、资助及专业性技术指导与建议等，在决策环境和管理条件上施加影响。随着教育事业的发展及教育活动的日益复杂化，要求教育行政组织改变以监督控制，特别是对下级教育行政组织和教育机构直接控制为主的职务活动，突出计划职能和指导服务职能的发挥，以调动下级教育行政组织及教育机构的积极性，有效地促进教育活动的开展。这也是世界各国教育行政组织活动的一种发展趋势。

就教育行政的本质而言，教育行政组织的职能是与教育行政权力与责任紧密相关的概念。建立起教育行政组织的权力与责任的对应关系，使其职权与职责相一致，运用科学、严格的规章制度确认和规定各级教育行政组织的职权及职责，特别强调责任追究制度的完善与实施，是世界教育行政组织改革的重点之一。教育事业是公共事业，其维持与发展依托的是国家行政权力和财政收入，因此加大行政责任与公共责任的监督和追究是保证教育行政组织职权行使的合理有效并防止职权滥用的重要改革举措。

(二)使教育行政组织结构合理化

教育行政组织结构的不合理，机构臃肿、重叠、人浮于事是助长官僚主义、影响教育行政组织的效率与效益的客观原因。因此，要建设一个高

效的教育行政组织系统，关键在于进行精兵简政，合理设置教育行政机构。

第一，所设置的教育行政机构的数量、层次划分、规模大小都要有利于教育行政组织的效率与效益的实现。不能因人而设，也不能因一时需要而随意乱设。从这种观点出发，管理现代教育事业的教育行政组织必须精干，精干的根本是依据实际需要设置机构，为此，在纵向构成上，应不强求上下级组织之间的逐层对应。一般讲各国不同层级的教育行政在同一机构的设置上存在一定的对应关系，特别是集权国家，对应的程度大些，但不问实际需要，要求各级机构逐层对应，必然导致机构膨胀，所以，要强调依机构实际权限大小和业务的多寡设置机构，才能实现精干。在横向构成上，应抓住主要矛盾，增加机构的综合性。这是目前我国教育管理体制改革的一个重要内容。

第二，从系统论的观点出发，现代教育管理组织系统应该是一个由决策中心、执行系统、监督反馈系统构成的有机管理整体。决策部门的领导人不能多，多必然政出多门。执行系统人员应较多些，且应是实干的。监督反馈系统规模可以比执行系统小些，从职能上讲，监督反馈应检查监督指令执行的情况，并将情况反馈到决策中心，以便决策中心修正和完善指令，进一步指挥执行系统。从中可见，监督反馈系统的强弱是教育行政组织活动能否有活力的关键。在我国现行的教育行政机构设置上，决策、执行机构臃肿，层次重叠，人员冗多，而监督反馈系统则很不健全，机构少，人员不足，应该在实现教育行政组织的合理化过程中逐步加以改善。

第三，制定相关的教育行政组织法规，使各级教育行政机构的设置、特别是增减有法律依据，执行法律程序，受到法律约束。新中国成立以来政府机构及教育行政机构进行了多次精简调整的改革，但每次改革的成果得不到有效巩固，往往重新陷入精简—膨胀—再精简—再膨胀的怪圈中，原因很多，其中主要一个因素是缺乏法律约束。

（三）教育行政管理技术的改进

教育行政组织效率与效益和教育行政技术有直接的关系。改进行政技术通常是行政改革的一项内容。

第二次世界大战后，被称为"老三论"的系统论、控制论、信息论及被称为"新三论"的协同论、耗散结构论、突变论的产生与发展为管理手段技术的现代化奠定了理论基础。还有运筹学、人工智能等科学理论也对管理方式、方法产生了直接的影响。新技术革命，比如自动化、计算机控制等更直接地影响到教育行政管理的诸多方面。

过去二三十年及今后，教育行政管理技术的改进与发展的重点有二：

其一是教育行政管理手段的信息化。这要求教育行政管理系统的各级各类部门之间建立起信息网络，把分散的信息活动统一组织到信息系统中。这样每一个单独的管理活动就成了整体管理系统的一个部分，把各个分散的信息按要求纳入到一个统一的信息中心加以管理，并且利用信息的反馈控制各管理部门的行为而使之规范化和最优化，这是管理手段信息化的主要体现。这样的信息管理中心和信息网络必须有综合性的电子计算机系统作为保障。可以说我国各级教育行政机构在信息网络建设中投入了大量的资金与精力，取得了不小的成果。但总体上教育行政信息化基础结构还是比较薄弱的，主要表现在教育行政信息资源开发、利用的相关技术不足，网络基础设施不够完备，地方性教育行政统一网络不完备，教育行政组织工作人员掌握的通信技术和网络技术跟不上它们日新月异的发展。所以尚需加强信息在管理中的运用，务必把信息作为教育行政机构的一个基本要素，进一步健全信息管理系统。

其二是管理方式的民主化。实现管理方式的民主化的一个根本，是通过有效的制度安排使国民及相关利益者能实质性地参与教育政策的制定过程。此外是完善我国各级教育行政决策的咨询审议机构及促进其职能的有效发挥。

（四）提高教育行政组织工作人员的素质

提高教育行政组织的效率和效益的另一个措施是提高教育行政机关工作人员的素质。这是因为在制约行政组织效率和效益的诸因素中，人的因素，即行政机关人员的素质是最主要的因素。教育行政机关工作人员的素质是指心理方面固有的特点和胜任工作所应具备的基本条件，具体为政治思想素质、身体素质、文化业务素质、智能素质。新中国成立以来的很长时间里，我国对教育行政机关工作人员缺乏严格的、明确的素质要求，特别是文化业务素质方面。教育行政机关工作人员应该具有与其所从事的管理业务工作相适应的科学文化知识和专业知识。国外一般都通过对教育行政机关工作人员和学历资格要求来加以明确规定。我国 1993 年 10 月正式公布的《国家公务员暂行条例》，虽然比较明确地规定了公务员的素质要求，但其实施尚处于起始阶段。此外，由于十一届三中全会以来的改革开放、体制转化的深入推进，也使行政机关工作人员的政治思想素质、职业道德的提高面临着许多问题。从总体上讲，提高教育行政机关工作人员的素质，要通过全面有效地实施公务员制度，特别是大力加强工作人员的在职培训去实现。

第三节　外国教育行政组织变革的例举

由于各国政治、经济、文化及教育的快速发展，20 世纪 80 年代以来，世界多数国家对教育行政体制改革的力度不断增大，随着教育行政权力在中央、地方教育行政组织划分的调整，教育行政组织的结构、职能等也发生变化。

一、法国

法国在 20 世纪 80 年代以前是最典型的中央集权制国家，从 1982 年颁布地方分权法以来，法国开展了一系列去除中央集权化的措施，中央政府不断将举办各级教育的权力与责任下放到地方，推动地方自治。经过 20 多年的改革，法国虽然已经摆脱极端集权带来的困境，但从目前看来法国的教育行政仍具有中央集权偏向。

1982 年地方分权法将法国原有的地方二级行政体制改变为地区、省、市镇村三级行政体制，也对中央和地方应承担的教育责任重新进行了划分。中央制定教育政策、教育制度、课程标准，聘任教师（小学除外），主要负责高等教育的设置与管理，并提供初级中学与高级中学的部分教育经费及教职人员的人事经费。另外，中央教育行政机构有权督导全国各级学校，确保教育实施过程不偏离中央既定方向。而地方教育按照层级分为大学区、省、市镇村，分别负责部分大学与高级中学、初级中学、小学与幼儿园的设置与管理，对应地方教育各层级的政府必须参与在各级学校的兴建和事务管理中。值得注意的是，由于地区这个行政层级的增加，原本由大学区总长(国家内阁与总统直接任命,代表中央负责大学区内各级教育)全权掌管的教育主导权,现在将由大学区总长与地区行政首长共同承担。这在一定程度上体现了法国教育从集权向均权的转变,地方教育"二元主导权"已成为法国教育行政最新的特征之一。

在机构设置方面,1997 年国民教育部进行重新改组,将 16 个司整合为 11 个,精简机构、下发权力、专业化分工,在提高教育行政效率的同时给了学区和学校更多的自主权。

二、日本

第二次世界大战后的日本教育行政,由于美国的介入,在中央集权与地方分权之间抉择了很久。经过 9 年的分权尝试,努力推行民主和地方自治,但教育行政最终还是恢复为中央集权制。然而随着教育事业的发展,中央集权制暴露出越来越多的弊端和缺陷,改革势在必行。20 世纪 80 年代,日本展开了新一轮的教育改革。为了提高教育行政的绩效以及满足民众对教育的需求,中央教育行政机构即文部省进行了内部重组整合,同时对地方教育行政组织即都道府县特别是市町村的教育委员会进行改革,要求其承担更多的地方教育职责并赋予自治的权力。2001 年日本又进行了一次以"提高行政效率"为目标的改革,再次精简文部科学省的机构设置,实施独立行政法人制度,从而简政放权。这一系列改革措施可以看做日本教育行政对均权制的一种尝试。

三、美国

美国的行政体制决定了它的教育行政权不属于联邦而属于各州。各州行使教育主权,且授权地方负责部分教育事务,而联邦政府只能通过补助教育计划、开展教育研究以及统计教育数据的方式,间接影响各州教育的发展。然而长期的放任自主导致美国各个学区的教育水平差异十分显著,引起了美国联邦政府的关注。

1980 年为了加强联邦对教育的影响和控制,联邦政府正式将联邦卫生、教育和福利部下的教育署提升为内阁层级的联邦教育部。虽然教育行政权仍属于各州,但教育部作为中央级教育行政组织,能够通过经费、法律和政策等方式，宏观调节各州教育差异，拉近各州教育差距，实现教育机会均等。2002 年推动实施的"不让一个孩子掉队法案"（*No Child Left Behind Act*）明确指向提高各州学校的效能以及学生的学习能力与生存能力。联邦教育部给予地方充足的经费补助以及科研支持，并对各州施加压力要求其采取措施确保州内学校绩效的显著提高。近年来类似的联邦教育措施相继出台，如 2003 年的"预备美国人的未来——高中措施"、"数学及科学措施"等。联邦政府及教育部通过推行这样一些教育改革措施，正逐步扩大其对美国教育的影响力，从而进一步迈向教育行政的均权化。

四、英国

英国教育行政改革的特色在于多变。从 1944 年教育部成立到 2007 年原教育与技能部拆并为儿童、学校与家庭部和创新、大学与技能部，英国中央教育行政机构已经历了 5 次调整重组，每一次的改革都体现了中央政府对教育在国家发展中新的认识和需求。频繁的改革使得英国教育行政逐步染上中央集权的色彩，但同时也不断调整地方教育行政的职责与权力并给予学校自主发展的空间。总的来看英国教育行政仍属于均权制，英国教育行政的改革就是具有中央集权偏向的均权改革。

20 世纪 80 年代以来，英国的教育改革愈演愈烈。1988 年颁布的教育改革法明文规定全国实行统一课程并允许学校脱离地方教育局直接向中央申请教育经费，在加强中央对教育的控制的同时扩大学校的办学自主权，使地方教育局影响力迅速降低。1992 年教育（学校）法颁布后，中央政府成立教育标准局，全面督导学校各项事务。中央通过督导的方式直接参与学校的发展管理，进一步削弱了地方教育行政机构的权限。然而 1997 年后新政府执政后，不同的教育理念又开始重视地方教育管理的作用。中央政府先后出版的《地方教育局在学校教育的角色》（2000）、《实施准则——地方教育局与学校关系》（2001）、《教育与督导议案》（2006）等文件认为中央、学校和地方是教育事业的"伙伴"，应共同合作以提高教育水平。地方教育局（2004 年整合入地方当局）的职能由直接管理转变为提供策略指导和帮助、监督与评价等服务性工作。中央教育机构加强管理，地方当局转变角色协助办学，以及学校自主权扩大，三者共同合作为促进教育行政效率、提升教育水平奠定了良好基础。

思考题

1. 教育行政组织的含义及特点是什么？
2. 在教育行政管理中，为什么要重视教育行政组织的结构？
3. 各级教育行政组织的职能是什么？
4. 如何提高我国教育行政组织的效率和效能？
5. 外国教育行政机构改革对我国的启示与借鉴是什么？

资料链接

组织设计的七项规则

一、明确性

组织中的每一个管理部门，每一个人，特别是每一位管理人员，需要了解他属于哪里，处于什么地位，应该到哪里去取得所需要的信息、协作或决定，如何才能取得。明确性同简单绝不是一回事。事实上，有些看起来简单的组织却缺乏明确性，而有些似乎复杂的组织结构却有高度的明确性。

二、经济性

用于控制、监督、引导人们取得成绩的力量应该保持在最低限度。组织机构应该使人们能够自我控制，并鼓励人们自我激励。把他们的时间和注意力用于使机构运转即从事于"管理"和"组织"，内部控制、内部信息交流和认识问题的人，特别是有高度工作能力的人，应该保持在最低限度。

三、远景的方向

组织结构应该把个人和各个管理部门的远景指向取得成绩而不是指向做出努力，而且，它应该把远景指向取得成果，即指向整个组织的成绩。

四、理解本身的任务和共同的任务

一个组织应该使每个人，特别是每个管理人员和每个专业人员理解本身的任务。但是，一个组织同时也应该使每个人理解共同的任务即整个组织的任务。组织中的每一个成员，为了把他的努力同共同的利益联系起来，需要了解如何使他的任务适应整体的任务，以及整体的任务要求他自己的任务、贡献等。因此，组织结构需要促进而不是阻碍信息交流。

五、决策

组织的决策必须是在正确的课题上由恰当的组织层次来做出，必须使决策转化为工作和成就。因此，一种组织设计必须在它是阻碍还是加强决策过程方面进行检验。

六、稳定性和适应性

一个组织需要充分程度的稳定性。它必须在其周围的世界处于动乱时仍能进行工作，必须能以过去的成绩和成就为基础来进行建设，必须能规划其未来和连续性。但是，稳定性并不是僵硬性。一个极其僵硬化的组织结构是不稳定的，而且是脆弱的。

七、永存性和自我更新

最后，一个组织必须能够使它自己永存。它必须能够为它自己提供自我更新。这两种必要性包含着许多要求。一个组织必须能够从内部产生未来的领导者。要做到这点的一个最低的必要条件是，组织不应该有太多的管理层次。自治、自我更新的特点之一是，组织结构在每一个层次上培养和考察每一个人担任下一个更高层次职位的能力，特别是培养和考察目前的初、中级管理人员担任高级和高层职位的能力。

资料来源：［美］杜拉克：《杜拉克管理应用词典》，271～274页，王霆、弓剑炜等编译，北京，九州出版社，2002。

第四章　教育制度

第一节　教育制度与教育行政

一、教育制度的概念

什么是教育制度呢？广义地讲教育制度是指根据国家性质制定的教育目的、方针、设施和规章制度，包括各级各类教育机构的总称。另一种理解是专指各级各类学校教育制度，简称学制，其内容主要是：有哪几类学校，由谁主办和管理，它的性质和培养目标，实际的入学条件，学习年限以及学校间的衔接关系等。

从以上对教育制度概念的理解，可以看出教育制度广义的含义（前者）不仅指各种教育组织设施，如教育行政组织机构、学校教育机构、社会教育机构等，还包括教育政策。而狭义的理解（后者）指教育组织、机构的体系，特别强调突出学校教育系统，这是因为教育制度形成与发展是以学校教育制度为中心的。

二、教育制度与教育行政

教育制度，从另一个角度来看，也可以说是为实现一定的社会教育目的而建立起来的教育活动的组织系统。

教育制度就其产生和发展而言，它是受社会所制约的。也就是说，它是社会发展到一定历史阶段的产物，它的发展又取决于社会各种条件，所以我们可以说教育制度的产生发展是社会教育意向的具体化，或者说是社会政治、经济、文化等方面对教育需求的具体化。

在现代国家里，这种社会教育意向集中反映在教育政策中，并通过教育立法而体系化，最终经过教育行政过程而使其得以实现。在这个意义上，教育行政就是通过对教育法的执行，使教育政策得以实现。而这个实现过程，一般说来必须通过一定的组织，即教育制度。这样说来，教育行政是使教育制度机能得以发挥的条件。因此，教育制度的研究在教育行政学的领域中是很重要的。反之，教育行政学的研究也不能回避教育制度，因为教育行政学的产生和发展是以近代国家的社会政治经济发展为基础，以近代公共教育制度的建立发展为背景的。

至今，世界各国对于教育制度问题做了许多研究，取得了大量的成果。在这些研究中，广泛借用了其他领域的研究方法，例如，利用系统分析的方法进行教育制度的系统分析；利用比较的方法进行教育制度的类型研究；运用历史研究方法进行教育制度史的研究；运用教育行政学的研究方法进行有关教育制度问题的研究，具体来讲，有对教育制度法规的解释研究，有比较教育制度论的研究，还有对教育制度实践方面的研究。应该说，这些研究大大丰富了教育制度的研究，为教育制度的发展提供了理论依据。这里不想对以上研究作具体的介绍，仅想从教育政策、教育机构的角度谈谈教育制度与教育行政的关系。

从教育政策角度来看，教育行政与教育制度的关系，在一定意义上，教育制度的形成及其发展过程就是教育活动的组织化及发展过程。在这个过程中，教育政策、教育行政及学校管理是制约这个过程能否实现以及如何实现的三个重要因素。其中教育行政及学校管理承担着教育政策具体实施的任务。

什么是教育政策呢？教育政策是指政府（或有关的教育团体、组织）为实现社会发展总目标和教育目标所制订的各种意图、目的或教育活动的正式计划和方案。教育政策与一般政策一样，既具有一定程度的主观性，又具有合理性、现实性和可行性。前者指政策是一定环境下有计划、有目的的活动产物，是人们在实现某一既定目标过程中所做的价值选择的结果，是人们行为意向的体现，后者指政策是客观事物发展倾向的反映。

教育政策综合地回答了教育应该如何存在和发展的问题，它与教育目的、内容、方法、组织管理各个方面有着密切的联系。具体从教育制度与教育行政的关系来看，教育政策在教育行政活动中起着指导作用，它决定着教育制度实践发展的走向。如何实现这种发展呢？那就要通过教育行政活动使教育政策具体化，从而促进教育制度的发展及满足社会教育的需求。所以在教育行政领域中，许多学者从教育政策的角度来探讨教育制度的问题。

从教育机构角度来看，教育行政与教育制度的关系是：教育机构是以从事有关教育事业为主要目的，并具有专属的人力及物资设施，这种设施具有自身的目标，在管理者的管理之下，不断维持和推动教育事业发展。我们把这样的设施称为教育机构。这样的教育机构，除包括各级各类学校之外，还包括学前教育机关、图书馆、教育研究机构、教育人员进修设施、青少年的社会教育机构等。这些机构的合理组合，就构成了教育制度的主体部分，正如我们在教育制度概念中所讲的那样，这些教育机构是教育行政的工作对象。教育行政活动要通过以上这些教育机构才能完成。所以我们从教育行政工作对象的角度即教育机构的角度来看，教育行政与教育制度也有着密切的关系。

第二节　改革教育制度的视点

改革教育制度是指教育改革中关于教育制度，特别是学校制度的改革。一般说来，教育改革就是以新的教育观点去改变教育的过程。改革首要是充分认识教育现状中的问题，确定解决方案，并加以实施。但不要忘记，教育问题的解决是教育改革的中心，而教育问题的提出及解决方案的构想均以教育观念的确立为前提。无疑正确的教育观念的确定便是教育制度改革的出发点。

系统论的观点认为，教育制度是一个系统，并且是一个开放系统。作为一个系统，教育制度内部各构成要素之间的关系与相互作用，就构成其自身规律。作为一个开放系统，教育制度总是处在系统环境之中，就是说，教育制度总是与社会的政治、经济、文化等方面发生联系与交换作用。因此，改革教育制度必须从教育制度自身的规律及教育制度与社会各个方面的关系着眼。

一、科学技术的发展与教育制度改革

科学技术的发展给予教育制度以多方面的影响。历次具有重大影响的教育制度改革大多与科学技术的进步相联系。第二次世界大战之后，科学技术发展的结果使世界范围内掀起了教育改革的热潮。

现代科学的发展是以其指导思想和理论框架的根本变更为特点的，表现为高度的分化与高度综合的整体化、科学的数学化及知识的抽象化。现代技术的发展是以解放人的智力为根本特征的。新技术所带来的突出成果是知识密集型行业的增加和信息工业的发展。

未来学家与经济学家认为，新的信息社会与工业社会的根本区别就在于知识的传递与智力的开发问题上，知识需要不断地生产与更新。这就使得承担这一社会职能组织化了的教育面临着科学技术革命的挑战。教育制度必须随科学技术的发展而变革其不适应的部分，以推动社会的发展。具体些讲，教育的观念要改变；教育的组织要调整，特别是基础教育与成人教育要加强；教育的内容、方法要更新。总之，教育制度的各个方面都要回答科技发展所提出的问题。

二、经济结构与教育制度改革

经济结构及社会经济结构，是指国民经济各部门、社会再生产各方面的构成。主要包括产业结构、分配结构、交换结构、消费结构、技术结构。社会经济结构不是一成不变的，它是随着社会经济建设的发展变化而发展变化的，并保持着与经济建设相适应的平衡。现代化的经济建设需要有一个与经济结构相适应的教育结构，才能通过结构合理的教育系统功能的实现，促进经济建设的发展。

教育结构是指各级各类学校的构成比例、高等教育的专业构成、普通教育的学科构成等。教育结构是教育制度的核心部分，它受经济结构的制约，因此教育结构必须随经济结构的变化而不断变革，才能促进社会经济的发展。当代的教育结构不能反映社会结构、经济结构的变化，这是世界多数国家所面临的研究课题。

我国的经济结构，在党的十一届三中全会以来，发生了很大的变化。如产业结构方面，第三产业的勃兴；技术结构方面，自动化、半自动化、机械化生产的增加与大量使用简单工具的手工劳动较长时间并存的趋势。这些变化都要求对我国现存的教育制度进行一系列的改革，如高等教育学制、课程、专业的改革与调整，中等专业结构的改革与调整，特别应着力加强中等职业教育，巩固与提高义务教育的水平，大力普及学前教育等。

三、国民素质的提高与教育制度改革

当今，世界上把一个国家各种专门人才的量与质，整个国民的文化水平作为衡量该国家发展程度的重要指标。这是因为人才的培养，国民素质的提高是国家经济、社会发展的关键。国民素质是由每个公民素质所构成的。决定公民素质的主要因素包括体质、文化、思想素质等方面。而文化水平又是公民素质的主要质量指标。文化水平主要指掌握文化工具，专业知识与技能，以及智力、兴趣、情感等心理特征的发展水平。如雅克·德洛尔在国际 21 世纪教育委员会向联合国教科文组织提交的报告中指出的："旨在实现'全世界的人的潜力都得到发挥'的这种发展，乃是教育和文化的最终目标。"[1]我国由于长期对整个教育系统中的基础教育的发展重视不够，城乡基础教育发展十分不均衡，致使我国劳动人口的文化素质偏低，特别是农村及少数民族的劳动者。"2000 年，我国农村 15 岁以上人口平均受教育年限为 6.85 年，比城市平均水平少 3 年；三大产业从业人员的人均受教育年限，农业从业人员最低；2000 年，全国 3/4 以上的文盲、半文盲集中在西部农村、少数民族地区和国家级贫困县。"[2]这种国民文化素质较差的状况与我国社会主义现代化建设要求有着较大的差距。所以提高国民素质是我们改革教育制度的出发点和最终目的。

四、终身教育与教育制度改革

终身教育思想是 20 世纪 50 年代末、60 年代初形成于欧洲的一种国际教育思潮，至今已为世界各国所接受。这种教育思想使学校教育从机能、制度、内容、方法、管理等各个方面，都面临着根本性的变革。如何理解与认识终身教育观点，目前尚未有统一的说法。

---

① ［法］雅克·德洛尔：《教育——财富蕴藏其中》，联合国教科文组织总部中文科译，240 页，北京，教育科学出版社，1996。
② 参见《城乡差距：中国如何面对五大挑战之首》，载《中国青年报》，2004-03-05。

如果根据终身教育倡导者 P. 郎格朗（P. Langrand）的论文报告，终身教育思想的基本点为：

1. 终身教育的基本原理是强调人的发展的全面及统一性。它在于协调学校、家庭、工厂等各种组织中所进行的各种教育与训练，使个人的发展显现出系统性。

2. 终身教育致力于教育的系统化。就是说，终身教育被看做是改造当今教育结构的原理。今天的教育诸部门，如学校教育、社会教育、非正式教育设施彼此不相联系、各自分头进行。终身教育原理要求把这些教育作为一个整体，并明确每个部门应分担的责任，依此来构成教育体系。这样教育各个部门就要相互依存，形成首尾一贯的统一结构，如果缺少了整个体系的某一个部分，也不能获得整体上的平衡，这里最重要的是各个部门的协调。

3. 终身教育不仅包括青少年的学校教育，还包括成人教育，它要求学习教育、成人教育计划化。

4. 除了完善终身教育的设施设备外，政府对劳动日的调整、文化休假等方面，也要采取有助于终身教育的对策。

与以上基本观点相联系的是终身教育思想给一般制度化了的教育提出具有实践性的课题。许多教育工作者对此给予了极大的关注，提出许许多多的问题，例如，应该向老年、中年、青少年提供哪些种类的教育机会；专业教育和职业教育应该如何组织；大学的教育目标应指向什么；中小学的教育目的应该如何设定；教育培养必须进行哪些改革；各级各类学校教育内容应如何改革；图书馆、博物馆在综合的终身教育体系中占什么位置；作为有效的教育工具的大众宣传媒体应如何利用；离开岗位的教育有哪些种类；学前教育如何进行；如何使人获得健康的体魄；终身教育以什么形式来组织，应采取什么样的财政措施；等等。这些具有实践意义的课题集中反映了终身教育思想向教育制度提出的挑战。总的说，从终身教育思想观点出发，教育活动被看做是一个整体，所有的教育部门都结合在一个统一的和相互衔接的制度之中。因此，可以说终身教育思想是改革教育制度的总指标。①

---

① 参阅［日］河野重男、新井郁男编著：《现代教育的构造和课题》，"生涯教育的概念"部分，247～251 页，东京，日本行政出版社，1979。

第三节　中国现行的教育制度及其改革的侧重点

一、中国现行的教育制度

我国现行的教育制度是在历史发展过程中逐渐形成的。在新中国成立前，我国教育制度有奴隶社会的教育制度、封建社会的教育制度、半封建半殖民地社会的教育制度、老解放区的教育制度等，这些教育制度与我国社会历史的发展是一致的。

1949年新中国成立后，国家的政治、经济制度发生了根本改变，为使教育事业能够适应新中国的社会、经济发展的需要，国家立即对旧中国的教育制度进行有计划、有步骤的改造。根据人民政治协商会议第一届会议通过的《共同纲领》中提出的文教政策，首先从国民党和帝国主义手中收回教育权，改变了学校的性质，奠定了社会主义教育制度的基础。在继承老解放区新民主主义教育制度的优秀传统和批判吸收旧中国教育制度中合理部分的基础之上，政务院在1951年10月发布了《关于改革学制的决定》，明确规定了中华人民共和国的新学制。新学制的组织系统为幼儿教育、初等教育、中等教育和高等教育。具体规定：幼儿教育招收3～6岁儿童，进行启蒙教育；初等教育实行五年一贯制，儿童7岁入学；中等教育包括中学，中学分为初、高两级，修业年限各为3年，还有工农速成中学、业余中学、中等专业学校；高等教育包括大学、专门学院、专科学校和研究生部，大学、专门学院修业年限为3～5年，专科学校修业年限为2～3年，研究生部修业年限为2年。1952年院系调整，有重点地发展一批高等工业院校，并增设一些新专业。这便构成了新中国成立后新教育制度的雏形。

随着社会、经济发展的日新月异，这个教育制度在实践过程中，曾进行多次演变、补充和调整。例如，由于师资、教材等条件的不足，1953年决定小学暂停推行五年一贯制，仍沿用"四·二制"。1955年停办工农速成中学，创办了业余高等教育。1958年5月，刘少奇同志在中央政治局扩大会议上提出的"两种教育制度、两种劳动制度"的设想，使半工半读、半农半读学校、中等技术学校得到了相当的发展。同年9月，中共中央和国务院发布《关于教育工作的指示》(以下简称《指示》),其中规定了全部的小学、中学和大部分高等学校都下放给省、市、自治区管理,实行由中央集权管理变为地方分权管理的新体制。《指示》认为,现在的学制需要积极地妥当地加以改革,并确定了"两条腿走路"的办学方针和"三个结合、六个并举"的具体原则。在《指示》精神的指导下,全国范围内陆续开展了学制改革工作,许多地方纷纷进行中小学学制实验,高等教育机构也大量增加。当时由于受"左"倾冒进思想的影响,使学制改革与教育事业的发展带有很大的盲目性,就是说,发展速度过快,超越了当时的实际办学能力。1961年中共中央提出"调整、巩固、充实、提高"的方针,以纠正"左"的错误,使教育事业的发展与当时社会、经济发展的要求相适应。1963年中共中央、国务院颁发了《关于加强高等学校统一领导、分级管理的决定(试行草案)》,强调对高等学校要加强统一领导与管理,决定对高等学校实行中央统一领导,中央与省、市,自治区两级管理的制度。同年,教育部在《坚持进行中小学教学改革试验工作通知》中指出:"五年一贯制小学完成六年制小学的教学任务,比较有把握,有可能争取用十年或者十一年的时间,完成中小学教学任务,并且有可能比现行的十二年制中小学的教学程度有适当提高。"十年动乱期间,教育制度的各方面都受到了冲击和破坏。粉碎"四人帮"之后,特别是党的十一届三中全会以来,我国的社会、经济发展进入了新的时期,教育事业也在中共中央、国务院、教育部一系列有关教育工作的决策的引导下,逐步走上正轨,并有了新的发展。概括地说,我国现行的教育制度是在执行1951年新学制基础上,依据社会主义政治、经济发展的需要,经过几近60年的不断改革、调整、补充而逐渐形成的。

二、中国教育制度改革的主要方面

新中国成立以来形成的教育制度,在近60年的实践中,对我国教育事业的发展及国家经济、社会的发展给予了极大的促进。但是,由于50年代后期教育工作受到"左"的思想的影响和"左"的政治运动的频繁冲击,再加上十年动乱的干扰,教育制度的发展经过了一段曲折历程。党的十一届三中全会以后,党中央对教育工作极为重视,使其有了很大的改进。但与我国经济体制、政治体制、科技体制全面改革的形势,与全球性技术革命兴起的局面还有诸多的不适应。特别是进入 21 世纪，我国教育制度滞后于社会的急剧变化，不能满足社会日益增长的多元的需求，教育制度本身不能迅速反映社会对教育的要求，因此教育制度必须深化 80 年代以来的改革。根据修订的《中华人民共和国义务教育法》及党和国家的重大决策，特别是《我国中长期教育发展纲要（2010—2020 年)》的精神与内容，我国教育制度改革的最主要方面为：

（一）教育管理体制改革

其中心点在于改变教育领导权过分集中于中央的局面，进一步扩大地方以及学校的管理权限。这是与我国经济体制、政治体制改革相适应的。教育领导管理权力过分集中于中央导致了对全国各地教育工作的指导与管理的呆板划一，也助长了领导工作中的命令主义和官僚主义，不利于发挥地方与学校办教育的积极性。因此《中共中央关于教育体制改革的决定》中指出："把发展基础教育的责任交给地方"，"实行基础教育由地方负责，分级管理的原则"，并规定"扩大高等学校办学的自主权"等。即中央对地方和学校基层实行"分权"和"授权"。这些改革在实践中调动了地方办学的积极性，促进了地方教育事业的发展，也增强了教育主动适应地区政治、经济、文化发展的活力。但鉴于历史的经验、教训，在深化改革中，还必须解决以下几个问题：在"放权"、"授权"之后，中央如何加强对教育发展的宏观控制与指导，采用什么有效方式保持中央与地方在领导与管理上的连接与协调。

（二）加强基础教育，提高义务教育的水平

提高义务教育水平是加强基础教育的有效途径。义务教育是一种普遍的、全民的教育。它是以法律的形式规定的，对所有适龄儿童和青少年施行的一定程度的国民教育。义务教育从目的与对象上讲，它是国民教育，即是促进全体国民德、智、体全面发展教育的基本部分。从义务教育在教育体系中的地位来讲，它是基础教育，即更高阶段的职业教育或普通高等教育的基础。在这个意义上讲，义务教育就是国民基础教育，而非精英教育，所以保障义务教育的公共性、公益性、公平性，实现公民受教育权利是义务教育的根本。根据教育部的初步统计，2007 年全国普及九年义务教育的人口覆盖率达到 99%，接近 100%。全国入学的巩固率、升学率提高，初中的入学率、巩固率、升学率迅速提升。这些发展的主要增量都体现在农村地区。2011年所有省（区、市）通过了"普九"验收，可以说，至今我国的九年义务教育实现了普及，但就义务教育的整体水平而言，与国外先进国家比较还有距离，巩固与提高义务教育的水平成为新的发展目标，为此必须努力解决以下问题：

第一，城乡、区域义务教育发展的不平衡，特别是农村及少数民族地区的义务教育相对滞后。公办中小学校际之间发展不平衡，还有相当数量的薄弱学校存在。

第二，经费投入不足。《全球教育报告——2000年》的数据资料反映了我国基础教育投入不足的严峻情况：1996年，国际上平均每个小学生由政府支出的教育经常费用与该国人均GNP相比所占比例，经统计的127个国家的平均值为12.75％。全世界127个国家中只有十个国家低于这个比例，我国是其中之一，比例为6％。要实现全国性无偿的义务教育还需极大努力。

第三，中小学教师结构性短缺，质量亟待提高。

如果把以上的问题称之为提高义务教育水平的外部条件的话，那么以下属义务教育制度本身所拥有的问题：

第一，义务就学年龄、义务就学年限的逐步统一问题，这关系到建立一个合理的基本统一的义务教育学制问题。

第二，特殊儿童的教育义务化的问题。

第三，控制接受义务教育儿童的流失问题。

第四，义务教育的班级规模问题。

第五，义务教育的内容，主要是处理好普通教育与职业教育的关系问题，还有教材问题。

以上这些问题的解决是需要花费一定的时间和气力的，但我们认为，在普遍提高对普及义务教育意义认识的基础上，在加强有效的领导与组织的前提下，上述问题是完全可以解决的。

此外，学前教育发展也随着我国义务教育的普及凸显出来，提高学前教育的普及程度，具体措施强调依地区社会与教育发展的情况分别把普及一到三年的学前教育作为目标，把农村学前教育发展作为重点，其中保证留守儿童的学前教育也是我国基础教育改革的时代任务。

(三)职业教育的大力发展

由于历史的原因，我国中等教育结构中职业技术教育比重过小，发展缓慢。党的十一届三中全会以来，我国中等技术教育有了很大发展。特别是国务院《关于大力推进职业教育改革与发展的决定》(国发[2002]16 号)及《中华人民共和国职业教育法》的颁布与实施，推进了我国中等、高等职业教育的快速发展，以就业为导向改革与发展职业教育逐步成为社会共识，职业教育规模进一步扩大，服务经济社会的能力明显增强。

到目前为止，全国接受中等职业教育的学生数已和普通高中在校生数量大体相当，初步形成了一个多层次、多规格、多类型的职业技术教育网。但就教育整体来讲，职业教育仍然是我国教育事业的薄弱环节，发展不平衡，投入不足，办学条件比较差，办学机制以及人才培养的规模、结构、质量还不能适应全面建设小康社会对高素质劳动者和技能型人才的迫切要求。因此，大力发展中等、高等职业技术教育仍然是改革的一个重点。

在深化中等教育结构改革，大力发展中等职业技术教育的实践中，需要注意解决的问题是：农业职业教育的发展问题；高中普通教育中的职业教育问题；与经济发展规划、劳动制度、工资制度、青年学习就业问题相配合，统筹发展的问题；改变青年失业严重化的社会状况，努力寻求改善中等职业教育的施策。中心是解决中等教育课程中普通教育与职业教育的关系。

普遍认为，比起专门的职业教育，更应该重视普通教育中的职业教育，就是说要充分考虑在普通教育课程中开设职业教育课程。我国高等职业教育起步较晚，始于 20 世纪 80 年代初，90 年代进入实质性发展，到 20 世纪初我国高等职业教育在校生规模占普通高校教育在校生的 45％左右，成为我国高等教育大众化阶段提供高等教育机会的主力军。为适应我国经济发展方式发生转变、产业结构优化升级，满足建设人力资源强国发展战略的需要，高等职业教育改革重点在于：从规模发展向内涵、质量提高转变，具体需要转变人才培养模式，积极配合我国经济、行业发展需要，调整专业结构，创新专业，建设双师型教师队伍，完善、提升学校的设施设备等。

(四)提高高等教育的质量与社会教益

高等教育的任务是造就各种专门人才和开展科学研究。第二次世界大战之后，随着科学技术的飞跃发展，各发达国家的高等教育发展很快，呈现出多层次、多样化和大众化的特点。1951年我国新学制确立以来，高等教育获得了较大的发展，特别是自1996年开始的高等教育的扩招，到21世纪初，我国高等教育已从精英教育阶段迈入大众化阶段，高等教育在校生的总规模列世界前位。但与发达国家相比还有相当差距，特别在教育质量与社会效益方面。具体表现在：

一方面，由于我国高等教育的快速发展，引发了经费不足，师生比提高，教师、图书、食宿等教育条件恶化，影响了教育质量的实现。在民办高等教育、远程教育快速兴起的同时，因其历史短、经验与条件的不充分，教育质量也受到社会的质疑。

另一方面，从我国教育要求及社会教育需求来看，我国高等教育也必须进行调整，解决其不合理的科类比例、专科本科的层次比例，人才培养方式的创新不足，以及高校内人才浪费及教学科研设备利用率低等问题，提高高等教育的社会效益，适应市场经济及社会发展的需求。

(五)大力发展成人教育

发展成人教育已成为当今各国教育制度改革中的一个重要方面。终身教育思想的出现，把学校教育、社会教育、成人教育有机地结合成一个系统。这是由成人教育的社会功能所决定的。成人教育既是国民经济发展和科学技术进步的必要条件，又是国家教育事业中与基础教育、职业技术教育、普通高等教育同等重要的组成部分。从内容上讲，成人教育对许许多多的成人来说，是代替他们失去的基础教育；对于那些只受过不完全教育的人们来说，是补充初等教育或职业教育；对那些需要应付新环境新要求的人们来说，是延长他们现有的教育；对那些已受过高等教育的人们来说，则是提供给他们进一步的教育。

成人教育在我国始于19世纪末20世纪初，经过长时间发展，特别是新中国成立后有计划的发展，至今已初步形成了一个多层次、多规格、多形式的成人教育系统。但是鉴于我国社会主义现代化的需要及世界先进国家成人教育的发展趋势，我国成人教育应重点改革与发展以下几个方面：

1. 校内校外的工程技术人员的大学后教育、继续教育，以不断更新知识技术。

2. 有计划、有步骤地开展职工的岗位培训，提高从业人员的工作能力和生产技能。

3. 有计划地在成人中开展与普通学校教育完全相同的学历教育。

4. 抓紧广大农村地区青壮年的扫盲教育。

5. 创造发展成人教育的条件，大力提倡和支持社会力量举办成人教育。

(六)建设学习型社会

21世纪是一个快速发展、不断变革、充满变量的新时代。社会追求全方位的发展，社会成员追求人性发展、谋求人生质量。于是学习成为全社会的要素，成为一个人终身的活动。而学习社会即是一个终身学习的社会。自1970年以来，终身学习、终身教育、迈向学习社会成为世界主导性的思潮，各国相继展开终身学习、终身教育与学习社会的理论研究和实践探索。进入19世纪90年代，在发达国家则走向具体实施阶段，学习社会的理念正在逐步转化为具体的行动方案和策略。为实现学习社会的理想，需要展开具体而有系统的教育改革与社会行动。

第四节　国外教育制度改革的动向[①]

当今，世界多数国家都深深感到教育改革势在必行。就是说，面对着急剧发展的社会、经济的变化，作为主动适应这些变化和发展对策之一的教育改革，已成为很多国家的重要政策课题。20世纪末，继80年代各国的教育改革，面向21世纪的教育改革也迈出了积极的步伐。

在1999年6月德国科隆举行的世界主要国家首脑会议上，教育是一个重要的议题，接着在2000年4月召开的该会议上提出了教育问题解决的后续实施问题，在这个基础上在东京举行的G8教育部长峰会上，各国都对本国教育改革提出了积极的政策和策略，同时讨论了教育改革的共同课题。

---

① 参见［日］文部科学省编：《教育白书》，91～103页，东京，日本财务省印刷局，2001。

科隆会议通过的《科隆宪章》中指出：我们必须认识知识社会的到来，要求人人都要掌握必要的知识及获取相应的资格，实现的根本途径是建设终身学习社会。另外，基于上述理念，在东京举行的教育部长会议上，特别强调远程教育与信息技术的利用，并指出，当今社会变迁中的重要教育课题是学力的提高和社会性的涵养。

作为国际会议上重要议题的教育改革，是有共同的时代背景的。其一，全球范围的经济竞争，由于交通与信息技术的发展、跨越国境的经济活动剧增而不断加剧，引发人才的科学技术发展与各类人才培养的需求。其二，信息技术的快速发展与普及，不仅使社会和经济的构成、运行发生变化，也使我们的日常生活因此而经历着巨大变化，在这样的信息革命中，如何收集、选择适当的信息、利用信息、传递信息的知识与能力，直接影响人们的工作与生活质量。其三，21世纪是知识社会，它的根本特征在于知识的储存、运用特别是创造成为社会发展的基础，为此，应对社会快速变迁需要培育大量具有丰富创造性的人才。此外，国际化、都市化、少子化、高龄化也是许多国家共同的变化。其四，教育与儿童的变化，在经过确保教育机会均等理念指导下的教育规模发展后的西方多数国家面临着教育质量提升问题，即儿童学习能力及个性、才能的发展、发挥问题，还有部分儿童的心理健康问题，青少年犯罪增加等问题。

各国在这样共同的时代背景下推进教育制度改革，各国因国情及教育传统等差异，选择的改革政策与策略虽有不同，但共同的改革也十分明显：

1. 把教育改革纳入国家发展战略中。如法国把教育改革放在"科学技术立国"的国家发展政策中。日本在进入21世纪之时，提倡"教育改革是社会系统全面发展的基础"的理念与国策。

2. 学力提高是学校教育改革的根本目标。

出于对学校教育在培养学生基础学力及各种能力方面的危机意识，很多国家明确提出教育改革的首要目标是提高学力，具体包括基础知识、基本解决问题能力的教育，还特别强调创造性能力培养。如OECD提出的生存能力(life skill)、教科横断能力(cross-curricular competency)，新加坡提出的"思考的学校、学习的国民"(thinking school, learning nation)，等等。

为实现学力提升的目标，各国提出了初等中等教育改革的具体方案，第一，课程改革，一方面强调加强读、写、算基本知识技能的教育内容，重视增加有关计算机和情报技术的教育内容，总之要寻求课程的多样化，法国、日本等国是代表。另一方面，侧重课程的共同化、标准化，美国与英国是典型。第二，尊重学校创造性，积极扩大学校的办学自主权，同时推进学校问责制度的建立。第三，提高教师的素质。这是与课程改革并列的最基本的问题，多数国家都对提高教师素质给予极大的关心，并根据本国情况提出改进措施。如美国以提高教师职业的社会地位及确保教师素质为目的，导入了根据实际成绩定工资制度、能力考试制度、初任教师进修义务化制度等。英国为了提高教师的基础知识和能力，规定了教师培养阶段中的必修专业科目及教育实习的标准，同时强化在职教育。日本对教员的培养、资格取得、任用、进修等方面，都进行了某种程度的改革。

3. 加强学生社会性的涵养教育

学校教育的一个功能是使受教育者成为社会人，而当前学生的社会性缺失是很多国家共同关注的问题，为此，美国、英国、法国、新西兰等国下力加强公民教育，推进志愿活动的学分化，日本则大力开展就业教育。

4. 高等教育规模的扩大与质量的维持提升

在现有发展基础上，提高高等教育的入学率，实现高等教育的大众化、普及化，依然是高等教育改革的一个追求。另一方面，为满足不断增长的社会、经济发展与个体价值提升的需求，提高教育质量，追求卓越也是高等教育改革的时代课题。各国选择的重点举措有两个，一个是重视、充实、改善本科阶段的基础教育；另一个是重视专门人才的培养。同时努力改进与这两方面都有联系的入学选拔方法。从高等教育的发展方向讲，强调高等教育机构的多样化、效率化，强调大学与社会的联系，完善大学的教育、科研体制，使其具有一定的弹性。

5. 终身学习社会的构建

随着产业结构和技术革新的急速进展，从职业资格的取得和职业再训练的观点出发，多数国家都痛感成人教育、继续教育的重要性，并依据国情提出具体方策，如欧美诸国把义务教育后的职业教育、训练作为重点，美国的社区学院推出教养型教育，法国为高中阶段退学者提供补偿与职业教育，韩国建立学分银行制度、发展开放的高等教育。总之，通过发展电视、函授教育、开展大学公开讲座等方式推进人们的终身学习。

表 4-1 世界几个主要国家的教育改革的具体实施

	美国	英国	法国	德国	韩国
终身学习	强化对失业者的职业教育（20世纪90年代中期）	全国教育、训练目标设定（1998年）导入学习账户制度（1999年）设置国民产业大学（原有课程通过网络提供）（2000年）	创设面向新社会人的大学入学资格（1994年）	设立名人奖学金（为提高职业资格的辅助金）（1996年）以成人大学为中心，充实兴趣、教养、职业资格取得等课程	学分银行制度（依学分认定授予学位）（1998年）设置多媒体教育支援中心（现韩国教育学术情报院）（提供学习情报）（1997年）
初等中等教育	各州"教育标准"的开发（20世纪90年代前半期）和学力测量（20世纪90年代后半期）志愿活动教育的必修化（马里兰州1993年）公立学校选择制导入（20世纪80年代后半期）特许学校的创设（1992年）扩大公立学校的自主运营（SBM）（20世纪80年代后半期）	全国共通的学校教育课程导入（1989年）全国统一考试开始实施（1991年）公民教育的必修化（中等学校2002年）学校选择的导入（20世纪80年代）在经费预算、人事方面扩大学校的自主权（LMS，20世纪80年代）	教育课程修订（使课程弹性化，以适应儿童学力的多样性）（1980年开始）抑制留级（把初等教育分为前后两期，废止各期内的留级原则）（1990年）确定小学低年级开始外语教学（1995年）充实、强化公民教育（1997年）	扩大在小学进行外语教育试验（20世纪90年代后期）缩短大学入学前教育年限（由13年改为12年）（20世纪90年代开始）	修订教育课程标准（2000年实施）实施小学英语教育（1997年）认同跳级（1995年）5岁早期入学的认同（根据能力认定）（1997年）设置学校运作委员会（有家长参加）（1996年）

续表

	美国	英国	法国	德国	韩国
高等教育	为减轻消费负担导入的减税措施（1997年）提高学费（20世纪80年代末—90年代初）大学组织的适度化（20世纪90年代前期）对大学评价与预算分配的挂钩（20世纪80年代后半期）	实施大学评价（评价结果作为辅助金分配的一个依据）高等教育一元化（把工业学校纳入高等教育）（1990年）扩大高等教育规模（至2010年保障青年的5成接受高等教育）开始收取学费（1998年）	建立契约型复数年度预算制度（1984年）以产学结合促进教育发展（1990年代）大学一期（2年）课程的多样化、弹力化、（抑制中途退学、提高学力、出路多样化）（1997年）	修订高等教育大纲法(实施大学评价、基于业绩的预算分配、高等教育机构自主权扩大、推进国际化等)(1998年)讨论收取学费（20世纪90年代后期）研究教师业绩工资(2001年)	改善大学入学考试(实施综合生活记录册、在选拔资料的采用上给大学更多裁量权)(1997年)大学的个性化、多样化实施基于大学评价的预算分配（1999年）
教员	教师许可获得条件的严格化（20世纪80年代开始）提高教师工资（20世纪80年代始）由民间团体认定全国优秀教师制度的认定（1995年）	教师养成的多样化（初等中等学校里设置养成课程）（1994年）全国校长资格制度的实施（1997年）一般教师业绩薪酬的实施（2000年）	创设教师教育中心（提升初等教师的资格，要求与中等学校教师相同）（1991年）创设学校辅助员（辅助教师工作、治安对策）（1997年）	调整教师的配置（推进各州间的派遣）（2001年）一些州创设了校长志愿者的适性评价中心（1998年）	由学校选考、推荐校长、一部分教师（1996年）

续表

	美国	英国	法国	德国	韩国
信息化	建设信息高速公路的设想(1992年)《向科技—读写能力挑战》的事业启动（1996年）《电信法》修订(1996年)网络大学的扩大（1990年）	全国信息网络构筑(1997年)"e-university"大学构想(统整、提供各教育机构的网络课程)(2000年)	应对信息化社会的发展、实施与促进多媒体教育(1997年)TICEJ计划(对学校信息化的规定校给予重点预算分配)(2001年)网络大学开讲(预定2001年)	《学校网络化》计划(1996年)一部分州研讨的信息课程必修化(1990年)开设网络大学（2001年预定)	基于韩国信息基础完备计划的学校网络化（预计2002年完成）

材料来源：[日]文部科学省编：《教育白书》，105页，东京，日本财务省印刷局，2001。

思考题

1. 教育制度与学校教育制度的含义。

2. 你认为应从什么视点去分析教育制度的改革？

3. 我国教育制度基本内容及当前改革的重点。

4. 21世纪国外教育制度改革的走向。

资料链接

现行学校教育与未来学校教育的对比①

传统学校教育（schooling）	学习型教育（learning）
学校提供一些正规的学习课程，学生必须花费定量的时间在课程上。 被雇佣的老师是"知道型"的，学习者必须适应老师。	人们每天有 24 小时、每年有 365 天，可以通过大量的途径学习，学校只是学习渠道之一。 被雇佣的教师的教学必须适应学习者的需求。
学校是学习者的团体，每个学习者在这个团体里发挥其最大的潜能。 学习内容划分成一些固定的区域，然后按照特定的程序去学，每个人的学习内容大致相同，只有根据学习者的不同而显现一些细微的差异。 学校从形式到功能与其最初成立的时候并无多大差异。 学校与企业或学校所在小区只有有限的联系或者根本没有联系。 如果学校培养的学生能正常就业，学校就是成功。这些可能包括从事非技术性的临时雇佣，或通过中学后教育成为专业人士。 正规的教育机构不受市场干扰。	学校是一个学习团体，每个人（学生、教师、家长、行政人员）在这个团体里既是学习者，又是教育者，这取决于不同的环境。 学习者根据自己的能力与兴趣获取相应的学习内容，学习者在学完基本技能之后所学的知识差异很大。 学校的功能与形式一直在不停地转变。 学校对学生和成人的教育都要负责任，商业、工厂与学校的发展密切相关。 只有培养出一些有技能且能迅速适应社会和经济环境变化的学生，这个学校才能算是成功的。 正规的教育机构受市场机制与以民主方式建立的地方论坛影响。

资料来源：［美］Jane Bumpers Huffman、Kristine Kiefer Hipp：《学习型学校的文化重构》，贺凤美等译，总序 9 页，北京，中国轻工业出版社，2006。

---

① ［美］保罗·克拉克：《学习型学校与学习型系统》，铁俊等译，北京，中国轻工业出版社，2004。

第五章　教育课程行政

教育课程行政亦被称为教育内容行政，是教育行政的重要组成部分。

第一节　教育课程的含义及编订权

一、教育课程的含义

回答"教育课程的含义是什么"这个问题，首先必须解释"教育课程"中的"教育"是指什么，对此，无论是在中国，还是在世界诸多国家的教育界，普遍认为是指现行教育制度中的"学校教育"，即与家庭教育和社会教育相对的有目的、有组织、有计划的各级各类学校教育，其中又主要指中小学教育。然后，再说明"课程"的意思。据考证，"课程"一词，在中国，至迟唐宋时代已出现。唐代的孔颖达在《五经正义》里注释《诗经·小雅》时就用过"课程"这个词。南宋朱熹在《朱子全书·论学》里也不止一次地使用"课程"这个词，例如"宽着期限，紧着课程"，"小立课程，大做功夫"，等等。这里的"课程"一词已有课业及其进程的含义……①当然不能与近代的课程概念完全同日而语。

在西方，课程（Curriculum）一词，源于拉丁文的"Carce Course"，意思为赛马场上的"跑马道"。1882 年，日本学者在翻译斯宾塞的《教育论》时把书中的 Curriculum 译为教育课程。至今，日本的许多学者认为，"从课程一词的语源含义出发，可以将'课程'理解为是指学校中学生学习的历程，既包括学生进行学习的径路，也包含在其过程中的体验、活动，即学习内

---

① 吕达：《中国近代课程史论》，11 页，北京，人民教育出版社，1994。

容两个方面。"①正是基于这样的认识，在日本的学校教育中，通常把按计划编排的传播给学生的教育内容称为"教育课程"。

在迄今为止的教育课程研究中，由于论者的价值观及教育观的不同，课程被赋予多种含义，例如：课程即教学科目；课程即有计划的教学活动；课程即预期的学习结果；课程即学习经验；课程即社会文化的再生产；课程即社会改造；等等。这些人言人殊的定义从不同的角度在不同程度上揭示了课程的本质，让我们感受到的课程内涵的广泛性。对这些不同的说法虽然人们还难以在一时间将其统一为共识的一义，但也没有影响在教育课程行政活动中的人们，特别是近现代人们对教育课程内容的理解逐渐趋于接近。在教育行政中，课程一般被理解为为实现各级各类学校培养目标而规定的教育内容及其目的、范围和进程的总和。简而言之，教育课程的基本含义是指学校的课业内容及其进程。

由于教育课程规定了以什么样的教育教学内容来培养学生，它关系到学生的知识结构、能力结构和个性结构，是学校人才培养的蓝图。因此课程的编制和实施是学校实现其教育目的的手段，也是教师和学生之间的中介。因此教育课程是学校教育的核心内容，是教育行政关心和作用的重要领域。

二、教育课程的编订权

课程是学校教育的核心，那么课程的编订以谁为主体，又由谁来组织实施？是国家教育行政机构、地方教育行政部门还是学校、教师呢？这是关系到教育权的问题。

(一)各国教育课程编订权比较

中外的教育发展告诉我们，随着近代国家的建立和发展，教育所具有的社会功能日益被认识和重视，为了实现国家社会的延续和发展，需要培养高素质的国民和各种人才，因此教育不是仅与个人利益相关的私人活动，而是与国家社会公共利益直接相连的公共事业。为此，近代国家将教育组织起来使之制度化。由此国家也负有了对国民实施教育的责任，同时也具

---

① ［日］熊谷一乘：《现代教育原理》，东京，东信堂出版社，1985。

有了设定教育目标，决定教育内容的相应权力。为了确保教育的普遍性，维持教育的全国性水准，各国都注意了对学校的教育内容、教学活动进行干预，只是由于文化历史传统的不同，特别是教育行政体制的不同，国家对学校教育干预的程度不同，拥有的教育课程编订权的多少，或者说留给地方与学校的课程编订权的多少也不同。（参看下表《各国课程标准颁布机构比较》[①]）

表 5-1　各国课程标准颁布机构比较

国别	中央（邦或州）	地　　　方	学　　　校	备　　　注
美国	州政府公布小学各科课程纲要	各地方教育委员会组织课程委员会规定学区内学校课程基准	各校依据教育委员会规定之课程基准编制课程	联邦政府及州政府、全国性有关教育之民间财团、大学研究机构等提供课程编制有关资料
英国	中央教育科学部虽不直接制订课程标准，但通过督学、教师手册及讲习会，可指导校长、教师有关教材教法	课程的编制属地方教育行政机关的权限，具体的课程编制则委任校长办理。地方教育行政机关的督学，常指导校长及教师有关课程编制方法	各校负责编制课程	1. 教育科学部督学，除编制教师手册外还在教育科学部主办之讲习会担任指导工作 2. 通过全国性研究发展机构——"学校课程实验审议会"进行课程之研究，发展及指导等工作
法国	教育部部长公布课程及编制课程有关细目	大学区校长或督学为使教育内容适应地方需要可依自己权限变更或调整部分课程	小学校长依据教育部部长公布之课程及编制课程有关细目决定每周的教学时间	

---

① 庄怀义等：《教育问题研究》，272～274 页，台北，空中大学，1993。

国别	中央(邦或州)	地　　方	学　　校	备　　注
德国	1. 各邦教育部制订公布"教学计划书" 2. "各邦教育部长常设会议"以全国的立场,调整课程编制的基本方针	各地方在原则上不参与课程编制工作	各校在"教学计划书"之范围内,参酌地方及学校之特性编制适当之课程	教育部编辑教师手册及说明书分发各校教师
日本	文部大臣(教育部部长)公布"小学校长学习指导要领"	1. 都、道、府、县教育委员会订定各地方课程 2. 市、町、村教育委员会,订定课程编制基本事项	各校在中央及地方之课程标准范围内参酌地方需要及学生之特性,编制课程	文部省除主办研究及讲习会外,并编辑适合教师使用的说明书,分发各校教师参考

(二)各国教育课程编订权的类型

各国教育课程编订权的分配可以大致归纳为两种类型:教育行政体制为中央集权型及教育行政体制为分权型。下面分别予以阐述,并指出发展变化的走向。

1. 教育行政体制为中央集权型或者说中央集权色彩浓重的国家

教育行政为中央集权型的或者说中央集权色彩浓重的国家,其教育课程编订权一般在中央或国家一级,表现为:制定有统一的全国中小学课程标准或课程规划;有教师用教科书的可选择书目或中小学教科书的审定权;举行全国性或区域性的中小学毕业统考和升学考试。法国、苏联、日本、韩国、埃及等国基本属于这一类。

法国的教育行政体制被称为是较稳定的中央集权型,也就是说,国家直接干预教育的特征突出,中央教育行政机构——教育部拥有较大的权力,有关教育方面的一切法令、政策、课程均由中央决定。教育部内设有专门的课程委员会,负责起草课程大纲和执行大纲的组织工作。课程委员会提出的课程大纲草案，一经教育部审订批准，就具有了法规性质，成为各级学校必须执行的文件。有人以"在法国，从诺曼到尼斯，也许还包括从魁北克到大溪地，所有五年级的儿童，在星期一早晨十点钟时，都在上相同的数学课"为例，形容法兰西国家全国统一课程的固若金汤。同时指出"与此恰成对比的美国，美国一万五千个学区都有权利来选择自己的课程。"①由于有了全国统一的教育课程，所以教师所用教科书也由教育部的有关机构指定出供选择的书目范围。虽然在法国同校的同一学年的不同班级，有可能所用某科目的教科书是不同的，但这些教科书都在国家指定的允许使用的范围之内。

埃及在其1969年制定的视学法中规定教育文化部拥有制定国立学校和国立宗教学校的教育课程、教学要点、教学标准的权限。教育文化部不但要编制教学计划，而且每年要公布教科书的推荐目录，供教师自由选择。原则上，学校课程的75％由国家教育文化部决定，余下的25％由学校自由决定。

日本的教育行政不能称为严格意义上的集权型或地方分权型，应该说是介于二者之间并偏向集权。根据第二次世界大战之后的有关教育的《文部省设置法》《学校教育法》《关于地方教育行政组织及其运作的法律》等法规的规定，作为国家教育行政机构的日本文部省具有比较广泛的权限，它不只是为全国学校教育提供非权力性的指导、服务，而且持有相当的指挥、监督、控制权，其中包括有制定全国中小学课程标准（学习指导要领）、中小学教科书的审定权等。

2. 教育行政体制为分权型或具有明显分权倾向的国家

教育行政体制为分权型或具有明显分权倾向的国家，对教育课程的管理权一般留给地方教育行政机构与学校，通常没有全国统一的标准。德国、美国、加拿大、英国基本属于这一类型。

英国教育行政体制虽不能说是完全的地方分权型，但地方分权倾向突出。表现在教育课程上，1944年的《教育法》中规定了"所有学校都要教授宗教"。除此之外，没有全国共同的课程标准，教育课程的编订权限和责任

---

① 陈琼森等：《超越教化的心灵》，台北，远流出版事业股份有限公司，1995。

都委以学校，特别是学校校长，因此学校的课程是相当多样的。但从全国来看，中小学校的教育课程也不乏相似之处，这一方面是由学校教育的内在规律所决定；另一方面是由于在全国实施的"教育证书"考试（分为普通和高级两种）是每所学校在设计教育课程时必须考虑的。由于英国没有全国统一的教育课程标准，因此教科书的发行相当自由，一般是在听取教师意见的基础上由教务主任决定。

德国与美国是典型的分权型的教育行政体制，因此，教育课程的编订权都在地方，所不同的是集中于地方哪一层级上。

德国在其 1949 年颁布的《基本法》（相当于宪法）中，除了对国家的学校监督权、父母的教育权、宗教教育等作了原则性规定外，还明确规定了教育行政在州自治下开展。因此学校教育内容是由各州教育委员会决定的。1969 年修改基本法时，决定在联邦政府内设置教育科学部，并赋予三项管理权。但学校课程的编订权，仍留给了州，即各州根据基本法和学校法分别决定。1977 年，各州部长会议提出，各州教育大纲确定后以命令形式公布，再由诸家出版社根据大纲规定的要求编辑教科书，教科书经州教育部教科书审定局审定通过后，再由学校选择使用。

美国宪法既未将教育的权力授予联邦，又未禁止各州行使，根据"保留条款"便留给了各州，所以各州宪法中都有对州教育行政的原则规定。其中，公立中学的课程设置权属于州，但实际上大多数州只负责制定中小学课程的最低标准，而将课程编订权授予学区。对于教科书，美国同样没有集中统一的管理法规，各州都有各自的教科书制度，也就是各州根据各州的有关规定，就教科书的编辑、出版、选择、免费提供等问题独立做出决定，一般来说，教科书的选定权在州下一级的学区，州只提供教科书选择标准及限定选择的范围，即书目录单。

加拿大教育课程管理权的划分大致与美国一样。

3. 教育课程编定权划分的发展趋势

第二次世界大战以来，特别是近二十几年，由于各国经济、科学技术和社会的发展，使教育发展的重心逐渐从规模的扩大转向质量的提高。因此，课程改革成为教育改革的中心内容，各国教育课程编订权的划分也由于课程改革的需要而发生了变化。

其变化的趋势呈现为：课程编订权在地方的国家，适当向中央集权，而课程编订权在中央的适度向地方放权。

例如：英国在 1988 年颁布的《教育改革法案》中，规定了义务教育阶段要逐步实行全国统一的课程标准。同时提出，为了把握学生学习到达要求目标的程度，要对 7 岁、11 岁、14 岁、16 岁时的学生进行全国性的考试，改变了 1944 年《教育法》实施以来没有全国共同课程标准的历史。

澳大利亚宪法规定教育行政权在各州政府。学校教育内容是根据各州教育部制定的指导标准自行编制的。教师根据班级实际状况选择教材，组织考试，可以说学校在教育内容方面的裁量权是比较大的，相对应负责任也重大。由于学校课程的多样，各学校教育水平差异大，加上对教师能力水平的怀疑，多文化多元社会的教育要求，澳大利亚教育界及社会不断就国家设定教育课程标准的问题展开讨论。1980 年，澳联邦课程开发中心终于出台了《澳大利亚学校的核心课程》，这是为全国公私立中小学编制的统一教育课程草案。

美国在 80 年代以后逐渐开始重新强调课程的学术标准和统一的国家基础，从 1983 年《国家处于危机中：教育改革势在必行》的发表，到 1989 年完成《2061 年计划：为了全体美国人的科学》以及 1993 年公布《2000 年目标：美国教育法》，都强调加强核心课程的教学并制订了基础教育各主要学科的全国课程标准和州课程标准，旨在提高学校教育的质量。

与英、澳、美做法相反，法国自 1973 年，逐渐放松中央对中小学课程的控制，规定大约占总课程 10% 的教育内容，地方可以不遵照国定标准自行决定。对于教科书的选用，也改为中央教育部规定一个大致范围，提供几种可选择的课本，由地方各取所需。

（三）中国教育课程的编订权

自新中国成立以来，我们就实行高度集中统一的课程计划（教学计划）、课程标准（教学大纲）和教科书。教育课程的编订权一直属于中央。这在中共中央、国务院制定或批准颁发的一系列有关教育和课程的法规和行政性法规中有明确的规定。例如，1963 年中共中央批准颁发的《全日制小学暂行工作条例（草案）》（简称《小学 40 条》）中规定："全日制小学必须根据中华人民共和国教育部统一规定的教学计划、教学大纲和教科书进行教学。"同年颁发的《全日制中学暂行工作条例(草案)》中也有规定："教学计划、教学大纲和教科书,地方教育行政部门不得任意修改,如果确有修改的必要,必须由省、市、自治区教育行政部门报教育部批准。"1986 年颁布实施的《中华人民共和国义务教育法》第八条规定："国务院教育主管部门应当根据社会主义现代化建设的需要和儿童、少年身心发展的状况,确定义务教育制度、教育内容、课程设置,审定教科书。"

这种高度统一的课程规划,虽然在规范我国中小学教育内容、促进不同地区教育质量水平发展等方面起到了诸多积极的作用,但也产生了诸多弊端。

弊端主要表现为:由于没有给地方课程和学生学习留有余地,使教学内容脱离当地实际和学生特点,不仅造成了"千校一面,万生一书"的局面,也影响了地方和学校对管理课程的积极性,不利于造就地方所需人才。1990 年就有学者提出我国应该实行课程三级管理的建议,并探讨国家、地方和学校课程的权限与职责①。

1999 年 6 月 13 日《中共中央、国务院关于深化教育改革全面推进素质教育的决定》正式提出："建立新的基础教育课程体系,试行国家课程、地方课程和学校课程。"2001 年教育部颁发的《基础教育课程改革纲要(试行)》(以下简称《纲要》)正式标志着三级课程的建设启动。《纲要》指出:"为保障和促进课程对不同地区、学校及学生的要求,实行国家、地方、学校三级课程管理。"同时明确划分了国家、地方、学校在基础教育课程管理中的职责。"教育部总体规划基础教育课程,制定基础教育课程管理政策,确定国家课程门类和课时,制定国家课程标准,积极试行新的课程评价制度;省级教育行政部门依据国家课程管理政策和本地实际情况,制订本省(自治区、直辖市)实施国家课程的计划,规划地方课程,报教育部备案并组织实施。经教育部批准,省级教育行政部门可单独制定本省(自治区、直辖市)范围内使用的课程计划和课程标准。学校在执行国家课程和地方课程的同时,可以根据当地社会、经济发展的具体情况,结合本校的传统和优势、学生的兴趣和需要,开发或选用适合本校的课程,学校有权力和责任反映

---

① 《"国家教委普通高中课程问题研讨会"述评》,载《课程·教材·教法》,1990(8)。

在实施国家课程和地方课程中遇到的问题。"可以说这是我国基础教育课程政策与管理体制的重大变革，使我国长期以来教育课程编订权高度集中于中央、教育课程单一的现象得到改变，逐步走向中央与地方适度分权，统一与多样相结合。

第二节　教育课程的构成内容

教育课程主要由课程计划、课程标准和教科书三部分组成。

一、课程计划

(一)课程计划的含义

课程计划在我国曾被称为教学计划。

课程计划是学校教育课程的总体规划。它不仅是课程的具体表现形式之一，而且是课程的重要内容。从教育行政上讲，课程计划形式上是国家关于学校教育教学内容的指令性或指导性计划；内容上是国家制定学校教育教学标准，编制课程标准和教科书的依据，督导和评估学校教学工作的依据；性质上是教育行政法规性文件，对学校教育教学工作具有法律约束作用。

在世界范围内，关于教育计划和课程标准这类有关课程的文件，最早出现于 19 世纪后半期，当时欧洲国家开始实施义务教育，为制定全国统一的义务教育标准，出现了统一的教学科目和教学内容。在我国，清代末年兴办近代教育初期，就有了这种关于课程的总体规划，如当时各级学堂章程中的《学科程度及编制》部分。当然严格说来这只能算做教学计划的雏形。民国时期教育部于 1912 年颁布了《普通教育暂行课程标准》，1923 年颁布了《新学制课程标准纲要》，1929 年颁布了《中小学课程暂行标准》，1932 年颁布了《中小学正式课程标准》，此后又多次颁布其修正标准。新中国成立之后，国家教育部也不断编订和修订中小学教学计划。在这里需要指出的是，在中国对学校教育课程总体规划，自 1912 年颁布《普通教育暂行课程标准》开始，一直到新中国成立初期都称为"课程标准"。1952 年学习苏联时改称为"教学计划"，1992 年国家教育委员会颁布修订后的《九年义务教育全日制小学、初级中学课程计划(试行)》时，又用了"课程计划"一词。

(二)课程计划的内容

课程计划作为学校教育课程的总体规划，其主要内容构成是：

第一，学校培养目标。

第二，列出学校应设置的学科。

第三，各学科的教学时数和教学顺序。

第四，各学年的教学时数及学期划分、假期时间。

第五，学校的各种活动诸如生产劳动、体育活动、自学活动的安排。

需要时，也将课程设置的基本宗旨、编订原则写入。近年来随着课程理论的发展，有的增加了考试、考查的内容。如我国1992年颁布的《全国中小学课程计划》中就有对广大中小学教师组织考试、考查的建议。

总之，包含以上内容的课程计划，不仅可以直接把学生和学校生活连接起来，而且间接地把学校与国家培养各种规格的人才、提高国民素质的教育意志及社会发展中的教育需求结合起来。

(三)关于2001年《义务教育课程设置实验方案》的产生与主要内容

1.《义务教育课程设置实验方案》的产生

进入21世纪以来，科学技术迅猛发展，知识经济加速到来，国际竞争日趋激烈，世界各国都在进行基础教育的课程改革以适应时代发展的要求。同时，21世纪我国现代化建设面临更为伟大、更为艰巨的任务，迫切需要基础教育加快全面推进素质教育的步伐。另一方面，基础教育的质量、推进素质教育的进展和成效，同21世纪经济社会发展的要求相比还存在着明显的差距。在此背景下，1999年6月13日颁布的《中共中央国务院关于深化教育改革全面推进素质教育的决定》提出，调整和改革课程体系、结构、内容，建立新的课程体系，试行国家课程、地方课程和学校课程。教育部基础教育司自1999年1月启动国家基础教育课程改革工作，2001年6月8日教育部印发的《基础教育课程改革纲要(试行)》标志着我国基础教育新一轮课程改革的正式启动。《基础教育课程改革纲要(试行)》提出了这次课程改革的目标，并就课程结构、课程标准、教材编写与管理、评价以及课程政策的改革等，提出了指导意见。

新一轮课程改革遵循"先实验后推广"的原则，第一步从2001年9月开始在 38 所国家级实验学校进行试验。第二步从 2003 年扩大实验区域，并逐步在全国范围内推行新课程。2005 年全国小学、初中起始年级全面实施新课程，并启动义务教育课程标准修订工作。为此教育部印发了《义务教育课程设置实验方案》。

2.《义务教育课程设置实验方案》的内容包括：培养目标、课程设置原则、课程设置、课程设置说明。

(1)培养目标

全面贯彻党的教育方针，体现时代要求，使学生具有爱国主义、集体主义精神，热爱社会主义，继承和发扬中华民族的优秀传统和革命传统；具有社会主义民主法制意识，遵守国家法律和社会公德；逐步形成正确的世界观、人生观、价值观；具有社会责任感，努力为人民服务；具有初步的创新精神、实践能力、科学和人文素养以及环境意识；具有适应终身学习的基础知识、基本技能和方法；具有健壮的体魄和良好的心理素质，养成健康的审美情趣和生活方式，成为有理想、有道德、有文化、有纪律的一代新人。

(2)课程设置的原则

①均衡设置课程原则

这一原则强调义务教育阶段九年一贯整体设置课程，课程门类由低年级到高年级逐渐增加，为保证学生和谐、全面发展，各门课程比例适当，并可按照地方、学校实际和学生的不同需求进行适度调整。

②加强课程综合性原则

加强课程的综合性原则，强调重视学科知识、社会生活和学生经验的整合，增设综合实践活动，使学生通过亲身实践，发展收集与处理信息的能力、综合运用知识解决问题的能力以及交流与合作的能力，增强社会责任感，并逐步形成创新精神与实践能力。

③选择性原则

这一原则要求设置供选择的分科或综合课程，提供各门课程课时的弹性比例和地方、学校自主开发或选用课程的空间，增强课程对地方、学校、学生的适应性，鼓励各地发挥创造性，办出有特色的学校。

（3）课程设置

见表 5-2：

表 5-2 义务教育课程设置及百分比

| 课程门类 | 年级 | | | | | | | | | 九年课时总计（比例） |
	一	二	三	四	五	六	七	八	九	
	品德与生活	品德与生活	品德与社会	品德与社会	品德与社会	品德与社会	思想品德	思想品德	思想品德	7%～9%
							历史与社会（或选择历史、地理）			3%～4%
			科学	科学	科学	科学	科学（或选择生物、物理、化学）			7%～9%
	语文	语文	语文	语文	语文	语文	语文	语文	语文	20%～22%
	数学	数学	数学	数学	数学	数学	数学	数学	数学	13%～15%
			外语	外语	外语	外语	外语	外语	外语	6%～8%
	体育	体育	体育	体育	体育	体育	体育与健康	体育与健康	体育与健康	10%～11%
	艺术（或选择音乐、美术）									9%～11%
	综合实践活动									16%～20%
	地方与学校课程									
周总课时数（节）	26	26	30	30	30	30	34	34	34	274
学年总课时数（节）	910	910	1050	1050	1050	1050	1090	1090	1122	9322

注：1. 表格内为各门课时数，九年总课时按每学年 35 周上课时间计算。

2. 综合实践活动主要包括：信息技术教育、研究性学习、社区服务与社会实践以及劳动与技术教育。

（4）课程说明

这部分主要对课程设置与实施中特别重视的课时、地方与学校课程、体育、外语课开设的问题加以说明。

（四）课程计划的修改、再编订

1. 课程计划的修改、再编订及其原则

由于影响课程的各种因素包括外部的和内部的诸因素，都在不断地变化发展，因此，课程计划在实施一段时间后，需应社会的变迁与时间的推移，进行相应的调整、修改和再编订。这是在实践中被各国深刻认识和遵循着的一条规律。

例如：在韩国，自 1948 年大韩民国成立起，就开始建立和实行全国统一的学制和课程。在 1948 年之后的 50 年时间里就对中小学课程进行了五次重大改革。

日本战后将学校课程标准称为"学习指导要领"，取代了第二次世界大战之前的"教学要目"的叫法。日本第一部《学习指导要领》自 1947 年出台至今，已经过了 1958 年、1968 年、1977 年、1988 年的数次修订，几乎每 10 年左右修订一次。当前，为了配合 2003 年日本全国学校实行完全的周五日制（现为隔周五日制），日本教育课程审议会正在进行着教育课程修订的研讨审议工作，1997 年 11 月公布了其中期研讨结果即《教育课程标准改善的基本方向》报告书。2002 年，修订后的日本基础教育课程标准——新《学习指导要领》进入了正式实施阶段。

美国自 1985 年开始制定的《美国 2061 年计划》、1993 年制定的《2000年教育目标——美国教育法》中，都把课程改革——建立新的课程内容标准作为重要内容。

课程计划的编订是一件非常复杂的事情，课程计划的修改、再编订也并非易事。它不仅是课程计划决策者的责任，与教师也有着密切的联系，更需要有关专家的参与，课程计划不仅有其需因时变更的一面，还有其一旦确定付诸实施后不易变更的一面。此外，课程计划的修改再编订要消耗经费与时间。因此，要使修改和再编订工作富有效率和科学精神，必须注意把握好课程及影响它的内外部因素的关系。课程计划的修改、再编订需要遵循以下几个基本原则：

（1）适应性原则

其含义为课程计划必须依据社会各方面的发展变化，不断丰富和修订其内容。社会各方面的发展变化一刻也没有停止过，特别是第二次世界大战之后，社会变迁的速度越来越快，世界各国的政治民主化进程也在加快，经济高速增长，科学技术不断推陈出新，价值观念日趋多元化，等等。这一切都赋予教育制度新的不可推卸的责任，要求学校教育内容必须不断地反映社会各个方面、各个领域的新进展、新成果。因此，修订课程计划首先就应该成为一项经济性的工作。其次，要不断对课程的结构、内容和方向作高速更新。实践中，我们可以看到许多这方面的努力。例如，为适应科学技术迅速发展的需要特别是 90 年代以来诸如电子学、电信技术、信息处理技术、核能利用、激光、自动化、控制论和生物技术等新学科、新技术的加速发展并投入应用的新趋势，许多国家在课程修订时，注意选择和设置了多学科或跨学科的新课程，注意增加了观察、体验、探索性的学习，以利于发展学生的智力和创造力。又如，第二次世界大战后的经济的高速增长，一方面给人们带来了丰富充裕的物质享受；另一方面也造成了生态失衡、自然资源枯竭、人口爆炸、环境污染、社会道德水平下降、青年就业难等危害人类生存的社会问题。对此不论是发达国家还是发展中国家都越来越清醒地意识到，必须暂时放弃一些眼前的各自的利益，去保护整个人类生存的环境，寻求社会的持续发展。为此，几乎所有的国家在课程计划的修订中，都重视并加大了科学教育、环境教育、人口教育，道德教育在中小学课程中的比重。

学校教育是面向未来培养人才的事业，所以"适应"不仅是指教育能反映已有的社会变化，而且必须能朝向未来，创造未来。这是课程计划修订的一个重点，美国的课程专家学者们认为适应未来的课程必须能：

——使成长中的人了解他们和社会的相处之道；

——帮助成长中的人了解自己；

——帮助成长中的人了解他们对未来的投资；

——帮助成长中的人建立对自己才能的信心；

——帮助成长中的人认同他所承继的社会；

——帮助成长中的人了解变迁的本质；

——帮助成长中的人辨认出影响变迁的方向之道；

——帮助成长中的人了解主要的社会科学概念及其与变迁的关系；

——帮助成长中的人认同在变迁的过程中所扮演的角色；

——帮助成长中的人避免种族中心思想；

——帮助成长中的人用之所学以与他当前的环境相融合；

——帮助成长中的人将课堂所学转用于未来的责任上；

——帮助已成熟的人了解成长中的人在变迁中所扮演的角色；

——帮助已成熟的人协助成长中的人创造适宜的学习情境；

——帮助已成熟的人参与成长中的人，和他们打成一片；

——帮助已成熟与成长中的人共同改变不成熟的制度规章。

综上可知，在一个社会剧烈变迁的时代，课程内容的决定必须反映社会的需要，并使学生具有适应及批判变迁文化的能力。[①]

（2）民主原则

教育课程计划的修订或再编订不仅是一项科学性很强的工作，而且其本身也是一个集思广益的过程。一般讲修订和重新编订教学计划的职权在中央和地方教育行政部门，但它不是教育行政人员可以单独完成的。它需要发扬民主，让多方面的有关人士参与，诸如教育、心理学、各学科的专家学者、教师、社会上经济界、企业界人士及家长等。这样可以使教学计划的修订、再编订获得教育的新观念、新理论及课程研究成果的指导和支持，获得来自学校管理者、教师的有关原教学计划实施的利弊的事实材料，获得社会其他方面对教育的需求和期待的信息。因此，在修订教学计划过程中，要创造多种机会，让有关人员能介入该项活动，并努力营造民主气氛，让参与者能知无不言、言无不尽，充分发挥各自的作用。这不仅可以提高所修订的教学计划的整体质量，而且有利于新编订教学计划的实际实施。

（3）弹性原则

弹性原则的含义是要使课程计划具有一定的灵活性和变通性，以适应各地区、各学校的不同情况。课程计划通常是全国统一的，就是说在学科

---

① 　郭为藩等：《教育学新论》，193 页，台北，正中书局，1994。

设置、顺序安排、时数等方面，要有对各地区的各所学校的统一要求，这是实现培养目标，保持学校教育水平，推进教育机会均等的需要。因此，实施统一国家课程标准的国家，在修订课程计划时，从不完全放弃课程计划的统一标准，就连没有全国统一计划的国家，近年来在课程改革中也积极探讨和制定统一的课程标准。灵活性和变通性是在坚持编订统一课程标准的基础上考虑到不同地区、不同学校的不同情况，留给他们因地制宜的余地，让他们拥有一些设置课程、选择教材、安排教学时序、假期等的自主权。日本1971年开始实施的《小学校学习指导要领》中规定：每节课的时间以45分钟为原则，但可以根据学校或儿童的实际情况，每节减至40分钟。20世纪90年代捷克在修订教学计划时，也把20％的学校教学活动的决定权授予学校。我国在1986年开始编订的义务教育课程计划中赋予地方一定的课程设置权。我们说，课程计划只有在统一中富有弹性，才能更贴近学校教育的实际，才更具可行性。反之，没有多样性和变通性，课程计划的统一性便会走向教条化、绝对化，以致难以有效实施。

（4）系统组合原则

根据系统论的观点，课程是一个完整的系统。在修订课程计划时，必须根据课程各要素的特点和发展以及儿童身心发展的水平，调整建立课程各要素之间的联系、沟通和配合，以获取课程计划的整体优化，实现课程计划修订的目标。根据各国修订课程计划的经验，值得重点调整的是：学校开设的不同学科之间的联系和配合；不同年级相同学科的联系与衔接；学科课程和活动课程的全面安排；必修课与选修课比例的合理选择；文化课与职业教育课的关系与组合；道德教育课与其他学科课程的关系与沟通等。

2. 中国中小学课程计划的修订与发展

我国也不例外。新中国成立以来，随着我国各个时期政治、经济和文化的发展，及学制和中小学教育目标的变化，课程计划也多次被再编订。据统计，从1949年到2001年，我国共颁发了七套小学课程计划，十四套中学课程计划。（见表5-3）

表 5-3　中小学课程计划颁布表①

序列	第一套	第二套	第三套	第四套	第五套	第六套	第七套
印发时间	1952 年	1955 年	1963 年	1981 年	1984 年	1992 年	2001 年

中学课程计划

序列	第一套	第二套	第三套	第四套	第五套	第六套	第七套
印发时间	1950 年	1952 年	1953 年	1954 年	1955 年	1956 年	1957 年
序列	第八套	第九套	第十套	第十一套	第十二套	第十三套	第十四套
印发时间	1958 年	1963 年	1978 年	1981 年	1990 年	1992 年	2001 年

总的来说，每一套新编订的课程计划（除"文化大革命"期间颁布的）都是对前一套课程计划利弊的扬弃，都在一定程度上推进了我国中小学课程计划的发展。

而众多教育界人士指出，标志我国中小学课程计划的发展进入了一个新阶段的是自 1986 年《中华人民共和国义务教育法》颁布之后，由国家教育委员会组织编订、修改、颁布的《义务教育全日制小学、初级中学教学计划（试行草案）》(1988 年 9 月颁布)、《义务教育全日制小学、初级中学课程计划（试行）》(1992 年正式颁布)。该课程计划的主要特点是②：

(1)明确了培养目标。"课程计划"中明确规定了义务教育阶段的总目标和小学与初中阶段的培养目标。突出了小学和初中阶段培养目标所具有的三个共同特点：第一，基础性，即目标所提出的要求是最基本的和必不可少的；第二，增强了时代性；第三，加强了针对性。

(2)加强了德育。"课程计划"除了对小学、初中阶段的学生在政治、思想、品德方面提出了具体明确的要求之外，还增加了初中历史、地理和四年制初中思想政治课的课时，小学从三年级起开设社会课；强调要通过各类课程对学生进行思想品德教育；在小学和初中安排了各类活动，并对各

---

① 国家教委基础局：《九年义务教育课程计划（试行）学习指导》，9 页，北京，人民教育出版社，1992。

② 邓立言等：《中国基础教育的教学改革》，48 页，成都，四川教育出版社，1994。

类活动提出进行德育的具体要求。

（3）进一步完善了课程结构，增加了课程的灵活性和多样性。"课程计划"改革了课程的总体结构，变过去单一学科课程为主的课程结构模式为中小学课程由学科类和活动类两部分组成。改革了以传统的文化基础课为主的课程内容，增加了适量的职业技术课。改变了过去对教学计划统得过死、过分集中的情况，将课程分为国家和地方两个层次。

（4）调整了各学科所占的课时比例。一是在保证学生掌握必要的语文、数学、外语等学科基础知识、基本技能、基本能力的前提下，适当调整了语文、数学、外语等学科课时在总课时中的比例。二是适当增加了社会科学类和自然科学类学科所占周总课时的比例。三是加强了体育、化学、小学劳动和初中劳动技术课。

（5）设计了"五四"和"六三"两种学制的课程安排。

2001 年 6 月经国务院批准教育部颁发的《基础教育课程改革纲要（试行）》和同时印发的《义务教育课程设置实验方案》，较之以往的课程计划，无论在改革发展的广度，还是深度上都有对 1992 年课程计划的超越。这次改革涉及了课程结构、课程管理、教材建设、教学评价等诸多方面。重点是期待以下几个方面的突破和发展：

第一，加强德育的针对性和实效性。根据中小学生不同年龄的特点，由浅入深、循序渐进，确定不同教育阶段的德育内容和方法。同时在各门课程标准中均渗透德育要求。

第二，以创新精神和实践能力的培养为重点，引导学生建立新的学习方式。各门课程标准都对学生的探究发现、调查研究、实验论证、合作交流、独立自学等提出要求。教学上从注重教师如何教，转向创造条件引导学生学会学习，突出培养学生积极主动的学习态度。

第三，新课程结构体现基础性、综合性和选择性。面向每一个学生，课程标准应为绝大多数学生能达到，精选对学生终身发展有价值的教育内容。小学以综合课程为主，初中将设置以分科为主或以综合为主的课程，由学校或地方根据具体条件与可能自行选择，倡导选择综合课程。高中以分科课程为主。

第四，建立促进学生发展、帮助教师提高的评价体系。改革只注重学业成绩，只注重甄别与选拔的评价，发挥评价在发现和发展学生多方面的潜能，帮助学生认识自我，建立自信，促进每个学生在已有水平上发展的教育功能。强调教师对自己教学行为的分析与反思，建立以教师自评为主，校长、教师、学生、家长共同参与的评价制度。

第五，制定国家、地方、学校三级课程管理政策，提高课程适应性，满足不同地方、学校和学生的要求。

二、课程标准与教科书

课程标准在我国曾被称为教学大纲，教科书也称教材、课本。

课程标准与教科书都是课程的具体表现形式，是对学校里所教学科内容的规定。二者要解决的共同问题是：每门学科的内容如何兼顾知识、儿童和社会的需要与可能。二者所不同的是：教学大纲是根据课程计划，以纲要的形式规定出学科的实质性内容，它反映某一学科的教学目的、任务、教材内容范围、深度和结构，教学进度以及教学法上的基本要求。因此是教科书编写的直接依据，也是检查学科教学质量的尺度，对教师工作有直接的指导作用。新中国成立前称它为"学科课程标准"。

世界各国的教学大纲的形式与结构内容多种多样，特别是依其编写主体的不同，作用的范围及强度也是不同的。在我国，教学大纲是由国家教育部主持编写的，是对教师教学工作具有直接约束作用的指导性文件。

教科书是依据课程标准编写的系统地反映学科内容的教学用书。它是学生在学校获得系统知识、进行学习的主要材料，也是教师进行教学和考核学生学习成果的主要依据。

迄今为止世界各国教科书的编写与选用制度，大致可分为国定制、审定制和自由制。苏联基本采用国定制，"国定制是指国家教育行政部门按课程计划和教学大纲统一组织编辑的教科书，适用于全国各地学校，各地和个人不得自行编辑出版"。[①] 日本等国基本采用审定制，"审定制为民间编

---

① 顾明远主编：《教育大辞典》，第 1 卷，上海，上海教育出版社，1990。

辑，经中央或地方教育行政部门根据所颁布的教学大纲审查合格供学校选用的制度"。①"自由制即由民间自选编辑出版发行供各学校自由选用的教科书，无须教育行政部门审查或认可的制度"②，英国是采用这种教科书制度的代表。必须说明的是，英国教育行政部门不直接对教科书的编辑、选用采取任何制约，但通过国家考试去间接控制学校各门学科的教学内容。

（一）中国课程标准的内容及编订

我国课程标准的内容主要由说明和本文两部分构成。说明部分扼要阐明本学科的教学目的、任务、指导思想及有关教法的原则性建议等。本文部分具体列出本学科教材的篇章、节目、内容要点、上课时数、作业的内容以及其他教学活动的时数等。此外有的课程标准还列出教师参考用书、教学仪器、直观教具等。

我国中小学课程课程标准的编订：据国家教委基础司编著的《九年义务教育课程计划指导》一书提供的数据，我国自1949年至1992年共颁发了八套中小学大纲（参见表5-4）。特别要指出，20世纪80年代中期至21世纪初，国家教委就对中小学教学大纲组织进行了四次修订。其成果：一是1986年颁发的《全日制小学、初中各科教学大纲》；二是1992年颁发的《九年义务教育全日制小学、初级中学（各科）教学大纲（试用）》；三是2001年颁发的《义务教育阶段18科课程标准（实验稿）》，小学《品德与生活课程标准》《品德与社会课程标准》，初中《思想品德课程标准》。四是2011年颁布的《义务教育学科课程标准》该课程标准包括了小学一年级至初中三年级的所有学科。

表5-4　小学、中学课程标准（教学大纲）

序列	印发时间	名　称
第一套	1950年	小学（各级）课程暂行标准（草案）
	1951年	普通中学（各科）课程标准（草案）
第二套	1952年	中、小学各科教学大纲（草案）

① 顾明远主编：《教育大辞典》，第1卷，上海，上海教育出版社，1990。
② 顾明远主编：《教育大辞典》，第1卷，上海，上海教育出版社，1990。

序列	印发时间	名　称
第三套	1956 年	中、小学各科教学大纲（修订草案）
第四套	1963 年	全日制中小学（各科）教学大纲（草案）
第五套	1978 年	全日制十年制学校中小学各科教学大纲（试行草案）
第六套	1986 年	全日制小学初中各科教学大纲
第七套	1992 年	九年义务教育全日制小学、初级中学（各科）教学大纲（试用）
第八套	2001—2002 年	义务教育阶段 18 科课程标准（实验稿），小学《品德与生活课程标准》《品德与社会课程标准》，初中《思想品德》课程标准

资料来源：国家教委基础司编：《九年义务教育课程计划（试行）学习指导》，北京，人民教育出版社，1992，2001—2002 年资料来源：《中国教育年鉴》2002 年，北京，人民教育出版社。

如果把它们加以比较的话，20 世纪 80 年代以来颁布的课程标准较之以前确实有着突出的特点，主要有：

第一，从编订的指导思想上看，突出了从国情、义务教育的特点及我国义务教育的难点、重点出发，强调了面向教师和学生大多数，面向农村。

第二，课程标准的内容，突出贯彻了"三个面向"的精神，强调了德育的重要性、针对性和主动性，指出义务教育要为培养各级各类社会主义建设人才奠定好基础。

第三，遵循儿童身心发展的规律，文科标准精简了内容，减轻了学生负担，拓宽了知识面；理科大纲降低了理论要求，降低了习题的难度。

第四，各科标准留出 10％或更多的课时，供各地结合本地实际安排利用。

（二）中国的教科书

1. 中国教科书制度的发展

我国一直重视教科书的编选工作。新中国成立以来，由于基本上施行全国统一的课程计划和教学大纲，所以在以后相当长的一段时间里，教科书也基本上是统一的，并且主要由中小学教材专业出版社编审发行。

1958 年之前，教科书完全是国定，实行一纲一本。人民教育出版社 1951 年和 1956 年出版的两套中小学教科书为全国各地学校所使用。1958

年全国开展了"教育大革命运动",当时由于中央教育行政部门向地方下放部分权力等因素,一度出现了地方自行编写出版的教材。但由于地方编写的教材良莠不齐,有的完全抛开了国家统一的课程标准,致使教科书质量下降,管理混乱。

1963年,为了纠正这种偏向,教育部发布了《全日制中学暂行工作条例》,其中规定:教学计划、教学大纲和教科书必须由国家统一制订。在这一前提下,地方教育行政部门、学术研究机关、学者也可以根据国家颁布的教学计划和教学大纲编写教科书,经教育部审定后,可以推荐全国使用。这一规定可以说是对我国国定教科书制度进行了改革,改革的走向是把国定制与审定制结合起来。此后,地方上出现了一些自编教材,特别是地方性乡土教材,但由于当时教材审定机制及规章程序都不完善,改革教科书制度的意图没有取得满意的效果。"文化大革命"时期,教材由地方自行编写,教材管理失控。

自1978年实行改革开放政策以来,特别是随着80年代"基础教育由地方负责"制度的确立,"一纲多本"和"多纲多本"的观念成为教材建设的指导思想。实践中,以上海、浙江等地为先,开始地方自编教材。为了适应这种教材编审的发展要求,1986年国家成立了全国中小学教材审定委员会,真正实行在坚持统一课程标准的前提下,允许各地区根据需要编写风格、特色各异的基础教育教材,即一个大纲,多种教材。1988年原国家教委颁布了《九年制义务教育教材编写规划方案》,进一步明确提出根据我国地域辽阔、人口众多、经济文化发展不平衡的国情,九年制义务教育教材必须在统一的基本要求、统一审定的前提下,逐步实现教材的多样化。到20世纪90年代已在全国出版了适合不同地区特点的多种教科书、实验教材、音像教材版本、乡土教材,多达数十种。其中人民教育出版社、上海市、广东省多家出版社编写的"八套版"不同风格、不同层次的基础教育教材(见表5-5)经过了国家的审定,于1993年秋季正式供各地中小学选用。可以说这是我国教科书编审制度改革获得进展的表现。

进入21世纪,为了促进素质教育的实施,适应新一轮基础教育课程计划与标准的要求,我国教材制度进一步推进改革,在继续实行教材多样化方针的同时，出版发行打破垄断尝试竞标，同时采取措施，降低教材价格。

表 5-5　八套版教材编写情况一览表

编 写 单 位	教 材 类 型	使 用 地 区
人民教育出版社	六三制教材	全国
人民教育出版社	五四制教材	全国
北京师范大学	五四制教材	全国
广东省教育厅、华南师范大学	沿海版教材	沿海地区
四川省教委、西南师范大学	内地版教材	
河北省教育科学研究所	农村复式教材	全国复式学校
上海市教育局	发达城市版教材	上海市
浙江省教委	综合课教材	浙江省

资料来源：《国家高级教育行政学院学报》，2001(2)。

2. 教科书的编写

课程计划和教学大纲编订得再好，如果没有科学、可行的教科书作依托，它们都是空的，因此说，课程能在多大程度上得以实现，首先取决于教科书的质量。

教科书的内容一般由目录、本文、习题、实验、图表、注释、附录等部分构成。本文是其主要部分，这部分内容通常分篇、章、节、目或者一课一课地编排，系统、简明、通俗地叙述教学大纲规定的学科内容即最基本的事实、概念、原理、公式等。

教科书的编写，最根本的是要把握好如何根据学校的培养目标及不同阶段儿童身心发展水平，在每门学科相应的科学中去选择教学的材料并考虑怎样组织这些材料的问题。对此理论研究提出应遵循以下主要原则[1]：

第一，在内容上要做到科学性、思想性、效用性统一；

第二，在教材的编排上要做到知识的内在逻辑与教法要求统一；

第三，有利于学生自学。

据统计，自 1951 年到 21 世纪初，仅人民教育出版社就为中小学编写

---

[1]　王道俊等：《教育学》，171~172 页，北京，人民教育出版社，1993。

115

出版了十套教材（见表5-6），应该说新中国成立以来中小学教材建设成果瞩目。但在近年的在教材编写与出版教科书中一些不曾有过的问题逐渐显露出来。主要有：同一水平层次的教材重复编写，教材多样化中教材质量有差异，教材多样化中教材研究不足，教材选用过程中的地方保护主义，教材的印刷质量不高和价格过高等问题。

表5-6　新中国成立以来人民教育出版社编写出版的中小学教材

序列	一	二	三	四	五	六	七	八	九	十
编写年代	1951	1954	1960	1961	1977	1981	1986	1988	1989	
出版年代	1951	1956	1961	1963	1978	1982	1987	1990	1993	2001
学制（年）	12	12	10	12	10	12	12	12	六三制 五四制	义务教育 九年一贯

资料来源：邓立言等：《中国基础教育的教学改革》，48页，成都，四川教育出版社，1994，2001年资料来源：人民出版社网 www.pep.com.cn。

第三节　教育课程实施的指导

课程实施是指把课程付诸实践的过程或者说是把官方课程转化为运作课程的过程。官方课程即教育行政部门颁布的课程包括课程计划（教学计划）、教学大纲。运作课程又称为实践课程是指学校中正在实施的课程，它体现为师生的教学活动。课程实施是实现课程编订目标的基本途径。就一般道理而言，课程设计得再好，如果实践中得不到有效的实施，那也毫无意义。近年来，课程实施备受教育界及社会的关注，课程实施的好坏，受多方面因素的影响。在这些因素中有消极性因素，也有积极性因素，利用积极因素克服消极因素是课程实施的主要任务。

在我国进行课程实施指导的主体主要是国家各级教育行政部门、教育督导机构、附属于教育行政部门之下的教育研究机构及其成员，除此之外还有各教育学术团体。但课程实施是一项专业性极强的活动，对其指导必须突出专业性、技术性。因此世界各国在课程实施指导活动中的努力方向就是弱化权力性的指挥、监督行为，而强化非权力性的指导行为。

课程实施指导的主要存在（活动）形式是：组织实验交流、共同研究、课程实施评价、咨询建议、培训教师、经费援助等。

课程实施评价就是运用科学手段，对课程的实施进行量和质的分析、鉴定。课程实施评价主要分两类，一是形成性评价，一是终结性评价。

所谓形成性评价，是指对课程实施过程中的态度、方法、效果做出评价。课程实施的形成评价主要由各级教育行政机构的有关职能部门、各级教育督导部门和人员与学校自己开展。课程实施评价是教育行政有关职能部门和学校管理的主要职责，在此不多论及。需要提出的是教育督导机构及人员的参与问题。

在世界诸多国家的教育督导工作中，一般都把教学督导、教师在职教育的组织与指导作为督学指导职能活动的活跃领域。原因主要出于：第一，教学是教育的主体部分，又是教育的基本途径。第二，教育改革及教育质量提高的需要。

在这个意义上许多学者认为，教育督导就是使教育行政人员给予教师及其他教育工作者以领导机会，以改进其在教学上所做的各种努力，包括激励教师在专业方面的成长与发展；对教学目的、教学资料和教学方法等方面的选择与改进；对教学效果的考核等。在我国的教育督导发展历史中，就是作为我国现代教育督导制度渊源的视学活动，不论是天子视学还是学官视学，就其活动内容而言也主要是对学校中教师及学生的教与学的视察和监督。在当今的教育督导活动中，我国也注意了把教学视导作为学校视察监督的一部分，要求督学人员注意教学、教学法方面的研究，但作为督导的任务并不很明确和突出。这主要是因为改革开放以来的教育改革侧重点在宏观整体方面，教育督导着力于督政和学校办学水平的整体评价工作。随着我国教育改革的深入推进，必然要求教育督导机构及人员更多地承担课程实施的指导评价工作。

所谓终结性评价，是指对课程实施的结果做出评价。长期以来，我们主要是通过考试（包括中考和高考这类升学考试）、毕业后的就业情况调查分析来进行。这两种方法都是对学校培养出来的学生质量的评价。而学生质量评价的效能，有赖于评价者正确的学生观、人才观及现代教育理论（包括课程理论）的支持和现代评价方法、技术的科学运用。

在汉语中"咨询"的含义是询问、谋划、商量。与之相对应的英文 Consult 或 Consultaion 也是磋商、会诊、评议的意思。1972 年，英国出版的《牛津辞典》给咨询人员下的定义是"胜任提供专业建设和服务的人"。一般讲，现代咨询是咨询人员受用户委托，运用自己的知识、技术、能力和经验，通过调查研究，依靠科学方法和技术手段，向用户提供所需的建议的一种有偿智力活动。

课程实施是一件专业性非常强的系统工程，涉及教育目标、教育观念更新、课程理论的发展与实践、教学方式方法、教材等方面，还与教师、学生、学校管理人员相关。因此，有效地实施课程是不容易的。通过咨询可以使课程实施者获得有关的信息、建议以及建立在对实践中问题诊断基础上的专业性建议，使课程实施走向成功。为此，咨询建议也日益成为现代教育指导行政的一种重要手段。

在现代教育指导行政中，经费援助这一手段备受青睐，在课程实施指导中也不失为一种有效的方式，它虽不是对课程的直接限制，却能有力地影响教育、教学活动的方向。一般讲课程能否顺利实施与学校的水准直接相关。所谓学校水准包括学校设备水准、教师水准、学生水准、课程与教学管理水准等。实施中，即使教学大纲、教科书编写得再好，如果学校设备特别是图书资料、实验室设备跟不上，教师不能胜任课堂教学，那么课程实施情况肯定难言质量。而设备的完善和教师的培训提高都需要经费的支持。

教师是最直接的课程实施者，也是影响教学水平诸因素中的主导因素。一般讲，每一个课程计划都是对原有课程计划的扬弃。实施新的课程，要求实施者努力适应新课程标准，即要求实施者（主要是教师）的行为和思维方式、教学方法、内容安排以及教学组织方式要有所改变，而这些改变首先来自于教师的新认识、新观念，其次是新的行为方式。但在现实中，常常是新课程的实施得不到教师的合作。原因主要有：第一，教师知识能力水平的限制；第二，对课程变革的惰性，包括对课程改革的不关心、不认识及对原来的习惯做法的留恋、惰性。要克服以上的问题，除了对师范教育的专业设置和课程内容作相应的改革之外，最主要的方法是对在职教师进行培训。所以说，组织指导各级各类的教师培训是对课程实施指导的根本内容。

　　课程实施的交流，从参与者来讲主要是课程编制者与实施者之间的交流及实施者之间的交流。从内容上讲，课程编制者可以向实施者讲述隐含在课程中的一些基本假设、价值取向，可以提供有利于实施的咨询和建议，可以传递其地区和学校课程实施的情况。课程实施者之间，通过交流，可以交换实施课程的情况、存在的问题，以及值得借鉴的做法，达到取长补短的目的。合作是指就课程实施中的各种理论与实践问题，课程编制者、督导人员、有关的专职研究人员及实施者共同进行探索研究和实验。合作研究和实验都不是一时一事的行为，而是一个有确定目标、有组织、有计划的较长时间的共同行为。通过共同研究和实验，可以获得课程及课程实施理论的深化与创新，可以总结经验教训，创造出新的课程实施的方法与模式。

　　不管是交流还是合作，都会有助于课程实施者对课程计划的认识和对课程内容的理解，从而促进课程的创造性实施。

思考题

　　1. 什么是教育课程？其构成内容有哪些？

　　2. 说明教育课程行政的含义。

　　3. 教育课程的修订应遵循哪些基本原则？

　　4. 阐述教育课程实施指导的途径和方法。

资料链接

英国 2011 年小学新课程的六大学习领域及课程设置

学习领域	学习内容	课程设置	
		法定课程	非法定课程
艺术	艺术与设计，舞蹈，戏剧，音乐	艺术与设计，音乐	公民教育，个人、社会与健康教育
英语、交流和语言	听、说、读、写，跨文化理解	英语，信息交流与技术，现代外语（注：在第二学段开设）	
历史、地理和社会	公民教育，地理，历史	地理，历史	
数学	数与数制，数字运算与计算，货币，测量，几何学，统计	数学	
身体发育、健康与幸福	体育教育，个人幸福，经济福祉	体育	
科学与技术	设计与技术	设计与技术，科学	
	科学，包括能量、运动和力、材料性能、生命与生物、环境、地球与太阳系等		

需要说明的是，宗教教育在英国一直是法定科目，本次国家法定课程设置除了包括表中的法定课程之外，依然包含宗教教育。宗教教育的教学大纲由各地自行制定，其学习过程与小学新课程是一致的。

资料来源：康翠、赵磊、冷平：《英国 2011 年小学新课程改革简述》，载《外国中小学教育》，2010(11)。

第六章　学校与社区

　　21世纪的中国是一个以社区发展为基础的社会。21世纪世界的教育是走向终身学习的教育。

第一节　学校与社区概述

　　我们生活着的现时代，发达国家已是越过高度工业化阶段，进入高度信息化的社会发展阶段，这是一个变化剧烈而复杂的社会。我国是一个发展中国家，正以追赶的姿态，朝向这一进程。这一时期的社会发展，一方面，表现出对教育的强烈依赖；另一方面，所出现的各种问题，又给现代社会中的学校教育以极大的挑战与压力。学校与社会的协调互动，成为社会与学校关注的理论与实践的热点。

一、学校与学校教育

　　从通常的意义上说，学校是人类进行自觉的教育活动，传递社会知识文化，有目的、有计划、有组织地为一定社会培养所需人才的机构。

　　学校的出现是社会生产分工的产物，它的发展随社会的发展和教育的发展而变化，迄今经历了古代、近代与现代几个历史阶段。

　　18世纪后半叶和19世纪前半叶，英国、法国等国家先后进行了工业革命，同时也促使学校教育有了新的形态，逐渐形成了现代学校及其教育。

　　现代学校教育是一种以学校教育为主轴的教育，它具有以下一些特征：

　　第一，学校成为教育历程中的主要学习场所，成为正规教育的主轴。

　　儿童受教育必须进学校，学校是实施义务教育的唯一场所。学校提供有计划、有组织的教育活动，通常有一定的入学时间、修业年限以及提供正式的文凭或学历证明，这就是正规教育。学生接受教育是以获取文凭和学历作为主要目的的，是人生中的一个必须经过的阶段，于是学校成为文凭和学历的制造所。学习活动仅是在教室和校园中进行，学校逐渐成为封闭的学习场所，排斥与学校外的机构、与社区的联系以及在校外、在社区中学习。对学校来说，一切非正规教育和非正式教育都显得不重要了，因为那些教育与文凭和升学是没有直接关联的。

第二，学校是以课堂为中心、以课本知识为中心、以教师为中心。

在学校教育中，学习与上课成为了同义语，因为除了在课堂里上课外，几乎没有其他的学习方式了。当课堂成为学生学习的中心，那么课本也随之成为学生学习的主要来源和内容，课本与知识也就画上了等号，学习仅仅看成是学习课本。而教师无疑是课堂教学过程的主体，是传递课本知识的专业权威，于是教师成为教学过程的中心，学生的主体性、主动性则不被顾及。

第三，考试成为评量学生的主要方式。

在学校教育中，随着以课堂学习和以课本为中心，考试就起着评量学习成效的手段，考试成绩高，就是学习好，于是分数也成为评量学生好坏的指标。

这样，教育与"学校教育"画上了等号，教育与"正规教育"画上了等号。

二、社区

社区是从事一定的社会活动，具有某种互动关系和共同文化维系力的人类群体及其活动地域。社区一般包括以下四层含义：

第一，社区是一个人文区位，是社会空间与地理空间的结合，如村落、集镇等。

第二，社区的存在总离不开一定的人群。人口的数量、集散疏密程度以及人口素质等，都是考察社区人群的重要方面。

第三，社区成员具有共同利益和共同的行为规范、生活方式及社区意识，如共同的文化传统、民俗、归属感等，这些方面构成了社区人群的文化维系力。

第四，社区的核心内容是社区中人们的各种社会活动及其互动关系。

为了便于研究，在社会学上一般把社区从地域上分为：

城市社区（由从事各种非农业劳动的密集人口所组成）；

农村社区（由从事农业生产为主要谋生手段的密集人口所组成）；

小城镇（集镇）社区（比农村社区高一层次的社会实体，这种社会实体是以一批并不从事农业生产劳动的人口为主体组成的社区）；

城乡联合社区（是城市与乡村社区结合的社区）等几种主要表现形式。

社区作为地域性的社会，它是学校最直接的社会环境。

第二节　学校与社区的互动

20 世纪 60 年代以后，学校与社区进行有计划的互动，增进学校与社区的合作与交流成为世界性的潮流。20 世纪 90 年代以来，一些发达国家和地区提倡学校与社区紧密结合，使学校和社区走向整合。

从学校角度讲，教育改革与发展，正面临着的一个非常紧要的问题，就是如何协调好学校与社区的关系，促进学校与社区的互动，可以说，学校与社区的合作，越来越成为一种发展趋势。从社区角度讲，在社区发展中，不论是物质建设还是精神建设，都离不开教育的支持。

目前，社区教育正受到越来越多的国家及公民的热切关注，成为自身的需要。学校与社区互动，正成为实践终身教育理念、构建学习社会的积极策略。在我国，在 1992 年颁布并实施的《中国教育改革和发展纲要》明确指出："支持和鼓励中小学同附近的企事业单位、街道或村民委员会建立社区教育组织，吸收社会各界支持学校建设，参与学校管理，优化与人环境，探索出符合中小学特点的教育与社会结合的形式。"

一、学校与社区的互动关系

（一）学校与社区互动关系的含义

学校与社区的互动，是指学校与社区和社区成员、机构、组织之间的双向交流与合作关系。互动必然是双向的。一方面，要使社区，包括成员、机构、组织应该理解、支持和帮助学校，以便有效地实施教育目标；另一方面，学校应该支持社区、面向社区，向社区开放、服务社区。形成学校与社区的互动，双方建立良好关系，常需形成两种有效的传播渠道：即从学校到社区和从社区到学校的传播渠道。

（二）学校与社区的互动是当代教育改革的普遍走向

当代教育改革与发展面临的一个十分紧要的问题，就是如何协调好学校与社区的关系，促进学校与社区的互动。

20世纪90年代以来，一些发达国家和地区提倡学校社区一体化，使学校和社区走向整合。从学校角度讲，学校教育与社区结合越来越成为一种发展趋势。

例如，1997年英国教育与就业部提出"教育行动区"（Education Action Zones）的教育改革计划。该项计划着眼于如何在面临挑战性的环境时，根本性地解决教育的重要问题，以提升学校教育的质量。具体策略是成立"教育行动区"，将学校、地方教育当局、家长、企业和社区结合在一起，共同为改进学校教育而努力。

2001年1月日本文部科学省制定了"21世纪教育新生计划——彩虹计划"，该计划的主要改革策略与课题，正如其名称彩虹一样，集中为七个，其中第四即建设成父母、社区信赖的开放的学校。他们认为学校绝不是仅由教师与学生构成的组织，而是由包括父母或学生监护者在内的居住在学校周围的社区所有人共同作用形成的组织，说到底学校应是"社区中的学校"。学生的父母或监护者及周边居民有了解学校的各种各样情况及信息的愿望与要求。学校对他们必须积极地公开学校教育的目标、内容、教育计划等，以得到共识。同时，学校有责任对实现的状态做出自我评价与说明。为了提升学校履行责任的能力或力量，日本确立了"学校评议员"制度。所谓评议员是指学校内外的有识者、相关机构、青少年团体等的代表，他们的职责是参与学校管理，为学校管理运作提出意见、建议。这一制度建立与实施的目的是实现学校的教职员、学生父母、社区居民共同为学校的改善负责。

在教育全球化的进程中，发展中国家与地区的学校教育改革也把这一课题提到了实现学校教育品质提升的政策与策略的优先地位。

在中国，随着社会政治、经济体制的改革，教育的改革也不断深化，其表现之一就是对学校与社区互动的推进。

为什么会形成这样一个改革趋势呢？为什么我国学校教育改革的步伐

也迈入此潮流中呢？

《学会生存》在分析其原因时曾强调以下两点：

第一，学校教育往往比不上轻松活泼且非强制性的社会教育，学校提出的价值观通常与大众传播媒介描绘的生活方式相矛盾，因此，迫切需要把校内外的目的与方法协调起来；

第二，学校呼应开放的潮流，倾向于成为多重目的的文化中心，并努力接近劳动世界。

这两点从根本上提出了学校教育自其产生以来，一方面，作为知识的殿堂，有目的、有组织、有计划地将学科知识传授给受教育者，在这方面学校的作用是无与伦比的；另一方面，在这一过程中形成的以学校为中心、知识为中心、教师为中心、书本为中心的教育传统也导致了学校教育在内容、教学形式、教学手段方法上与社会生活脱节，使学校教育的学生不能适应及满足社会的需要和发展。学校教育的本质是社会的，是与社会生活不可分割的。因此改变学校教育的这种状态成为教育改革的关注点。这恐怕是世界各级各类学校共同的问题。

从保罗·郎格朗提出终身教育的概念，到今天呼吁构建学习社会，在这一发展历程中，充满了人们对学校教育的不断反思，反映出人们对人的终身发展、多方面充分和谐发展的关注与期待。实现这一期待，打破以往学校教育与社会教育的分离、学术教育与生活教育的脱节、普通教育与职业教育的樊篱、构建终身教育体系是唯一的选择。而重构学校与社区的关系，使学校与社区走向整合，又是终身教育体系运行、形成学习社会的有效途径。

社区对社会、经济的发展，对社会的稳定具有十分重要的作用。在我国改革开放的发展中，随着社会主义市场经济体制的建立与不断完善，原有的以行政隶属关系为纽带，以行政命令为主要手段，以行业、单位和职能部门为主体的管理体制被打破。政府原先承担的一些社会性事务被剥离，企业也有许多职能被移交给社会，而这些转出的职能，全部由社区承担，社区成为社会物质文明建设和精神文明建设的主力军。可以说，在今天，社区的地位空前增强，其功能也在增多，对社区发展的要求也越来越高。实现社区的有效发展离不开社区与学校的互动。因为学校可以运用所拥有的办学优势、文化优势、文化教育、科技辐射优势等在社区建设与发展中、在提高社区成员素质中发挥重要的作用。

二、学校与社区互动关系的基本要素和功能

(一)学校与社区互动关系的基本要素

学校与社区的互动,作为学校与社区之间的双向交流与合作关系,其功能的良性发挥离不开互动关系中各个物质的、组织的和人力的基本要素功能的协调发挥。具体来讲,学校与社区的互动关系主要包括以下基本要素:

1. 学校

学校从其所在的地域来说,是从属于社区的一个组织和机构,在社区生活中起着重要作用。学校应该直接参与社区教育,为社区教育提供学习场所和设施,能相对独立地对社区进行文明辐射,还可以间接促进社区的经济和社会发展。学校向全体居民开放,既减少了因建设场地所需的投资,又取得了当地居民的理解与支持,缩小了学校与社区间的间隔,为学校与社区之间积极的互动提供了条件。

2. 社区

社区作为学校教育的最直接的外部环境条件,通过协调教育与其他部门的关系,创造与学校教育健康运行相适应的外部环境和条件,优化青少年健康成长的社区环境,对儿童、青少年学生进行道德教育,推进素质教育的顺利实施。

3. 社区教育机构

社区教育机构指社区内的一切公共设施和各协作单位提供的可以作为教育基地的企业、实验室、青少年宫、有历史意义的场所等。公共设施则包括公共图书馆、博物馆、科学馆、纪念馆、体育馆、教堂、文化中心、娱乐中心、展览馆,等等。通过合理运用这些机构和设施,使学校教育更加贴近社区生活,为社区建设服务。

4. 参与者

学校与社区互动关系的参与者包括学校全体教职员工、学生和社区的全体居民、企业和其他社会组织等,社区教育的好与坏,主要取决于互动

关系参与者的态度和积极程度。

(二)学校与社区互动关系的功能

1. 学校对社区的功能

在学校与社区互动关系中，同社区相比，学校的优势主要包括办学优势、文化优势、文明辐射优势、空间优势等方面。这些方面的优势决定了学校在社区发展中可以发挥重要的功能。[①] 具体来说，学校在社区发展中的功能主要体现在以下几个方面：

(1)大教育功能

学校有一定的办学经验与传统，有专职的师资队伍，懂得教育规律、教和学的方法，有强烈的教书育人的价值取向或职业道德习惯和教师人格感染力量。学校拥有相对齐全的教学设施和文娱体育活动的设备和设施，对整个社区的文化教育活动和经济发展具有空间调节作用。学校可以通过科技下乡、社区扫盲服务、社区公益事业、为社区教育如夜校、假日班等办学形式提供学习场所等，为社区教育服务，这是学校承担社区建设的主要职能。学校从封闭走向开放，与社区进行交互作用是促进自身发展、增强活力的主要途径。

(2)文明辐射的功能

学校作为一个知识密集型组织，教师群体如果具有优秀的良好的精神风貌，如创造精神和进取精神等，再加之独具特色的校园文化氛围，充分体现了现代社会的文明精神和价值观念等，这将对社区成员形成一定的文明辐射优势。通过现代科学知识和信息的传递，整塑社区思想伦理道德和价值观念，培养社区公众归属感、增强社区人群亲和力等，学校可以有效地促进社区文化认同性整合[②]。学校是社区精神文明建设颇为有力的推进器。如张家港市[③]通过探索适合社区发展水平的办学模式，举办沙洲职业工学院，在较大程度上满足了社区群众迫切接受高等教育的愿望，适应了其对于精神文化的消费需求，促进了社区重教风气的形成。学校置身于社

---

① 鲁洁：《教育社会学》，329～355 页，北京，人民教育出版社，1990。

② 厉以贤：《社区教育的理论与实验》，22 页，重庆，四川教育出版社，2000。

③ 顾冠华：《职业大学对于社区精神文明建设的使命》，载《高教探索》，1997(2)。

区之中，通过"社科研究"，突出社区学校的人文社会科学研究的应用性、地方性，以社区的精神文明建设作为重要和经常的课题，为社区的精神文明建设服务。将社区的民情风俗、文明礼仪、消费取向、企业文化、人文景观、环境保护、园林绿化等作为研究课题，为塑造健康向上的社区文化、形成文明清新的社区风尚提出操作性措施，为社区的精神文明建设出谋划策。

(3)经济功能

学校作为专职的培养年轻一代个性健康发展和促进其社会化成长的教育机构，为社区经济发展提供精神动力和智力支持。一般来讲，学校对社区发展所具有的经济功能主要是以学校培养的学生参与社区经济建设为中介实现的。学校通过对年轻一代进行现代科学文化知识教育和道德情操教育，提升学生的知识水平，培养学生具有符合现代社会市场经济精神的道德品质如人文关怀、公平竞争和合作精神等，这种符合社会发展需要的人才加入社会发展的洪流中后，必将极大地促进社会发展。同时，学校所培养的合格人才在工作过程中所表现出的精神风貌将在社区经济建设中形成强大的示范效应，对社区经济发展具有不可忽视的作用。学校除了间接为经济建设服务外，还可以从实际出发，通过发展校办产业以及通过进行社区经济状况调查咨询、科技服务等形式直接参与社区经济发展。

2. 社区对学校发展的功能

学校所在社区是指学校周围的、与学校具有密切联系的街区、村落等，它并不是一个固定的地理学概念，而是一个描述学校主要的、经常的活动地域概念。社区在学校日常运作和长期发展过程中发挥着不可或缺的重要作用。

(1)支持功能

主要指社区为学校的生存和发展提供物质、经费和信息等方面的支持。社区为学校师生提供良好的校外学习、文娱活动和社会实践的场所和设施，良好的社区自然环境条件和文化氛围是年轻一代健康成长的重要外部条件。社区人群是学校最为直接的社会公众群体，社区可以通过利用有效的大众传媒，如社区广播、宣传单、社区报纸、黑板报等多种形式，向社区公众反映学校教育教学状况，争取社区公众对学校教育的理解和支持，形成良好的尊师重教的社区风尚。

《中国教育改革和发展纲要》指出,"教育投入不足,教师待遇偏低,办学条件较差",一直是困扰我国教育方面的严重障碍。提出要继续深化中等以下教育体制改革,继续完善分级办学、分级管理的体制。规定改革和完善教育投资体制,增加教育经费,在加大国家财政性拨款和教育税费征收力度的同时,设法通过增加校办产业收入、社会捐资和设立教育基金等多种渠道保证教育经费的稳定来源和增长。可见,与学校联系最为密切的社区对于教育经费的筹措具有重要的责任。社区通过发动社区公众、个人或企业组织等各种力量筹措教育经费,可以有力地弥补教育经费短缺,改善学校办学条件,提高教师待遇。这对于稳步提高学校办学水平、增加教师队伍的稳定性,进而提高学生素质具有重要作用。

(2)参与功能

社区对学校的参与功能主要是指社区要积极主动地参与学校教育过程以及参与学校内部管理。对于儿童青少年来说,社区环境和文化氛围对其成长和发展的影响具有直接性和生动可感性。良好的社区文化氛围和治安状况、干净整洁的社区自然环境、较高的社区居民生活质量和生活品位等,对于学生的健康成长具有极其强烈的陶冶作用,在不知不觉中潜移默化地培养学生健全的人格和高尚的品质。学校教育与社区环境的一致将形成巨大的合力,促进年轻一代健康发展。除了对学校教育过程的间接影响,社区还可以直接参与学校教育过程。社区通过向学校开放社区的公共图书馆、科技馆、文化馆、体育馆等教育场馆设施,整合社区内的各种教育物质资源和人才资源。同时,开发革命传统教育资源和反映改革开放崭新成就的社区德育资源,建立德育基地。使学校德育工作在国家一般要求的基础上,更切合地区发展的实际,增强德育内容的可接受性,切实提高学校德育工作的质量和教育效果。

学校是一个多功能开放的动态系统[①],它不仅受到来自系统内部的刺激影响,而且也要受到来自外部社会环境的刺激影响,必然要与所在的社区发生人流、物流、信息流上的交换。从社区所处的地位看,社区是沟通

---

① 崔秀芬:《学校管理理论应重视对社区的研究》,载《教育科学》,1996(4)。

学校和社会大环境的中介，所以学校管理理应重视社区的参与，社区可以在办学方向、课程结构、培养目标、考核评价机制等方面给予学校管理以监督和指导，使学校管理过程更加透明和公开，在管理和教育过程中充分反映社区的意愿，把教育纳入社区整体发展规划，实现学校教育与社区经济、科技发展的密切结合。

（3）推进学校素质教育的功能

社区作为区域性的社会共同体与素质教育的实施有着紧密的联系。社区在推进素质教育中的作用主要表现在引导教育观念、创造物质条件、优化育人环境、协调教育力量和直接参与素质教育五个方面[1]。

社区组织如街道、居民委员会或村民委员会可以引导社区成员树立正确的教育观念，使其认识到教育是推动区域经济长远健康发展和提高社区成员生活质量的重要作用，扫清学校实施素质教育的思想障碍。

通过教育观念的转变，将素质教育的实施与社区的发展紧密联系起来，开拓各种渠道为素质教育的实施创造良好的办学条件，弥补教育经费之不足，保证素质教育的长期实施。

社区可以调动区域内各种力量，净化社区环境，建立文明社区，形成良好的社区文化氛围，消除诱发青少年儿童产生不良行为的因素。

社区通过整合丰富的教育资源和各种形式的教育力量，使各级各类教育与素质教育在方向上统一要求，在时空上密切联系，在作用上形成互补，形成素质教育的合力。

社区还可以通过加强区域教育规划、直接参与素质教育标准的制定和部分教材的编选、对学校素质教育实施的过程和结果进行监督和评估等途径，直接参与学校素质教育的实施。

三、学校与社区互动影响因素

学校与社区的互动就是学校与社区之间的相互作用。学校内部诸因素如师资水平、校园文化氛围、学校规模和层次等对学校与社区互动关系的

---

[1] 任胜洪：《浅析社区在推进素质教育中的作用》，载《贵州师范大学学报》（社会科学版），2000(3)。

深度、广度及频率具有决定性影响。社区作为与学校发展具有最直接联系的外部环境，其中文化传统、经济发展水平、居民素质等对于社区在学校教育、管理过程中功能的发挥质量也具有重要的影响。学校与社区的互动是在社会宏观政治和经济以及法治发展大环境下进行的，互动的层次和水平受到社会政治、经济和法制条件制约。

（一）宏观社会环境因素

对于学校与社区互动关系来说，互动的宏观社会环境主要包括社会的政治和经济环境、规范学校与社区互动的法治环境和教育政策环境等。

在计划经济时代，社会整体运作方式是条块分割、集中调拨社会资源的经济模式，与之相适应的行政管理体制也是高度集中统一，政府包揽一切。在政府与学校关系中，教育行政部门居于绝对的权威地位，学校发展所需要的一切资源如师资、经费、各种设施和设备等都由政府通过教育行政部门配给，从根本上来说，学校并不承担任何办学风险，学校的生存和发展问题并不在学校管理者考虑的问题之列。在这种情况下，由于学校并不面临生存和发展的风险，学校运作所需的关键资源主要也不是直接由社会供给，所以学校并没有动力去与社区进行沟通和互动。即使在这种情况下存在一些零星的沟通和互动，但这些互动关系并不对学校和社区发展产生决定性影响。对于学校所在区域来说，由于社会成员分属于各个不同的单位，他们之间没有共同的环境和发展目标以及价值观念，所以并不构成严格意义上的社区，当然也难以形成合力去真正关心学校教育的发展。

经过十一届三中全会至今三十多年的改革探索，党和国家确立了社会主义市场经济体制的改革目标。根据现代市场经济的理念，在市场经济中，任何经济过程参与人都是独立的人格主体和市场竞争主体，实行商品、资本和劳务的自由流动和组合。随着商品、资本和劳务的自由流动，单位制逐渐走向消亡，取而代之的是社区建设的重新兴起。社区成员居住在同一地域，同其他成员之间进行着频繁的交换关系，逐渐形成了共同的价值观念和风俗习惯，社区在社区成员日常生活和社会生活中的作用日益凸显出来。

在市场经济条件下，学校成了一个具有独立法律人格的社会实体，依法享有独立的办学自主权。除义务教育外国家不再包揽学校生存与发展所需要的所有资源，学校生存和发展问题第一次实实在在地摆在了学校管理者面前，所以学校具有与社区进行直接交流的动力。学校与社区的互动是在平等基础上的物质、信息和人力资源的交流。随着社会主义市场经济体制的逐步完善和发展，学校与社区的互动的机制必将进一步深化，互动的领域也将不断拓宽。

社会法治环境和教育政策环境也是影响学校与社区互动的重要宏观社会因素。改革开放以来，党中央一直强调依法治国，十五大把依法治国作为建设社会主义现代化国家的一项重大举措。在十五大政治报告中第一次明确提出了"依法治国，建设社会主义法治国家"的基本方略。依法治国高度概括了我们党治理国家的基本方针，指明了改革和完善政治体制的基本方向。学校与社区的互动应该在法律的框架内进行。

十六大提出了全面建设小康社会的奋斗目标，其中包括"形成比较完善的国民教育体系"，"形成全民学习、终身学习的学习型社会，促进人的全面发展"。学校与社区的互动是和形成比较完善的国民教育体系，以及形成全民学习、终身学习的学习型社会，促进人的全面发展相关联的。

中央办公厅、国务院办公厅2000年第23号文件转发了《民政部关于在全国推进城市社区建设的意见》（以下简称《意见》），它是当前我国社区建设的指导性文件。《意见》提出社区建设应当坚持以人为本、服务居民，资源共享、共驻共建，责权统一、管理有序，扩大民主、居民自治，因地制宜、循序渐进等基本原则，充分调动社区内机关、团体、部队、企业事业组织等一切力量广泛参与社区建设，最大限度地实现社区资源的共有、共享，营造一个共驻社区、共建社区的良好氛围。

我们也应当注意到，由于社区教育在当前仍处于启动和发展过程中，还没有制定出专项法规来规范社区与学校的沟通和互动。但随着社区建设在各地逐步展开，社区教育的规模逐步扩大，规范学校和社区互动的法律、法规必将进一步健全和完善。通过法治建设，把学校与社区互动关系的良性发展目标列入社区发展规划之中，使学校与社区互动关系制度化、规范化。

国家教育政策对于学校在与社区的相互关系中所能够发挥的作用也具有直接的影响。在教育统抓统管的集中计划体制时代，全国使用统一的课程计划、教学大纲和教材，学校教育内容并不直接反映社区生活实践，特别是农村教育，教育内容更加脱离农村社会生活实践。在《全国教育事业"九五"计划和 2010 年发展规划》中规定，要启动教育运行机制改革。根据地区间发展不平衡的实际，国家在保证大政方针统一的前提下，对教育事业实行分区规划、分类指导。转变政府职能，由对学校的直接行政管理，转变为运用立法、规划、拨款、信息服务、政策指导和必要的行政手段等进行宏观管理，确立和落实学校面向社会自主办学的法人实体地位。到 2010 年要基本建成比较配套的教育法规体系和比较完备的教育决策咨询系统、信息系统、督导评估系统，逐步形成自我发展和自我约束的运行机制。随着教育行政管理权逐渐下放到地方，学校逐渐获得了办学自主权和一定程度的课程设置权，学校可以在完成国家统一课程标准的前提下，有选择地依据地方特色，编写反映地方社会生产和生活特色的乡土教材以及与地方经济发展密切结合的职业教育课程，通过乡土课程和职业教育课程的教学，直接为地方经济发展服务。

(二)学校内部因素分析

作为"学校与社区互动"的主要参与主体之一，学校的办学条件、教育教学质量、校园文化氛围、学校本身的规模和层次等都对学校与社区互动的质量和学校对于社区发展功能的发挥具有重要的影响作用。具体说，可以从学校人力资源状况、办学物质条件、校园文化氛围和学校的规模与层次等几个主要方面来分析学校内部因素对于"学校与社区互动"关系的影响。

学校人力资源整体状况也就是指学校师资水平，它对于互动的影响包括直接影响和间接影响。教师可以在学校统筹安排下直接参与社区文化教育活动，如参与社区扫盲、参与社区企业发展咨询、参与社区文化建设、对于待业人员进行一定程度的技术培训等各项活动，这就要求教师具有相应的学科知识和技能，才能适应自身在社区文化建设中的多个角色的转换。学校师资整体水平是决定学校教育教学质量的关键因素，如果学校教师整体素质低下，就难以承担起实施素质教育的使命和任务。社区对于学校的信任首先来自对学校教育教学质量的信赖，提高教育教学质量是学校参与社区互动的首要前提。如果没有社区公众对于学校办学质量的信赖，也就不可能有学校与社区之间的良性互动。所以，学校师资水平对于学校与社区互动关系的影响不可忽视。

办学的物质条件对于学校在与社区互动过程中功能的发挥也具有重要的影响。办学物质条件主要是指学校的校舍空间面积、学校体育活动场所、各种教育教学设施的完善程度等方面。学校可以作为社区教育（如夜校、假日班等）和社区文化体育活动的重要场所，这些方面的办学条件直接影响到学校社区教育功能的发挥。以发挥体育功能为例，有不少地区在组织社区体育过程中，以学校为龙头、青少年为主要对象，学校、社会、家庭三方面密切配合，由社区体育联合会与辖区的中小学创办社区青少年业余体校、利用辖区内有条件的中小学共建街道社区体育俱乐部、举办青少年体育培训班和开展小型多样的课余体育活动、利用寒暑假与节假日举行社区中小学生运动会和单项比赛等措施，开展社区体育活动，取得了良好的社会效益，对推动全民健身计划的实施和精神文明建设都起到很好的作用。

校园文化就是在学校育人环境中，以学生为主体，以教师为主导，以促进学生成人、成才为目标，由全体师生员工在教学、科研、管理、生活等各个领域的相互作用中共同创造出来的一切物质和精神的成果。校园文化对于实施学校素质教育、促进培养创造型人才、促进文明校园建设具有重要的作用。① 通过建设优良的校园文化，形成健康向上的校园气氛，再通过源源不断地向社区培养和输送人才，将学校文明辐射到全社会，从而推动和促进社会主义精神文明建设。学校对于社区的一个重要的功能就是通过建设优良的校园文化向社区进行精神文明辐射，可见，良好的校园文化氛围对于社区精神文明建设具有巨大的推动作用，而杂乱无章的校园文化环境可能会对社区精神文明建设产生消极影响。

学校在社区建设中功能的发挥还有赖于学校自身规模和层次因素的制约。规模较大的学校如完全中学、城镇中心小学等，具有较强的师资力量、良好的办学条件、较为完善的教育教学设施和文化体育活动场地以及较高的教育水平，可以在社区建设和发展中发挥较大的作用。而规模较小的学校则由于师资力量的限制和办学条件的限制，在社区建设中所发挥的作用就会受到不同程度的影响。一般来说，学校教育层次越高，如大专院校和

社区学院等，由于同社区生产和社会生活的联系更为紧密，教师和学生可以直接参加到社区生产实践中去，所以在社区建设中就能够发挥相对于中小学更大的作用。如社区学院可以根据社区的人口环境、自然环境、经济环境、社会文化教育环境等来确定自己的办学方向，以满足产业结构调整、市场竞争的需要和适应社区经济发展的要求为基础，培养具有多元知识结构的职业型、应用型、复合型的高级人才，以其服务对象的广泛性、形式的灵活性、办学的实用性等特点以及多学科、多专业、多层次、多规格、多形式、多渠道的办学体系，能更为有效地为社会主义市场经济和社区发展提供全方位的服务。

(三)社区环境影响因素

社区是联系学校与社会宏观环境的中介和纽带，在学校与社会的交互作用过程中起着承上启下的作用。社区的经济发展水平、社区文明程度、社区居民构成状况等因素对社区在与学校互动过程中作用的发挥具有重要影响。

学校与社区互动关系的效果，受到社区客观的经济发展水平的制约。对于社区来讲，经济发展水平的指标体系主要包括以下方面：社区经济总量和人均收入、人口规模、消费品价格指数、居民生活质量、经济增长率、失业率、生活与基础设施增长率、教育投资增长率、主导产业结构水平、企业市场竞争力、经济市场化程度、社会保障和福利水平、科学与教育水平等。社区的经济发展的格局和模式直接影响社区对教育可能的投入水平，当然也影响在与学校互动过程中社区能够提供的物质和经费多寡。如在经济欠发达地区，由于自然经济的惰性及社会生产商品化程度很低，社区不能为社区教育提供充足的资源而造成社区与学校互动的层次和水平很低。

社区是人们生息休养的港湾，是信息交流的一个重要载体，是个体情绪宣泄的场所。来自各种渠道的信息在社区交汇，成为人们获取社会信息的主要场所。社区也是人们人生观、价值观表现最真实的地方。建设文明社区是提高社区成员素质、实现人的全面发展的要求。衡量社区质量和文明程度的主要指标之一是社区组织的整合度，即社区内各种组织的一致性程度，具体主要包括：对社区的认同感，即社区成员是否自觉地承认自己是社区的一分子，在参与社区政治、经济、文化生活过程中与社区其他成员是否具有共同的情感体验；社区成员的建设高质量社区的共同奋斗目标和为了实现这一目标而进行的共同活动；健康向上的精神风貌；良好的社会风气和道德风尚；和谐的人际关系；优良的社会治安环境，井然有序的社会秩序；丰富多彩的文化生活；幽雅舒适的生活环境；等等。

良好的社区文化环境除了具有社会整合功能、精神文明导向功能、文化传承、社会规范等功能以外，还具有重要的教育和沟通功能。社区精神文明建设和社区文化的根本目的是着眼于教育，重点在于培养居民高尚的道德情操、良好的思想品质、优秀的社会公德、积极的进取精神。优良的社区文化环境将能使学校教育与社区教育形成合力，使学生在其中受到品德陶冶和教育。同时，亲善、和谐的社区文化氛围是社区组织联系和沟通的纽带，能够增进社区与学校之间的相互理解，提高社区成员对于学校教育和管理的参与力度。

社区居民构成状况主要反映为社区家庭构成状况。具体来说，主要可以用社区内家庭的职业类别、家庭自然结构（包括家庭性别、年龄和代际构成）、婚姻状况、文化水平、家庭人口平均值、家庭月收入平均值等指标来表示。家庭在儿童、青少年社会化成长过程中，对于其形成正确的学习和生活习惯、人生观、价值观、高尚的道德情操和人格具有重要的影响。同时，家长对孩子的期望水平和家庭气氛也会影响学校教育的效果。学校教育质量的优劣直接关系到学生的健康成长，所以在社区与学校互动过程中，学生家长具有参与互动过程的直接动力，是一个重要的参与主体。家长主要通过成立家长委员会、开办家长学校等途径直接参与学校教育和管理过程，为学校教育和管理献计献策。

四、学校与社区互动的模式

经过20世纪80年代初至今30多年的发展，学校与社会互动呈现出多样化的发展模式。目前，如果从互动主体的主动程度来划分，学校与社区互动主要包括社区主导参与模式、学校主导参与模式和学校与社区共建模式等几种主要模式。

（一）社区主导参与模式

在社区教育重新兴起的20世纪80年代初期，学校与社区互动的主要模式是社区主导模式，即在互动过程中，社区居于主导地位，通过动员社区力量为学校的发展提供所需的资金和物力支持，并参与学校教育过程和管理过程，注重社区为学校教育教学和管理服务。

20 世纪 80 年代初期，我国教育体制改革处于起步阶段，教育经费严重短缺，基础教育和中等职业教育的师资力量薄弱，教育内容严重脱离社会生产和生活实践，教育工作不适应社会主义现代化建设需要的局面还没有根本扭转。所以，1985 年颁布的《中共中央关于教育体制改革的决定》（以下简称《决定》）认为，发展教育事业，必须增加教育投资，逐步改善办学经费困难和教师待遇较低的状况。中等职业技术教育要同经济和社会发展的需要密切结合起来，在城市要适应提高企业的技术、管理水平和发展第三产业的需要，在农村要适应调整产业结构和农民劳动致富的需要。但是《决定》同时认识到，国家对教育的投资毕竟要受经济发展水平的制约，在有限的财力、物力条件下，把教育搞上去，就要求我们必须调动各级政府、广大师生员工和社会各企事业单位和业务部门的积极性，发挥各方面的潜力，鼓励单位、集体和个人捐资助学，鼓励各民主党派、人民团体、社会组织、离休退休干部和知识分子、集体经济单位和个人，遵照党和政府的方针政策，采取多种形式和办法，积极地、自愿地为发展教育贡献力量，以保证教育体制改革的顺利进行。在这种情况下，学校与社区之间的关系是单向的，即社区支持学校教育，多方筹措教育经费，以改善办学条件，并参与学校德育和学校管理工作。

在社区参与模式中，社区居于互动的主导地位，社区参与的中心目的是为学校发展服务。社区参与模式主要有以下几种表现形式：

第一，为学校发展提供经费支持。动员社会各界，集资办学，捐资助学，大力改善办学条件，提高教师待遇。

第二，建立社区家庭教育机构，促进家长与学校之间的沟通与联系。通过社区居民委员会的积极介入，成立家长委员会，或在社区主持和配合下开办家长学校，出版社区家庭教育刊物等途径，提高家长的家庭教育水平，保证形成学校与家庭教育的合力，以提高学校教育效果。

第三，利用社区教育资源，为学校教育教学服务。社区向学校开放图书馆、文化馆、博物馆、科学展览馆、革命纪念馆、厂矿企业等社区教育资源，为学校举办展览、座谈、演讲、参观以及为学生进行社会实习、参与社会实践等活动提供便利，提升学校素质教育的效果。

第四，社区参与学校管理过程。社区是沟通学校与社会宏观环境联系的中介，学校管理体制改革过程中所面临的一些问题，如教职工社会保险和福利、编写反映地方特色和经济发展需要的乡土教材等问题，离开社区的合作是不可能解决的。同时，通过积极的社区参与学校管理，对于约束学校管理过程中的短期行为、建立合理的学校考核与激励机制也都具有重要作用。

学校与社区的互动对于学校增进学校办学效益、提高学校教育质量等具有重要的作用。一些成功的经验①表明，学校教育要办出特色，管理要提高成效，必须依靠社会力量的参与。如北京市近郊一些区、县在 20 世纪 80 年代末以来，实行了诸如"区、乡共管"、"乡（镇）干部联系学校"、"区、街校外教育协调委员会"等一系列措施，取得了明显的办学效果和社会效益。

但必须注意到，这种互动基本是一种单向的互动，社区运用所掌握的资源无条件支持学校，但学校并没有向社区进行回报的义务，这必将在一定程度上降低社区参与教育的积极性。如在黑龙江佳木斯市城市教育综合改革的起步阶段就遇到了这一问题。② 佳木斯市发动社会参与教育工作，实施社区教育的前两个阶段即是如此。第一阶段是以学校为中心，动员全社会重视、关心、支持教育工作；普遍建立了家长委员会，开办各类家长学校，建立学校、家庭、社会三结合的教育网络。第二阶段是学校与驻区单位建立共建关系，通过共建加强对青少年的思想教育。这两个阶段中，仅仅是以学生为纽带，以学校为轴心，只强调教育的需要，而忽视了教育服务于社会的任务，因此，很难调动全社区参与学校教育的积极性。同时，教育与社会的联系松散，缺乏制度规范，对于参与学校教育的各方的约束力很低，使社区教育工作步履艰难。所以，第三阶段的社区教育在总结前两个阶段的经验教训基础上，从整体出发加强了区政府对社区教育的统筹

---

① 崔秀芬：《学校管理理论应重视对社区的研究》，载《教育科学》，1996(4)。
② 许波涛、郎业伟：《社区教育的发展与探索》，载《佳木斯教育学院学报》，1994(2)。

工作，实行了以政府为主导，以街道办事处为中心，开展区域型的社区教育，取得了良好的教育和社会效果。

(二)学校主导参与社区建设模式

学校主导参与模式，即在学校与社区的互动过程中，学校居于主导地位，通过利用学校教育资源和智力资源为开展社区大教育工作、促进社区经济发展和精神文明建设服务。学校通过依靠社区力量，开门办学，极大地改善了学校自身的办学条件、增强了发展的活力和进一步发展的空间、提高了教育效果，在此基础上，学校也必将为促进社区经济发展、提高社区成员精神文化素质贡献自己的力量。

学校直接参与社区公益活动，为社区公益事业服务。《中华人民共和国教育法》第四十八条规定："学校及其他教育机构在不影响正常教育教学活动的前提下，应当积极参加当地的社会公益活动。"相对于社区人群来讲，社区内各级各类学校属于规范的人群密集型组织，学生和教师的组织性强，在不影响学校正常教育教学进程的前提下，学校可以在较短的时间内动员起全体教师和学生参与到社区公益活动中去。学校主要通过参与社区环境美化、社区法治宣传、为社区特殊群体提供自愿服务等形式直接参与社区公益服务。建设环境美好、精神文明健康发展的社区，需要社区所有成员和组织的共同努力。学校可以利用节假日和课余时间，在不影响学校教学的前提下，组织学生参与社区卫生清理、普法宣传等活动。为社区特殊群体提供自愿服务是近年来新兴起的学校直接参与社区公益服务的一种主要形式。如上海市洋泾中学从 1993 年 1 月开始，与潍坊街道联合，配合潍坊街道区域内的各方面力量，开展互助活动，为老年人提供物质生活、精神生活方面种种志愿社区服务，取得了良好的社会效果①。洋泾中学与潍坊街道居民委员会联合成立"中学生参与社区服务联合委员会"，学校建立"社区社会工作"小组，负责社区服务的协调工作。洋泾中学的社区服务，规定原则上一周一次或两周一次，每次服务时间一般为 1 小时左右。洋泾中学开展的自愿社区服务面向家庭，学生走进老人家庭或敬老院，在家庭的氛

---

① 上海市洋泾中学华东师大教育系联合调查组：《从"任务"到"责任"——上海市洋泾中学学生志愿社区服务活动调查》，载《上海教育》，1995(10)。

围里，为老人提供体力劳动服务，或与老人谈心聊天，消除老人的寂寞感。在开展自愿社区服务的过程中，学校也并非是无所事事，而是有目的地通过开设《社区社会工作》课程、对社区服务记录下评语等形式对学生社区服务进行系统的指导。洋泾中学的自愿社区服务取得了良好的社会效果，同时通过社区服务，也培养了学生的社会责任感和社会交往能力，这对于帮助学生树立科学的人生观和世界观具有重要的作用。

学校参与社区精神文明建设，为提高社区文明程度服务。做好社区精神文明建设工作，是关系到整个社会文明全局的重要任务。新形势下的社区精神文明建设，要紧紧地围绕促进经济发展和保持社会稳定这个中心来进行。要提高社区群众对市场经济的认识，增强群众对改革开放、利益调整的承受力，帮助群众正确认识和理解社会出现的一些消极现象，培养有理想、有道德、有纪律、有文化的"四有"新人①。

学校与社区精神文明建设的切合点主要是学校为社区教育提供便利条件、校园文化对社区精神文明的典型示范作用以及学校开展社区精神文明建设研究，为社区精神文明建设献计献策。学校有相对集中的教育教学和文化体育场所和设施，可以在不影响学校正常教育工作的前提下为社区教育如假日学校、家长学校、夜校等以及社区文化体育活动提供教学和活动场所，在服务社区的同时，学校还可以得到一定的收益。同其他社会组织相比，学校属于知识相对密集型组织，学校的校园文化，包括学校管理者、教师和学生等优良的精神风貌和健康向上的校园文化氛围，将成为社区精神文明建设的典范，把符合社会主义市场经济的价值观和道德风尚辐射到社区，促进社区精神文化和经济建设。如济南市社区邀请大学生参加社区服务，不但解决了社区服务的人手短缺问题，而且大学生良好的精神风貌和文化气质对于树立企业形象也起到了重要的作用，取得了很好的社会效果。学校（特别是大专院校）可以动员自身所拥有的智力优势，通过课题立项等途径，对社区精神文明建设过程中出现的新现象和问题进行有针对性的研究。学校可以与社区党组织和行政组织联合，将社区的民情风俗、消费取向、企业文化等列为学校社会科研的重要内容，通过广泛的实践调研

---

① 李森：《社区精神文明建设应着重解决的几个问题》，载《理论界》，1998(5)。

和深入的理论探讨，为社区精神文明建设提供可操作性建议。而且，学校教师可以在课余时间承担起社区教育的任务，发挥学校智力资源优势，为建立学习型社区服务。

学校通过校办产业、为社区进行企业咨询和社会发展咨询等途径，直接服务于社区经济建设。我国《教育法》第五十八条规定，国家采取优惠措施，鼓励和扶持学校在不影响正常教育教学的前提下开展勤工俭学和社会服务，兴办校办产业。校办产业可以立足于社区经济发展现实，充分利用自身技术、智力和人力资源优势，有机整合社区和学校各种资源，以市场为导向，在社区资源的基础上，开发研制适销产品，提高企业经济效益，为学校办学提供资金，同时减轻学校对社区教育投资的严重依赖，促进社区经济发展。在发展校办产业的同时，对于大中专学校来说，学校还可以利用自身所具备的智力资源优势，集合各个学科和专业的优秀人才，与企业和社区行政组织合作，深入企业和社区发展第一线进行调研，为企业进行管理咨询以及为社区发展出谋划策。

(三)学校与社区共建模式

学校与社区的资源互补是学校与社区互动的必要前提条件，因为如果学校和社区彼此都不需要对方的资源来促进自身的发展，则二者就没有互动的必要，当然也就没有互动的动机。

对于社区来讲，一方面，学校所拥有的办学的物质资源如教育教学设施、文化体育活动场所和设施对于开展社区教育具有很大的使用价值，在不影响学校正常教育工作的前提下，充分利用学校办学设施将可以解决社区教育办学物质资源短缺的问题；另一方面，学校拥有专职的教师队伍，有较为丰富的办学经验，学校介入社区成人教育、职业教育和社区文化建设，可以弥补社区师资力量的不足，为社区教育工作提供智力支持。

对于学校来讲，社区拥有的人和物的教育资源对学校教育的效果也具有重要的影响。社区是校外教育的重要阵地。我国《教育法》第五十条规定："图书馆、博物馆、文化馆、美术馆、体育馆(场)等社会公共文化体育设施，以及历史文化古迹和革命纪念馆(地)，应对教师、学生实施优待，为受教育者接受思想教育提供便利。"第五十一条规定："学校及其他教育机构应当同基层群众性组织、企业事业组织、社会团体相互配合，加强对未成年人的校外教育工作。"所以，学校与社区之间教育资源的互补与共享对于提高学校教育效果、促进社区文化建设具有重要意义。

在学校与社区的互动模式的影响下，建立起各种社区教育机构，主要包括社区教育中心、社区学校（市民学校）、家庭教育机构和社区学院等形式。在当前我国经济进行结构性调整、九年义务教育普及和区域经济取得长足发展的情况下，社区学院应运而生。近年来，我国社区成人教育机构和职业教育机构有向社区学院办学模式发展的趋势。社区学院在我国的兴起对于整合社区教育资源、面向社区、进行社区教育、成人教育和职业教育具有重要意义。社区学院可以被界定为"各种面向社区、以两年制的中学后教育为主、包括其他多种教育类型的教育机构的统称"。社区学院一切以当地社区需要为中心，具有多科性、综合性及广泛适应性，主要执行职业教育、综合教育和社区教育的职能。但由于社区学院在我国发展不平衡，缺乏政策法规的支持，有的还处于起步阶段，师资力量较为薄弱，专业设置还不能体现区域经济发展需要，课程内容的地域性不强，教育教学设施也比较简陋，所以对当前对社区的影响力还比较薄弱。但不可否认，社区学院在我国的发展前景应是乐观的。社区学院的兴起适应了经济体制改革和教育体制改革的需要，只要通过实践找准发展的重点，尽快拓展社区学院的教育功能，进一步调整学科和专业的设置，努力形成社区学院的办学特色，社区学院就能够不断地发展壮大。对于农村来讲，通过举办形式灵活多样的、反映当地农村经济和社会发展实际需要的教育中心或社区学院，对于提高农村劳动力素质、促进当地经济发展具有重要的意义。

学校与社区之间的良性互动对于建立社区大教育系统、创建学习型社区、完善终身教育体系具有重要的意义。在知识经济初露端倪、新科技革命蓬勃发展的今天，教育活动远远不是单一的学校教育所能概括的，教育活动在空间已由学校延伸到整个社区，社区乃至整个社会都将成为一个大教育系统网络，在社会资源动态运动过程中发挥着整体协调的大教育功能。根据保罗·郎格朗终身教育理论："那种认为青少年时期在学校受到的教育就足以使人在未来的一生中应付他遇到的各种挑战的观念已经过时了，必须重新建立一种新的教育观念，这就是：不应该将人受教育的时期仅限于青少年时代，而应该贯穿于人的一生。"学校在社区大教育系统中是可以有所作为的。如早在 1990 年，成都市青羊区政府决定，选派优秀教师到街道办事处从事青少年教育和社区教育工作。北京市西城区裕中中学于 1995 年 9 月 16 日正式免费向社区开放，打破了学校封闭式的传统，学校开辟了为社区服务的新途径。上海市闸北区的成人学校和职业学校 100％向社区开放，70％以上的中小学以"朝夕公园"和"双休日教育公园"的形式向社区开放，为市民提供学文化、学科学、学技术的服务，显著提高了社区居民的生活品味和生活质量①。

可见，学校通过合理发挥自身的智力资源和教育资源优势，可以在创建学习型社区、完善社区终身教育体系中起到重要作用。通过整合学校内部教育资源和社区教育资源，积极推进学校与社会资源共享，在统筹规划和政策引导的基础上，促使教育内部资源向社区开放以及促使学校积极参与社区教育过程，这些对于建设学习型社区、营造社区整体终身教育环境具有极大的推动作用。

五、学校与社区良性互动的原则

（一）资源共享原则

根据经济学比较优势原则，如果两个经济体之间在稀缺资源的分配过程中存在着互补性，则主体就会有交换的动机。学校与社区之间的互动的前提是二者所拥有的资源具有互补性，如果学校与社区之间都处于一种自足的资源配置状态，则二者就没有交换的必要，当然也就不会产生交换的推动力。

资源共享原则是指在学校与社区互动过程中，并不是某一方单纯给予，而另一方单纯地接受，如果这样，就不能称为严格意义上的互动。而且给予的一方如果长期得不到回报，就不会再有为另一方提供资源的动力。

学校和社区相对于各自的对方，都有自己的资源优势。学校具有较为丰富的智力资源优势，较强的师资力量和组织性强的密集人群学生，将可以在社区教育、社区精神文明和社区经济建设过程中发挥巨大的作用。社

---

①　上海市闸北区教育局：《构建学习化社区，全面推进素质教育》，载《教育发展研究》，2000(1)。

区拥有众多的机关、企事业单位等组织，相对于学校，社区也具有明显的教育资源优势，社区可以在学校的教育和管理过程中通过积极参与，提高学校教育效果和管理水平。

(二)民主平等原则

学校与社区在互动过程中居于平等地位，不是一种自上而下的行政关系，而是一种平等主体的民事法律关系。学校具有独立的法人地位，可以在法律允许的范围内独立与社区组织签订合约，享有合约规定的权利并承担合约规定的义务。民主平等原则还意味着学校与社区互动过程中，关于互动的具体事宜以及双方的权利和义务在衡量过程中，彼此尊重对方的意见和建议，设身处地为对方着想。学校与社区的互动过程应当是一个互利过程，任何一方所得利益都不应当以另一方的绝对付出为代价。

1985年颁布的《中共中央关于教育体制改革的决定》认为，要从根本上改变政府有关部门对学校主要是对高等学校统得过死、学校缺乏应有的活力的状况。改革应当从教育体制入手，系统地进行。改革管理体制，在加强宏观管理的同时，应当坚决实行简政放权，扩大学校的办学自主权。1995年颁布的教育法，以教育基本法的形式确定了学校拥有办学自主权。学校享有独立的办学自主权意味着学校可以在与社区互动过程中有更大的活动空间，而不单单是从社区获取经费和其他资源，这样的单向互动不符合主体平等的互动原则。

通过集合社区有效办学资源，学校应当积极发挥这些人力、物力、财力资源的作用，提高办学水平和管理水平，同时确定适当的收费标准，将校园设施向社区公众开放，为社区组织和居民提供更多的在职学习和发展的机会，使社区居民和企事业组织真正享受到积极参与互动过程所带来的实惠。唯有如此才能使社区居民和企事业组织保持参与学校与社区之间互动的热情，促进互动的良性发展。

(三)法治规范原则

学校与社区的互动应该在国家法律、法规的框架内依法进行。党的十五大提出依法治国的基本治国方略。随着市场经济体制改革和社会各方面改革的逐步深入推进，我国各项社会事务将逐渐纳入法治化进程。从20世纪70年代末改革开放政策启动以来，教育体制改革在党的领导下稳步推进，教育法制建设取得了巨大的成就，先后颁布了义务教育法、教师法、中国教育改革和发展纲要、教育法、教师资格条例、高等教育法等一系列教育法规政策，对于推进我国教育法制化进程起到了积极的作用。

在依法建立法制化国家的过程中，社区建设也逐渐被纳入法制化进程，受到中央领导的高度重视。2000年11月，经党中央、国务院同意，中共中央办公厅和国务院办公厅联合转发的《民政部关于在全国推进城市社区建设的意见》，提出坚持政府指导和社会共同参与相结合，充分发挥社区力量，合理配置社区资源，大力发展社区事业，不断提高居民的素质和整个社区的文明程度，努力建设管理有序、服务完善、环境优美、治安良好、生活便利、人际关系和谐的新型现代化社区。中央的决策为社区建设注入了新的活力，为社区建设开辟了新的篇章。

但是应当注意到，由于我国社区建设才刚刚起步，教育法制还有待于进一步健全，社区与学校互动的研究还需进一步深入，所以目前我国还没有制定出专门的规范学校和社区互动的法律、法规。有关学校与社区联合办学、筹措教育经费、开展校外教育的内容在教育法、义务教育法等法律、法规中都有规定，但这些规定大多是原则指导性的，还没有细化成可操作性的规则和要求，所以为了规范学校与社区的互动，必须制定出详细的操作规则。

(四)整体营造原则

学校与社区互动的整体营造原则要求学校和社区在互动过程中应着眼于社区的整体、和谐发展，同时，也意味着社区与学校互动的良性氛围需要社区内所有相关组织、群体之间的整体力量配合。学校与社区之间的互动并不是盲无目的的随意互动，而是通过互动，提高学校素质教育效果和提升学校管理水平，以及促进社区经济建设和精神文明建设的发展，提高社区居民文化生活水准。学校与社区之间的互动应当着眼于社区的经济和文化的长远发展，把学校与社区互动的形式、内容以及成功的互动模式列入社区的长远发展规划，这对于提高互动的效果具有重要的意义。

营造学校与社区良性互动的氛围要求所有社区成员、政府组织和非政府组织、家庭、企事业单位整合力量，共同努力。但由于当前我国城市和乡镇社区发育还不成熟，学校办学自主权特别是中小学办学自主权还未完全并切实得到落实，学校教育还在一定程度上脱离社区经济、文化发展对于人才的需求，社区教育的模式以及教育内容和管理方法都还处于探索阶段，所以还不能集合社区的整体力量有效地促进学校与社区之间的良性互动。在营造学校与社区良性互动氛围过程中，社区政府机构在其中起着重要的引导作用，引导社区居民和企事业组织参与到互动过程中来，为学校与社区组织、家庭的互动创造良性的政策空间，而不是一味地追求行政命令式的集中统一模式。学校与社区应在政策的引导下，筹措成立常设的、独立的学校与社区互动的机构，如家长委员会、社区教育委员会，以及社区教育机构，如社区学院、社区教育中心等，充分发挥社区各种力量的潜力，增强学校与社区互动的效果。

第三节　学校与社区的互动评价

一、开展学校与社区互动评价的缘起

在当今的社会发展中，学校与社区互动越来越成为学校改革发展与社区建设特别是社区教育发展中被关注的问题。关注中反复提出的诸如：如何认识学校与社区互动的意义；学校与社区怎样进行互动；学校与社区互动实践现状是什么样的，有哪些思考及做法是必须给予鼓励的，有哪些误区需要纠正；未来发展趋势怎样等问题的解决是对学校领导及社区管理者提出的挑战。面对这样的挑战，国内外同行都注意使用教育评价这一现代管理技术去引导学校与社区互动的走向，去诊断学校与社区互动实践的状态与问题，去激励学校与社区互动实践中的具有创新性的理念及手段，去促进学校与社区的沟通及互动理论与实践的发展。从教育评价发展的角度讲，应该说，学校与社区互动已成为教育评价的对象及内容，但到目前为止尚未成为教育评价的一个独立的对象领域。在教育评价的实践中，对学校与社区的沟通及互动的评价，一般是作为学校工作评价的构成要素和社区教育评价的指标构成而开展的。因为，从理论上讲，学校与社区互动是双向的，以学校为本（或主体），则是学校工作的内容；以社区发展及社区教育发展为本，则是社区教育的职能。从国内外的教育评价活动进行的实际状况看，通常是开展包括学校与社区互动评价要素的学校工作或社区教育综合性评价。而以学校与社区互动单一问题为评价内容的行政性评价或其他类评价是比较少的。所以，学校工作评价、社区教育综合评价的进展是我们探讨学校与社区沟通和互动评价问题的基础或起点。学校工作评价、社区教育综合评价活动的兴盛，是推动学校与社区互动评价的一个原动力。

学校工作评价也被称为学校评估或办学水平评估。它是以学校教育成果的基本条件，包括教育课程、德育工作、教职员组织、设施设备、领导管理等为评估对象的评价活动。

对学校工作进行评估在第二次世界大战之前就已经出现，到 20 世纪 70 年代以后，在世界教育界逐渐成为盛势。美国开学校评估之先河，其六所大学和中等学校协会在 1940 年共同发表了"中等学校评价标准"，这个评价标准被公认为是最初的、较完善的学校评价标准。1984 年，苏共中央公布的《普通学校和职业学校改革的基本方针》中明确规定，要制定评价教师和整个学校工作科学依据的标准，提高他们对学生发展的责任感。1964 年东京都教育委员会在其三年发展规划中，制定并发表了小学、中学、高中的评价标准，引起全国教育界的重视。英国在 1973 年就开始对学校进行系统评价活动，20 世纪 90 年代英国的许多学校均有并加以执行的自我评价计划。在 20 世纪 80 年代初期，在《经济合作与发展组织》(OECD)所推动的《国际学校教育革新计划》(ISIP)中，也曾经提出三项学校自我评价计划。

我国自 20 世纪 80 年代以来，开展了对普通学校的评估实验及研究活动，取得了一定的进展。1997 年原国家教育委员会颁发了《普通中小学督导评估工作指导纲要(修订稿)》，提出要构建以实施素质教育为目的的，全面科学评价学校办学水平的机制。

如果分析世界各国重视学校评价的原因，可以列举如下：

第一，学校管理科学化、效率化、民主化的要求，特别是第二次世界大战之后，管理理论、企业管理理论的引入与影响；

第二，受社会特别是产业界的批评与要求，为解决能力开发问题，强调学校管理的综合性；

第三，20 世纪 70 年代以来教育质量被重视，成为各国教育政策目标；

第四，对教育科学研究的重视；

第五，为确立教师职业专业性的努力，1996 年联合国教科文组织向世界发出了《提高教师社会地位的建议》，其中明确指出教师职业应该是一种专门性职业。

学校工作评价的内容涉及学校工作的方方面面，各国中小学校评价的内容大同小异，其中，对学校与社区的关系都给予了重视。在我国，由于社区及社区教育发展是在改革开放之后，特别是近几年才有了较快的发展。所以，我国实施学校工作评价的初期，在评价内容上，对学校与社区的沟通及互动重视不够，只是作为学校的环境问题，纳入评价指标内容。

美国根据 1970 年的《初级中学评价标准手册》(*Junior High School / Middle School Evaluation Criteria Manual*)中的理论，对初级中学评价范围列举了 10 项：

第一，学校与社区(School and Community)；

第二，哲学与目标(Philosophy and Objectives)；

第三，主要教学规章(Major Educational Commitment)；

第四，课程设计(Design of Curriculum)；

第五，学科教学领域(Subject Areas)；

第六，学生活动计划(Student Activities Program)；

第七，学习媒体服务(Learning Media Services)，包括图书和视听等媒体服务；

第八，学生福利(Student Services)，包括对学生辅导、健康检查、特殊教育、事务和交通等多项服务；

第九，学校人员和行政(School Staff and Administration)；

第十，学校建筑与设备(School Plant and Facilities)。[①]

OECD(1992 年)，以学校为分析单位(评价对象)，研究学校教育指标的测量模式时，提出指标应包含下列重点：

第一，老师准备和成就(输入)；

第二，老师的时间(过程)；

第三，学生学习时间(过程)；

---

① 姚志华：《台湾教育管理》，13 页，太原，山西教育出版社，1999。

第四，命令和一贯性（过程，如旷课、逃课、合作的行为）；

第五，父母和社会大众的支持（输入：如财政捐款、志工时数）；

第六，学生的能力和结果（输入和输出，如考试成绩）。[1]

我国原国家教育委员会 1997 年 2 月颁发的《普通中小学校督导评估工作指导纲要》（修订稿）明确中小学校工作评估内容要点有七个方面：

第一，办学方向；

第二，管理体制和领导班子；

第三，教师管理与提高；

第四，教育教学工作；

第五，行政工作的常规管理；

第六，办学条件（包括学校环境）；

第七，教育质量。

社区教育评价就是对以往或现在的社区教育活动进行价值判断。西方国家的社区教育虽然起步早，发展历史长，但以社区教育为单一评价对象的活动开展得比较少。而我国社区教育评价的开展是随着 20 世纪 80 年代中期社区教育的再度兴起之时开始的。至今已开展了的有：社区教育的综合评价，地区的（市、区、县）开展社区教育创建学习化社区的评价，社区教育实验工作评价，社区学校的评价，学习型家庭的评价，学习型社区的评价等多种社区教育评价活动。可以说，伴随社区教育的发展，社区教育的评价体系已初步形成并在完善之中。

从评价内容看，中国区县街道、乡镇政府社区教育工作评价的主要内容大致可分为四个方面[2]：

第一，领导重视、组织落实、制度健全；

第二，学习宣传、落实教育法律、法规；

第三，各项社区教育工作的开展。诸如学校与社区的双向服务、教育基地的建设、家庭及特殊教育、成人及高龄者教育、校外教育等；

第四，有关社区教育活动的特色及其科学研究工作情况。

---

① 张钿富：《教育政策与行政——指标发展与应用》，60 页，台北，师大书苑，1999。

② 刘淑兰：《教育评估和督导》，188 页，上海，华东师范大学出版社，2000。

二、有效开展学校与社区互动评价需要强调的问题

（一）把评价作为促进学校与社区互动发展的工具

对学校与社区互动的评价是学校行政及社区教育管理过程中的一个环节，是推动学校与社区双向沟通、参与及协作，实现学校教育品质的提升和社区教育发展目标的工具，而不是目的本身。作为促进发展的工具，其具体作用应体现在引导学校与社区互动的发展方向及策略的选择上，应体现在帮助发现学校与社区互动中的各种问题，分析产生的原因，寻找解决问题的方法，以促进学校与社区互动的发展上。

1. 需要确立起学校与社区互为资源、互为服务对象的理念

近代教育制度建立的过程，是学校被制度化、组织化的过程。在这个过程中，不仅学校成为向成长中儿童进行有计划、有组织、有目的的传授科学知识的专门的机构，而且使得学校的教育功能与社区、社会的生活教育、人才培养的功能区分开来了。也就是说学校在教育内容、教学形式、教学手段和方法上与社会生活处于完全脱节的隔离状态，学校与社区也处于一种两不相干的境况之中。因此，现代教育必须引导学校和社区确立起学校与社区互为资源、互为服务对象的理念。

2. 进一步推动学校与社区的关系由单向转为双向沟通与互动

学校与社区是有着紧密关系的。任何学校都存在于一定的社区之中，社区对学校的影响是客观存在的，学校不可能游离社区的影响，学校与社区的联系是不可分割的，其影响是互动的。而学校与社区隔离，学校对社区封闭，学校孤立于社区的状况，正是学校教育改革的重要领域。目前学校中的诸多问题都是与社会问题、社区内的社会问题紧密相关的，或者说学校内的问题往往存在着社会根源。解决这些问题，要求学校与社区必须联合行动。基于此种理念，学校与社区的沟通与互动，其加强的具体策略是推动学校与社区的关系由单向转为双向，即实现完整意义上的双向沟通、互动。从我国社区教育发展的实践看，20 世纪 80 年代中期到 90 年代初期，我国学校与社区的联系与互动是以学校为主体进行的，学校与社区联系的主要目的在于社会支教，即社会关心并支持学校教育，同时，构建以学校教育为主导，家庭教育为基础，校外（社区）教育为依托的青少年德育体系，

促进青少年的健康成长。到了 20 世纪 90 年代的中期，学校与社区的沟通与互动的主体开始从学校向社区及其成员转移，即以社区为主体的双向联系与作用。其目的是构建社区教育的体系，满足社区全体成员包括社区内学校的青少年学生的终身发展的各种需求。具体在学校与社区的双向沟通与互动上，需要进一步引导加强的是：

从社区方面：

第一，社区为学校教育提供价值基础，协助学校端正教育观念，有效实施教育方针；

第二，社区参与学校、支持学校、评价学校。社区应该参与学校培养和教育学生的工作，参与学校的发展规划，把学校发展和社区发展结合起来，参与协助学校解决各种问题如支持学校财物，参与对学校工作与成果的监督与评价，这种评价是对行政监督评价的有益补充，是对群众监督评价的强化；

第三，社区提供教育教学资源，提供学校良好的育人环境，使学生在与社会的接触中接受教育。

从学校方面：

第一，学校向社区开放，学校的设施、场地和社区居民共享。学校成为社区的文化中心，传播科学技术的中心，社区的生活中心；

第二，学校要成为培育青少年社区乡土观念的场所，培养有关社区发展的知识、能力和情感。在学校的课程标准中渗透社区的要求，使学生对社区生活具有科学的认识和乡土情感；

第三，学校协助社区居民满足其需要，改善社区环境，改善社区生活，共同建设和发展社区。

3. 学校与社区互动的评价要服务于学校与社区互动的改进与持续发展

现代评价理论认为，评价不仅是为了检查、评判和鉴定，更重要的是通过对现状的判断，发现问题，弄清产生的原因，寻找今后发展的方向和增值的途径。可以说现代教育评价强调面向未来，以指导、改进功能的发挥为根本任务，把检查评价结果作为信息记录下来，以便综合考察，并作为改进工作的依据。

在推动学校与社区互动进程中，理论研究者与实际工作者不断发现与提出实践中的问题，已开展的各种学校工作评价和社区教育评价也揭示了学校与社区互动中的一些问题与产生的原因，为学校与社区互动及合作的改进与发展提供了思路。

目前，我国在学校教育及行政的改革中，在社区建设、社区教育发展中，越来越关注学校与社区的互动，实践上也已起步，但与学校教育目标实现的要求，与社区发展的需求相比还有很大的差距。最突出的诸如：

(1)学校与社区互动必要性认识的缺失

表现为学校中心的思想意识，仍然根深蒂固。自学校被制度化以来，无论是在学校的办学者还是家长及社会人士的心目中，学校是有组织、有计划、有目的地培养人的专门机构，它有很强的自身的独立性，是专业性机构，不仅是知识的殿堂，更是最懂得教育、最能运用教育规律进行教育活动的机构。但是，在实践中，学校的教育活动是在一个相对封闭的环境条件下自主运行和自我完善的，也就是说，学校长期以来是撇开了外界环境条件，把教育活动置于理想的状态中，探讨其内部结构、特点和规律的。随着教育民主化的推进，家长与社区、社会要求介入学校的管理、教学与教育的呼声日益高涨，而学校却常常因自己的独立性、学术性、专业性带来的独断权利受到冲击而产生出反感。似乎在教育和培养人方面，学校与社区或社会机构是有很大区别的，似乎学校与家长、社区的互动与合作，就成为教育的内行与教育的外行的牵手。这是一种很大的偏见。

从教育内容的选择与评价角度看，学校中的科学知识占据统治地位，社区及社会生活中的知识是处于非主流地位，科学世界的教育对生活世界的教育压制及蔑视，导致学校与社区、社会的关系处于松散的状态，处于不平等的地位。同时，家长及社会也固守着自己是教育的外行的观念，对学校的知识有着极高的评价，对学校教育和人才培养寄予了极大的期望，造成在实际上，把继续教育、成人教育、业余教育等非正规教育也大量的托付给学校。这样做，一方面造成学校办学层次不清，办学职能无限扩大，负担增加，教育质量下降；另一方面，是本应在与社会生活、社会实践相结合中完成的继续教育、成人教育、业余教育也学校教育化了。

所以需要明确认识，在根本上学校教育是一个开放的系统，它不可能也不应该在完全封闭的状态中自我发展，它必须向社区和社会开放，必须把学校建成开放式学校。而社区也必须确立起学校是社区的学校的观念。

（2）资源开放仍处于保守阶段

学校教育的进行总是伴随着资源的投入，社区的发展离开资源的支持也难以实现发展的目的。随着学校教育规模的扩大，品质要求的提升，社区的迅速发展，可用资源日益相对匮乏，理想的解决办法是学校与社区资源的充分开放和充分利用。但是，由于学校中心的传统观念和部门所有的体制的束缚，加之利益的驱动，使得社会公共资源也贴上了专属的标签，阻碍了学校资源向社区开放，学校利用社区资源的主动；同时也阻碍了社区资源服务学校教育，利用学校教育资源的主动，形成了学校与社区在资源上合作的障碍。

（3）社区与学校的互动、合作的深层障碍

一方面表现为，社区对学校教育寄予的高期望与学校教育令人失望的表现之间的冲突。学校作为具有公共性的社会组织，必然肩负着实现社会正义的责任，要求它要为社会的公平、平等等目标的实现作出贡献。这一理性的目标正遭遇着现实中的用钱择校、应试教育、辍学率增高、学生公民道德意识沦落、道德行为能力下降等事实的嘲弄。另一方面表现为教师与社区沟通及互动的匮乏。教师不仅是学校中直接从事教育教学的专业人员，也是社区中重要的人力资源，是社区教育及精神文明建设中不可或缺的角色。21世纪的社会发展呼唤教师扮演好这一角色，并积极创造有利的环境与机会。但由于教师久已习惯了学校围墙内的独立工作，又因工作负荷过重，导致教师不能进入学校与社区互动的角色。除此以外，从教师人力资源的开发、学校与社区的决策机制民主化、学校及社区教育的组织形式中也可以看出，学校并没有扎根于周围的环境中，社区也没有把学校纳入社区组织系统之中。这种种冲突阻滞着学校与社区的深层的互动。

（4）对学校与社区互动活动效果与质量的关注不足

对学校与社区互动活动效果与质量的关注不足表现为，热衷于活动轰轰烈烈的开展，在一定程度上把开展活动看做为目的本身。我们说，考察学校与社区互动发展水平的根本标志是学校与社区互动活动在多大程度上满足了社区成员的教育需求，为社区成员提供的教育是否是高质量的，社区教育活动是否有效地促进了社区成员的素质提高，是否促进了社区两个文明的建设等，而不是单纯的活动数量或是花样翻新的形式。学校与社区互动活动的效果与质量是实现学校与社区教育总体目标的保障，是学校和社区教育管理追求的最终目标。积极、科学的学校与社区互动评价是控制其效果与质量的有效手段之一。

因此需要通过学校与社区评价过程中的信息收集、整理与分析的环节，把问题界定清楚，即准确查明问题的真相、程度，弄清楚问题的范围与界限，并分析问题产生的原因，进而提出改进的策略。

(二)学校与社区互动评价要突出针对性、有效性与评价标准、方法的多样选择

1. 学校与社区互动评价的针对性与评价标准的多样性

评价是按照一定的原则、标准对评价对象已完成的行为作出肯定与否定的判断，使被评价对象从中受到启发和教育。因此，评价活动是否科学有效，首先取决于评价标准的针对性。所谓评价标准的针对性，就是评价标准应依据评价对象的不同和评价重点的不同而多种多样。

如第二章所论述的那样，我国多数研究成果把学校与社区互动模式，依据互动主体的主动参与程度的不同划分为以下三种：学校主导参与模式，社区主导参与模式，学校与社区共建模式。

根据教育评价的一般规律，对以上三种有区别的学校与社区互动的评价，应构建不同的评价标准。而在目前服务于这三种模式的学校与社区互动的独立的评价指标都尚未创立起来，通常是作为学校工作评价指标体系中的构成要素及社区教育评价指标系统中的构成部分进行编制及使用。这首先是因为在教育评价对象的发展中，学校工作和社区教育作为重要的相对独立的领域，对其评价的实施，促进了评价指标体系的建立。其次，学校工作评价与社区教育评价，从评价的内容来说，都是综合性评价；就学校与社区的互动而言，从各自的角度都必然成为其评价的内容。以动态发展的观念审视学校工作评价和社区教育评价实践，特别是其评价指标的变化，可以说，学校与社区的互动，越来越成为评价的重要内容。但从学校教育改革与发展的趋势，从社区建设与社区教育的前进态势上看，现有评价指标尚不能满足引导与促进学校与社区发展的需要。

　　所以，学校与社区互动评价建设的一个重要任务，就是开发学校与社区互动的各类评价指标(标准)。诸如以学校为主导的学校与社区互动的评价内容或评价指标，以社区为主导的学校与社区互动的评价内容或评价指标。在此，我们根据发展性评价的理念，基于学校与社区互动现实状况，借鉴国外学校与社区互动发展的理念及策略，提出引导学校与社区互动发展的评价指标要素，以供参考。

表 6-1　以学校为主导的学校与社区互动评价内容表

	评 价 要 素
理念与计划	1. 是否确立了开放办学的理念。 2. 学校发展的计划中是否包括了学校与社区互动的发展目标及实现目标的行动策略。
学校与社区的沟通	3. 学校提供了哪些有关学校的信息给社区组织及居民。诸如：学校教育改革的理念及进展；本学校的教育目标；学校的年度计划与总结；学校教学、教育活动的情况；教育创新活动的情况；学校的学生、教师、设施设备、经费基本情况等。 4. 学校主动搜集了哪些与学校发展相关的社区的意见。诸如：社区民众对学校所持的态度；对学校的肯定、赞扬及批评、不满的内容和原因；社区民众最急切的教育需求；社区民众对学校教育、教学、行政管理工作的想法与意见；学校获得社区各种支持与参与的可能；学校与其他组织合作的可能信息等。 5. 学校提供和搜集以上信息的方式或渠道是否广泛、畅通和有效。
学校与社区互动	6. 学校场地、设施、设备等向社区开放的范围及效果。 7. 教师参与社区教育及社区建设的内容、形式。 8. 学校的学生志愿活动的进展情况。 9. 学校开展家庭教育指导活动的情况及其组织与形式。 10. 学校课程建设中开发以社区发展知识为主要内容的乡土课程及教材的情况、成效和问题。 11. 在推进社区(包括家长和各种组织代表)参与学校决策和评价中，建立了什么组织及制度，实施过程中的成效和问题。 12. 利用社区资源(物质与人力资源)的情况，开展了哪些教育活动(如德育教育、生活教育、课外活动、职业教育等)，成效与问题。

表6-2　以社区为主导的学校与社区互动评价内容表

	评 价 要 素
理念与 计划	1. 社区领导是否对学校在社区中的地位与作用有明确的认识。 2. 在社区发展计划中是否有社区与学校互动的目标与具体的举措。
社区与学 校的沟通	3. 社区向学校提供了哪些信息，诸如，社区发展的目标与计划；社区现有学校及各种组织的发展现状；社区的教育需求等。 4. 社区是否主动收集学校对社区发展的意见及要求。 5. 社区提供和搜集以上信息的方式和渠道是否广泛、畅通和有效。
社区与学 校的互动	6. 社区是否参与学校发展与管理改革等重大决策，通过什么组织形式。 7. 社区是否参与学校发展计划、贯彻教育方针和教育目标，通过什么组织形式。 8. 社区协助学校优化德育环境的渠道、方法、成效和问题。 9. 社区向学校提供教育基地的情况成效和问题。 10. 社区协助学校学生进行参观、调查探究、体验等学习研究活动的情况、成效和问题。 11. 社区开发人力资源参与学校内外的教育、教学活动，是否形成了制度。 12. 社区向学校提供经费支持的情况。

表6-3　学校与社区合作性的互动评价内容表

	评 价 要 素
理念与 计划	1. 对于学校应是社区的学校或社区的学习组织的理念，社区和学校是否有共识。 2. 在学校发展计划中和在社区发展计划中，是否包括了社区－学校或学校－社区互动的目标、计划及行动措施。 3. 在构建学习型社区中，学校与社区的互动作用和内容。 4. 在构建终身学习、终身教育过程中，学校与社区的互动作用和内容。 5. 在社区教育为全体社区成员提供全过程、全方位的教育、以提高社区成员的综合素质中，学校与社区的互动作用和内容。 6. 是否建立了以"立足社区、服务社区"为办学宗旨的社区学院。
学校与社 区合作的 各种教育 活动	7. 学前儿童教育中，学校与社区的合作。 8. 家庭教育和开办家长学校中，学校与社区的合作。 9. 社区青少年教育中，学校与社区的合作。 10. 下岗职工再就业培训中，学校与社区的合作。 11. 社区外来人口教育及外来人口子女的义务教育中，学校与社区的合作。 12. 以成年人和老年人为对象的各种内容与形式的社区教育中，学校与社区的合作。 13. 组建和推进志愿者队伍和活动中，学校与社区的合作。 14. 学校和社区的资源共享的情况和程度。

2. 社区教育评价方法的多样选择与结合

要想提高社区教育评价的质量或有效性，必须注重评价方法选择和运用。在评价及教育评价的发展历程中，实践与形成了多种方法。主要有绝对评价法、相对评价法与个体内差异评价法；定量评价法与定性评价法；诊断性评价法、形成性评价法与终结性评价法；自我评价法与他人评价法等。这些评价方法各有利弊，因此现代教育评价强调把不同评价方法结合运用，强调依据教育、社区教育发展改革的需求，教育评价理论与方法的发展与每一次评价活动目的的不同，而突出某一种或某几种方法的运用。

我国目前教育评价方法的选择与运用，主要是以政府部门的评价（也叫外部评价、他人评价）、终结性评价（以评优、奖励为目的的评价）为主。这种情况是为我国学校、社区教育发展实际进展所决定，特别是与政府参与主导型社区教育运作有直接关系。这与学校教育的改革与社区教育的发展，学校和社区教育管理体制、管理职能的变化，管理的民主化、效率化的发展要求，有一定的距离。要改善评价方法的运用，必须注意：

（1）在使用终结性评价时，注重开展形成性评价

今天，质量与效率已成为我们生活、生产和社会活动所孜孜以求的目标。生活质量被视为衡量社会发展的一个指针，产品质量被看做是企业的生命，保证服务质量业已成为商业服务部门的工作宗旨。20 世纪 70 年代以来，各国的教育活动也将发展目标从规模的扩大转移到质量的提高上来。随着社会生产、生活所依赖的物质资源日益匮乏，反映资源投入与产出关系的效率问题，也越来越受到重视。质量与效率至关重要，那么它是怎么形成的呢？管理学中有一句至理名言："好的产品是生产出来的，而不是检查出来的。"就是说产品的质量是每一个生产岗位和每一个部门业务活动的质量，是合理的程序与合理的操作以及认真负责的工作态度的结果。我们常说。只有工作质量高，才能保证产品质量好。社区教育与学校教育一样，是以促进人的发展为目的的社会实践活动，它的质量是在教育过程中形成的，是通过受教育者的身心发展表现出来的。因此，考察、评价社区教育质量，必须注重社区教育工作过程的控制，以预防为主，把问题消灭在过程中，这就是形成性评价。形成性评价是活动过程中进行的评价，从实质上说，它是对评价对象的发展状态和趋势的评价，其功能是改善和发展正

在进行中的活动。它与终结性评价不同，终结性评价是在活动结束之后进行的对其经过的评价，实质是衡量、评价对象是否达到预定标准。传统评价重视这种终结性评价。现代教育评价越来越重视形成性评价，在学校素质教育的评价中已广泛运用。社区教育在越来越重视质量与效率之际，也应该加强评价过程中的形成性评价，并把形成性评价与终结性评价有机地结合起来。

（2）积极运用好个体内差异评价法

这是由于各地学校与社区教育发展不平衡的状况所决定的，也是承认各地学校与社区教育发展的差异性，并致力于各地学校教育、社区教育在已有水平不断发展的需要。个体差异评价法，是把评价集合中的各个因素的过去和现在相比较，或者一个元素的若干侧面相互比较。个体内差异法在具体运用时有两种情况，一种是把被评价对象的过去与现在进行比较。另一种情况是把被评价对象的某几个侧面进行比较，考察其所长或所短。这种方法充分照顾到了个别差异，在评价中不会给被评价者造成压力。目前，一些地方的学校或社区，在积极推进"自主性评价"，这类评价活动的兴起，就是运用发展性评价的理念，以学校或社区为评价主体，自己制定发展性的评价指标，邀请教育行政部门的代表、家长、社区代表参加评价。从方法上讲，这种评价很集中地体现出个体差异评价的精神实质。但是，这种方法也有明显的不足，那就是，评价进行既不与客观标准比，也不与其他被评价者比，容易产生坐井观天、自我满足的情绪与状态。所以应该把这种评价方法与相对评价法结合运用。

（3）进一步加强与改善自我评价

传统的评价通常都是以领导特别是上级领导为评价者，对被评价者实施自上而下的评价。这种评价对被评价者来说是来自外部的行政性评价，即评价者与被评价者之间持有一种领导与被领导、支配与被支配的权力隶属关系。这样的评价，被评价者完全处于被动、等待评价的位置上，往往积极性不高。而现代教育评价的民主化进程，动摇了传统的领导者的评价主体的地位，要求重视和发挥被评价对象的主体作用，强调以自我评价为主。这是从尊重、信任被评价者的民主要求出发，达到调动被评价者的自觉性、积极性，使他们从被动接受评价转变为主动合作参与评价的目的。

当然，也与现代评价活动的目的、功能的选择，集中指向了指导、改善被评价者活动方面有关。我国的学校工作、社区教育的评价实施，虽然是以政府的有关部门、教育行政部门、教育督导部门为主体进行的外部评价为主要形式或方法，但是，这种类评价从一开始，就把被评价对象的自我评价，作为整个评价过程中的一个环节，纳入评价活动。一般的操作是在进行外部评价之前，先进行自我评价。这一做法反映了在我国教育评价的实施中，重视被评价者在评价活动中的角色、职责，积极推进被评价对象从各自的立场出发，对学校工作、社区教育工作的各个方面作出评价的活动，表现出把他人评价同自我评价结合运用的取向。这不仅有助于改变传统评价方法单一的模式，而且有利于提高评价的效果。但是，对自我评价方法的运用仅仅停留在此，是非常不够的。实践告诉我们，自我评价方法，较之他人评价方法，具有灵活、便捷、省时、省力的长处，因此应该进一步加强自我评价的运用。例如，把它运用于社区教育活动的日常管理过程中，与形成性评价结合起来，不断地将阶段的自评结果，即社区教育活动的现状、变化、问题信息反馈给决策人员，以调整、控制社区教育活动的健康、有效发展。此外适当开展一些自我评价的"再评价"，以防止自我评价中的过度自我保护倾向，提高自我评价的质量。

思考题

1. 如何理解社区在学校教育中的意义？
2. 学校与社区互动的基本功能与要素。
3. 影响学校与社区互动的因素。
4. 学校与社区互动应遵循的原则。
5. 学校与社区互动的基本模式。
6. 如何评价学校与社区互动？

资料链接

北美学校与社区教育资源互动的特点

1. 学校和社区互动的政府支持体系

北美的政府支持体系包含三个层次：第一层次是联邦法律和政策支持。第二层次是联邦政府的支持：一是开发基金项目；二是提供小额基金支持起模范作用的项目；三是利用现有的联邦政府计划，改变基金使用途径，鼓励合作。第三层次是各州政府支持：一是使用政令改变入学标准；二是直接投资一些项目以拓展大学的研究；三是把基金与特定的目标联系起来。

2. 学校和社区互动的社区基金会制度

社区基金会募集、投资、管理来自不同捐赠者捐款累积成的集合基金。董事会负责管理募得基金，提供对外奖助。这类中介组织不论是运作的模式或是角色的扮演均相当特殊。其特点有：第一，多种类型的资金募集与管理方式。第二，多部门参与的基金管理模式。第三，严谨的结构与特色。第四，多样化的资金使用途径。

3. 高等院校主动辐射的带动机制

为推动社区教育和高等教育的融合，全美积极鼓励和支持高等院校在社区和学校的互动中发挥更加积极的作用。从 20 世纪 80 年代以来，已有 500 多所大学校长签署了"高等教育的社会责任的校长宣言"，承诺将履行高等教育服务于大众的使命。与此同时，联邦政府的社区援助与合作中心每年提供 700 万美元资金支持大学社区服务中心的建立和发展，大学的社区合作中心宗旨是帮助社区解决问题。

4. 学生、教师和管理层与社区融合的推动机制

第一，学生的参与。学校为本科生开设顶点课程。包括"知识拓展"、"成功体验课程"等。第二，教师的参与。一是各学科的协会及相关组织表彰教师参与社区的行为。二是在职称评估上，发表文章不再作为考察教师的唯一标准，教师对于社区的"参与"行为也应被认定是创造性的行为。三是提供更多的小额基金支持教师的新型研究。四是减免课时，给教师更多时间开发新的利用网络或服务学习为手段的课程。五是奖励参与社区的教

师以提高这项工作的声望。六是给教师提供休假年使之全心投入社区工作中。第三，大学领导层的参与。学校领导层牵头网络宣传，领导大学内部的社区合作中心，并为之提供基金支持。

5. 社区与学校教育融合的多元化形式

这种多元化表现在：一是暑期学校形式。其主要目标是为社区内的孩子提供暑期继续学习的机会，为满足学生知识技能发展需求服务，其经费来源主要是政府拨款、学校贷款、社区筹集、家长捐助。二是家校联动形式。其主要途径和形式是通过成立各级家长组织，整合全体家长力量来影响学校教育政策的制定。三是义工服务形式。考察美国和加拿大，从义工的招募、义工培训，到义工的分工使用，已形成了一整套的非常成熟的程序体系。

资料来源：王晓波：《北美学校与社区教育的互动机制分析与启示》，载《成人教育》，2009(6)。

第七章　教师人事行政

第一节　教师人事行政的含义与意义

一、含义

在行政管理活动中，人事就是用人治事，协调和统一人与事、人与人之间关系，根据"人"与"事"的特质，通过相应的途径，使"人尽其才"，即人的内在潜能获致最高的发挥与利用。使"事竟其功"，即以最经济的手段获取最大的效果，使"人事相宜"，即事能得其人，人能当其事，人和事有机结合。

教师人事行政，就是教育行政部门通过一系列的规范、制度和措施对教师的选拔任用、调配、培训、考核、工资、奖惩及福利待遇等事宜所实施的管理。其根本目的是为教育事业的发展提供质量高、数量足的教师。

二、意义

教师人事行政是开发教师人才资源的重要手段。教育活动需要人、财、物等多种资源的投入，而现代资源理论和人事管理新观念指出了人是资源中最宝贵的资源，是一种取之不尽的资源，通过科学的管理和开发，调动和开发人的潜能，就可以使其升值，进而创造出更大的价值。我国现拥有一支人数高达1000多万的庞大教师队伍，这一丰富而宝贵的人才资源，改革开放以来，日益为人们所关注。但也由于教师所处社会环境的变化，形成了对教育改革的挑战，加之人事管理改革滞后，使教师流失、浪费等问题突出。因此，必须通过人才资源的有效组织、合理调配、积极培训、适宜的激励等方法的选用，帮助教师合理设计自己与自身的工作，促进教师工作的成功，促进教师人格、能力等多方面的发展。这既是现代教师人事行政的重要任务，也是教师人事行政的作用所在。

（一）教师人事行政可以对教师实施综合管理和优化配置

现代人事管理与传统人事行政的一个重要区别就是，注意到了用人是个系统工程，必须强调人力资源管理的综合性。这种综合性在教师人事行政中表现为：教师的选拔、任用、培训等工作不仅注意教育的现实需要而且预测到未来的需要，不仅注意现实的选拔还要考虑到为未来投资，不仅要对适用的教师个体进行分析还要对全国或地区的教师整体进行分析。此外，还要考虑各级各类教师之间的比例、优化组合与平衡发展的问题，以保证和促进教师队伍整体的优化和教育人力资源使用效率的提高。

（二）教师人事行政是提高教育质量的关键

振兴教育的希望在教师，教师是教育工作的实际承担者，是直接从事教育教学活动的专业人员，对教育的发展具有重要意义，具体说是教育成败的关键因素。从各国发展教育的历史经验中，特别是义务教育的普及过程中，可以看到都十分注意培养和建设一支数量足够、质量合格的教师队伍。

从教育的实际过程来看，教师是学校的主体，教师在不断提高学校的教育、教学质量上具有重要作用。不管教育方针、教育政策制定得多么正确，教学计划、教学大纲、教科书编写得多么完善，要取得教育教学的成功，取得培养人才的成功，首先取决于教师的水平。

教师是教师人事行政工作的对象、客体，对教师进行人事管理的主要内容就是根据教育的发展制订教师需求预测和培养计划，制定师资的管理制度，调动教师的积极性，形成一支数量足、质量高、结构合理、相对稳定的教师队伍，以实现教师人事行政的最终目的，即发展教育，提高教育、教学的质量。

第二节　教师职业的专业性

在当今的世界范围中，教师这一职业，即在社会中专门进行教育的机构里从事直接的教育、教学的工作。一开始出现的是少数的专职教师，到现在已成为人数众多的一种教师职业。

这种职业究竟是一种什么样的职业？如何认识这种职业，关系到教师的培养、任用、工资、社会地位、考核及福利待遇等一系列的教师人事管理行为。职业是社会分工的产物，社会越发展，分工越细，职业种类越多。人们通过承担某一种职业活动，而获得与其内容相应的收入与社会评价，并通过购买他人的活动结果维持生计并感受人生价值。应该说职业活动具有多方面的社会特性。此外职业也是人与社会相连的结节点，具体说，职业活动不仅使个体意识到自己的存在及对其他职业活动的依赖关系，从而认识自己与社会的关系，职业活动更直接决定着个人的社会收入和社会地位，以至个人的生活水平及生活样式。社会学的研究也表明了职业性质、职业环境对人的影响是显而易见的，特别是从社会化分工、城市化、知识化及流动率等多方面的论证结果，表明了职业对人的变革具有相当大的促进作用。因此，人力资源的管理与开发是离不开对职业性质的认识的。所以，作为一名教育行政管理者首先要弄明白，对教师职业的认识是关系到对教师的选拔、任用、培训、考核、工资及福利待遇等一系列的人事管理行为的问题。

在我国，1993 年 10 月 31 日第八届全国人民代表大会常务委员会第四次会议通过的《中华人民共和国教师法》第三条规定："教师是履行教育、教学职责的专业人员。"这表明我们确立了教师职业具有专业性的认识，并以法律的形式将这种认识固定下来，以规范教师教育及教师管理行为，意义重大。同时也表明我们对教师职业的认识及对教师管理的行为取向正走向世界。

自 20 世纪六七十年代至今，世界各国出于发展经济与社会的需要，对教育从量到质都提出了越来越高的要求。实际上，教师数量不足、质量有待提高，特别是教师职业的魅力下降，已构成了障碍教育发展的关键性问题。因此，在这期间的教育改革中，各国都注意把教师问题作为一个高优先度的教育政策问题。

与以上问题密切相关的一个重要问题是教师职业的社会地位、声望问题。准确些讲是教师职业的专门性问题。对于教师职业是否是一种具有专业性的职业问题，已引起了国外许多学者的关注与探讨。1966 年 10 月 5 日联合国教科文组织发出了《关于提高教师地位的建议书》(*Recommendation concerning the status of teacher*),全文共 146 条项目,其内容不仅是教员问题还涉及其他有关的教育问题,如:教员地位的定义,教员的继续教育,教员的雇用,教员的权利与责任、义务,教员的工资,教育的目标与政策等。其中最应该给予重视的是关于"教师职业是专门性职业,教员是专业性职业的从事者,教员在其职务的执行过程中享有学问自由"的条项。这条建议给世界许多国家以极大的影响,此后,纷纷开始在理论上探讨教师职业的专业性问题,在实践中努力促成教师职业的专业化。

一、专业的含义

所谓专业,若从职业的角度上讲是指具有高度专门知识和技能的职业,所以也称为专门职业,英文为 profession,是相对于普通职业而言的。从事专门职业的人员通常被称为专业人员。一般认为典型的专业人员是指医生、律师、工程师、建筑师等。对于教师是否为专业工作者的问题,由于种种原因,连一些专家、学者也持有不同的意见。如有些学者将教师与护士及某些社会工作者等同,归类为"半专业"(semi-profession)人员。这就是说他们认为教师职业的专业性尚不及医生、律师、工程师、建筑师等职业,尚未达到"完全专业"(full-profession)的水平。而另一些学者不完全赞同这种看法,认为专业虽有一定的标准,但各种职业的结构与性质均在不断地发展变化之中,因此以专业的标准很难绝对客观地衡量每一种职业,要想了解一种职业是否符合了专业标准,最好探讨这种职业在专业化(professionalization)的过程中达到何种程度。这就出现了教师是"准专业",是"正在形成的专业"(emergent-profession)的说法。

实际中,虽然由于社会的进步,教师职业的功能有了明显的扩大和变化,就是说教师已不单纯是知识的传播者,而且成为社会生活中的引导者、咨询者等。教师劳动是一种复杂、艰巨的,具有创造性和综合性的劳动。可以说它既是一门科学,也是一门艺术。但教师工作(主要指中小学教师)的专业水准不如医生、律师、工程师等则是人们公认的事实。

二、专业标准

许多学者积极探讨这个问题,并提出了自己的见解。从他们所提出的一种专业所必须具备的条件，也就是构成一种专门职业的标准来看，大同小异，主要包括以下内容：

第一，专业工作是具有高度技术性的职业，必须运用专门的知识和技能。

第二，专业工作人员必须经过长期的训练。

第三，专业工作必须是社会延续发展不可缺少的功能，是为社会大多数人提供必要的服务。因此必须强调服务精神而不计较经济报酬。

第四，专业工作人员在一定的专业领域内享有相当的独立自主权。

第五，专业工作人员必须具有职业道德。

第六，专业工作人员必须进行不断的在职进修。

第七，专业工作人员必须获得较高的社会评价。

三、教师职业的专业性分析

最早提出教师是一种专门性职业思想的是李伯曼(Lieberman)，他1956年发表的 *Education as a profession* 一文，作为这种思想的代表作，获得了很高的评价。在文章中，他从各种角度对教师职业是一种专门性职业进行了基础性的研究。他指出，教师这种职业具有：第一，公共性即为公众服务的性质；第二，具有知识、技术性；第三，需要经过长时间的训练；第四，职务的执行需要自觉性；第五，需要个人责任感；第六，具有非利润性；第七，具有明确的伦理纲领；第八，需要成员的自我管理。这八个方面是互相关联的组合体。把这种思想推向高潮的是联合国教科文组织，它于1966年发布了《关于提高教师地位的建议书》。建议书中提道："教师职业必须被视为专业，教师职业是一种需要教师严谨地与不断地研究以获得专门知识与特殊技能而提供的公共服务，教师职业并要求教师对于其所教导的学生的教育与福利，负起个人与协同的责任。"[1]这就明确提出了教师职业应该成为专门性的职业。

然而，事实上，教师职业的专业性远没有得到社会的承认，特别是中

---

① ［日］日本教育社会学会：《新教育社会学辞典》，214页，关于教员地位建议条目，东京，东洋馆出版社，1986。

小学教师。一般来说，高等学校教师职业的专业性已获得社会相当程度的认可。究其原因，针对中小学教师而言，主要有：

1. 作为专门职业的核心属性的高度的专门知识与技能、技术，没有得到充分开发，与已形成的专门职业加以比较的话，在专门知识技术方面明显得相形见绌。产生这一现象的深层症结在于教师培养课程的广而浅。我们知道教师培养的一个重要特征是双专业教育，它要求对教师的教育既要突出教育专业课程的教育，又要保证不低于其他大学相同专业的学科教育程度。长期以来，传统的教师培养制度没有能处理好这两难问题，而使教师教育课程陷入文化科学基础知识单薄，专业学科知识过窄而不实用，教育学科课程贫乏落后，教育实习不足的困境。第二次世界大战之后，许多国家采用开放的教师培养制度，其目的就是克服以上问题，提高教师素质，开发教师职业的专门技术性。

2. 教师在其专业领域内的独立自主性的低弱。相当程度的独立自主性是专业性工作的必要条件。所谓独立自主性是指专业人员在其执行业务时对其业务领域内一定范围问题的处理是根据其高度的专业素质而做出的明智的判断和选择，对其所负责的事务通常可做全权处理而避免外人不合理的干涉。一般来说，学校教师在课堂上有相当的自由来选择与决定教学和教育的方式方法，虽然他们需要依据有关规定并接受校长或者督学的指导，但校长与督学的指导不是外行的干涉。就教师工作的整体而言，教师工作是为国家和社会培养所需要的人才，这就要求教师工作既要遵循人的身心发展规律，又要受国家、地方政府教育方针、政策的约束，如教育内容的确定，教材、教学计划的编制，都要遵循国家教育行政部门颁布的课程标准与规定来选择，学校教师自由选择教材的机会是极其有限的。而教师工作的相当程度的独立自主性是教师职业专业化的核心内容，它是取得职业声望和教师个人尊严，形成教师权威的前提条件。

3. 现实中仅具有最低限度的职业意识和最小限度的专业知识能力的教师还大量存在。产生这种现象的原因，是由于各国随着经济社会发展，教育需求急剧增加，使教师激增，教师素质不齐。而最终根源在于：第一，缺乏严格的教师任职资格制度，使进入教师队伍的人员质量得不到严格的控制。第二，缺乏完善的教师在职培训制度，难以使在职教师素质得到不断的提高，特别是在专业知识与技术不断变化与增长的情况下，难以使教师素质得到一定水平的保持。我们知道，教师自身的业务水平与专业能力是决定教师职业社会声望的实质性因素，因此，教师必须通过努力提高自身的专业知识、技能水平，才能促进教师职业的专门化，从而获得较高的社会地位。

4. 教师待遇的偏低。待遇的高低，收入的多寡，虽不是影响职业声望的绝对因素，但却是衡量一种职业社会地位的重要指标。因此，在联合国教科文组织 1966 年发出的《关于提高教师地位的建议书》中指出："在影响教师地位的诸因素中，应该重视工资。""在教育事业发展中教师这种职业对人类和近代社会发展做出了重大贡献，因而，必须确保教师的应有的地位。"这个地位即"社会按教师任务的重要性和对教师能力的评价而给予的社会地位或敬意，以及所给予的工作条件、报酬和其他物质利益。"[1]事实上，在世界范围内，不论发达国家还是发展中国家都曾经或正在为教师待遇偏低的问题所困扰。教师待遇偏低的主要表现之一就是教师工资低于其他行业具有同等学力者的平均工资。如美国 20 世纪 70 年代前后，中小学教师工资比具有同等学力的会计低 30％，比计算机程序员低 60％。苏联 1982 年中小学教师平均工资相当于全国职工平均工资的 77.6％，工人工资的 69.9％。我国中小学教师的工资长期处在职业群的底层，据国家统计局统计，1978 年，教育文化系统职工的平均工资在国民经济 12 大行业中居倒数第一位，以后各年始终在倒数 1～3 位徘徊。近年来，各国政府为了迎接新技术革命的挑战和适应国际竞争的需要，都努力提高教师地位和改善教师待遇，以推动教育事业的发展。我国在 20 世纪八九十年代初两次改革中小学教师工资制度，大大提高了中小学教师的工资水平。但由于公立学校教师的工资及津贴均由政府预算支出，又由于教育的扩充带来教师人数的增加，因此，在国家财政没有较大增长的情况下，要大幅度地调整教师工资，改善教师的经济待遇是比较困难的。

除以上原因外，父母受教育程度的不断提高；由于大众传播媒介的现

---

① ［日］新井郁男等：《增补修订世界教育事典》，16、25 页，东京，行政株式会社，1955。

代化多样化，使教育信息来源的渠道大量增加，信息量猛增；社会教育期望的不断提高等也是阻碍教师专业化程度提高及获得认可的社会因素。

四、提高教师职业专业化程度的措施

(一)提高教师素质，改革师范教育

教师职业专业化程度的提高，首先要通过教师本身的专业知识及能力与教师职业道德的提高来获取。与此密切相关的是对教师教育的改革。改革师范教育，第一，改变传统的由单一的师范院校培养教师的做法，积极创造条件，让普通高等院校参与教师培养工作，以保证和提高教师的专业知识与技能的必要水平。

第二，改革教师教育课程。对师范院校的课程改革一方面要强调专业基础课的加强，相关学科知识教育课程的增设。另一方面要充实教育专业课程的内容，适当延长教育实习的时间。加强对教育实习的指导。普通高等院校的教师教育必须努力确保教育专业的教育及实习的数量与质量。

第三，建立起较完备的教师进修制度。教师进修是教师培养的第二个阶段，面对现代社会科学知识的剧增及内容日益更新的挑战，以确保教师素质适应社会发展的需要。建立教师进修制度一方面需要设置数量充足、形式多样的教师进修机构，如教育学院、教师进修学校、暑假学校、教师之家、教师培训中心等；另一方面，从教育形式上建立起脱产集中进修与在职经常进修相结合，较长时间的进修与临时开设讲座、讲习班、经验交流相结合等互相连接，彼此交叉的动态的教师进修系统。

(二)提高教师待遇

提高教师待遇意味着改变教师待遇偏低的状况。

首先要努力使教师工资水平，在国家财力限度内，尽快达到不低于或略高于其他行业中具有同等学力者的平均工资水平。

其次是改善教师工作条件。由于政府财力所限，要大幅度提高教师报酬，困难可能较多。因此，改善教师工作条件就成为提高教师待遇不可忽视的内容。如调整师生比例，给予教师休假、进修及升迁的机会，改善教师的居住条件等。这些措施有助于教师自身及社会大众对教师工作在社会发展中的作用、价值的肯定，提高教师职业的吸引力，有助于教师积极性、创造性的发挥。

(三)形成尊师的社会风气

社会风气是社会价值观的外在表现，社会大众是否尊重这种职业的社会价值，承认这种职业的重要性，也是决定这种职业是否达到专业化程度的一个因素。要使社会尊重教师为社会提供的服务，给教师以尊崇。或者说形成尊师的社会风气，是需要一定的措施或制度来实现的。具体些讲，如建立教师节制度，建立并充分发挥学校家长会的作用，就是说除了使学校家长会发挥家长与教师沟通交流共同教育青少年的作用外，还可以为教师举办一些活动，表示家长及社会群众对教师的敬意和激励。还可以利用大众传播工具，向社会广大人民群众进行教师职业特点、教师劳动的艰巨、优秀教师事迹的宣传和教育等。

第三节　教师的任用

教师的任用，是教育行政部门、学校按照一定的规则和程序，选用有一定资格的人去从事学校的教育教学工作的行政行为。各国教师的任用都包括两个方面，一是确定一定的资格标准；二是通过一定的方式。教师要正式取得教师职位，就必须具备一定的资格条件，履行一定的手续，这就是必须经由任用来实现。反之，教师要代表国家、学校实施教育，也必须经由任用明确身份，规定其权利和义务、职权和责任。同时，任用也是对考试和考绩成果的肯定。因此，教师的任用是实现教师人事行政职能，保证教师质量的关键环节。通常人们用"入口处"去形容任用在人事管理中的位置。

一、教师的任用资格

经验表明，教育质量的高低很大程度上取决于教师的素质，为了保证教师的质量，许多国家都规定了教师任职的资格标准，建立起教师许可制度或教师资格证书制度。各级各类教师的任职资格标准是教师资格制度的基本内容，主要由学历标准和职业道德要求所构成。它是国家对从事教师工作人员的基本要求，也是教师人事行政规范化、科学化的标志，是教育发展水平的反映。

建立与实施教师资格制度始于 19 世纪初西欧各国，照搬了当时各行会实行的行业技术资格证书和技术职称制度。第二次世界大战之后，随着教育的发展，特别是义务教育程度的提高，对教师规格要求越来越高，为了满足教育发展需求和保证义务教育的同一水平，越来越多的国家实行了教师资格制度，特别是实行非定向型教师培养制度的国家都实施了较为严格的教师资格证书制度。

如日本 1949 年颁布了《教员许可证法》，该法规定日本所有教师必须受过专业训练，修完规定的专业课程，小学和初中的一级教师必须大学毕业，具有学士学位；二级小学和初中教师必须短期大学毕业或在大学学习两年以上。

联邦德国从 1978 年起，中小学正式教师一律由综合大学培养，学生读完大学二年级基础课程取得合格分数并选修完师范专业课程后，才能申请教师许可证。

英国自 1970 年以来，要求大学毕业生再接受一年的教育专业训练，才能获得教师资格证书。

美国各州对此都有具体规定，一般情况下，要求中小学教师必须在高等学院修业 2～4 年。

可以说，各国教师资格内容都注意了教师教育的双专业性，强调了教师必须受过高等教育和一定的教育专业训练。但由于各国教育发展水平的不同，教师人事行政制度的差异，教师资格制度的内容也不完全相同。例如，各国对各级各类学校教师的学历要求是不同的，发达国家普遍要求小学教师必须具有高等教育学历（包括二年制大专学历），而诸多发展中国家将小学教师的学历标准定为中等师范毕业或高中毕业。但从发展角度上看，各国又都为适应社会的进步，努力在原有要求水平上提高教师的学历标准。此外，各国教师资格认定的方式和认定的职权划分也不尽相同。

在我国，1986 年颁布的《中华人民共和国义务教育法》明确提出和规定了"国家建立教师资格考核制度，对合格教师颁发资格证书"。1993 年颁布的《中华人民共和国教师法》和 1995 年颁发的《教师资格条例》，对我国教师资格制度作出了详尽的规定。其基本内容，除了对教师资格条件的规定外，还包括教师资格的分类和适用，教师资格考试，教师资格认定等规定。实施教师资格制度是提高我国教师素质、加强教师队伍建设的实际需要，也是我们积极借鉴国外行之有效的教师人事管理做法的举措。

1. 教师资格的分类及学历要求

我国《教师法》对此规定具体如下：

（1）取得幼儿园教师资格，应当具备幼儿师范学校毕业及其以上学历；

（2）取得小学教师资格，应当具备中等师范学校毕业及其以上学历；

（3）取得初级中学教师、初级职业学校文化、专业课教师资格，应当具备高等师范专科学校或者其他大学专科毕业及其以上学历；

（4）取得高级中学教师资格和中等专业学校、技工学校、职业高中文化课、专业课教师资格，应当具备高等师范院校本科或者其他大学本科毕业及其以上学历；取得中等专业学校、技工学校和职业高中学生实习指导教师资格应当具备的学历，由国务院教育行政部规定；

（5）取得高等学校教师资格，应当具备研究生或者大学本科毕业学历；

（6）取得成人教育教师资格，应当按照成人教育的层次、类别，分别具备高等、中等学校毕业及其以上学历。

不具备本法规定的教师资格学历的公民，申请获取教师资格，必须通过国家教师资格考试。

我国教师法规定的取得教师资格的学历要求比一些西方发达国家规定的学历标准略低一些，这是由于我国 20 世纪八九十年代的教育发展水平和教师状况决定的。据国家教委 1997 年 4 月 14 日发布的《1996 年全国教育事业发展统计公报》的数据，1996 年，我国小学专任教师为 573.5 万人，其中学历合格率达 90.9%。初中专任教师为 293.19 万人，学历达标率为 75.5%，普通高中专任教师为 57.21 万人，学历合格率达 57.95%。职业高中专任教师有 26.85 万人，学历合格率为 31.2%。普通中等专业学校专任教师为 26.94 万人，达本科学历者占 64.74%。与这样的教师队伍学历水平相比，应该说教师法规定的学历标准已属比较高的要求了。但是，近 20 年我国教育改革的不断深化，使教育得到了快速的发展，九年义务教育基本普及、高等教育已进入大众化阶段，现行教师学历标准已不能适应新形势下的教育发展对教师素质的要求，所以《中共中央国务院关于深化教育改革全面推进素质教育的决定》和教育部颁布的《面向 21 世纪教育振兴行动计划》中就提出："2010 年前后，具备条件的地区力争使小学和初中专任教师的学历分别提升到专科和本科层次，经济发达地区高中专任教师和校长中获得硕士学位者应达到一定的比例。"当前，一些大城市的中小学已自行将录用新教师的学历标准提高到大学本科，而且，具有硕士研究生学历求职应聘小学教师者也大有人在。可以讲不管在理论上，还是发展现实上提高我国教师准入资格的学历标准已具备了相应的条件。

我国教育资格的分类，主要依据从教的不同教育阶段划分的，现为六类。多数学者认为，这样分类过于笼统，不利于满足学校对不同水平层次教育的需求。也导致跨学科授课现象的出现。

2. 教师资格的认定

教师资格的认定是确定教师资格的重要一环。符合《教师法》中规定的"遵守宪法和法律，热爱教育事业，具有良好的思想品德，具备本法规定的学历或经国家资格考试合格，有教育教学能力"等要求的公民，经过法定机构的认定，就能获得教师资格。

《教师法》具体规定了我国教师资格认定机构。中小学教师资格由县级以上人民政府教育行政部门认定；中等专业学校、技工学校的教师资格由县级以上人民政府教育行政部门组织有关主管部门认定；普通高等学校的教师资格由国务院或省、市、自治区教育行政部门或者由其委托的学校认定。

各国教师资格认定一般都按规定的程序进行。我国《教师资格条例》里也对此作了详细规定。

资格考试是教师资格认证程序中的重要环节，是把好教师"入口关"的关键一步。

我国的教师资格考试科目、标准和考试大纲由国务院教育行政部门审定，中小学教师资格考试由县级以上教育行政部门组织实施，高校教师资格考试由国务院教育行政部门或受委托的高等学校组织实施。

各地一般采取教育行政部门进行政策指导和宏观管理，委托省教育考试机构归口进行考试命题并组织实施，授权师范教育机构负责考生的教育培训工作。

考试形式为笔试与面试相结合，对笔试成绩合格者再进行面试。必考科目为教育学和教育心理学，有些地方还考查教育法规和政策等方面的知识、技能。

为使教师资格考试更具权威性、规范性和安全性，教育部人事司正在酝酿实行全国统一考试，已责成国家考试中心研究考试科目设置。

取得教师资格的人员，首次任教时，要有必要的试用期。

3. 教师资格证书管理

教师资格证书作为国家认定的教师资格的法定凭证，由国务院教育行政部门统一印制、教师资格认定机构统一编号，加盖相应的部门公章、钢印后生效。取得教师资格的人员，其《教师资格认定申请表》一份存入本人的人事档案，其余材料由教师资格认定机构归档保存，教师资格认定机构必须建立教师资格管理数据库。

我国目前的教师资格证书采用终身制，教师资格一经取得，即在全国范围内普遍有效，不受时间、地点的限制，非依法律规定不得丧失和撤销，也就是说，教师资格一旦获得就全国通用、终身享有。

国外许多国家规定了教师资格证书的有效期。一般来说，教师资格证书有三类：临时证书、有期限证书、终身证书。

美国中小学已基本取消终身证书，证书有效期限为5~6年，有效期截止需通过完成一定时间教育培训或学习，才可更新教师资格证书。日本的教师资格证书有普通许可证和临时许可证之分，临时许可证有效期为三年，过期作废。普通许可证终身有效，分小学、初中、高中等类别，小学许可证不分学科，中学许可证区分不同学科，教师可以兼得多学科许可证。

二、教师的任用方式

对具有合格教师资格者的任用方式，各国因教育发展水平及教育行政体制的不同而有所不同，一个国家在其教育和教育行政体制发展的不同时期其做法也不尽相同。

1. 对新教师的任用方式——从派任到聘任

新中国成立以来，国家对教育事业实施集中统一的教育行政，在教师的任用上一直采用派任的方式。所谓派任是由上级教育行政部门和组织人事部门按计划向学校委派教师的形式。这种形式的优点在于手续简便，便于教育行政部门对教师的统筹安排和管理，也有利于教师的稳定。不足之处在于学校没有选择人才的余地，教师的任用与使用分离，易因教师工作有保障而助长其不思进取的消极情绪。

改革开放以来，随着计划经济向市场经济的转轨，国家对教育事业管理体制的改革，派任教师的方式日益显露出对新情况的不适应及其自身的弊端。因此，许多地方和学校在教师任用方式上进行了改革，采用了聘任制。1995 年颁布的《中华人民共和国教育法》和 1993 年颁布的《中华人民共和国教师法》充分肯定了这种教师任用方式。并将其确定为我国今后教师任用的基本方式。《教师法》第十七条规定"学校和其他教育机构应当逐步实行教师聘任制"。

所谓聘任制，是指学校与被用教师签订合同，由学校发给聘书，明确在一定时期内给予任用的方式。这种方式与派任制有着诸多的不同：

（1）从本质上讲，派任是建立在支配与服从的行政权力作用基础上的上级教育行政部门与被任用教师之间的行政关系，是以教师服从为条件的。而聘任是学校与被聘用教师基于双方地位平等原则，在双方意愿一致基础上的民事法律关系。

（2）派任的行为主体是上级教育行政部门，是管理教师的机构而不是使用教师的机构。聘任的行为主体是签约双方，学校可以根据自己的需要选择适当人选，并可以解聘不称职教师。同样，受聘教师也有依自己的愿望决定受聘与否及合同期满后决定续聘与否的权利。

（3）聘任制有利于建立公平择优、平等竞争的选拔任用机制，有利于激发教师的责任感和进取向上的精神。

应该说聘任制是我国深化教育管理体制改革的产物，较之派任教师的制度确有许多优越性，但它在我国毕竟实践时间不长，尚有许多不完善之处，其自身的不足，如容易导致学校领导对教师聘任权的滥用，与教师的不安全感等问题也会随着时间的推移而日渐突出，必须努力在实践中去发展与完善。

2. 教师的职务聘任

教师的职务聘任在我国是对在职教师的职务或职称岗位的聘任，该制度常常被称为教师职务制度或职称制度，在国外一般指教师职级制度。具体称呼各国不尽相同，美国称为教师生涯阶梯方案或教师生涯发展方案。但教师职务聘任制度的本质内容，可以说基本是由教师职务核心内容、教师职务阶段或等级的划分与结构、教师职务的晋升等部分构成。

我国的中小学教师职务制度建立的标志是 1986 年国家教育委员会颁布的《中学教师职务试行条例》和《小学教师职务试行条例》以及《关于中小学教师职务试行条例实施意见》。我国中小学教师职务聘任制度的基本内容由职务名称、职务等级、职务等级结构、岗位职责、任职条件、任期、晋升评审与聘任方法、审批权限等构成。

可以说，教师职务聘任制度是促进教师专业发展的一个支持与保障性制度，是教师资源的开发与有效配置的积极途径。具体的功用，正如美国师范教师协会提出的教师职级制度的八大功能，即有助于改进教与学；有助于教师改进学校、提升教师士气；检验教师能力、提升教师工作效能；启发教师的潜能与能力；提供教师生涯发展的机会；提供教师专业发展的时间与程序表；强化学校组织的结构性；是教师区分责任的层级与薪水的标准。

我国教师职务聘任制的实施至今已有 20 多年。它对于我国中小学教师人事行政理念、机制的科学化、效率化做出了历史性的贡献。但该制度也不断遇到实践发展的新情况，特别是 20 世纪 90 年代以来我国对教师专业发展的理论研究的高涨与教师专业化实践中诸多诉求的挑战，社会大众对优质教育与优秀教师需求的增长与教师职业压力、职业倦怠之间的矛盾的挑战，使现行职务聘任制度的缺失逐渐显现。主要是：

（1）理论基础的欠缺。尽管我国中小学教师职务聘任制在设计时也遵循了教师成长的规律，但并没有明确以教师专业发展和教师职业生涯理论为理论基础。

（2）职务等级结构与教师专业发展阶段性需求的不完全适应。职务等级结构是指所设职务的初、中、高，不同等级或档次的构成及不同职务等级之间的合理比例。我国现行的中小学教师职务等级为中小学一级教师，中小学二级教师，中小学三级教师，中小学高级教师四个级别。随着我国中小学教师队伍中拥有硕士、博士学历和学位教师的增加，出现了高学历教师在较短的时间里获得高级教师职务的情况，按现行的职务等级设置，在接下来的二三十年内，这批教师在专业上就没有晋升的渠道了。所以人们提出调整现行的职务等级，增设更高一级教师职务。此外新课改中校本课程开发和培训的需要，要求有一定数量的具有较高的学术水平和研究能力的教师担当此重任，因而增设正高级教师职务成为课程改革与促进教师专业水平更上一层楼的诉求。

(3)职务晋升标准的偏差。教师职务等级的晋升是教师职务制度的根本性内容，主要包括对教师履职能力的评价、审查和聘用程序两个主要部分。是实现教师专业发展激励与教师专业发展水平社会认可的关键环节。实践中教师对职务晋升评价标准的批评声最高。我国《小学教师职务试行条例》(1986)和《中学教师职务试行条例》(1986)原则性地规定了中小学不同类别职称/职务教师的工作职责和任职条件及评审标准。评审指标主要包括：教师的政治思想、教师道德；相关任务(学科学、班主任、少先队辅导员工作等)、教学科研活动；学历与教学年限(经历)。其具体标准由各地区各学校自行确定。在地方的职务晋升标准中普遍增加了外语等级考试合格证书、计算机等级证书，还有科研论文的发表数量等指标。这些指标引导教师为此投入大量的精力，以至淡化、软化了中小学教师对最基本的教育教学工作质与量的关注，积累了教师的职业倦怠，减损了教师职务晋升的激励功用。教师职业专业性理论强调，教师教育、教学的专门性知识与技能是衡量其专业发展程度的核心指标。而常识性的主张也认为中小学的最好的教师是培养出高质量的学生，与大学老师不同，他们的能力与业绩主要体现在教学实践上，而不是学术水平与科研论文上。应该说，中小学教育更多地体现出教育艺术性的侧面，它需要教师经验的积累，而教龄与资历是重要指标。所以世界上许多国家是依据教师学历、教龄与教育、教学工作的能力与成绩评价教师，决定能否晋升的。所以中小学教师职务晋升标准的选择必须把教师一线的教育、教学工作的能力与成绩作为根本的评审内容，必须细化其评价要素，因为教师履职能力与业绩评价较论文与外语水平的评价要困难很多。这也是实践中被弱化的原因之一。

(4)教师培训的有效性不足。1993年颁布我国实施的《教师法》明确将"参加进修和其他形式的培训"和"不断提高思想政治觉悟和教育、教学业务水平"确立为"教师的一项基本权利和义务"。同时该法还将组织实施教师培训的职责赋予各级人民政府教育行政部门、学校主管部门和学校。现行教师培训制度带有很强的行政性培训色彩，是与教师资格获得、教师职务续聘、晋升硬性挂钩的，反映的是国家、教育行政部门的意愿，而非教师本人的发展需求，因此是一种被动培训。众所周知，出于教师自身专业发展需求的培训意愿才是持久地维持教师进行各种形式学习与进修积极性的内在动力。因此，现行教师培训应适当减少教师在教师职业生涯的不同职务阶段中刚性的行政培训的要求，通过强化教师职务晋升过程中教师专业工作业绩与才干的评价，助成教师自主不断学习的强烈意愿与行动，更有效地推动教师个体不断接受新知识，增长专业能力。另外，不同等级的教师职务岗位对教师的履职条件与能力要求是不同的，因此，教师的在职学习与培训能否有助于教师形成高一级职务所需的知识与能力，是对培训针对性、有效性的诉求。显然，现行的我国培训制度离这一要求还有距离。

以上问题的解决，可以在主要方面完善我国中小学教师的职务聘任制度。

第四节　教师的在职培训

教师的在职培训是指对已在岗位的教师进行有组织、有计划的再培养。孙子说："兵众孰强"，"教戒为先"，"士不教，不用也"。孙子的这一"教戒为先"的思想，在今天的人事管理中具有重要的战略意义。不教不用，用养并重也成了现代人事管理的一条重要原则。教师是直接从事教育教学工作的专业人员，对教师的管理更应该遵循这条原则，重视并组织好在岗教师的培训。

一、教师在职培训的意义

（一）是职前教育的继续延长

师范教育是培养教师的专业教育，它同其他一切职业教育一样，是就职前的教育，是准备性的教育，是获取教师资格的教育。以往我们所说的教师教育就是这种职前教育，职前教育主要是进行基础教育（即教育专业和普通文化专业方面的基础教育），不能进行实际训练，虽然在教育过程中设有教育实习，但由于时间短，要掌握学校教育实际工作中所需要的知识、技能、态度等是不可能的，有必要在就职后进行具体的、特殊的专门教育，这就是教师的在职培训。在这个意义上讲，健全的教师教育应该包括职前教育和在职培训，二者不可缺一。这是因为，在职培训可以弥补职前教育的不足，能针对教育工作的问题谋求改进的方法，激发教师进行教育科学研究，提高学术水平。20 世纪 70 年代以来，一些发达国家在师范教育的改革上，已把注意力转移到在职教师的培训上，使教师的在职培训制度化。例如，1971 年英国的詹姆士·波特就提出了以职前教育、任用初期的试用与培训、在职教育的三段师范教育体制代替以往的一段师范教育体制。这一提案的实质无疑是把教师的在职培训作为培训师资不可缺少的有机组成部分。我们是否可以概括地说，无论从教师培养的时序上看，还是从教师教育的内容发展上说，教师的在职培训（在我们看来教师任职任用初期的培训也可以称为在职培训）都可以说是教师教育的第二阶段。由于教师在职培训的制度化是终身教育思想在教师教育中的具体表现，所以有人也把这称为教师培养的继续。

（二）是适应社会和教育的发展，提高教师执教能力的重要途径

从 20 世纪 50 年代开始，进行着一系列的新技术革命，引起知识总量的激增，经济和社会生活的突变，产业结构的大幅度调整，劳动就业市场的急剧变动等。这一切不仅对个人的生存和发展提出了挑战，造成了威胁，而且更强烈地对教育提出了包括教育目标、课程内容、教育教学方法手段等全方位进行改革的要求。而在一定意义上讲，教育改革就等于教师教育的改革。正如琼·托马斯在他的《世界性的教育问题：简明分析调查》一书中所说："教师界的态度是最终决定改革成功或失败的因素"，"在每一次教育革新过程中，教师的合作是最基本的，但这一点也是特别难于做到的。一方面，教育改革经常成为一种对有关教师的权威的挑战；另一方面，也使重新培训成为必要。所以教师必须改变自己的习惯和常规，必须建立新的师生关系。除了这些不利因素外，教师本身还必须经历新的进修过程。所以持续地对教师进行培训是教育制度发展和不断更新的前提。"[①]

---

① ［瑞士］查尔斯·赫梅尔：《今日的教育为了明日的世界——为国际教育局写的研究报告》，王静等译，19 页，上海，上海译文出版社，1979。

第二次世界大战之后，各国普遍认识到构成阻碍教育改革、教育发展的关键性问题，是现实中的教师状况即教师数量不足、质量有待提高，特别是教师职业魅力下降的问题。因此，各国都在教育改革中注意把教师问题作为一个优先的教育政策问题。在举措上，一方面改革师范教育；另一方面对建立和完善教师进修制度付出了极大的努力，也取得了很大成绩。从形式上讲，在许多国家都形成了脱产的、集中的、长期的进修与经常的在职进修（也称为行政进修与学校进修）相结合的体制。对于改革师范教育的举措，严格地讲这仅是对教师职前教育的改革，目标是提高未来教师的素质，而丝毫不能解决现实在岗的大量不够合格教师的问题，对整体的在职教师职业能力的成长也无多大助益。因此建立和完善在职培训制度才是提高在岗教师素质的有效途径，也可以说是更重要、更迫切的方面。

二、中国的教师培训制度

我国在新中国成立之后，特别是在确定把教育作为发展经济的战略重点的方针以后，更加重视在职教师的教育。通过建立各种教师进修机构，采取多种措施为在职教师校内校外进修提供了服务，取得了显著的成绩，也积累了相当的经验。1986年制定颁布的《国家教委关于加强在职小学教师培训工作的意见》，对我国教师培训工作的任务和要求，形式、渠道、原则与范围等作了全面的规定，使我国教师培训走向规范化和系统化。1993年颁布实施的《教师法》又明确将"参加进修和其他形式的培训"，"不断提高思想政治觉悟和教育、教学业务水平"确立为教师的一项基本权利和义务。同时该法还将组织和实施教师培训的职责赋予各级人民政府教育行政部门、学校主管部门和学校。应该说我国已初步建立起了教师培训制度。但尚需努力完善的方面还有很多。主要有：

1. 使教师培训方式多样化。视我国不同地区及教师个体的不同需要，我们必须进一步办好作为正规形式的教育学院和教师进修学校，及高等院校的函授、夜大、广播电视教学、短训班、自学考试等。此外，对讲师团、开展校际协作和讲学活动，组织互相听课观摩教学，举办各种专题报告会、学术讨论会，进行校内教学研究室活动等灵活有效的培训，以适应我国教师培训的重点逐步从达标教育（学历达标和能力合格证的取得）向提高学历和职业能力转变的需要。

2. 制定奖励政策。国家和学校对教师的进修、培训要采取鼓励态度。并采取一些奖励措施，如许多国家实施的"带薪休假培训进修"、"报销出差费"、"颁发助学金"等。鼓励教师参加培训，保障教师享受进修的权利。

3. 加强对教师培训管理工作的专门化、制度化。到目前为止，我国尚未建立起负责组织实施教师培训的专门管理机构，也没有对在职教师工作几年之后必须参加脱产培训的要求。

第五节　教师的工资

一、教师工资

教师工资是以货币的形式支付的教师劳动报酬。工资不仅能满足教师谋生的需要，又是维持和激发教师工作积极性、稳定教师队伍的管理手段，还是影响教师职业魅力的一个重要因素和考察教师职业的社会地位、声望的一个指标。因此，各国都十分注意对教师工资的管理。自20世纪六七十年代以来，教师工资管理呈现出两个发展趋势，一是不少国家以法律的形式规定了教师工资的平均标准；二是不断提高教师的工资水平。

二、中国教师工资制度的沿革

新中国成立至今，我国教师工资经历了四次大的变革。

第一次是在1952年以大行政区为单位的工资制度初步改革及1956年国家整个工资制度进一步改革的基础上，实行的职务等级工资制即八级工资制。

第二次是1985年党中央和国务院做出改革国家机关、事业单位工作人员工资制度的决定以后，实行的以职务工资为主要内容的结构工资制。其特点是把工作人员的工资待遇同本人负担的实际职务密切结合起来。所谓结构工资，也被称为组合工资和分解工资，即把支付给工作人员的劳动报酬分为基础工资、职务工资、工龄津贴、奖励工资四个部分。基础工资是保证工作人员基本生活的部分，从行政领导到一般工作人员都按一个数额支付；职务工资即按照实际职务确定的相应工资部分；工龄津贴是依工作人员工作年限，以年为单位，逐年增加，按月发给的部分；奖励工资是以工作成绩按鼓励先进的原则发给。这一以职务为主要内容的结构工资制度，能体现按劳分配的原则，有利于教师工作积极性的调动。但从教师工资制度的整体上看，还需要在经济改革和教育改革中，确立新的教师工资参照系，以解决教师工资水平偏低的问题。完善定期提薪制度，增加课时津贴，克服尚存的一定程度的平均主义以体现工资的激励机制与杠杆作用。

第三次是根据党中央、国务院的决定，从 1993 年 10 月 1 日起实施的事业单位，包括中小学校，工资制度改革后的中小学职务（技术）等级工资制。这一工资制度的工资构成形式由过去的结构工资改为新的复合形式，由教职工的职务（技术）等级工资和津贴两部分构成。职务（技术）等级工资在一定的时间区内，为工资中相对固定的部分，主要体现工作能力、责任、贡献、劳动的繁重程度，这一部分实行定期升级，适当体现劳动差异。新工资制度规定，中小学教师实行统一的职务序列和职务工资标准。津贴为工资构成中的变量部分，直接、具体反映教师的实际工作成绩、劳动数量和质量差异。在各学校的全部工资总量构成中，职务工资部分占 70%，津贴部分占 30%。"三七分"的比例是就一个学校的总量而言，具体到每一位教师，津贴部分所占比例可能高于 30%，也可能低于 30%，这正是活工资职能的体现。这次工资改革，具体贯彻了《纲要》的精神，落实了《教师法》中的有关规定，较之 1985 年的工资改革有了实质性的进展，具体表现在：

1. 新工资制实施了"制度脱钩"、"分类管理"的原则。"制度脱钩"即事业单位与国家机关在工资制度上脱钩。"分类管理"即全国事业单位按行业特点分为五大类，教育、科研、卫生等为第一类。改变了新中国成立以来，教师工资系列以官为大，即比照国家行政机关工资制度的模式，只讲规格、级别，不讲教育活动的自身规律和教师劳动特点，将教师与国家行政机关人员混同的老问题，使教师工资制度走向科学化。

2. 该工资制度一定程度上改变了中小学教师平均工资水平偏低的问题。据国家统计局的测算，我国中小学教师平均工资在全国 12 个行业中长期徘徊在第 10 位。1992 年年底以来还出现大面积拖欠教师工资现象。[1] 新

---

[1] 管培俊：《关于中小学工资改革的若干问题》，载《教育时报》，1994(3)。
中华人民共和国教师法学习辅导编写组：《中华人民共和国教师法学习辅导》，北京，教育科学出版社，1994。

工资制度贯彻落实了《中国教育发展纲要》和《教师法》中的有关规定，前者的规定即"改革教育系统工资制度，提高教师工资待遇，逐步使教师的平均工资水平与全民所有制企业同类人员大体持平，'八五'期间，教育系统平均工资要高于当地全民所有制企业职工平均水平，在国民经济 12 个行业中居中等偏上水平，其中高等学校平均工资高于全民所有制企业职工平均水平"。后者的规定为："教师平均工资水平应当不低于或高于国家公务员的平均工资水平，并逐步提高……"《国家公务员暂行条例》中规定："国家公务员与国有企业相当人员的工资平均水平大体持平。"

3. 该工资制度针对以往教师工资缺少正常的升级和增薪、奖励制度的弊端，明确规定了中小学实行严格考核、定期升级制度。具体内容是：

第一，凡正常履行教育教学职责，经学校考核合格的教职工每两年晋升一级职务等级工资。考核不合格者不予晋升，考核优秀人员可以提前或越级晋升。

第二，每两年调整一次工资标准和相应的津贴标准。

新工资制规定的奖励政策的内容为：

第一，对年终考核合格的中小学教职工年终发给相当本人一个月工资的奖金。

第二，对在教育教学改革中做出重大贡献和取得重大成果的中小学教师给予重奖。

4. 该工资制度体现了宏观管理和微观放权的教师工资管理体制改革的基本原则，扩大地方决策权，赋予学校在微观分配上的自主权。如津贴分配方式为国家总量控制、政策指导，学校自主分配。地方在工资分配上有一定决定权，表现在：

第一，可以根据国家制定的基本工资标准、工资政策与指导性意见，结合本地实际情况制定具体实施意见。

第二，可以建立地区附加津贴，提高教师工资待遇。

当然，1993 年工资制尚有不足，如：与西方发达国家教师工资的原则性标准(超过其他行业里具有同等条件者的工资水平)相比，我们还有距离。不过，给予教师较高的工资待遇，西方国家也不是一次到位的，也是经历了一段发展过程。我们的目标应该是尽量缩短这个过程。此外，1993 年的职务(技术)等级工资的复合结构中,按规定职务等级工资占70%,但实际上许多地区和学校的奖金与各种津贴所占比重大大超过30%,甚至超过职务等级工资使现有的工资概念不能代表教师实际收入水平,削弱了职务等级工资作为激励职工提高技术业务水平的职能。

第四次是2006年7月,国务院启动的教师工资制度改革,主要精神是按照最新制定的事业单位人员工资方案套改教师工资,建立岗位绩效工资制度,其主要内容如下:

第一,教师的工资构成。实行岗位绩效工资制度以后,教师工资由岗位工资、薪级工资、绩效工资和津贴补贴4个部分组成。其中岗位工资和薪级工资为基本工资,由国家制定统一标准。绩效工资由国家实行总量调控和政策指导,事业单位在核定的绩效工资总量内,按照规范的程序和要求,自主分配。岗位工资主要体现工作人员所聘岗位的职责和要求,每个岗位等级对应不同的工资标准,实行"一岗一薪、岗变薪变"。薪级工资主要体现工作人员的工作表现和资历,每个薪级也是对应一个工资标准,实行"一级一薪,定期升级",如果工作努力、考核合格,每年都有晋升一个薪级的机会。绩效工资是事业单位分配中的活的部分,主要体现工作人员的实绩和贡献,由事业部委自主决定内部分配,合理拉开差距。实现绩效工资以后,取消了以前年终一次性奖金,将一个月基本工资的额度以及地区附加津贴纳入绩效工资。津贴补贴分为艰苦边远地区津贴和特殊岗位津贴。

第二,教师工资分配的原则。在《教师法》第二十五条、新修订的《义务教育法》第三十一条都把教师的工资定位于"不低于国家公务员的平均工资水平",公务员工资水平成为衡量教师收入的参照。事实上,这条原则尚未得到真正落实。20世纪90年代,我国中小学教师平均工资在全国12个行业中位列第10位,还出现过大面积拖欠教师工资现象。尽管中央政府采取措施完善教师工资保障制度,解决了拖欠教师工资的问题、保证教师基本工资按时足额发放,近几年教师的实际收入有所增长,但教育部发布的2008年《国家教育督导报告》显示:"教师津贴补贴尚未完全得到落实,教师工资收入水平依然偏低。2006年全国普通小学、普通中学(包括初中与高中)教职工年均工资收入为17729元和20979元,分别比国家机关职工年均工资收入低 5198 元和 1948 元。"在这次岗位绩效工资制度改革中，国务院再次强调要确保"教师平均工资水平不低于地方公务员平均工资水平"，这是制定教师工资分配制度的总原则。在岗位绩效工资制度改革中，政府加大了教育投入，实行工资统发，基本工资改革重点体现的是"以岗定薪，岗变薪变"的原则。而绩效工资部分政府放权，实行总额包干，规范工资发放秩序，由单位自主分配，绩效工资改革重点体现"多劳多得，优劳优酬"的原则。

第三，岗位绩效工资的实施。这次工资制度改革分两步落实。第一步是基本工资部分的套改，教师原来的职务工资被岗位工资和薪级工资取代。教师对照《事业单位专业技术人员基本工资标准表》，根据职称套出对应的岗位工资，对照《事业单位专业技术人员薪级工资套改表》可得到薪级工资级别，再对照《事业单位专业技术人员（管理人员、工人）基本工资标准表》，得到薪级工资，各地在实施中普遍按照"限高、稳中、补低"的原则核定工资总额。第二步是绩效工资改革，从 2009 年 1 月起，全国义务教育学校实施绩效工资，发放绩效工资依据"多劳多得、优绩优酬"的原则，重点向一线教师、骨干教师和做出突出成绩的其他工作人员倾斜。岗位绩效工资制度的特点可以概括为：提高、规范、平衡、配套，其主旨就是通过改革总体上提高教师的工资水平，通过增加档级划分，扩大各类人员工资晋升空间，从而有效激发教师的工作积极性，吸引和鼓励各类优秀人才长期从教、终身从教，促进教育事业发展。中央政府应加强监管，建立高层次人才和单位领导分配的激励约束机制，按照管理以县为主、经费省级统筹、中央适当支持的原则，确保教师工资改革落实到位。

第六节　教师考核制度

一、教师考核的意义

教师考核是指学校和其他教育机构根据国家制定的教师职务任职条件和职责，运用定性和定量结合的方法，对教师工作进行定期与不定期的考察与评价。《中华人民共和国教师法》确立了我国实施教师考核制度。教师考核制度与教师资格制度、任用制度、职务制度、培训制度、奖励制度等共同构成教师管理制度的基本内容。它标志着教师管理科学化，规范化的程度。教师考核是教师管理中一项经常性、基础性的工作。其目的与作用在于：1. 为教师的使用、培训、晋升、提级提薪、奖惩提供依据。2. 引导教师按教育规律办事，以提高教育质量。现在世界上许多国家都建立起了正常的教师考核制度。

二、教师考核机构

《教师法》第二十二条第一款规定"学校或者其他教育机构应当对教师的政治思想、业务水平、工作态度和工作成绩进行考核"。根据这一条的规定，负责教师考核的机构是聘任教师的学校或其他教育机构，而非教育行政部门，教育行政部门对教师考核工作的职责是指导、监督。《教师法》第二十二条第二款就是对此的专门规定。我国教师考核机构的确定和职权的划分，首先是与我国教育管理体制改革精神相一致的。改革开放以来，我国努力通过教育管理权限的重新分配，调整政府与学校的关系，转变政府职能，使学校拥有更多的自主管理权，教师的聘任、考核就是自主管理的重要内容。而教师考核权赋予学校之后，作为学校上级的教育行政部门的职责就是对学校教师考核工作的行政监督和专业指导。其次，教师的考核权留给聘任教师的学校和其他教育机构，较好地体现了用人与管人相一致的原则。学校是直接选用教师的机构，对教师最了解，这有利于考核工作的有效开展，有利于发挥考核结果对聘任教师的积极作用，使聘任教师工作科学化。

三、教师考核的内容

根据《教师法》的规定，教师考核内容包括政治思想、业务水平、工作态度和工作实绩四个方面。这是教师考核内容的国家标准。

政治思想方面：主要考核教师对社会主义制度的态度，对党和国家的路线、方针、政策的态度，以及遵纪守法，思想品德，师德等。

业务水平方面：主要考核教师的文化科学知识和专业知识，包括一般文化科学知识、教育科学知识和专业知识、技能，业务能力包括教育、教学能力，自学能力，创新能力等。

工作态度方面：主要考核教师的责任感，工作积极性，组织纪律性，团结协作精神等。

工作实绩方面：主要考核教师所完成的工作数量、工作质量和工作成果。工作数量一般包括教学工作量（备课量、上课量、课外辅导量、批改作业量、指导学生课外活动量），思想教育工作量、其他工作量（科研、社会工作等）。工作质量一般包括教学工作质量、教育工作质量和其他工作的质量。这是从质量上考核教师所担负的各项工作完成得如何，工作质量是反映教师业务水平的主要内容，因此在一定意义上讲工作质量的考核也是对教师业务水平的一种考核。工作成果是对教师工作效果及工作效益的评价，主要通过学生在德、智、体、美、劳方面的发展水平，学习成绩，学习能力及家长评价、社会评价来考核。

四、教师考核的方法

教师考核的方法，按形式分有教师自评法、学生评价法、教师相互评价法；按内容分有单项考核法和综合评价法；按时态分有平时检查考核法和阶段性集中考核法；按考核性质分有定性考核法和定量考核法。

考核方法的选择和运用要依据考核的内容与要求，灵活掌握，通常是几种方法并用。而任何一种考核方法的运用都需要有明确的考核标准，这是进行考核的依据和尺度，也是教师工作的指挥棒。因此，要努力制定出科学可行的考核标准，这是进行有效教师考核的关键。科学可行的考核标准就是反映了教育教学工作的本质特征及基本规律，符合教学计划和教学大纲的有关规定，体现教师工作的质与量的基本要求，顺应教育改革的需要，考虑到教师职业特点的指标。

五、教师考核的原则

教师劳动是一种复杂性劳动，教师劳动的水平、成效不仅取决于教师个体的努力及思想、知识、业务水平，还取决于教育对象的特点、水准，学校教育教学设备条件，教师集体的沟通协作，家长与社会的配合、教育行政部门及学校赋予的进修提高机会的多寡等因素。因此，考核教师特别是考核教师的工作实绩是一件非常复杂和费力的事情，就这一点讲，有人认为对教师个体的考核仅仅是一种近似性的评价。为此，努力提高教师考核的科学性和有效性，就成为了教师考核实践上迫切需要解决的课题。

为了解决这一问题，我国《教师法》在总结我国教师考核实践经验的基础上，借鉴国外有益的理论与尝试，提出了实施教师考核的两项原则，即公正、客观、准确的原则和充分听取意见的民主性原则。公正、客观就是实事求是，按照实际情况进行考核，不带任何偏见、私见，不凭主观意志做出判断。准确就是要求考核结果与教师实际表现相符。贯彻这条原则，要求考核主体克服传统的习惯的凭印象、凭经验的主观臆断，而是注重调查，尊重事实，坚持以评价标准为尺度的考查鉴定。要求考核主体要充分注意和结合自己学校的工作环境、学生特点等具体情况和实际水平对学校内教师个体进行综合评价。民主性原则，就是要求在考核教师活动中尊重教师和学生的意见，创造机会让教师参与考核工作，发挥教师在考核活动中的主体作用。这不仅是现代教师考核评价活动的主体多元化，进程民主化特征表现，更是实现教师考核目的的要求。贯彻这条原则，要求评价主体首先要改变传统的教师是被动的考核对象的认识，树立教师与学生也是考核活动的主体，即合作者、参与者的观念。其次，要让教师学生参与考核活动的每一个进程，即从考核标准的制定、考核资料事实的收集，到分析判断。最后，在方法的选择上要重视自我评价，发挥好教师在考核活动中的主体作用。这与学校在教师考核工作中的主体地位是不矛盾的。

思考题

1. 教师人事行政的含义及意义是什么？
2. 你认为教师职业是一种专门性的职业吗？为什么？
3. 应如何提高教师专业性的从教能力？
4. 我国现行的教师聘任制的长处与不足是什么？如何完善？
5. 我国教师考核工作的原则是什么？怎样有效贯彻？

📖 资料链接

人力资源管理

　　在管理资源方面，早期的企业家要找的是值得信赖而又稳健的人，这种人从体力、社会能力到其他个人品行方面都会引导企业走向成功。这种以个人品质为依据的管理人员选择概念在很长时间占据着统治地位。现代所流行的"人力资源管理"的术语表明了对人事管理更具战略性的观点。将来的职工队伍将更具多样性，更富裕，闲暇时间更多，受教育程度更高。随着经济政治环境的变化，工会的权力将起伏不定。未来人力资源管理的大部分问题将在社会价值和政治需要方面。现在存在许多有关职工健康和安全、同工同酬、公平雇用机会、赞成的行动计划、职工退休收入保障和其他一些人事问题。将会有更多的社会压力和法律条令影响到人力资源管理。今天的管理人员发现他们的行动越来越受文牍主义的束缚，不幸的是，未来可能更会如此。

　　资料来源：〔美〕丹尼尔·A. 雷恩：《管理思想的演变》，赵睿、肖聿、赵暘等译，557页，北京，中国社会科学出版社，2000。

第八章 教育财政

第一节 教育经费与教育财政

一、教育经费

教育经费是指为教育事业发展或组织化制度化了的教育活动所支出的费用。众所周知，教育活动的进行，总是以一定的人力、物力为前提，在商品货币关系存在的条件下，这种人力和物力的投入一般采用货币形式计算支出。

教育经费在教育经济学中被称为教育投资或教育投入、人力资本、教育资本等。即从以下观点出发，通过教育对知识、技能、技术等的传递，使人的能力得到发展，进而促进国民生产增长而为教育事业支出的经费。

教育投资有广义和狭义之分，广义的教育投资指一切用于增进人的知识和技能与影响人的思想品德的活动费用，都是教育投资，既包括正规教育的经费，也包括非正规教育活动的经费。狭义的教育投资是指投入发展各级各类教育事业的人力、物力、财力的总和，就是教育事业费。在这个意义上讲教育投资就是教育经费。有的国家把狭义的教育投资称为制度性的教育经费，即从制度上或组织上来把握。正规教育机关的教育活动所必需的费用，这就是我们通常所说的教育经费。而把广义的教育投资称为机能性的教育经费。这种理解是从教育活动的功能上讲的，它包括所有能产生教育效果的活动所需要的经费。

教育投资包括社会直接投入与间接投入。社会直接投入指各级政府、企事业单位、团体的教育投资以及国内外个人对教育的捐资。社会间接投入是指通常在教育活动进行中消耗掉的、政府财会及家庭理财中不计入的费用。例如：学生因入校学习所消耗的时间资源及因受教育放弃的个人收入，社会举办教育事业可能失去的国民收入。具体来说，国家因实施某些支持教育发展的优惠政策而失去的对学校财产、教育用品，学校捐资的特别免税收入，政府给予铁道运输对学生减免部分的补贴等。这些一般都不作为教育活动的直接消耗，因此不计入教育费用。一般情况下，教育行政意义上的教育经费是指狭义的教育投资或制度性的教育经费，是指社会对教育的直接投入部分。

二、教育财政

从教育投入的主体或渠道而言，世界上多数的国家教育经费来自政府、社会团体、受教育者个人或家庭。尽管不同国家、不同时期、不同级别和类型的教育投资来源及其构成不尽相同，但一般都以政府为主。就是说，在直接的教育投入中，国家各级政府支出的教育事业费用占绝大部分。这些从政府预算中支出的教育费被普遍称为公共性教育经费。与此相对，由家庭、个人等支付的教育经费被称为非公共性教育经费。这是以教育经费负担主体的不同来划分的。但在教育费的财会活动中就很难这样区分，因为多数国家都将非公共性教育经费中的学费、杂费及其他收入列入国家教育经费总支出，公共性教育经费与非公共性教育经费是一致的，都是国家财政活动的对象。那么，有关这些教育经费的政府活动通常就被称为教育财政。具体来讲，中央和地方政府为发展本国、本地区的教育事业，对其所需的教育财力的筹集、分配和管理、监督等一系列有秩序的活动就是教育财政。这种解释在世界多数国家里实际上意味着有关教育部门的财政活动。

在理论界，将有关教育部门的财政活动称为教育财政，这是否恰当，尚留有疑问。其理由是，理论上一般认为财政是以国家为主体，为满足社会公共需要而强制无偿地分配一部分社会产品形成的分配关系和分配活动。它由经费的收入和经费的支出两个基本因素构成。此外财政作为统治团体的经济，其收入是以强制性征收的租税为基础的。对照财政的这些根本特征，大多数国家不像美国多数学区那样，实行财政独立，即可以自行征税用于教育，无须经国家一般行政机关批准。而是教育经费主要依赖一般财政收入，也就是说，国家下拨的教育经费其最终来源虽为税收，但这种税收用于教育，须经历一个国家的一般财政收入至预算支出的过程。因此说独立于一般财政之外的教育财政在大多数国家里是不存在的。基于此种状况，如果说教育财政的提法是能够成立的话，那么，依此类推还应该有农业财政、交通运输财政、国防财政等每一个行政部门的财政。虽然这样区分可突出各行政部门财务上的特色，但实际上是不可能分别存在的。因此，只要以教育经费为目的的强制性收入经济不存在的话，就不应该把教育部门的财政活动称为教育财政。实践中可能正是基于这一点，联合国教科文组织及 OECD 等组织，一般较多地使用"教育经费支出"（Financing of education, Finacement de I education)这样的提法。相反，在教育财政不独立于一般财政之外的国家里，使用教育财政的情况也是有的。

20 世纪 80 年代，新制度经济学派发展，公共财政理论形成，在这一领域借助于经济学的理论和观点，教育被看做为一种具有外部效益的由政府和市场提供的混合产品。而政府教育支出内容开始以"教育财政"及"公共教育支出"出现。

受此影响，近三十年以来，越来越多的国家使用了教育财政这个概念，代替"教育部门的财政活动"、"教育的财政关系"这样的严格性的表述。究其原因，一方面是为了方便，有人认为这和"教育预算"这一概念的使用方法是一样的。我国 1995 年颁布的《中华人民共和国教育法》中提出了教育经费实行预算单列的要求。而 2006 年《中华人民共和国义务教育法》第四十五条更是规定了地方各级人民政府在财政预算中将义务教育经费单列。教育财政的提法方便简单，为越来越多的人所接纳。另一方面是受到战后教育经济学勃兴的影响，人们对教育财政问题的关心日益高涨，使教育财政问题研究得到重视和深化。比如，政府的教育财政活动对国民经济有什么样的影响；教育机会的分配与国民所得的分配与再分配的关系；教育的财政支出对地方经济发展、就业、人口的直接与间接作用等教育财政政策问题探究。教育经费来源或者说教育投入主体问题的研究，如何为日益扩大的教育事业提供充足的教育资源，国民经济中教育部门的经费分配，教育部门内部经费分配，以及教育财务会计问题等都成为了教育财政学的内容。为此教育财政概念日益为人们所熟悉。

三、教育财政的分类[①]

(一)按政府管理体制分类

教育财政可以分为中央政府教育财政、省级政府教育财政以及地方政府教育财政三级。

在我国，中央政府教育财政是指国家财政预算中所安排的对中央所属部门的教育拨款，对地方政府包括省及省以下地方政府的教育转移支付拨款以及由中央专设各项教育基金收付及使用。地方政府教育财政是指省及省以下地方政府教育经费的筹集和使用情况。

(二)按收入来源分类

在我国按照财政收入的来源来分，可以分为财政预算内教育经费，各级政府征收用于教育的税费，企业办学教育经费，校办产业、勤工俭学和社会服务收入中用于教育的经费以及其他属于国家财政性的教育经费。

(三)按教育经费支出用途分类

按我国教育经费支出用途分，教育经费支出主要可以分为教育事业费支出以及教育基建投资支出。教育事业费支出即经常性支出，包括人员经费和公用经费。教育基建投资支出是指用于房屋建设及危房改造的经费支出。

(四)按支出有无补偿分类

按照支出有无补偿分，教育经费支出可以分为购买性支出和转移性支出。购买性支出是一种消耗性支出而转移性支出是指政府单方面地无偿地支付给其他事业主体或机构所需教育经费，包括补贴和补助等。在不同的经济发展时期，当经济发展水平比较低的时候，购买性支出比重比较大，而经济发展水平高的时候，转移性支出比重较大。

四、教育财政的作用

教育财政是教育行政的重要内容和手段，其根本任务是依据国家意志，为全国范围内的国民教育事业提供物质保障。换句话讲，教育行政要实现

---

① 廖楚晖：《教育财政学》，北京，中国财政经济出版社，2006。

国家教育政策目标，缺少了教育财政是难以完成的。在这个意义上讲，教育水平的维持、教育机会的均等化、教育服务的多样化、教育选择自由的扩大化、教育事业的有效运转、公平的教育费负担等教育行政目标，也同样是教育财政所要达到的目标。因此，充分考虑国家和地方财政的实情，运用好教育预算、教育决算、教育税收、教育审计等财政手段去实现以上目的，是教育财政的根本职能。

第二节　教育经费的筹措、分配及使用

教育经费的筹措、分配及使用是教育财政的基本职能。

一、教育经费的筹措

筹措教育经费的目的是为发展教育事业提供物质保障，其内容主要是解决教育经费的来源或者说教育经费由谁负担，也就是教育投资的主体是谁的问题。

(一)教育经费的来源

一般来说，教育经费大致有以下几个来源：第一，国家中央政府的拨款；第二，地方政府的拨款；第三，社会团体及私人捐助；第四，由学校的财产和基金收入支出；第五，企业提供办学经费；第六，受教育者负担；第七，国际援助及国外贷款。

虽然发展中国家和发达国家的国情有很大差别，但政府对教育成本的负担也有一些共同之处。一方面，无论是发展中国家还是发达国家，政府始终是教育成本负担的主力军。另一方面，尽管历史不同以及社会制度不同，除少数国家(如朝鲜)外，社会和家庭对教育成本的分担所占比例有逐渐增大的趋势，并逐渐允许社会各方力量参与教育，这对政府教育成本将有很大影响。[①]

现在世界各国教育经费的来源都是多渠道的，但最主要的是由国家政府负担。负担的情况因各国教育管理体制等的不同而有所区别，有的以中

---

① 廖楚晖：《教育财政学》，100 页，北京，中国财政经济出版社，2006。

央政府负担为主，有的以地方政府负担为主，比较普遍的是由中央、地方（地方政府一般分为两级，也有设三级的）政府共同负担。这从国家政府、地方政府、私人等分担教育经费的比例就可以看出来。

西德 1965 年度公立学校教育经费中，政府负担部分与私人负担部分的百分比分别为 97.6%、2.4%。政府负担部分中，联邦政府、邦政府、地方政府负担的百分比分别为 2.8%、69.4%、27.8%。1979 年度的教育经费中，联邦政府、邦政府、地方政府和私人团体分别负担 8.9%、72.9%、18.2%。1985 年度的教育经费政府负担部分中，联邦政府、邦政府、地方政府分别负担 8.2%、74.4%、17.4%。

美国 1965 年度公立教育经费中，政府负担部分与私人负担部分（指预算外资金）的百分比分别为 74.5%、25.5%。政府负担部分中联邦政府、州政府、地方政府所占百分比分别为 16.1%、39.6%、44.3%。1978 年度公共教育经费的政府负担部分中，联邦政府、州政府、地方政府的支出分别占 9%、45%、46%。1985 年度公共教育经费的政府负担部分中，联邦政府、州政府、地方政府分别负担 6.4%、50.1%、43.5%。

日本 1965 年度公立学校教育经费中，政府支出部分与私人（民间团体及个人）支出部分所占百分比分别为 75.4%、24.6%。政府支出部分中，国家、都道府县、市町村支出部分分别为 36.9%、39.0%、24.1%。1978 年度政府的教育经费支出部分中，国家、都道府县、市町村支出部分分别占 47.9%、28%、24.1%。从中可以看出政府负担部分中有近一半是国家政府支出的。

英国公立学校教育经费主要来自国家和地方政府。1965 年度教育经费政府支出与私人支出（学费及其他私人收入）的百分比分别为 99.2%、0.8%。其中政府支出部分中，国家政府与地方政府负担的百分比分别为 60%、40%。①

20 世纪 90 年代以来，一些国家的教育经费的来源情况见表 8-1。

---

① ［日］名和弘彦：《教育行政学》，191～197 页，东京，福村出版社，1997。［日］木田宏：《教育行政》，160 页，东京，东信堂出版社，1982。

表8-1 世界各国政府、非政府分担教育经费的比例

（单位：%）

年份\国家	1995 政府	1995 非政府	1998 政府	1998 非政府	1999 政府	1999 非政府	2000 政府	2000 非政府	2001 政府	2001 非政府	2002 政府	2002 非政府	2003 政府	2003 非政府	2004 政府	2004 非政府
澳大利亚	78.7	21.3	75.5	24.5	76.5	23.5	75.7	24.3	75.6	24.4	74.2	25.8	73.9	26.1	73.0	27.0
加拿大	82.3	17.7	81.2	18.8	79.8	20.2	79.9	20.1	78.2	21.8	/	/	77.4	22.6	/	/
法国	91.4	8.6	91.8	8.2	91.9	8.1	92.1	7.9	90.6	9.4	92.1	7.9	90.4	9.6	91.2	8.8
德国	77.8	22.2	78.3	21.7	77.9	22.1	81.1	18.9	92.0	8.0	83.3	16.7	82.6	17.4	82.3	17.7
日本	/	/	75.2	24.8	75.6	24.4	75.2	24.8	90.7	9.3	74.5	25.5	74.1	25.9	74.2	25.8
韩国	/	/	57.4	42.6	58.7	41.3	59.2	40.8	75.0	25.0	58.3	41.7	60.0	40.0	60.5	39.5
瑞典	/	/	97.3	2.7	97.0	3.0	97.0	3.0	87.8	12.2	96.7	3.3	97.1	2.9	97.0	3.0
英国	91.5	8.5	91.4	8.6	83.7	16.3	85.2	14.8	96.8	3.2	84.4	15.6	84.0	16.0	83.9	16.1
美国	/	/	75.0	25.0	75.0	25.0	68.2	31.8	84.7	15.3	73.8	26.2	72.3	27.7	68.4	31.6

资料来源：根据 OECD：*Education at glance*，2001—2007 数据整理而成。

表 8-2 1999—2004 OECD 有关国家各级政府对初等和中等教育经费支出情况表

（单位：%）

年份 经费构成 国家	1999			2000			2001			2002			2003			2004		
	中央、联邦政府	省、州、邦政府	市、镇、学区	中央、联邦政府	省、州、邦政府	市、镇、学区	中央、联邦政府	省、州、邦政府	市、镇、学区	中央、联邦政府	省、州、邦政府	市、镇、学区	中央、联邦政府	省、州、邦政府	市、镇、学区	中央、联邦政府	省、州、邦政府	市、镇、学区
澳大利亚	18.4	81.6	/	18.9	81.1	/	20.2	79.8	/	20.0	80.0	/	20.2	79.8	/	21.5	78.5	/
加拿大	3.4	8.9	87.7	3.3	9.7	87.1	3.3	9.6	87.0	/	/	/	2.8	9.5	87.7	/	/	/
法国	73.2	12.7	14.1	73.1	12.7	14.2	73.4	12.6	14.1	73.2	12.5	14.3	73.9	14.2	11.8	73.1	15.0	11.9
德国	6.9	71.8	21.3	7.1	71.2	21.7	7.4	70.6	22.0	9.3	69.2	21.5	10.1	69.0	20.9	8.9	70.3	20.8
日本	0.5	81.1	18.4	0.8	81.1	18.2	0.7	80.8	18.5	0.8	80.8	18.4	0.7	80.9	18.4	0.8	81.3	18.0
韩国	0.6	99.3	0.1	23.9	/	76.1	23.4	/	76.6	3.9	37.9	58.2	0.9	30.4	69.4	0.9	26.4	72.7
英国	22.4	/	77.6	23.9	/	76.1	23.4	/	76.6	23.9	/	76.1	25.3	/	74.7	26.7	/	73.3
美国	0.7	0.8	98.5	0.7	0.8	98.5	0.6	0.9	98.6	0.5	0.9	98.6	0.6	0.9	98.5	0.5	0.9	98.5

资料来源：根据 OECD: *Education at glance*，2001—2007 数据整理而成。

(二)中国多渠道筹资制度的建立和发展

一个国家的教育经费筹措体制是同它的经济体制密切相关的，特别是与国民收入的分配格局密切相关。国民收入分配格局主要是指国民收入在居民、企业和政府三者之间分配的比例及其相互关系，即通常所说的三者分配关系。教育经费的筹措过程实际上是教育部门参与国民收入再分配的过程，与国家、企业、集体、劳动者个人的利益直接相关。目前我国的教育经费投入是以国家为负担主体的多层次、多渠道的教育投资。在此，我们可以回顾一下我国教育财政政策的变迁。

1. 1949—1985 年

在 20 世纪 80 年代以前，我国实行的是高度集权的、以公有制为主的计划经济体制，国民收入的大部分集中在国家手中，企业、个人的收入在国民收入总值中所占比重过低。据统计，在 1952—1957 年，全民所有制企业的纯收入中上缴国家财政的部分高达 85％以上，农村集体经济的纯收入除上缴财政 27％以外，还有相当部分作为集体提留部分，个人收入占国民收入的 50％左右。因此，在这样的国民收入分配格局中教育经费只能由国家财政负担，企业和个人无力承担。致使筹划教育经费的渠道基本上是单一的。1978 年党的十一届三中全会以后，在改变计划经济体制建立社会主义市场经济体制中，形成了多种所有制经济成分，多元化的生产经营主体和投资主体，导致了经济利益分配的较大调整，从而使国民收入的分配格局发生了显著变化(参见表 8-3)。

2. 1985—1996 年

改革开放以来，我国政府、企业、居民三者分配关系的总体变化趋势为：20 世纪 80 年代三者比例在年度之间显著波动，进入 20 世纪 90 年代之后，呈相对稳定的态势。具体而言，三者收入分配关系的演变经历了以下三个阶段(见表 8-3)：

第一阶段：改革初期至 1988 年，政府和企业可支配收入占国民可支配总收入的比重持续下降，居民可支配收入所占比重持续上升，宏观收入分配主要向居民倾斜的阶段。

第二阶段：1990—1994 年，政府收入比重下降幅度明显减小，而企业收入比重稳步上升，宏观收入分配过快向居民倾斜的状况得到一定矫正。

表 8-3　我国政府、企业、居民占国民可支配收入比例　　（单位:％）

年份	政府	企业	居民
1980	28.2	9.8	62
1985	25.4	7.7	66.9
1990	21.5	9.1	69.4
1995	16.5	16.7	66.8
1996	17.1	13.6	69.3
1997	17.4	14.7	67.9
1998	17.5	14.4	68.1
1999	18.6	14.3	67.1
2000	19.5	15.6	64.9
2001	20.9	15.1	64
2002	20.5	14.9	64.6
2003	20.2	15	64.8

资料来源：国家发展和改革委员会《中国居民收入分配年度报告(2005)》。

第三阶段：1995—2000 年，政府收入比重小幅上升，企业和居民收入比重小幅回落的阶段。在政府收入持续增长的同时，居民收入占比则出现下降。1998—2002 年，居民占可支配总收入的比重由 1992 年的 68.14％下降到 2002 年的 65.18％，累计下降了 2.96 个百分点。

此时，中国教育财政管理体制改革逐步深化，多渠道筹措教育经费是 20 世纪 80 年代以来教育财政改革一项主要内容。我国在解决教育经费投入的思路方面实现了由一元向多元的转变。从中央到地方的各级教育行政部门，开始从穷国办大教育这一国情出发，探索扩大教育经费投入的新途径，并逐步完成了由一元的政府投资，向由国家、社会、学校、集体与个人多元投资的转变。基础教育经费的多渠道筹集制度在 1985 年到 1992 年期间逐渐形成，"这一阶段的实践证明，在发挥国家财政投入主渠道作用的同时，通过多渠道筹措教育经费，是符合我国国情发展的一条成功之路"。[1]

---

① 张保庆：《关于中国教育经费问题的回顾与思考》，见《中国教育年鉴》，北京，人民教育出版社，1999。

我国在这一阶段开辟的主要筹资渠道有：征收教育费附加（1984 年《关于筹措农村学校办学经费的通知》、1986 年《征收教育费附加的暂行规定》）、农村集资办学、政府办非义务教育收费、鼓励学校创收、动员社会资金发展民办教育等。

1992 年以后，"这一时期的重点是进一步健全完善多渠道筹措教育经费……并把这种机制用法律的形式确定下来"①，1995 年颁布的《教育法》和1993 年颁布的《中国教育改革和发展纲要》对此进一步予以明确："国家建立以财政拨款为主、其他多种渠道筹措教育经费为辅的体制。"

为使教育经费的增长有切实的保证，这两个文件还规定了财政性教育经费的增长要求和比例要求：财政性教育经费支出的增长高于财政性经常性收入的增长、按在校生人数平均的教育经费逐步增长，教师工资和生均公用经费逐年有所增长；财政性教育经费占国民生产总值的比例在 2000 年达到 4%，财政用于教育支出的比例，"八五"期间要达到全国平均 15%。

从 1991—2006 年我国教育经费来源和支出情况表（见表 8-4）中我们可以看到，从 1991 年到 1995 年个人承担的学费杂费数额在教育总经费中的比例逐年上升，1991 年为 4.46%，1992 年为 5.06%，1993 年为 8.22%，1994 年为 9.87%，1995 年为 10.71%。此外社会团体和公民个人办学经费，社会捐、集资办学经费在教育总经费中的份额不断提高。我国教育经费的筹措由原来国家财政统一拨款转换为多渠道筹措教育经费。

3. 1996—2000 年

20 世纪 90 年代中期以后，随着市场化的程度提高、范围普及，政府与市场的分工越来越明显，在建立现代企业制度的过程中，要逐步分离企业办的社会职能，企业办的中小学逐步移交地方政府管理。1998 年开始，政府推进了养老、医疗和教育体制改革。此时我们注意一下前面所提到的收入分配关系演变的第三个阶段（1995—2000 年）（见表 8-3），政府收入比重小幅上升，企业收入比重小幅上升，而居民收入比重小幅回落。因而从表8-4 中，可以看出国家财政性教育经费在教育总经费中的比例自 1996 年到

---

① 张保庆：《关于中国教育经费问题的回顾与思考》，见《中国教育年鉴》，北京，人民教育出版社，1999。

2000 年一直处于下降状态，企业的拨款数在教育总经费中的比重也在下降，而个人承担的学费杂费所占比例一直处于上升状态。尽管国家财政性教育经费在教育总经费中的比例自 1996 年到 2000 年一直处于下降状态，但是国家在教育经费的筹措上仍然处于主导地位。

因此，在多渠道筹集经费的制度实行了近 20 年后，教育经费的来源已经由原来的财政拨款、征收用于教育的税（费）、对学生收取的杂费、发展校办产业、支持集资办学和捐资助学、建立教育基金（简称为"财"、"税"、"费"、"产"、"社"、"基"）六条来源渠道筹集资金，变成了主要通过财政拨款、征收用于教育的税费、学生的杂费和社会捐资、集资等来源渠道。

教育经费来源渠道的变化是与市场经济的发展相关的，市场化程度的进展，各利益主体逐渐分化、明确，原来处于中间地带的集体经济性质或者产权不太明晰的经费、单纯依靠财政优惠政策在市场经济初期发展的校办产业等筹集的经费，随着市场经济作用的发挥正在逐步地减少，而市场与政府的分工却日益明确。

4. 2000—2005 年

教育经费特别是基础教育经费多渠道的政策在农村引起的问题尤为明显。在农村，20 世纪 80 年代之后的多渠道筹资政策只是原来计划经济时期二元经济格局下政策思路的延续①。

因为在 20 世纪五六十年代我国就强调"我们的原则是两条腿走路，不是一条腿走路"。在二元经济下农村长期被隔离于工业化之外，农村的公共产品主要在农村范围内独立提供，农村社队的办学以集体办学为主，个人负担少量学杂费，国家财政给予必要的补助。在人民公社时期以集体负担的社队办学，主要通过各级集体经济组织筹集管理费、公积金和公益金的形式供给。另外，还有大量的义务劳动力，教育事业分摊的人力成本主要是新建和维修学校、补助民办教师等。因为大部分公社没有建立起真正意义上的一级财政，所以这部分资金是在政府财政制度之外由农村集体经济承担的经费。在 20 世纪 80 年代人民公社体制撤销之时，乡镇财政正式建

---

① 李祥云：《论义务教育财政转移支付类型与不同政策目标组合》，载《教育与经济》，2002(4)。

立，成为国家财政的组成部分，农民个人与乡镇政府组成了两个相互独立的不同的利益主体，义务教育在农村由集体经济独立提供的制度瓦解。1986年，《中华人民共和国义务教育法》的颁布，将基础教育作为政府的职责纳入财政制度范围内，由乡镇政府等基层政府负责提供农村的义务教育。但同时并没有将农村的义务教育经费纳入全国的财政收支计划中去。由于农业甚至农村经济所形成的财政收入难以满足当地义务教育经费的需要，在正常的财政收入之外，由乡镇政府自行筹资的制度外供给便出现了。

2001年农村税费改革后，农村教育费附加和农民集资项目取消了。但是，由于原来相当一部分经费来源于农村教育费附加，虽然中央和省级政府逐年加大转移支付的力度来缓解巨额经费缺口问题，但农村学校运转仍然还有很多难题无法靠自身的力量去化解，这使农村义务教育陷入了困境。

中央政府决定在2001年对基础教育财政体制进行改革。新体制与原来的体制相比有两个显著的特点：一是中央和省级政府要加大对县级政府的转移支付，以发展农村义务教育；另一个特征是，县级政府是农村义务教育的主要管理者和提供者（以县为主），教师工资直接由县级财政部门发给教师个人，乡镇级政府在教育上的主要作用就是作为县级政府的辅助者。新体制的主要目的在于弥补由于税费改革所带来的财政缺口并确保教师工资按时发放。在一定程度上，新体制的两个目的在过去的五年中已经基本实现了。由于财政缺口和教师工资保障机制，一些县受财政能力的限制不能聘任新的正式教师，导致了大量的临时代课教师存在，他们的工资远低于正式教师。另一个突出的问题是学校的公用经费不足导致了学校运转困难。这些新问题证明新体制仍是建立在一个脆弱的基础之上的。农村义务教育财政的根本问题依然没有得到解决。我国的财政体制一直不是公共财政体制，政府是投资主体而不是公共财政主体，财政作为社会公共事业投资主体的角色长期未能到位。1994年分税制改革、2000年农村税费改革引发了农村义务教育种种问题，例如拖欠教师工资、危房改造、公用经费紧缺、乱收费等，但是，在初期，中央政府在这些方面缺少强有力、直接的财政措施予以干预，是致使农村教育财政体制面临困境的重要原因。

5. 2005年以后

2005年12月24日，国务院颁布了《关于深化农村义务教育经费保障机制改革的通知》，目的在于从 2006 年开始，全部免除西部地区农村义务教育阶段学生学杂费；在 2007 年把这项政策扩展到中部和东部地区。同时，对贫困家庭学生免费提供教科书并补助寄宿生生活费。教育经费保障机制的目的在于确保足额及时地支付教育部门所需费用，像教师工资、学校办公费和其他业务费。

为落实和响应实施免费义务教育的政策，发达地区和非发达地区都在 2005 年落实对农村义务教育阶段贫困学生实行"两免一补"政策，一些地方甚至先行启动实施免费义务教育的日程。至此，国家层面的免费义务教育政策框架和区域政策基本形成。[①]

表 8-4 1991—2006 年我国教育经费来源和支出情况   （单位：亿元）

年份	合计	国家财政性教育经费			社会团体和公民个人办学经费	社会捐资和集资办学经费		学费和杂费		其他教育经费
			占教育总经费比例（%）	预算内教育经费			占教育总经费比例（%）		占教育总经费比例（%）	
1991	731.5	617.83	84.46	459.7		62.8	8.5	32.3	4.42	18.5
1992	867.0	728.8	84.06	538.7		69.6	8.03	43.9	5.06	24.7
1993	1059.9	867.8	81.88	644.4	3.3	70.2	6.62	87.1	8.22	31.5
1994	1488.8	1174.7	78.90	884.0	10.8	97.4	6.54	146.9	9.87	58.9
1995	1878.0	1411.5	75.16	1028.4	20.4	162.8	8.67	201.2	10.71	82.0
1996	2262.3	1671.7	73.89	1211.9	26.2	188.4	8.33	261.0	11.54	115.0
1997	2531.7	1862.5	73.57	1357.7	30.2	170.7	6.74	326.1	12.88	142.3
1998	2949.1	2032.5	68.92	1565.6	48.0	141.9	4.81	369.7	12.54	357.0
1999	3349.0	2287.2	68.30	1815.8	62.9	125.9	3.76	463.6	13.84	409.5
2000	3849.1	2562.6	66.58	2085.7	85.9	114.0	2.96	594.8	15.45	491.8
2001	4637.7	3057.0	65.92	2582.4	128.1	112.9	2.43	745.6	16.08	594.1

① 国家教育发展研究中心：《中国教育绿皮书——中国教育政策年度分析报告》，北京，教育科学出版社，2006。

年份	国家财政性教育经费 合计		占教育总经费比例（％）	预算内教育经费	社会团体和公民个人办学经费	社会捐资和集资办学经费	占教育总经费比例（％）	学费和杂费	占教育总经费比例（％）	其他教育经费
2002	5480.0	3491.4	63.71	3114.2	172.6	127.3	2.32	922.8	16.84	766.0
2003	6208.3	3850.6	62.02	3453.9	259.0	104.6	1.68	1121.5	18.06	872.5
2004	7242.6	4465.9	61.66	4027.8	347.9	93.4	1.29	1346.6	18.59	988.9
2005	8418.8	5161.1	61.30	4665.7	452.2	93.2	1.11	1553.1	18.45	1159.3
2006	9815.3	6348.4	64.68	5795.6	549.1	89.9	0.92	2407.3	24.53	1552.3

资料来源：《中国统计摘要（2008）》。

（二）中国各级政府教育财政对教育经费的负担情况（见表 8-5，表 8-6）

我国教育经费的筹措体制是以财政拨款为主、其他多种渠道筹措教育经费为辅的体制。从世界范围来看，教育经费的政府支出部分世界各国通常由中央政府和地方政府共同负担。教育经费的负担上，高等教育和义务教育的负担又有所不同。

1. 中国各级政府教育财政对义务教育经费的负担

由于教育行政体制的不同，各国中央政府和地方政府的分担比例有所不同（见表 8-2）。

在我国，伴随经济体制的转换，20 世纪 80 年代以前的主要来自国家政府拨款的高度集中的教育投入体制也经历了一场改革。义务教育财政投资体制变革大致经历了四个阶段。

（1）1949—1986 年

1986 年以前，在中央集中统一的财政管理体制下，教育经费都是由中央财政负责，或者由中央财政在各地方政府逐级上报的经费预算的基础上，进行统一调整和平衡，统一列入国家预算，统一拨款；或者由中央按地方需要切块单列，下拨给地方，再由地方财政根据实际情况安排。在农村基本上由集体经济负担。

(2)1986—2001 年

这一阶段义务教育财政投资体制为地方各级政府分级负责，"以乡镇为主"。

1985 年《中共中央关于教育体制改革的决定》确立"基础教育地方负责、分级管理的原则"。1986 年颁布的《义务教育法》规定"义务教育事业，在国务院领导下，实行地方负责，分级管理"。"实施义务教育所需事业费和基本建设投资，由国务院及地方各级人民政府负责筹措，予以保证。"使各级政府义务教育管理职责与权限划分得更为明确，地方政府成为筹措义务教育经费的主要责任者，农村义务教育则基本形成了县、乡、村三级办学，县、乡两级管理的格局，财政性教育经费主要由县、乡财政承担。

在"地方负责、分级办学、分级管理"的义务教育管理体制下，县、乡政府对保证义务教育投入起到了关键性的作用。1994 年分税制在财政收入分配中扩大了中央政府的收入，却没有对支出结构进行相应的调整。其结果是，中央政府的财政状况越来越好，而地方政府尤其是贫困地区县级财政能力进一步弱化，由于乡镇财政收入项目有限，大部分乡镇难以保证义务教育经费投入，拖欠教师工资现象十分严重，严重阻碍了义务教育的发展，更严重地违背了教育公平原则，义务教育地区性差异不断加大。

(3)2001—2005 年

这一阶段义务教育财政投资体制为地方各级政府分级负责，"以县为主"。

2001 年，国务院发布了《关于基础教育改革和发展的决定》，农村义务教育实行"在国务院领导下，由地方政府负责、分级管理、'以县为主'的体制"。

2003 年国务院常务会议通过了《关于进一步加强农村教育工作的决定》，提出要进一步落实各级政府对农村义务教育的"共同责任"，"当前，关键是各级政府要进一步加大投入，共同保障农村义务教育的基本需求。落实'在国务院领导下，由地方政府负责、分级管理、以县为主'的农村义务教育管理体制，县级政府要切实担负起对本地教育发展规划、经费安排使用、校长和教师人事等方面进行统筹管理的责任。中央、省和地(市)级政府要通过增加转移支付，增强财政滚南县义务教育经费的保障能力。特别是省级政府要切实均衡本行政区域内各县财力，逐县核定并加大对财政困难县的转移支付力度"。

到 2005 年，"以县为主"的义务教育财政投资机制基本建立。

(4)2005 年之后

"以县为主"的管理体制，由于国家未对中央、省、市和县级政府的具体投入责任进行划分，只是模糊地表明通过转移支付来支持困难地区，客观上出现了由县级政府负担财政、乡镇不再投入，而省市也不负责到底的局面。在需求和供给严重不平衡的情况下，普遍的情况是很多学校靠中央或上级转移支付才能支付教师工资，缺乏运营经费，有些县、乡只好举债来维持教育系统的运行。[1]

2006 年 9 月 1 日开始实行的修订后的《义务教育法》将教育经费保障机制纳入到国家法律体系中。条文中明确规定将义务教育全面纳入国家财政保障范围，经费投入实行国务院和地方各级人民政府根据职责共同负担，省、自治区、直辖市人民政府负责统筹落实的体制。加强了中央政府和省级政府在负担义务教育经费中的责任，明确了义务教育经费由各级政府分担的方式。这为义务教育财政体制确立了新的制度框架。

2. 中国各级政府教育财政对高等教育经费的负担

各国高等教育一般由政府和学生共同负担，包括中央和地方政府共同提供。20 世纪的美国，各级政府对高等教育经费的提供比例也有一定变化。20 世纪 40 年代以前，联邦政府对高等教育投入的比例比较低。1920 年，联邦政府、州政府和地方政府对高等教育投入的比例是 6.4：30.9：0。20 世纪 50 年代以后，联邦对高等教育的支出比例增大，而后又有一定回落。1995 年，三级政府的高等教育支出比例为 12.3：23.45：2.7。[2]

新中国成立以来，随着国家财政管理体制和高等教育管理体制的发展

① 国家教育发展研究中心：《中国教育绿皮书——中国教育政策年度分析报告》，北京，教育科学出版社，2006。

② 廖楚晖：《教育财政学》，101 页，北京，中国财政经济出版社，2006。

变化，高等教育财政体制也发生了多次变化。①

（1）中央统一财政和分级管理。1949—1979 年，在计划经济体制框架下中国实行中央统一的财政体制，在具体的管理方法上按中央规定的财政系统执行分级管理的财政制度。在这种财政体制下，全国各类高校的经费开支都按其行政隶属关系"纵"向划分；高等教育实行"条块结合"的管理办法，各中央部委与各省（直辖市、自治区）制定自己的高等教育发展计划与经费预算，上报中央平衡、审批。进一步按整个教育财政管理体制的变化细分为：

——"统一列支"阶段。新中国成立之初实行"统一列支"的财政管理体制，即对教育经费采取统包的办法，按中央、大行政区和省市三级财政管理，实行"统一列支"。高等学校的办学经费根据其管理关系由中央财政和地方财政分别安排。

——"统一领导、分级管理"阶段。1953—1957 年第一个五年计划期间，实行"统一领导、分级管理"的财政管理体制。全国财政划分为中央、省（市）和县三级财政管理，各级教育行政机构根据中央规定的财政系统，严格执行三级财政制度。教育经费列入国家预算实行统一领导，地方根据需要上报并最终由中央政府统一调整和平衡。

——"条块结合、以块为主"阶段。1958—1966 年，实行"条块结合、以块为主"的财政管理体制。各级人民政府财政部门在编制经费概算和核定下级教育经费预算时，应与同级教育行政部门协商拟定，提请同级人民委员会审定；各级人民政府在下达经费预算指标或批准下级教育经费预算时，应将教育经费单列一款。

——"财政单列、戴帽下达"阶段。1966—1971 年的财政管理比较混乱。1972—1979 年实行"财政单列、戴帽下达"的财政管理体制，即教育经费单独列出、上级部门将指标下达给下级部门。高等教育经费由中央财政统一按计划戴帽下达。

（2）分级财政和分级管理。1980 年，我国的财政管理体制发生了重大

---

① 国家教育发展研究中心高等教育研究室：《高等教育财政拨款模式改革研究》，《北京教育（高教）》，2006(5)。

变化，开始实行"划分收支，分级包干"的"分灶吃饭"体制，即将中央统一的财政体制改为中央和地方分级负责。中央不再统一高等教育财政，除中央高校的经费仍由中央政府负责外，各省市地方高校所需经费由各省市省级政府负责。

——"财政切块、分级负责"阶段。高等学校的教育事业经费由中央和地方两级财政各自切块安排、分级负责。1985 年《中共中央关于教育体制改革的决定》提出："在今后一定时期内，中央和地方政府的教育拨款的增长，要高于财政经常性收入的增长。"该规定体现了国家对教育经费优先安排的原则。

——"分税制"阶段。从 1994 年起，国家开始实行分税制，并按事权与财权统一原则划分中央和地方收入，按中央和地方的事权划分各级财政的支出。分税制进一步明确了各级政府在教育投资方面的责任及其财源，也进一步调动了各级政府增加教育投入的积极性。

表 8-5　1990—1993 年中国财政对教育拨款的中央和地方财政分担比

(单位：%)

年份 项目	1990	1991	1992	1993
国家合计	100	100	100	100
中央本级财政	13.77	12.97	13.23	12.80
地方本级财政	86.23	87.03	86.77	87.20

资料来源：根据国家教委财务司《中国教育经费年度统计》(1990—1993)数据整理而得。

表 8-6　中国财政对教育拨款的中央和地方财政分担情况　(单位：亿元)

	2003 年	比例	2004 年	比例	2005 年	比例	2006 年	比例
预算内教育经费	3453.86	100	4027.82	100	4665.69	100	5795.61	100
中央本级财政	240.20	6.95	299.45	7.43	349.85	7.50	538.33	9.29
地方本级财政	3213.66	93.05	3728.37	92.57	4315.84	92.50	5257.28	90.71

资料来源：根据中国教育部财务司《中国教育经费年度统计》(2003—2006)数据整理而得。

二、教育经费的分配

教育经费的分配包括国民经济向教育部门的经费分配和教育部门内的教育经费分配及支出。

(一)在国民经济中的教育经费支出

国民经济向教育部门分配的经费总量，我们也称为教育投资总量，一般是指国家在一定时期内(通常以年计算)用于发展教育事业的资金总额。它反映了教育在一个国家经济发展中的地位、国家教育投资的实际状况及国家教育事业发展的程度。考察教育投资量的增长，一般以世界各国的教育投资量为参照系，以教育经费在国民生产总值、国民收入、国家财政支出中分别所占的比例，年度人均教育费及在校生年人均教育经费为指标。

1. 教育经费在国民生产总值、国家财政支出中分别所占的比例

以世界为参照系，仅仅是一种趋势性的参照。这是因为各国教育经费所包括的范围并不完全相同。例如，美国的教育经费通常是指联邦、州、地方的初等、中等、高等教育经费的总额；法国通常是指教育部及大学部的决算总额。因此，进行各国间的教育经费增长情况的比较，严格地讲是比较困难的。

世界各国教育经费增长的一般趋势为：

(1)随着经济的发展，教育经费在国民生产总值中所占的比例不断上升。

(2)教育经费增长率高于经济增长率，即教育投资超前于国民经济的增长。

(3)教育投资超前增长的速度是有一定限度的，就是说超前的幅度不是一直递增的，当经济达到较高水平时，教育投资的比例也趋于稳定。

对我国的教育投资状况，普遍认为，新中国成立后的"第一个五年计划"时期，教育发展与经济建设的关系处理得比较好，经济获得了较快的增长，教育也得到较大的发展。

"第二个五年计划"时期及以后的一段时期里，由于对教育重视不够等原因，教育经费在国民经济中的分配比例是偏低的，据统计，党的十一届三中全会之前的 30 年里，教育事业费占国家财政总支出的比例一直徘徊在

4％～7％，从没有超过 8％，这与教育事业的发展需要是极不适应的。

党的十一届三中全会以后，由于党和国家对教育事业的重视，教育经费的绝对投入有了明显增长，但国家财政性教育经费在国民生产总值中所占的比例基本上没有变(见表 8-7)。从表中我们可以看到国家财政性教育经费在国民生产总值中所占的比例 1980 年为 2.49％，1986 年为 2.99％，1991 年为 2.83％，1996 年为 2.38％，2001 年为 2.83％，2006 年为 2.98％。1990—1998 年，我国财政性教育支出占国内生产总值中的比例甚至有逐年下滑的趋势，1998 年后有所回升。与世界其他国家相比，以上指标仅达到发达国家的一半甚至不足一半，与发展中国家比，尚未达到 1980 年平均水平 4％，更与 1991 年世界平均 5.1％和发展中国家平均 4.1％的水平相差甚远。

根据世界银行《世界发展指标》(2002)以及《国际统计年鉴》(2002)相关数据表明，在世界银行统计的 43 个国家和地区(包括发达国家和发展中国家)中，中国财政支出的教育经费总量在 GDP 中所占的比重是极低的，处于倒数位置。1995 年颁布的《教育法》和 1993 年颁布的《中国教育改革和发展纲要》两个文件中所规定的"财政性教育经费占国民生产总值的比例在 2000 年达到 4％"这一规定直到 2012 年才实现。但 4％的投入指标是世界衡量教育水平的基础线。

预算内财政性教育经费在各财政性支出额中所占的比例 1996—2000 年间也表现出下降的趋势(见表 8-8)。这反映出了我国教育投入水平还滞后于经济增长的速度①。而 2000 年后成波动状态，维持在 14％以上，直到 2006 年才达到 15％。

表 8-7　1980—2009 年教育经费增长情况

年份	教育总经费支出(亿元)	国家财政性教育经费支出(亿元)	国民生产总值 GNP(亿元)	财政性教育经费支出占 GNP 比重(％)
1980		113.19	4545.6	2.49
1986	346.28	307.12	10274.4	2.99
1988	450.78	394.06	15036.8	2.62

---

① 谈松华：《我国基础教育资源配置的若干趋势》，载《中国教育学刊》，1997(4)。

续表

年份	教育总经费支出(亿元)	国家财政性教育经费支出(亿元)	国民生产总值GNP(亿元)	财政性教育经费支出占GNP比重(%)
1991	731.5	617.83	21826.2	2.83
1992	867.0	728.8	26937.3	2.71
1993	1059.9	867.8	35260.0	2.46
1994	1488.8	1174.7	48108.5	2.44
1995	1878.0	1411.5	59810.5	2.36
1996	2262.3	1671.7	70142.5	2.38
1997	2531.7	1862.5	78060.8	2.39
1998	2949.1	2032.5	83024.3	2.45
1999	3349.0	2287.2	88479.2	2.59
2000	3849.1	2562.6	98000.5	2.61
2001	4637.7	3057.0	108068.2	2.83
2002	5480.0	3491.4	119095.7	2.93
2003	6208.3	3850.6	135174.0	2.85
2004	7242.6	4465.9	159586.7	2.80
2005	8418.8	5161.1	184088.6	2.80
2006	9815.3	6348.4	213131.7	2.98
2007	12148.07	8280.2	257306.6	3.2
2008	14500.74	10449.6	300630.0	3.5
2009	16502.71	12231	340507	3.59

说明：1980年财政性教育经费支出仅指财政预算内教育支出。国家财政性教育经费指《中国教育改革与发展纲要》中规定的，包括财政预算内教育拨款、各级政府征收用于教育的税费、企业举办中小学经费、校办产业收入的免税部分。

资料来源：根据《中国统计摘要(2008)》及《中国统计年鉴》中相关数据整理而成。

表8-8 中国预算内财政性教育经费占财政支出的比例 （单位：%）

年份	1996	1997	1998	1999	2000	2001	2002	2003	2004	2005	2006	2007	2008	2009
比例	16.23	15.67	15.36	14.49	13.80	14.31	14.79	14.68	14.90	14.58	15.18	15.4	16.32	15.69

资料来源：国家统计局《中国统计年鉴》(相应年份)。

为了实现教育事业的发展，我们必须结合实际情况，保证教育经费来源的稳定。其中，特别强调要提高各级政府对教育投入指标的认识，增强财政吸收能力，发挥好国家财政拨款的主渠道作用，全力落实 2006 年《义务教育法》所规定的财政预算中义务教育经费单列，实现《中国教育改革和发展纲要》中提出的"逐步提高国家财政性教育经费支出占国民生产总值的比例"，及《教育法》规定的"全国各级财政支出总额中教育经费所占比例应当随国民经济的发展逐步提高"的目标。

2. 年度人均教育费及在校生年人均教育经费指标

年度人均教育经费与在校生年人均教育经费的支出，是衡量国民经济向教育部门的经费分配的一个更具有实质性的指标。

1995 年的《教育法》作了财政性教育经费的增长要求和比例要求：财政性教育经费支出的增长高于财政性经常性收入的增长，按在校生人数平均的教育经费逐步增长，教师工资和生均公用经费逐年有所增长。

根据《中国统计年鉴》，新中国成立以来，我国人均教育经费呈上升趋势。但与世界各国相比人均教育经费仍然不高。1952 年为 2 元（人民币，以下同），1957 年为 3.49 元，1962 年为 3.72 元，1965 年为 4.6 元，1976 年为 5.8 元，1980 年为 10.96 元，1985 年为 21.61 元。1985 年与 1952 年人均教育费相比，增长了 9.8 倍。但与世界各国相比仍为全世界 14 个人均教育经费不足五美元的国家之一。1985 年的有关统计，在全世界 151 个国家和地区中，按人均教育费排列，中国居倒数第三位。[①]

根据中国国家统计局颁布的历年《国民经济和社会发展的统计公报》以及历年《全国教育经费执行情况统计公告》(1993—2002)中的数据计算得出：1993 年人均教育经费总支出 89.43 元，1994 年人均教育经费总支出 124.22 元，1995 年人均教育经费总支出 155.05 元，1996 年人均教育经费总支出 184.85 元，1997 年人均教育经费总支出 204.79 元，1998 年人均教育经费总支出 236.28 元，1999 年人均教育经费总支出 265.99 元，2000 年人均教育经费总支出 304.08 元，2001 年人均教育经费总支出 363.38 元，2002 年人均教育经费总支出 424.06 元。由此可以看出，我国人均教育经费总支出

---

① 郭福昌等：《中国教育改革发展简论》，281 页，北京，教育科学出版社，1993。

在不断增长中。

生均教育经费是反映教育资源供给的总量是否短缺的重要指标，是指教育财政经费平均到每一位学生的值。[1] 以 1998 年为例，中国人均公共教育经费 167 元(折合 20.2 美元)，生均公共教育经费为 945 元(折合 114.4美元)，远低于世界平均水平(1995 年人均年 241 美元，生均 1273 美元)。[2]这就使得教育经费的供给难以满足教育规模的需要，阻碍了教育事业的进一步发展。

提高我国教育投资水平是增加教育供给，满足社会教育需求，改善办学物质条件，提高教育需求，提高教育质量，改善教师工资待遇，稳定教师队伍，深化教育体制改革，推动整个教育事业进一步发展所亟待解决的一个重大问题。

(二)教育部门内的教育经费及支出构成

在国民经济向教育部门分配了教育经费之后，教育经费在教育部门内部还有一个再分配的问题，即把这些经费分配给各项教育事业、各级各类学校。教育经费再分配的支出构成，要有个科学比例，不能任意支配，这是有限的教育经费得到有效合理使用的保证。

教育经费在教育系统内如何分配即支出构成的情况，可以从以下几个方面来考察：

1. 对各级各类教育机关的经费支出

就教育系统内部来讲，各级各类教育的发展应该是有计划按比例发展的，这是教育的内外规律所决定的。教育经费在各级各类教育中的分配，反映了教育事业内部各级教育发展的比例关系。[3]

世界银行和联合国教科文组织的有关资料表明，各国教育经费在各级教育中的分配情况是随着本国社会和经济的发展而变化的。在经济和教育发展的初级阶段，教育投资的重点是初等教育，随着经济和社会的发展，教育结构发生变化，初等教育得到普及，中等和高等教育的投资比例逐步

① 廖楚晖：《教育财政学》，154 页，北京，中国财政经济出版社，2006。

② 联合国教科文组织：《1998 年世界教育报告》，41 页，北京，中国翻译出版公司，1999。

③ 郭福昌等：《中国教育改革发展简论》，285 页，北京，教育科学出版社，1993。

提高，随着国民生产总值的提高，三级教育投资比例间的差距逐步缩小。

从表 8-9 可以看出，我国 20 世纪 70 年代末期，教育经费的内部分配即对各级各类教育的分配（主要是初、中、高三级教育）与发达国家的分配基本是类似的。这反映了我国把缩小同发达国家的距离作为最主要的社会发展目标，并注重这一发展目标对教育的要求。工业化、现代化需要低、中、高各级各类人才，仅有某一级人才是不能满足社会需要的，必须同时培养各级各类人才。但是与世界发达国家相比，第二次世界大战之前，多数发达国家的初等教育基本上获得了普及，中等教育也得到了相当水平的发展，高等教育经过 20 世纪六七十年代，开始向普及化与大众化发展。从经费上说，他们投资的重点是高等教育。而我国同多数发展中国家相似，即随着第二次世界大战之后的新兴国家，新生国家面临着非常艰巨的教育发展任务，也就是说初等教育、中等教育和高等教育都非常落后。加之，我国人口众多，使得我国初等和中等教育的规模大于发达国家。又由于新中国面临的社会、经济建设的需要，教育发展不能循着发达国家经过一两个世纪才走完的发展过程。因此，在各级各类教育经费的分配中，我国初等和中等教育相应要求有比世界发达国家平均教育经费分配比例较大的份额。从这个角度上说，我国教育经费的内部分配，在高等与普教的经费分配上，存在着不尽合理的问题。

表 8-9　20 世纪 70 年代五国政府教育事业费对各级各类教育的支出（单位：%）

国别	年份	经费总额	学前教育	初等教育	中等教育	高等教育	其他
英国	1978	100	0.38	27	40.9	20.8	11
法国	1979	100	6	17.4	51.9	13.6	11
日本	1979	100	1.3	38.6	34.5	11.0	14
西德	1979	100	2.4	17.6	53.9	15.5	10
中国	1978	100		27.02	33.22	17.08	15.75

自 1978 年改革开放以来，我国国民经济持续发展，科技、文化、卫生、体育以及其他各项事业也获得了新发展。这促进了各级各类教育特别是基础教育的发展。基础教育经费投入长期处在低水平的状况，在近三十

年中有了一定程度的改变。实际上，这与 21 世纪基本普及九年制义务教育的目标是极不相称的。这反映出我们在认识上对基础教育的作用把握不到位。正如希腊的乔治·萨恰罗普洛斯在他写的《发展中国家的教育财政》中指出的那样："有证据表明，从教育对收入和生产力的影响效果来看，在许多国家中，小学教育的收益率是高等教育收益率的两倍，但这些国家的政府都以牺牲小学的代价来重点资助高等教育。"①

目前世界各国教育财政支出所占比例最大的部分是基础教育部分，探讨和研究最多的问题也是政府对基础教育支出的比重问题。从世界不发达地区教育财政支出层次结构变化以及目前各国普遍状况来看，政府将大部分的公共教育资源用于基础教育基本上是可以肯定的（见表 8-10），这也是与基础教育产品公共属性的政府配置的要求相一致的。

在本节的第一部分中，我们提到过自 20 世纪 80 年代中期开始。我国政府逐渐将义务教育财政、基础教育财政责任下放到地方政府，同时中央政府也开始对各地区的义务教育提供教育补助。但是预算外资金还未正式纳入预算管理之中，在义务教育经费总量中。政府预算内拨款所占的比重从 2000 年开始始终维持在 60%～70%（见表 8-9），其余部分的经费通过捐款、集资、摊派、教育费附加和学杂费等形式由居民、企业和学生负担。相比之下，对于非义务教育的高等教育，2003 年中国高等教育人均预算内教育经费约为 8330.62 元，而小学人均国家拨付经费只有 887.63 元左右，与世界水平相比，教育财政支出过于偏重高等教育而忽视中小学教育。②2006 年全国普通小学生均预算内事业费支出为 1633.51 元，全国普通初中生均预算内事业费支出为 1896.56 元，全国普通高等学校生均预算内事业费支出为 5868.53 元，可以看出我国教育经费总量不足的情况下高等教育过于偏重的失衡问题有所改善，但是义务教育投资仍然需要加大。③

---

① 谈松华：《我国基础教育资源配置的若干趋势》，载《中国教育学刊》，1999(4)。
② 数据来源：根据《中国教育统计年鉴(2004)》相关数据整理。
③ 数据来源：教育部《2006 年全国教育经费执行情况统计公告》。

表8-10　1998—2000年世界各地区教育财政支出层次结构表　（单位:%）

教育财政支出层次结构 地区	初等教育	中等教育	高等教育
亚洲	38.90	34.55	19.59
非洲	43.34	30.24	17.65
大洋洲	43.25	41.60	14.25
欧洲	28.66	47.81	19.64
拉丁美洲	48.69	35.46	13.33
世界平均	40.57	37.93	16.89

资料来源：Human Development Report 2003，Column9：*UNESCO Institute for Statistics*（*United Nations Education，Scientific and Cultural Organization*）。

表8-11　我国部分年份财政预算内教育经费学校分类统计

年份	预算内教育经费（亿元）	高等学校（亿元）	占预算内经费比例（%）	中等专业学校（亿元）	中学（亿元）	占预算内经费比例（%）	小学（亿元）	占预算内经费比例（%）
1991	388.7	82.9	21.3	11.5	110.8	28.3	134.8	34.67
1995	1028.4	213.5	20.76	87.4	280.2	27.2	334.9	32.5
1996	1211.91	247.85	20.45	99.05	337.55	27.85	397.88	32.83
1997	1357.73	284.57	20.96	105.82	377.89	27.83	446.80	32.91
1998	1565.59	355.17	22.69	111.48	426.85	27.26	510.96	32.64
2001	2582.38	632.29	24.48	129.15	720.59	27.90	856.09	33.15
2002	3114.24	754.89	24.24	127.38	900.34	28.91	1047.32	33.63
2003	3453.86	838.90	24.29	130.41	1022.55	29.61	1156.68	33.49
2004	4027.82	965.83	23.98	131.44	1212.06	30.09	1352.59	33.58

资料来源：由相应年份《中国教育统计年鉴》数据整理而成。

2. 教育事业费与基本建设经费支出构成

这是在教育系统内教育经费以其使用项目或使用范围上来划分的支出构成。

教育基本建设经费，有些国家称为教育资本费用。这项经费属于国家基本建设项目。其主要开支项目为：占用土地的征购费用，校舍、校园的

216

新建、扩建工程及大型维修的费用，教学设备中价值在 2 万元以上的固定资产的购置。在我国属于国家财政预算支出项目，由财政部门和教育部门通过银行拨款。

详细的分款科目有：高等学校经费；科学研究经费；留学生经费；职业教育经费；中学经费；小学经费；幼儿教育经费；高等业余教育经费；普通业余教育经费；教师进修及干部培训经费；民办教师教育经费；其他教育事业经费。

党的十一届三中全会以来，我国教育事业费与基本建设经费都在逐年增加。1976—1981 年国家财政收入只增加了 29.8%，平均每年递增 5.3%，而同期教育事业费增长了 120.7%，平均每年递增 15.2%。1988—2004 年，从教育事业费占国家预算内教育支出的比例看（见表 8-12）1988—1991 年基本上呈上升趋势，1992—2004 年间比例突然有所下降，而后逐渐回升。教育基本建设投资总量也有增长，1988 年国家预算内教育基本建设投资达26.50 亿元，是 1978 年的 5.63 亿元的 4.7 倍，此后教育基建投资绝对数量上一直处于增长状态。

表 8-12 国家财政用于教育的支出

| 年份 | 合计 | 预算内教育支出 | | | | | | | 农村教育费附加 |
		小计	教育事业费	占预算内教育支出的比例（%）	教育基建投资	占预算内教育支出的比例（%）	各部门事业费中用于教育的投资	城市教育费附加支出	支援不发达地区资金用于教育的支出	
1988	356.66	328.26	278.72	84.91	26.50	8.07	21.85		1.19	28.40
1989	412.39	375.39	316.16	84.22	33.47	8.92	24.55		1.21	37.00
1990	462.45	410.35	352.55	85.91	29.63	7.22	26.99		1.18	52.10
1991	532.39	485.39	410.40	84.55	43.24	8.91	30.26		1.49	47.00
1992	621.71	566.71	452.52	79.85	48.97	8.64	37.22	26.70	1.30	55.00
1993	754.90	691.58	558.21	80.72	53.35	7.71	39.55	39.46	1.01	63.32
1994	1018.78	939.15	772.78	82.29	55.22	5.88	54.57	55.56	1.02	79.63
1995	1196.65	1083.76	891.50	82.26	58.00	5.35	58.81	74.20	1.25	112.89

217

续表

年份	合计	预算内教育支出								农村教育费附加
		小计	教育事业费	占预算内教育支出的比例(%)	教育基建投资	占预算内教育支出的比例(%)	各部门事业费中用于教育的投资	城市教育费附加支出	支援不发达地区资金用于教育的支出	
1996	1415.71	1268.30	1038.37	81.87	62.00	4.89	76.15	90.45	1.33	147.41
1997	1545.82	1398.41	1145.03	81.88	72.97	5.22	79.48	97.57	3.36	147.41
1998	1726.30	1561.28	1338.06	85.70	103.40	6.62	12.00	102.63	5.19	165.02
1999	1927.32	1764.86	1522.61	86.27	115.73	6.56	8.33	111.57	6.62	162.46
2000	2179.52	2027.55	1764.64	87.03	114.47	5.65	9.98	130.63	7.83	151.97
2001	2636.84	2503.90	2208.13	88.19	129.20	5.16	11.00	146.57	9.00	132.94
2002	3105.99	2980.99	2644.98	88.73	140.00	4.70	12.00	173.01	11.00	125.00
2003	3351.32	3323.49	2937.34	88.38	150.63	4.53	18.56	202.92	14.04	27.83
2004	3851.10	3851.10	3365.94	87.40	187.25	4.86	33.02	258.90	5.99	

注：1. 从1998年起各部门事业费中用于教育的支出减少较多，是因为各部门事业
费中的此项支出大部分改列在教育事业费中。

2. 从2003年起因农村税费改革，农村教育费附加支出减少较多。

资料来源：根据《中国财政统计年鉴(2005)》数据整理。

但上述两项经费在预算内教育支出中所占比例仍存在着问题，从表8-12中我们可以看到，教育事业费所占的比重非常之大，而基本建设经费所占比例过小，基本上保持在10%～18%。教育基建投资自1991年开始呈逐渐下降的一个趋势。相对而言，财政预算内支出中越来越少的部分被用于教育的基本建设，包括新建和改建校舍，购置新的教学设备、教学仪器和图书资料等。这就类似于财政支出的总体发展趋势：用于消费的越来越多，用于建设的越来越少。根据美国的相关资料，1996年美国公立中小学教育经费的结构为：工资部分占58.2%，公用和基建占到41.8%[1]。我

———————

① 资料来源：《美国统计摘要(1996)》，168页。

国预算内教育经费使用的这种比例和趋势是否合理，还有待于进一步分析。

我国自 1995 年开始，为改善基础教育的办学条件，设置了专项资金。中央本级财政用于基础教育的专项资金状况如表 8-13。

表 8-13　中央本级财政用于基础教育的专项资金状况

名　称	年　份	中央财政投入（包括国债）	内　容
国家贫困地区义务教育工程	1995—2000	39 亿元	改善办学条件，包括解决农村小学、初中的危房问题，新建校舍，按照国家规定的标准，配备教学仪器和图书资料及课桌凳，培训教师和校长等
	2001—2005	50 亿元	增加了免费为家庭经济困难的学生发放教科书以及在贫困地区实施信息技术教育等新的内容
中小学危房改造工程	2001—2003	30 亿元	基本消除现存的中小学危房
	2003—2005	60 亿元	
免费教科书专项经费	2001—2004	18.7 亿元	对农村义务教育阶段家庭经济困难的学生免费提供教科书
	2005	27.8 亿元	
农村寄宿制学校建设工程	2004—2007	100 亿元	西部农村地区以初中为主的寄宿制学校
农村中小学现代远程教育工程	2003—2007	90 亿元	西部农村地区中小学

资料来源：国家教育发展研究中心《中国教育绿皮书(2006)》。

在这里还需要指出的是，在高等教育和中、初等教育各自的年教育基建经费总额中，国家投资的数量，高等教育远远高于中、初等教育。根据我国部分年份教育基本建设投资完成情况表（见表 8-14）。我国基础教育国家预算内资金在总预算内资金的比重在逐步上升，高等教育比重逐步下降。而自筹资金一项中基础教育自筹资金的比重大幅下降，而高等教育比重有了很大的提高，说明国家在教育基建投资上加大了对基础教育的投入。

表 8-14 我国部分年份教育基本建设投资情况

年份	学校类别	投资合计	本年完成投资按资金来源分(万元)						
			国家预算内			自筹资金			其他
			小计	中央	省级	小计	其中		
							学校自筹	个人集资	
1999	总计	4932963	678703	199807	478898	3884698	1309783	977121	369562
	普通高等学校	1002234	305426	105137	200289	645341	392918	154251	51467
	在资金总额中比例(%)	20.32	45.00	52.62	41.82	16.61	30.00	15.79	13.93
	中等师范学校	117045	18764	2070	16694	94455	45915	27664	3826
	普通中学	2095173	167821	23762	144059	1742924	519225	385050	184428
	职业中学	204546	16405	1701	14705	169062	65305	28791	19079
	小学	1178532	158041	65598	92444	934383	221463	236244	86108
	初、中等教育合计	3595296	361031	93131	267902	2940824	851908	677749	293441
	在资金总额中比例(%)	72.88	53.19	46.61	55.94	75.70	65.04	69.36	79.40

年份	学校类别	投资合计	本年完成投资按资金来源分（万元）						
			国家预算内			自筹资金			其他
			小计	中央	省级	小计	其中		
							学校自筹	个人集资	
2004	总计	16189112	2713003	1160188	1552816	11201901	8254618	530275	2274208
	普通高等学校	9013684	798912	443562	355350	6684279	6247085	237430	1530493
	在资金总额中比例(%)	55.68	29.45	38.23	22.88	59.67	75.68	44.77	67.30
	中等师范学校	37841	2638	1060	1578	27335	21583	2840	7868
	普通中学	4398984	1064576	406524	658053	2869709	1434220	176841	464699
	职业中学	330931	58392	19889	38503	221860	116050	12259	50679
	小学	2057217	742799	280180	462620	1156877	346423	49244	157541
	初、中等教育合计	6824973	1868405	707653	1160754	4275781	1918276	241184	680787
	在资金总额中比例(%)	42.16	68.87	60.99	74.75	38.17	23.24	45.48	29.94

资料来源：根据国家统计局《中国统计年鉴》中国相关数据整理而成。

3. 教育事业费的支出构成

这关系到教育事业费的合理使用问题。教育事业费在教育总经费中占有量大，从使用项目上主要是两大类，一类是人员经费；一类是公用经费。

人员经费主要包括教职工工资、补助工资、福利金、离退休人员费用、学生助学金。

公用经费主要是指公务费（如办公、水电、取暖、差旅费等）、设备购置费（即国家规定不足 2 万元的设备，如交通工具、教学仪器、家具、体育器材、图书等）、房屋修缮费、业务费（教学业务、科研、教师培训、招生方面的费用等）。

从表 8-15 中可以看出，工业化国家人员经费配置标准相对于发展中国家低。我国各级各类学校的人员经费一般占教育事业费的 70％左右（见表 8-16），最高的地区及学校可达到 90％左右，低的是 40％左右，而低的是极少数。这个比率说明我国教育事业费的绝大部分用到人头费上了。近年来，我们的教育事业费虽有很大的增长，但增加的教育经费的大部分被人员经费所占用，即由于教师队伍的扩大、教职工工资的调整及教育经费开支项目，如离退休人员的工资、独生子女补贴、副食补贴、教职工教龄津贴等的增多，各类学校人员经费开支比例逐年提高。这样，实际上公用经费近年来没有什么增长，这正是我们学校教师办公条件、生活条件、设备仪器等办公条件得不到较大改善的根本原因。改革的措施是增加在教育事业总投资量的基础上，调整好这个比例。

表 8-15　1999 年有关国家教育领域教育经常性支出情况表

洲	国家	教师经常性教育经费占公共教育支出（％）
北美洲	美国	55.9
	加拿大	61.7
南美洲	乌拉圭	72.9
	阿根廷	67.1
亚洲	印度	78.0
	韩国	75.3
欧洲	英国	49.0
	芬兰	56.8
大洋洲	澳大利亚	56.3

数据来源：根据 UNESCO：*Expenditure on educational institution by resource category*(1999)，2002，Table 18 相关数据整理而成。

表 8-16 我国大、中、小学生均预算内教育事业费支出人员经费、公用经费所占比重

(单位:%)

年度	普通高校		职业中学		普通高中		普通初中		小学	
	人员经费	公用经费	人员经费	公用经费	人员经费	公用经费	人员经费	公用经费	人员经费	公用经费
1999	58.86	41.14	81.02	18.98	82.10	17.90	87.97	12.03	91.39	8.61
2000	60.04	39.96	84.07	15.93	83.87	16.13	89.10	10.90	92.44	7.56
2003	59.25	40.75	85.80	14.20	83.52	16.48	87.90	12.10	91.04	8.96
2004	58.61	41.39	85.47	14.53	83.49	16.51	86.79	13.21	89.68	10.32
2005	58.38	41.62	83.00	17.00	81.44	16.51	84.46	15.54	87.45	12.55
2006	57.17	42.83	81.18	18.82	79.96	20.04	80.05	19.95	83.41	16.59

资料来源：根据中国教育部相应年份公布的《全国教育经费执行情况统计公告》中有关数据计算而成。

三、教育经费的使用

教育是一种混合产品，从一定程度上讲政府提供教育资源可以视为一种社会福利，政府教育资源的配置不仅关系着教育资源的分配，还关系到教育的机会以及教育资源配置结果的分配。因此教育资源的配置特别是教育经费的使用不仅与效率有关系，还必然与公平有着千丝万缕的联系。

(一)教育经费的使用效率

1. 教育经费使用效率的含义

正确使用教育经费要提高教育经费的有效性。教育经费的有效性即指在一定的教育投资条件下，使现有的教育经费发挥最大的功效。只有这样，才能以最少的人力、物力、财力来实现既定的教育事业发展目标。

教育经费的有效性一般以教育经费的使用效率来衡量。而教育经费的使用效率通常是以一定数量的教育资金(如百元、千元或万元)所培养的毕业生数来表示，通常以每一个毕业生的人均费用来表示。这样，力求以较少的资金来培养数量较多质量较高的毕业生，或者说力图减少培养每一个毕业生的人均费用，即为教育经费使用效率的提高。

概括地讲，教育经费使用效率的提高有两层含义，一是培养每一个毕业生平均费用的减少，一般称为教育经费绝对使用效率的提高；二是培养每一毕业生人均费用没有减少，但由于提高了教育质量，使培养出来的劳动者创造出更多的价值或带来更大的社会效益，这等于相对减少了培养每一个毕业生的人均费用。人们把这种情况称为教育经费相对使用效率的提高。相对使用效率只有通过教育的经济效益的比较才能获得表现。

2. 提高教育经费的使用效率的途径

我国教育特别是基础教育所面临的比较大的难题之一，就是教育经费短缺。而这个问题的解决，要求我们必须在增加教育投入（即教育经费总额）的同时，努力提高使用效率。

(1)合理安排教育经费分配结构

合理的教育经费分配构成是提高教育经费使用效率的最重要环节。

一般来说，教育经费的分配结构受教育结构、教育政策目标等的影响，更主要的是受国民经济发展水平的制约。从世界各国初、中、高三级教育经费分配结构的发展变化中可以看到，在经济和教育发展的初期阶段，初等教育经费所占比例最高，其次是中等教育，高等教育经费所占比例较低。随着投资重点转向中等教育和高等教育，进而，在国民收入水平再提高的情况下，国家可以拿出更多的钱来办教育，此时初、中、高三级教育经费的分配趋向更合理的状态，即三级教育经费所占比例的差距逐渐缩小。这可以说是初、中、高三级教育经费分配的一般规律性趋势。

在前文所述情况中，我们已经知道我国政府努力加大了对基础教育的投入，三级教育经费的分配结构逐步得到了一些改善，效果也比较明显：九年义务教育基本普及，十二年义务教育即将逐步实施。但是政府三级教育经费的分配结构的变化并不十分明显。因此应适当提高普通教育经费在总额中的比重。这是我国教育结构调整，即加强基础教育，大力发展职业教育等的需要。

(2)提高教职工队伍质量，建立群体结构合理的教职工队伍

提高教职工队伍的质量，特别是提高教师队伍的质量是提高教育经费的绝对与相对使用效率的直接因素。

目前，我国教师队伍中还有一部分教师没有受过教育专业的教育和训

练，教育专业知识不足，教育、教学的基本技能不高。这正是我国诸多教育、教学改革往往达不到预期效果、教育质量提高难的根本原因之一。

影响教师队伍质量的另一个问题，是由于教师工资待遇低而引起教师队伍不稳定、外流的情况。从整体上讲，我国中小学教师流动突出表现为一种失衡的单向上位流动的态势，即由条件相对差的学校流向条件相对好的学校，如由乡镇流向县城、由县城流向城市省城、由落后地区流向经济文化发达地区、由工作条件差收入待遇低的薄弱学校流向工作条件较好生活待遇高的重点学校等。流动的教师多为具有较高学历者或者管理和教学的骨干人才。除学校超编、教师不能胜任现职或跨地区调动外，鲜有反向流动者。这是导致部分地区和学校教师流失严重的根本所在。对于被流出的学校来说，师资质量在这种单向流动中受到严重影响。因此如何保证基础教育中教师工资投入的合理性，保证学校教师质量也是我们需要注意的问题。

教职工队伍群体结构的合理性主要体现在教职工与在校学生数的比例恰当上，通过教师与在校生数量的比例，教师与教育管理人员、后勤工作人员的知识、能力及特长和年龄的合理构成来表示。我国需着力解决的问题之一，是逐渐使我国的师生比例、教职工与学生比例趋于合理。自 1978 年到 2007 年，我国专职教师人数从 889.5 万人增长到了 1286.7 万人（见表 8-17），平均每年增加 13.24 万人，而各级学校教师平均每人负担的学生数基本变化较小，高等学校教师负担的学生数甚至有所增加。但是如果以我国每一位教师平均负担的学生数来同世界平均水平相比较的话，我国师生比例是比较低的（见表 8-18）。我国教职工队伍群体的不合理还表现在教师队伍庞大、任课教师比例低。以普通高等学校为例（见表 8-19），2006 年我国普通高等学校教师总人数为 187.3 万人，其中专职教师所占比例为57.45%，2007 年教师总人数为 197.5 万人，其中专职教师所占比例为59.14%。2011 年，教师总数为 200.4 万人，其中专任教师 139.2 万人占63.1%。高校教辅队伍整体庞大占用了一定教育经费的开支。我国政府近年来致力于高校后勤改革，后勤人员和教职工的合理比例仍有待探讨。

表 8-17　中国各级各类学校专任教师数统计(1978、2007)（单位：万人）

年份	普通高等学校	普通中学	职业中学	普通小学	特殊教育学校	学前教育	总计
1978	20.6	318.2		522.6	0.4	27.7	889.5
2007	116.8	490.7	31.7	561.3	3.5	82.7	1286.7

资料来源：《中国统计摘要(2008)》相关数据整理而成。

表 8-18　中国历年各级普通学校生师比统计(1992—2007)　（单位：教师、学生数）

年份	普通高校			普通中专	职业高中	普通高中	初中	小学
	全国	本科院校	专科院校					
1992	6.83	6.63	7.30	14.6	13.82	12.24	15.85	20.07
1993	8.00	7.82	8.61	14.55	13.86	14.96	15.65	22.37
1994	9.25	9.00	10.10	15.07	14.66	12.16	16.07	22.85
1995	9.83	9.71	10.16	15.95	15.35	12.95	16.73	23.30
1996	10.36	10.32	10.20	16.43	15.38	13.45	17.18	23.73
1997	10.87	10.80	10.85	16.71	15.88	14.05	17.33	24.16
1998	11.62	11.63	11.09	17.82	16.13	14.60	17.56	23.98
1999	13.37	13.67	12.23	17.82	15.91	15.16	18.17	23.12
2000	16.30	16.04	17.65	19.09	14.71	15.87	19.03	22.21
2001	18.22	18.47	17.15	19.91	14.26	16.73	19.24	21.64
2002	19.00	20.60	14.20	21.96	16.50	17.80	19.25	21.04
2003	17.00	21.07	14.75	25.30	17.67	18.35	19.13	20.50
2004	16.22	17.44	13.15	28.13	19.10	18.65	18.65	19.98
2005	16.85	17.75	14.78	31.02	20.62	18.54	17.80	19.43
2006	17.93	17.77	18.26	31.67	22.16	18.13	17.15	19.17
2007	17.28	17.31	17.20	31.39	23.50	17.48	16.52	18.82

资料来源：《中国统计摘要(2008)》。

表 8-19　中国 2007 年各级各类学校数量、教职工、专任教师情况统计

项目	学校数(所)		教职工数(万人)		专任教师(万人)	
年份	2006	2007	2006	2007	2006	2007
高等教育						
普通高等学校	1867	1908	187.3	197.5	107.6	116.8
本科院校	720	740	124.4	129.3	67.7	71.7

（3）建立规模适当、布局合理、层次结构、专业比例合理的教育组织系统，以利于人力、物力、财力的充分利用，避免浪费

这实质上是通过调整教育系统内部的结构来改变教育经费的分配结构，进而实现合理使用教育经费的目的。在这方面，需要我们做的工作很多。比如，在调整高等教育发展的总规模和高校单位规模方面，通过控制建新校，挖掘老校潜力，合理安排学校布局来调整高校的总规模和单位规模，以提高教育经费的使用效益。在教育层次结构方面，加强我国的中等职业技术教育、高等专科教育的管理。

（4）加强对教育机构内的仪器、设备的保管，并提高其使用率，使物尽其用，减少浪费。尽量避免重复购置设备、闲置设备增多的问题

（5）提高管理水平

它包括两方面的工作，一是提高对教育工作的管理水平，向管理要质量，提高教育经费的相对使用效率；二是加强对教育经费本身的管理。这一管理工作的内容主要是加强教育经费的计划管理，建立效率高的财务管理机构，严格财务纪律，完善预算包干制度等，具体在实际工作中，注意克服由于管理制度不严带来的挤占、挪用教育经费、滥发钱物、铺张浪费等现象。

（6）逐步解决学校社会化的问题

所谓学校社会化问题是指目前我们在学校内部举办本来应由社会来承担的问题。诸如食堂、商店、招待所、托儿所、幼儿园、职工住房，甚至职工子女上学等。我国高校后勤改革的推进过程中，有的学校采用校内承包、对外招聘、承包给社会等办法来解决这个问题，取得了不错的成果，但这一问题的彻底解决仍有待于改革的进一步推进。

（二）教育经费使用的公平

教育资源的配置不仅与效率有关，还与教育公平有关。在我国，推行免费义务教育是我国教育政策的目标之一，而教育公平问题更是我国教育政策制定所需考虑的重要因素。在社会科学的各个领域，对公平问题的理解和认识各有不同。教育公平是一个多维度、多层次的概念，直到现在还没有一个统一的伦理标准。从经济学或者财政学的主流思想分析，理论上存在三种对公平构成的综合论述，称为公平三大要素，即规则公平、起点

公平和结果公平。

自 20 世纪 90 年代以来，国内外大量的研究发现：我国义务教育存在不平等问题，而这又与我国义务教育的财政制度密切相关。蒋鸣和（1997）、杜育红（2000）、王蓉（2003）、曾满超和丁延庆（2003）等都曾经就此问题进行过实证研究，他们的结论也不同程度地证实了我国义务教育资源配置在公平方面的缺陷。其他学者如袁连生（2001）和王蓉（2003）则明确指出：义务教育缺失公平性与财政制度有关。教育经费投入的差异，对学校教育过程中师资、教学设施等人力、物力资源投入的差距对教育结果的公平有着重要的影响。

在教育经费使用的公平方面，主要可以通过完善义务教育财政转移支付制度来缩小地区差异，促进地区间教育均衡发展。

教育财政的效率和公平问题是一个古老而常新的问题，其中所涉及的理论内容之多，政策制度制定之复杂，有待我们进行更多的探讨。

思考题

1. 什么是教育财政？
2. 说明教育经费的含义与内容。
3. 我国现行的教育经费筹措体制是什么？目前尚需从哪些方面去完善？
4. 如何管理与使用好教育经费？

资料链接

英国高等教育财政拨款模式简介

英国高等教育财政拨款目前采用"绩效拨款"模式。在这种拨款模式下，拨款过程涉及三个主体，即政府主管部门、高等教育拨款机构和高等学校。国家的教育经费不由政府主管部门向高校直接划拨，而是由政府拨付给相对独立的拨款机构，再由独立的拨款机构下拨给高校。目前，负责高等教育经费拨付的独立机构为高等教育基金委员会，它是依据 1992 年颁布的《继续与高等教育法案》的规定，对大学基金会、多科技术学院和其他学院基金委员会进行合并改造而成的，在英格兰、威尔士和苏格兰各设有一个；负责科研项目经费划拨的是科学研究基金会等。

英国高等教育经费中的教学经费和经常性的科研经费主要是由三个高等教育基金委员会(HEFCE)分别拨付的。高等教育基金委员会的拨款遵循如下的原则：确保高等学校各年度学术和财政的稳定；促进经费的使用效率；注重成本效益的开发；维护和提高教学质量；充分考虑各校的不同情况和特点。在教学经费的划拨方面，英国高等教育基金委员会采用的是竞争性的"核心拨款加边际拨款"方法。核心拨款是指若学生数不变，学校仍能获得上一年度的拨款，同时还可加上政府对通货膨胀率的预测所作的相应调整。其余的教学拨款部分均称作边际拨款，主要是为学生人数的增加部分提供经费(相当于我们概念中的增量或追加拨款)。两部分拨款的分配均要根据各校近期的效率表现通过竞争而确定。除了核心拨款和边际拨款外，高等教育基金委员会还设立专项拨款，用于资助各校的特别计划和项目，如增设短期技术文凭课程，扩大有特别需要的学生的入学机会等。

英国大学的科研经费，通过双重科研拨款体制进行。科研拨款分为经常性拨款和项目拨款两大部分。经常性拨款包括科研质量拨款、科研合同附加拨款和科研发展拨款，由高等教育基金会负责；项目拨款是研究基金会对大学科研的资助，资助项目有科研项目拨款、研究生学额资助和奖学金资助、向各高校提供中心科研设施以及代向高教研究机构缴纳有关会费等，由公共科学与服务部负责。在这种双重科研拨款体制下，按照科研评估的结果分配经费，往往将大量的资金集中拨付给少数最优秀的部门、院系。

英国"绩效拨款"模式注重对高校财政资金使用效率问责。问责机制作用的发挥主要通过如下过程实现：相关机构提供关于高等教育机构质量和成本效率方面的信息，如高等教育质量保障署提供教学与学习质量和结果的信息，绩效指标指导小组提供大学综合绩效方面的信息，科研评价小组提供科研质量评价方面的信息，成本与定价小组则提供每个成本中心的成本运行状况信息等。HEFCE将这些信息纳入拨款过程和拨款公式中，通过教学与科研经费的分配达到对高校财政经费使用进行引导和效率问责的目的。

资料来源：刘琳、钟云华：《中英高等教育财政拨款模式比较分析》，载《高教探索》，2010(1)。

第九章　教育计划

第一节　教育计划基本问题概述

一、教育计划的起源

现在世界许多国家都有教育计划，然而对教育计划却没有一致的定义，这是因为教育计划的历史是很短的。但也有人认为教育计划的历史很久远，联合国教科文国际教育计划研究所所长库姆斯（P. H. Coombs）就是其中之一。他说："教育计划的历史是既古老又年轻，有能力的行政者，是特别有能力的计划者。"可是他并没有明确指出教育计划是在什么时候出现的。其他学者的研究认为，早在2500多年前，斯巴达人就在他们的宪法中提出了教育计划，雅典的柏拉图也提出过教育计划，中国汉朝时也制订过教育计划。

一般认为，严格意义上的教育计划，即作为教育行政管理学上的计划，是在第二次世界大战后20世纪50年代至60年代产生并获得明显发展的。有人把它称为现代教育计划。其特点有：

1. 综合性。即它的内容不仅包括学校教育，还包括校外教育和成人教育的发展设想。

2. 长期性。是指它揭示了5年、10年和20年这样长期的教育发展目标，并已达成此目标为目的。

3. 与经济发展和社会发展密切相接。现代教育计划的产生与发展，主要是第二次世界大战之后，许多国家都面临着战后重建和如何发展的问题。还由于苏联早一步实施了计划教育，取得了以1957年卫星上天为标志的巨大成果。这一计划教育的成功，对世界震动很大，影响和促进了世界教育的计划化。随着科技竞争而来的教育竞争的展开，使教育计划在各国迅速建立起来。

联合国教科文组织及世界经合组织为教育计划的发展做出诸多贡献。例如，在联合国教科文组织 1966 年发布的《关于提高教师地位的建议书》中就指出："教育是经济成长不可或缺的要因，教育计划是以公民生活条件的改善为目的的经济及社会发展计划的不可分割的组成部分。""对教育发展而言，长期和短期两类计划是必要的。因为，今日的学生毕业后能否顺利进入社会，为社会所接纳，不仅与现实社会发展要求相关，更与将来社会发展的要求相连。"可以说联合国教科文组织很早就关注了教育计划，也不断的策定出国际性的教育计划，"卡拉奇计划"就是为推进亚洲初等教育普及的 20 年计划。

苏联从 1923 年开始运用教育规划的方法进行改造旧教育、建设新社会教育的最早尝试，经过近 70 年的努力，把一个 2/3 人口是文盲的国家变为教育发达的国家之一，就是一个很好的例证。

新中国成立以来，按着有计划按比例发展的规律举办各项事业，其中包括教育事业，把教育事业作为国民经济发展计划的一个组成部分，即在每一个五年计划中，在规划经济与社会发展的同时，规划教育事业。

二、教育计划的定义

对于计划，人们从不同的角度对它做出不同的定义和解释，目前尚无一致的意见。例如，有的以国家政策为中心来定义计划；有的以行政效率为重心来解释其含义；有的则强调计划的过程及手段；有的则从计划的决策合理性出发，去理解计划；还有的从管理学、心理学和社会学的角度去涵盖其内容。如此多重的理解反映了计划需要多方面、多学科的知识，同时也说明我们对计划的研究还有待于深化。

这里我们引用如下表述：计划是为了达到某一目标而对全过程进行系统地、合理的分析，提出达到这一目标的方法步骤。计划活动涉及做什么，什么时候做，在什么地方做，谁来做即怎样做等方面的问题。由此引申，我们将教育计划定义为：在国家教育方针政策的指导下，为实现预定的教育目标及任务而采取的规则、步骤、方法的总和。

从定义出发，教育计划有如下特征：

第一，教育政策是制订教育计划的前提。就是说，教育计划必须为权力所支持。一般来说，教育政策是由国家权力所决定和支持的关于教育的思想观念、意愿和行动准则。这与个人、党派、社会团体等关于教育的意见、希望、提案等有着根本的不同。当然教育计划不同于教育政策，但教育计划是离不开教育政策的，那就是说，它必须以教育政策为指导。

第二，教育计划是量化了的教育政策目标或教育发展目标。它不是个人或团体对教育发展的某种愿望，而是以数量化的形式表现出来的、可能实现的教育目标。另外从时间上看，它又是为实现某一教育目标而制订的时间一览表。

第三，教育计划具有技术性。就是说，教育计划作为实现教育目标的过程，它包含着对教育现状的分析、对未来发展的预测、战略上的决策，以及实施方案的建立等程序或步骤。而教育现状的分析、教育预测、教育决策、教育计划实施方案的建立都具有一定的技术性，也就是说，都需要通过相应的技术手段来实现。

近年来，在国际上使用的教育计划，主要是指与各国社会和经济发展计划密切相连的较长期的、综合的教育计划。也就是我们通常所讲的教育事业的发展规划，简称教育规划。教育行政上所讲的教育计划正是在这个意义上讲的。

三、教育计划的类型

教育计划可从不同的角度进行分类。按照教育计划的规模可以分为教育事业规划和教育计划。教育规划与教育计划的区别在于，规划是对较大范围、较大规模及较长时间内教育发展总方向、大目标、主要实施步骤及重大措施的设想。这种设想的最大特点是粗略规定各有关发展指标，不具体确定有关的工作步骤和实施措施及具体工作时间表。因此，我们也可以说规划不是严格完整意义上的计划。计划相对于规划而言，是指在规划指导下，根据一定的政策、任务做出的较短时间的具体安排和落实措施，计划的发展指标、措施步骤、时间安排都比较详尽、具体。规划与计划在实际工作中往往是相互联系、互相包含的。因此人们并不把它们作严格的区分。我国制订的国民经济、社会发展计划、教育发展规划等，实际上都不是单纯的计划或规划，而是二者结合的产物。

按照计划时间的长短可以分为教育的长期计划、中期计划和短期计划。长期计划（一般在十年左右）、中期计划（五年左右）、短期计划（以一年为主兼季度、月计划）是相对而言的。一般来说，中期计划是长期计划的中间站，短期计划则为实现中、长期计划的一个实际步骤。从这种认识出发，应该说一个完整的长期计划应包括长期计划、中期计划、短期计划等几个相对部分。无疑，以上各部分也可以是独立存在的。

按制订计划的主体权力的大小、能控制教育资源范围的大小、计划对象特定化的程度来划分，可分为国家的教育计划、地区的教育计划及学校内部的教育计划。在实行计划管理的国家，实际上不可能只有国家的教育计划而没有地方的、学校的教育计划。因为只有国家的教育计划而没有地方的、学校的教育计划，国家的教育计划就会落空。

按教育计划的内容来划分，可分为综合的教育计划与单项的教育计划。现代教育计划的一个特点是其内容的综合化。制订单项教育计划应以全社会及整个教育系统的发展为出发点。从教育行政管理上讲，为了加强对教育事业的宏观控制，不但要制订好教育事业的综合发展规划，又要制订好单项的教育计划。单项教育计划，从教育系统的纵面来讲，即指初等、中等、高等教育，师范教育，职业教育，成人教育等各级各类教育的发展计划；从横面来讲，是指智育、德育、美育、体育、经费、教职工、学生等方面的工作计划。

从行政管理过程来看，教育计划包含的因素或程序因研究者的不同而不同，但计划在行政管理过程中的位置却是一致的，即把计划放在行政管理过程的第一位。从中可以看到计划在行政管理活动中的必要性与重要性。在当今社会结构复杂和多变的状况下，为了实现教育目标，确实把握住教育活动的各种因素，有效地实现教育活动的组织化，教育计划在教育行政管理中是不可缺少的。

四、教育计划的结构

一般来说，教育计划由以下四个部分组成：教育发展目标，教育现状的诊断及分析，教育计划目标，教育发展计划行动方案的研拟及选择。

(一)教育发展目标

教育发展目标是指教育整体发展目标，它是对教育发展的一种展望、一种预测。而教育计划是实现教育发展目标的合理手段与方法。换句话讲，教育目标是教育计划制订的出发点，又是评价教育事业发展的指标。现代教育发展目标具有多元性及层次性。

所谓多元性，即是说教育发展目标的选择，以其出发点的不同而呈现出多样性，这是因为社会为教育发展所规定的目标是多方面的。例如，从国家的全面发展而言，即促进国家各个方面的进步。从经济方面说，狭义地讲是提高国民经济生产总值、国民所得，广义地讲是提高国民生活水平。从社会方面看，增强国民的能力及提高其所得。从文化方面讲，社会文化的传递、繁殖与创造等。社会从多个方面对教育发展提出的新要求，就是教育发展的目标。

另外，从教育系统本身讲，它的发展还有质与量的目标。教育发展目标的选定一般是通过国际、国内不同地区的比较，以发展阶段的分析为线索，来了解自己国家、地区教育发展所处的阶段，以高一阶段的发展水平为发展目标的参照。从内容上讲，教育发展目标的确定是比较困难的。这是因为：

其一，教育发展目标涉及价值体系问题。

其二，教育发展与经济、社会、文化等方面的发展有着密切的关系，存在着教育系统内的发展目标与经济、社会、文化发展目标的统合问题。

其三，教育发展需要巨大的资源保障，而资源的提供有些是非教育系统本身所能决定的。

其四，教育发展目标是评价教育实际成效的依据，而教育本身发展的质与量的标准是极难确定的。以上这些因素的影响，就使得教育发展目标往往是不够具体、不够明确的，故对教育实际工作缺乏具体而明确的指导。但我们说教育发展目标并非不能制订也并非没有作用，其根本目的旨在提供社会全面发展的可能趋势及教育发展方向，提供对教育现状诊断与预测、教育计划目标设定的前提、依据。

教育发展目标的层次性。通常把教育发展目标分为三个层次，即总体的长期目标、计划目标和手段目标。

第一，总体长期目标是依据社会、经济、文化发展情况及需要，事先对未来教育的发展方向所作的预测。这种目标通常是对二三十年间教育发展方向的展望，是对教育发展问题的一种长期透视。它具有不能正确量化，无法计量其实施成本及时间进程的特点。它需要依靠连续不断的教育计划来加以实现。

第二，计划目标是以教育现状为基础，从现状推出教育发展趋势。把某种教育预测同教育计划目标联系起来，就可以确定教育计划目标实现的范围。这样，教育的不同类型、不同级别、教育工作的方方面面就可以构成多种多样的教育计划目标。

第三，手段目标。为了实现任何一个计划目标，都需要采取一定的手段。而取得手段本身又成了低一层次的目标。

按层次推下去，目标越来越具体。

(二)现状的诊断和分析

目标的设定是以对现状的诊断及分析为前提的。对现状进行诊断与分析的目的在于确认问题、界定问题及分析原因。确认问题是现状诊断与分析的第一步。管理学所说的问题，是指现实状态与期望状态之间存在着的需要缩小或消灭的差距。要确认问题就需要了解实际状态、期望状态和差距这三个方面。

1. 实际状态一般是通过有关资料的收集、处理、调查分析获得的。

2. 期望状态来自教育发展目标，是以预测为基础的。

3. 差距出自二者的比较。界定问题，意味着准确查明差距的真相、成因及所发生的时间、场所，以弄清楚问题的范围与界限。决策目标仅靠界定问题不行，还需要诊断和分析问题出现的原因。

教育问题要在教育的发展变化中、教育与社会的联系中去寻找原因。这不仅是目标设定的前提，也是提出具体解决手段的基础。

(三)教育计划目标

教育计划目标是教育计划的重要构成部分。这是在教育发展目标的引导下，在现状诊断与分析的基础上设定的。在教育发展目标中已谈及此问题，这里从略。

(四)教育计划行动方案的拟订与选择

教育计划目标的设定并不意味着目标的实现。目标的实现需要行动，行动总要选择一定的方案或手段。选择的前提是拟定出多种可以替代的行动方案。

我们知道，教育的发展离不开资源的支持。从内容上讲，教育计划行动方案就是为了达到某一目标，把教育系统中的人力、物力、财力、时间、空间、信息等资源因素科学的合理地组织起来，不同的组合就构成了不同的教育计划行动方案或实施方案。一个目标的实现，往往可以通过多种行动方案去完成。而为了最有效地达到教育计划目标，必须对各种行动方案进行比较选择。

这样看来，替代行动方案的数量与质量的最后方案的选择具有极大的影响。

五、教育计划的编制步骤及方法

(一)编制教育计划的步骤

通常，我们把教育计划看做是对教育发展的一个设计。此设计具体是由收集分析信息、设定目标、实施方案的拟定与选择、实施中的反馈与调整四个步骤所构成。

1. 信息的收集和分析

教育发展计划是综合性的计划，它要求与社会、经济发展计划相统一。教育发展计划目标的多元性等因素，使教育发展计划的作业领域扩大并复杂化了。因此，提供正确的信息或完整的资料是制订计划的前提。换句话讲，教育计划的制订必须建立在比较充分、可靠的信息收集的基础上。在此基础上了解教育从过去到现在的发展实态及倾向，正确进行现状分析并预测将来，为教育计划目标的设定与计划实施方案的拟订与选择提供依据。

与教育计划的编制有关的信息资料大体上可分为四大类：即教育系统内的信息(包括正规教育及在职训练等方面)、有关人口发展变化的信息、有关教育经费的信息及人力与就业的信息。

(1)教育系统内的信息主要包括：学生的数量、专业分科、教育层次、入学率、升学率、淘汰率、毕业率等有关学生情况的统计；教师的数量、任用资格、各级各类教师的数量与质量、教师与学生比等有关教师方面的统计；各级各类的学校数、班级数、班级的容量、专业设置、校舍设备等有关学校的信息；补习教育、成人教育级在职训练等有关信息。

（2）人口发展变化的信息主要包括：每一年龄段的人口数、各学校教育阶段年龄组的人口数、各地区人口的流动量、出生率、死亡率、人口的地区分布、男女性别的人口数等。

（3）教育经费方面的信息主要包括：教育成本、特别是教育社会成本，即教育经费总额、不同来源的教育经费额、各级各类学校学生单位社会成本、一定年限内各级各类学校学生教育费用的增长率、国民经济生产总值及增长率、教育经费占国民经济生产总值中的比例与增长率、教育经费的内部分配等方面。

（4）人力及就业信息的内容主要包括：各主要经济部门的人力数、各种不同职业类别的人数、年龄、性别、文化程度，经济部门及各种职业的变化流动情况，社会的就业情况等方面。

在收集与分析这些资料时，应注意：

第一，信息资料的相关性、可靠性及现实性。

第二，信息的发展变化过程，即要考虑到它的过去、现在和将来。

第三，在收集本国信息资料的同时，收集国外的有关信息，以资进行对比与借鉴。

2. 计划目标的设定

在收集与分析信息的基础上，要确定计划目标。目标的确定是以价值观为前提的。价值观是指人们所持的某种标准观点，人们以某种观念去判断什么是好的东西，形成某种期望，进而把它作为选择的行动标准。价值前提一般不通过观察、实验直接验证，它属于政策性的规定。因此目标的设定特别是计划目标的确定应该根据上级有关政策、任务的要求来进行。但这并不是等于说计划目标的确定可以完全不顾事实前提，相反，合理可行的计划目标必须建立在一定的有关事实情报的基础上。所以我们说，教育计划目标是依据上级有关教育的政策、任务和要求，结合教育发展的实际情况而设定的。

具体在设定教育计划目标时，要考虑以下三个方面的问题：

(1)环境方面，即社会为教育所规定的目标。由于教育与其他社会领域如政治、经济、文化等相互依存，教育计划目标不能不受其影响、限制。因此在设定教育计划目标时，必须以经济、社会发展目标为导向。

(2)教育系统本身。由于教育系统的功能及内部结构是多重性的，因此教育系统发展的目标也具有多元性及层次性。教育系统的整体目标与教育系统内部各级各类教育发展目标可以说是不同层次的计划目标。另外，为实现某一目标所需要的一定手段，也形成了第一层次的目标。按层次推下去，目标越来越具体。在教育系统中各种发展目标可能会发生冲突，这就需要依据情况确定目标的优先顺序，以协调目标之间的关系，形成合理的目标结构。

(3)目标本身的特点，即目标应该是高标准的、能激励人们去奋斗的，又是切实可行的、而不是高不可攀的。

3. 教育计划实施方案的研拟及选择

这一步骤包含两个方面：一是提出多种替代实施方案；二是满意方案的选择。

(1)提出多种替代实施方案，实质上就是研究在达到目标过程中遇到的主要问题及其解决方法。一般来说，不管哪一类教育计划，其主要问题多集中在教育发展的规模、速度与社会发展、经济建设需要不相适应方面，特别集中在教育事业的发展与可能提供的人、财、物、时间的矛盾方面。因此在研拟实施方案时，要充分分析教育系统中的各种资源因素。如对学生、教职员工的数量、质量、教育经费的分配与经济效益、房屋设备的使用率、时间资源的科学实用等问题的分析。在教育计划实施方案的研拟过程中，要遵循"整体详尽性"和"相互排斥性"原则。整体详尽性是指在拟定实施方案前，要把各种可能实施的方案尽量多的收集在一起，以便决策者从诸多方案中选择满意的方案。相互排斥性是指各个方案之间要有原则性的差别，是相互排斥的。只有这样才有可能和必要进行选择。由于实际情况的复杂性，这些原则的运用也有一个灵活掌握的问题。

(2)满意方案的选择，即在提出各种替代的实施方案之后，在比较、评价这些不同方案中进行满意的选择。在决策理论中，人们把这个过程称为手段决策。选择满意方案：

第一，要确定价值标准，没有标准就没有判断好坏的尺度。在这里主要的标准是效率、满意。效率就是指所选取的实施方案应是对实现计划目标最有效的方案。满意是对所选取的实施方案的合理性要求。我们说，由于实际情况所限，选择实施方案的标准只能是在诸多方案比较基础上的相对合理。理想的或者说最优化的方案在实际中很难找到，因此不可能以最佳最优作为实施方案的标准。

第二，要组织有关人员进行比较及反复论证，以确定公认的好的实施方案。

第三，要对选定的实施方案进行必要的修订补充。这是因为每个备选方案都有其长处和不完善之处。

第四，选择实施方案要受到选择者知识水平及其他各种因素的制约。

总之，注意以上问题是进行合理的实施方案选择的必要条件。

4. 在实施中的调整

任何一个经过精心研究制订的计划或实施方案，在实际执行中总要进行这样或那样的修改和补充，这是因为客观情况总在不断地变化。实施这一步骤的关键是及时了解掌握计划执行的情况和问题。

从组织措施上说，必须建立起有效的畅通的信息、反馈系统，在计划和方案执行之前，就要提出监督计划执行的方法。

六、编制教育计划的方法

(一)社会需求法

社会需求法是把教育的社会需求，作为制订教育发展计划的参照条件。所谓教育的社会需求有两重含义：

其一是指基于社会中的个人及家庭本身的价值观念及发展取向，而产生的对各级各类教育的需求。

其二是指为获得社会的发展与进步，今后各级各类教育应如何举办与改革。

前者是以社会大众的爱好取向来计划教育的发展，其理论基础是人人皆有受教育的权利。而公共教育事业的发展应充分保障和实现国民的这种权利。后者是从社会发展的角度来规划教育事业的发展，其理论基础是教育的根本功能之一即服务于社会发展目标的实现，推动社会的全面发展。

社会需求法认为教育计划（特别是国家、地区的教育计划）一方面要考虑到大众的教育需求；另一方面又要立足于社会发展的需要，二者应统筹兼顾，但并非平分秋色，从教育的社会功能来讲，应以后者为重点。

这种方法要求从分析影响社会需求的因素出发，获取教育发展结构、规模、速度的计划参照系数。一般来说，影响教育的社会需求的因素很多，如：

家长的价值观。家长的学校教育价值观在一定意义上，给子女教育以极大的影响。

社会各阶层的文化背景。各社会阶层对学校教育具有不同的传统观念，这将产生不同的教育需求。

人口。人口的多寡将影响教育的社会需求总量；人口的年龄结构影响各级各类教育的规模、类型、层次；人口的地区分布影响着设校的地点、学校的容量等。

政府的教育政策。教育政策影响着教育制度的类型，这是一种很有影响力的社会需求。

国家的发展。即社会经济、文化、政治的发展对教育产生的要求等。

在分析影响教育的社会需求因素的基础上，应进一步分析个人教育需求趋势及拟受教育的类型和人数；分析有经济发展所需的人才类型及数量；分析有社会发展所产生的教育需求；最后还要以现有的教育规模、结构为基础，考虑满足社会个体及社会各方面发展的需求。

这种方法一般仅依据人口增长趋势、年龄的分布及长期的国家教育政策，对于各级各类学校入学需求做一综合的推测，并在此基础上涉及教育发展计划。从实践上看，这只能为教育计划制订提供社会需要的教育类型及其人数。因此，这种方法较多应用于较低层次的教育发展计划上，如小学、初中的教育普及发展方面。其原因是：

第一，教育的个人需求不仅受个人及家庭价值观的影响，还要受社会、经济、文化等因素的影响，较确切地分析这种需求是比较困难的。

第二，教育社会需求的实现，是需要资源给以保证的，撇开这个问题来规划教育的发展目标，在实践上是缺乏保障或者说可能性是很低的。

(二)人力需求预测法

人力需求预测法是以经济发展过程中所需要的各种人才的培养与提供为目标值，来规划教育发展的方法。这种方法着眼于教育与社会经济发展的关系，强调教育是社会经济发展的推动力，而社会经济发展需要一支训练有素的劳动大军及各级各类专业人才，教育具有承担这一培养任务的功能。

此种方法于 20 世纪 60 年代提出，并首先在 20 世纪 60 年代世界经济合作与发展组织(OECD)主持制订"地中海地区计划"时，即规划作为整个地中海地区发展的一部分的教育发展时被运用。之后，在 OECD 及联合国教科文组织(UNESCO)的支持下引入各国，并把它作为经济成长性教育计划的最一般的技术而加以使用。

运用这种方法的具体步骤为：

第一，预测未来某一时期国民生产总值。

第二，设定各经济部门的产值。

第三，市县以上预测所需劳动力数量及劳动力职业构成的预测。

第四，教育供应预测，即把不同水平的劳动力需求作为目标值，以此来确定教育系统培养人员的规模。

第五，对教育系统的培养能力和需求水平进行综合平衡，从而决定出各级各类教育发展的规模与速度。

这种方法的出现，适应了 20 世纪 50 年代后期在世界范围内开始的战后经济恢复及随着经济发展而出现的科技人才之不足的需要，所以这一方法得到了广泛的应用，成为较流行的教育计划技术。但它也有其本质上的弱点，正如许多经济学家所指出的那样：

第一，无视生产技术的变化及替代可能性的存在。

第二，人才培养及供给被限定在制度化的正规教育系统内。

第三，无视现存人才的再利用。

第四，对于人才培养及必要的资源和手段配合的变化及可替代性考虑不够。

第五，对人才培养的成本不够重视。

第六，忽视职业与学历的关系。所以说人力需要预测法作为教育计划的一种技术，也是有其局限性的。

（三）教育的投资收益分析法

教育的投资收益分析法是从单纯经济观点来考虑教育的发展。其理论基础是教育经济学的基本观点。这种方法产生于 20 世纪 60 年代，它是随着教育经济学理论的发展及在对社会需求法的批判中产生的。作为教育计划技术的基础，可以把这种方法看成是教育经济学的正统嫡子。

教育的投资收益分析法的基本观点是把教育经费视为一种同其他经济活动一样的资本投资，同样可以带来利润。具体讲，就是在教育过程中获得了知识技术的人们，可以预计得到更多的个人所得及提高生产效率，因此教育具有一种投资的性质。教育经费是一种投资，教育所需的费用及教育所带来的收益之比，即为教育投资收益率。如果以教育投资收益率为指标，把教育投资与其他社会部门的投资进行比较，就可以获得教育经费在国民收入中的比值，从而获得教育发展的情况。另外，在规划教育时还可以用这种方法计算出教育系统内各层次各种形式教育的投资收益率，通过比较来确定教育系统内各级各类教育发展的优先顺序、规模、速度及教育系统内教育经费的分配构成。

这种方法的长处在于可以估计各种教育投资对经济发展的作用与贡献，并把它作为分配教育经费的参照，规划教育整体及各级各类教育的发展状态。但在实际工作中，把这种方法运用到教育计划编制实践中的例子几乎没有，或者说这种方法还只停留在理论阶段。形成这种局面的主要原因是这种方法无论在理论上还是在技术上都有其明显的弱点，主要为：

1. 教育并不是一种纯经济活动，社会与个人从教育中不仅获得经济上的收益，还有社会、文化、道德等非经济上的收益，这些收益虽然难以量化，但从整体上讲其分量并不比经济收益少。

2. 作为计算基础的教育费用及收益的内容是比较模糊的。

3. 教育所带来的经济外的收益的把握与计算是比较难的。

因此，这种方法要成为一种实用性较强的计划方法，必须不断解决上述问题。

（四）教育类型法

这种方法实际上是一种比较的方法。比较法的关键是比的指标的设定。

教育类型法的指标构成，一方面是指一个国家、一个地区等教育发展的实际水平；另一方面是教育整体及各个具体层次教育发展的理想目标。

教育类型具体可分为国际比较法和国内比较法。

1. 国际比较法是将发展阶段接近的国家分为若干组，然后分析本国属于哪一组，进而分析各国教育在适应经济、社会发展及教育自身发展方面的状态与问题，找出本国是否存在着其他国家存在的问题，以明了本国教育发展上的困难及发展趋势。

2. 国内比较法是依据城市和农村加以划分的，找出农村教育和城市教育各存在什么问题。

通过教育类型比较，为教育发展规划的制定提供基础，即教育现状的诊断及发展趋势的分析。

第二节　教育计划与教育决策

一、计划与决策的关系

依据相关研究认为，计划与决策既有联系，又有区别。

从联系的角度看，法约尔认为，作为管理的首要职能，计划是一个包括环境分析、目标确定、备选方案的研拟和选择的过程。而决策只是这个过程中的某一阶段的工作内容。以西蒙为代表的决策理论学派强调管理就是决策，决策是管理的核心，贯穿于管理的整个过程，因此这一学派认为决策不仅包容了计划，而且包容了整个管理甚至管理本身。

从区别的角度看，这两个管理活动所要解决的问题有所不同：决策是对组织活动方向、内容及方式手段的选择，而计划是对组织整体及内部部门和成员在未来一定时期内从事活动的具体内容和方法步骤等的谋划与安排。

在实际工作中计划与决策是相互渗透，甚至是不可分割的交织在一起的。

二、决策与教育决策的含义

什么是决策？作为管理学中的一个概念，据考证，决策一词首先在 20

世纪 30 年代的美国的管理文献中出现，到 20 世纪 60 年代，由于西蒙等人的研究与倡导，在管理界真正流行起来。至此，许多管理学家都对决策的定义进行过探讨，但至今没有统一的结论。对决策理论做出巨大贡献的管理学家西蒙认为：管理就是决策，应把决策理解为对行动目标与手段的探索、判断、评价直至最后选择的全过程。[①]

美国学者亨利·艾伯斯认为：决策有狭义和广义之分。狭义地说，进行决策就是在几种行为方案中做出选择。广义地讲，决策还包括在做出最后选择之前必须进行的一切活动。[②]

在这里，我们是在广义的意义上来使用决策这一概念的，其内含是针对既定的目标，经过调查研究，制定多个可行方案，然后根据决策标准从可行方案中选择一个满意方案的全过程。

教育决策严格讲是教育组织的决策，从西方管理理论的内容与特点看，决策理论是其重要的内容构成，就西方管理理论的研究逻辑而言，其始终把"组织"作为管理的对象，因此，提到决策通常是指组织决策。教育组织通常被分为教育行政组织和学校组织，教育行政组织的决策主体是其组织本身，决策对象则是其所辖的教育系统。

三、决策理论学派的几个主要观点[③]

西蒙等人的决策理论是以社会系统理论为基础，吸收了第二次世界大战后快速发展的行为科学、系统理论、运筹学和计算机科学的内容发展起来的理论，在西方具有较大的影响。他们对管理决策问题给予了高度重视并提出独到的见解。

（一）关于决策的满意性原则

关于决策的准则，决策学派提出以"令人满意的准则"代替"最优化的准则"的观点，受到很多人的肯定，被认为是较为实际可行的理论。决策学派

---

① ［美］H·西蒙：《管理行为——管理组织决策过程的研究》，3 页，北京，北京经济学院出版社，1998。

② 李军：《管理学基础》，101 页，北京，清华大学出版社、北京交通大学出版社，2006。

③ 参看李军主编《管理学基础》和赵志军主编的《管理思想史》中相关部分的内容。

指出，人们之所以不能用绝对理性即最优化作为决策准则，是由于要实现绝对理性决策需要具备三个前提条件：

1. 决策者对可供选择的方案以及未来的后果要无所不知。

2. 决策者要具有无限的估量能力。

3. 决策者的脑中对各种可能的后果有一个完全而一贯的优先顺序。

现实中由于决策者在认识能力和对时间、经费、情报来源等方面限制，不可能完全具备这些前提条件。这样，人们在决策时，不能坚持要求最理想的解答，通常只能满足于足够好或令人满意的决策。决策学派明确强调"满意化原则"是比"最优化原则"更为现实、合理的抉择原则。

(二)关于决策的过程

关于决策的过程，以程序化决策为典型，他们把决策过程分为四个阶段，即收集情报，拟订计划，选定计划，评价计划。

决策理论研究与决策实践提出，为了保证决策的科学、正确，决策过程的每一个阶段都必须遵循一定的原则或依一定的要求去进行，主要是：

1. 问题要明确

众所周知，问题是决策的前提，没有问题就无所谓决策。决策者必须善于发现问题、提出问题并确认问题。发现、提出问题一般通过两个途径，一是把目前情况与计划的期望进行比较；二是把自己组织的情况与国内外先进状态进行比较找出差距。确认问题就是要弄清楚问题发生的时间、地点、原因、性质、范围、程度及可能造成的后果。

2. 信息要充分、可信

全面、及时、准确的信息的收集与分析处理，是科学、正确决策的事实基础。为此，首先要把信息处理机构定位于现代决策机构的重要组成部分；其次是积极创建并有效利用智囊集团，发挥计算机系统的辅助功能，使现代信息技术在决策中得到充分利用。

3. 至少要有两个以上可行方案

任何问题的解决都有多种方法或途径，所以多方案选择是现代决策的一个重要原则。在决策中编制尽可能多的具有排斥性的行动方案，是进行满意方案选择的条件。因此，只拟订一个行动方案，是没有选择余地的决策。

4. 可行性论证不可或缺

决策中，可行性论证指对备选方案进行是否可行的论证或评价。可行性论证的基本途径是从政治、经济、社会、文化、技术等方面论证方案是否可行。通过论证一方面可确定某些方案的合理性；另一方面可发现某些方案的不足或缺陷。所以不仅决策中不能不进行可行性论证，而且可行性论证的质量如何也直接关系到决策的成败。

5. 决策者的情绪稳定

决策中决策者的情绪稳定，心情愉快是实行理性决策的必要条件之一。决策者的情绪激动或情绪低落都可能招致决策失败。

6. 重大问题决策前最好有试点经验

重大问题决策前的试点活动，有利于了解实情，以避免决策的盲目性，有利于发现潜在的问题，保证决策的科学性，试点经验可增强决策的可行性。

(三)关于决策过程中的信息问题

西蒙等人特别强调决策过程中信息联系的作用。信息联系是信息的一种双向传递过程。一方面，信息从组织的各个部分向决策中心传递；另一方面是信息从决策中心向各个部分的传递。通常将信息的传递途径分为两种：

1. 正式渠道，主要指通过组织的等级线路(纵向的直线信息联系)和职能机构(横向的水平或参谋信息联系)。信息的存在形式主要有通知、指示、会议传达布置、各种交流以及情报机构提供的情报等。

2. 非正式渠道，即正式渠道以外信息传递的渠道。非正式渠道的信息联系虽然被称为正式信息联系的补充，但却有着不可或缺的价值。西蒙等人对非正式的信息非常重视，还主张在组织中要设置一个"信息联系中心"这样的机构，主要职能是收集、传递和整理、储存各种情报。西蒙等人特别提到，当代是信息爆炸的时代，重要的是对信息的加工与分析，这有利于决策的有效。所以信息系统应该包括一个筛选系统。

(四)关于程序化决策与非程序化决策

程序化决策与非程序化决策是依据决策问题的重复程度加以区分的。西蒙等人对决策理论中程序化决策与非程序化决策的论述也被称为是一个重要的贡献。

在组织的决策问题中，有一些是经常和反复出现的，或说是例行问题，如，日常管理中的资金短缺、设备故障、产品质量等问题。对这类问题的决策称为程序化决策，一般可采用收集信息、拟订计划、评价计划等步骤进行。

但实际上在决策时也常遇到那种从未出现过的，或偶然出现问题，涉及种类问题的决策，称为非程序化决策。对非程序化决策，需要决策者或管理者倾注全部精力，才可能使决策接近合理、正确。

第三节　教育计划与目标管理

"并不是有了工作才有目标，而是相反，有了目标才能确定每个人的工作。所以，管理者应该通过目标对下级进行管理。企业的使命和任务，必须转化为目标。"这是彼得·杜拉克目标管理的一个著名观点。

20 世纪 80 年代，我国一些学校管理者开始运用目标管理思想来指导管理实践。有学者指出，目标管理是一种计划职能与控制职能相融合的综合性方法。它强调事先通过目标进行预先控制，事中交由管理者实行自我控制，事后注重成果评价。

一、目标管理的概念与特征

(一)目标管理的概念

"目标管理"（Management By Objectives，MBO）创始于 20 世纪 50 年代的美国，是以泰罗的科学管理和行为科学理论为基础形成的一种管理体系或系统方法。1954 年，彼得·杜拉克在他的名著《管理实践》一书中最先使用"目标管理"这一概念，同时提出"目标管理和自我控制"的理论，并对目标管理的原理作了较为全面的概括。提出来的这一管理体系，至今已被人们广泛地应用于各个领域。我国企业于 20 世纪 80 年代初开始引进目标管理。

"目标管理，顾名思义是一种以目标为指导或以目标为基础的管理体系。"①我国有的学者把目标管理的概念表述为：组织的最高领导层根据组

---

① ［美］W. J. 邓肯：《伟大的管理思想——管理学奠基理论与实践》，132 页，贵阳，贵州人民出版社，1999。

织面临的形势和社会需要，制定出一定时期内组织的经营活动所要达到的总目标，然后，由企业各部门、各级单位和全体员工根据企业总目标确定各自的目标(分目标)和行动方针，安排工作进度，有效地组织实现其目标，并把目标完成的情况作为各部门或个人考核的依据。①

(二)目标管理的特点

1. 目标管理是面向未来的管理

"管理史上早期形成的任务观念揭示了管理行为中确立目标的重要性。从纯理论角度看，我们应该承认任务就是目标。然而它与现代意义上的目标在内涵上颇有差异。以现代的观点看，如果我们准备在今后的一年中同心协力、努力工作，那么目标就被看成是一种想要实现的理想或愿望。"②这理想或愿望具有未来指向性，是领导者引导被领导者共同追求未来新成果的组织行为。

2. 目标管理是强调以目标体系为基础的系统管理

目标是这一管理活动的中心活动，W.J.邓肯指出，目标管理由三个要素构成："①确立简洁明了、可以传达的目标；②由要在目标管理体系下工作的人参与目标的制定；③根据结果对履行职责的情况进行评估。"③

3. 目标管理强调"自我控制"

传统管理的一个特点是强调组织外部的规制，自上而下的权力影响。而目标管理既重视科学管理又重视人的因素，它强调用"自我控制"代替外部的压制性管理。这种"自我控制"可以激励员工尽自己的最大努力。

4. 目标管理是一种"参与式管理"

员工参与目标制定是目标管理的关键要素之一。它强调目标必须以员工参加的方式来制定，这可以促使目标被接受。

5. 目标管理是重视成果的管理

目标管理的根本要求之一就是以结果来进行评价。获得目标成果是每

---

① 陈春燕：《浅谈目标管理在学校管理中的应用》，载《前沿实践》，2007(5)。

② ［美］W.J.邓肯：《伟大的管理思想——管理学奠基理论与实践》，122页，贵阳，贵州人民出版社，1999。

③ ［美］W.J.邓肯：《伟大的管理思想——管理学奠基理论与实践》，130页，贵阳，贵州人民出版社，1999。

个组织存在的意义。重视成果这一管理方式有利于克服懒散和虚假，可以起到争先进、促后进的作用。

二、目标管理的局限

"很多例子表明，目标管理是失败的，抑或在某种程度上令人失望。在这些数字面前，人们对目标管理持明显的怀疑或不信任态度是完全可以理解的。不过，不恰当地或过早地采用目标管理方案所引起的困难不应该与一个事实混为一谈，即作为一种哲学思想的目标管理在逻辑上是合理的，在管理实践中也是有用的。"①应该说大量的实践例证表明，目标管理对改善工作具有明显的潜力。但也有诸多实践证明目标管理有一定的局限性，使目标管理的应用产生困惑。概括目标管理的主要局限为：

（一）目标多为短期目标

目标是目标管理的核心，由于组织内外环境的不断变化，预测技术不能满足需要等问题使得组织对长期发展目标的科学预测较难实现，引发目标管理实践常常陷于短期目标，短期目标会导致组织发展的短期行为的弊病是显而易见的。

（二）目标难以量化

目标管理要求目标必须是可考核的，使目标具有可考核性的简便方法是量化目标。但在实际工作中，很多目标是不宜用数量表示的，如果强行将有些目标附上数值，可能把组织工作、管理活动引入歧途。所以如何形成可观察、可测量的目标是目标管理实践上的一大难题。

（三）目标的明确性、肯定性与适应性调整

目标管理要取得成效，保持目标相对的明确性和肯定性是十分必要的。但计划是面向未来的，而未来往往存在许多不确定因素，这要求根据变化了的环境对计划目标进行修订。然而修订目标是需要支付时间、支付资源费用的，成本的问题常常使目标的修订搁浅、草率进行，或推延目标管理的进程等问题产生。所以如何在变化的环境中，对目标进行适时、有效的

---

① ［美］W. J. 邓肯：《伟大的管理思想——管理学奠基理论与实践》，132 页，贵阳，贵州人民出版社，1999。

调整也是目标管理遇到的一个问题。

三、目标管理的过程

目标管理过程是指目标管理进行的步骤及活动的内容，与一般管理过程一样，它也包含了计划、实施和评价三个阶段。其特点是目标作为主线贯穿始终，在各个阶段中，都创造出了一些富有民主和科学色彩的新的工作项目。

1. 计划阶段：包括论证决策、协调分解和定责授权三项工作；

2. 实施阶段：包括咨询指导、检查控制和调节平衡三项工作；

3. 评价阶段：包括考评成果、实施奖惩和总结经验，使整个目标管理工作做到有始有终，并为以后工作提供经验。

自 20 世纪 80 年代，我国学校引入目标管理至今已有 20 多年了，在这个时期的目标管理实践中，也可以看到诸如轻视长远规划，偏重短期效益；目标体系难以确立，推进中容易产生目标偏差；目标体系呆板僵化，难以适应变化的形势等问题。这些问题是影响目标管理这一系统方法在我国教育界没能得到广泛、持续应用的原因。

第四节　教育计划与战略管理

在世界范围上，教育计划兴起于 20 世纪五六十年代并得到蓬勃发展，70 年代转入低潮，90 年代开始了对教育计划功能和定位的重新认识。

教育计划的起落是受到经济、社会、教育发展变化及相关理论的影响的结果。随着 20 世纪七八十年代战略管理理论的迅速发展，经济领域（企业）的长期计划演进为战略规划进而转向战略管理模式，战略管理思想也很快被迁移到教育领域，使长期教育计划转向战略规划、战略管理，应该说战略管理是促进教育计划走出低谷进入发展新阶段的理论力量。

一、战略的概念与特征

（一）战略的概念

"战略"一词最初为专用的军事用语，来源于战争实践，其理论定义表述也有多种，一般认为，"战"通常指战争、战役，"略"通常指筹划、谋略。联合取意，"战略"是指对战争、战役的总体筹划与部署。多数人指出其内涵的主要特征是：

1. 和社会生产方式相联系，依赖于社会物质生产和科学技术发展水平，并随着整个社会的发展而发展；

2. 直接服务于国家利益和政治目的；

3. 研究的是全局及其规律性；

4. 着眼于准备和实施；

5. 追求主动权与目标的实现。

后来，战略一词在实际的运用中，已远远超出了军事和战争的范围，被引申到整个国家生活和社会生活的所有领域，如政治战略、外交战略、人口战略、资源战略等，还出现了现行战略、发展战略、企业战略、战略管理等概念。因此，一些学者已试图对扩大了的战略概念，赋予新的理论定义，对各个领域的战略进行深入的研究。

(二)战略的层次

战略是关于全局的筹划与部署，但全局对于战略制定的制定主体及对象范围而言，是可以划分不同层次的。例如可以是一个国家整体的战略，一个地区的战略，一个组织或机构的战略(如一所学校、一个企业)。在一个组织或机构内，可以是组织或结构整体层的战略，也可以是组织或机构中的部门战略。不同层次的战略有区别也有联系，因此在区分战略层次，对制定不同层次的战略就显得很有必要。

二、战略管理的含义和思想

(一)战略管理的含义

"战略管理的定义就像这方面的作者一样，在他们不同的观念中，共同的术语是目标、战略、计划、政策以及资源分配，所有这些都通过审查机遇所在的外部环境，从而涉及制定短期与长期的决策。"[1]

---

[1]　[美]丹尼尔·A·雷恩：《管理思想的演变》，545 页，北京，中国社会科学出版社，2000。

(二)战略管理思想

有关研究认为，现代意义上的战略管理思想，严格来讲，是企业战略管理思想，初步形成于20世纪30年代末至60年代初。最早涉及企业战略管理思想的是1938年美国经济学家巴纳德的《经理的职能》一书。在《经理的职能》中，巴纳德运用战略的思想对企业诸因素以及它们之间的相互影响进行了分析，首开企业经营战略研究之先河。此后，于1962年，美国钱德勒出版了《战略与结构：工业企业史的考证》，为企业战略管理思想的研究奠定了基础。

在20世纪60年代中期到70年代初的一段时间里，研究成果集中在战略的概念与构成要素等问题上，基本上建立起了企业战略管理研究的理论框架。

20世纪70年代初期至80年代初期，是对战略管理进行了集中研究的时期，并开始了从理论研究向实际应用研究发展。

20世纪80年代中期以来，是战略管理理论研究争鸣、反思、深化发展的时期，出现了许多新观点，初步形成了诸如资源配置学派、目标战略学派、产业组织战略学派等一些理论流派。这一时期也是战略管理实践蓬勃开展的时期。稍微具体一点讲，如果说20世纪70年代战略管理重视企业中物的要素和理性化的研究方法，而20世纪80年代初转为重视企业中人的因素、文化因素和非理性因素、重视研究中的方向性与有效性的话；那么20世纪80年代中期之后，战略研究则集中围绕企业竞争优势展开，提出了基于资源、基于能力、基于知识等新观念，并对战略联盟进行了深入研究与实践。所谓战略联盟是指一种新经营方式。两个或两个以上的企业出于对整个世界市场的预期目标和企业自身总体经营目标的意愿，通过某种契约而组织松散的结合，实现优势相长、风险共担、要素双向或多向流动。可以说，基于能力的战略和战略联盟是当前的两股主要研究和实践的潮流。基于能力战略形成的企业能力理论认为：企业内部条件，与企业外部条件相比，对于企业占据市场竞争优势具有决定性的作用。企业内部的能力、资源和知识积累，是解释企业获得超额收益和保持竞争优势的关键性概念。

20世纪90年代的企业管理，在许多国家，突出强调要面向环境、面向市场的自身创新，只有这样，才能找到和维持竞争优势。实践中，在 20 世纪 90 年代，世界范围内，许多企业选择了联合重组的发展战略。

20 世纪 90 年代以来又有一些较系统的阐述战略管理思想的著作问世。如 1993 年出版的费雷得·大卫所著的《战略管理思想》（*Concepts of Strategic Management*），一时风靡欧美，并被誉为"管理学圣经"。

随着战略管理思想与实践的发展，对于战略管理的理论界定，有多种多样，这里我们无须也没有能力对战略管理的概念进行规范。重要的是通过对战略管理内涵的了解去认识战略管理的特征。"战略管理是一门着重制定、实施和评估管理决策和行动的具有综合功能的艺术和科学，这样的管理决策和行动可以保证在一个相对稳定的时间内达到一个机构所制定的目标。"[1]所谓战略性经营是这样的经营方式：经营者从达到企业目的的长期观点出发，适应环境的动态变化，担负起专门合理地组成这些基本事项的任务。其中心问题在于应付不断变化的环境，确定企业的活动范围和成长方向的战略经营思想。这样的过程完全是面对管理实践中出现的各种问题，分而解之，各个击破，并超前提出今后的战略、目标及变化环境的对策"战略计划把重点放在思想、观念、竞争对手和发展趋势上，而不是放在短期计划比较细致的财政细节上。"[2]

（三）战略管理的特征

从以上对战略管理含义和思想的阐述中，我们可以归纳总结为战略管理具有以下特征：

1. 重视组织发展的明天，重视组织管理的全局，而不是重视组织的过去及管理的细节。

2. 注重组织与环境的关系，强调使组织自身的条件与环境相适应，以求组织的生存和发展。

3. 强调横向思维、横向比较，重视竞争对手。

4. 强调组织内部优势、劣势的扬弃和外部机会的利用。

---

① 黄浩明：《国外新兴管理学科介绍——战略管理学》，载《管理现代化》，26～27 页，1997(2)。

② 黄浩明：《国外新兴管理学科介绍——战略管理学》，载《管理现代化》，29 页，1997(2)。

(四)战略管理过程①

战略管理过程一般由五个环节构成，以下以组织层面的战略管理为例。

1. 分析环境

分析环境是制定战略的开端。环境包含影响组织发展或目标实现的组织内部和外部的因素。环境分析的任务是认识内外部环境之间、现在及未来存在或可能有的不适应关系，分析组织内部的资源条件，识别优势和劣势，发现组织机会和面对的威胁。

战略管理理论为环境分析提供了许多工具。为大家所熟悉和广泛使用的是 SWOT(Strengths Weakness Opportunities Threats)分析。这是哈佛大学的安德鲁(K. Andrews)等人提出来的一种分析工具，即在分析内外环境的基础上，进一步识别来自外部环境的机会或威胁与组织内部的资源优势和劣势之间的适应性与差异性。其适应性与差异性的含义是指内外部环境因素的一致、相互重叠或相互偏离的程度。这种方法的优点是简单明确，特别是优势、劣势、机遇、威胁四个概念极易被人接受。分析结果有四种情况，与此相适应有 SO 战略(优势[S]＋机会[O])；WO 战略(劣势[W]＋机会[O])；ST 战略(优势[S]＋威胁[T])；WT 战略(劣势[W]＋威胁[T])四种战略可供选择。

2. 设定战略目标

战略管理的第二步是确定组织的战略目标。对于许多组织而言在开始分析环境之前就已经有了组织目标。在这个环节里主要任务是检视与分析过去的目标体系并重新设定目标。在重新设定目标是要考虑组织战略的整体目标及逐级向下的分层目标的匹配和修订。正确的目标产生于对环境变化的深刻认识，来自对组织现有内外部资源的开发利用的创意与能力。

3. 制定战略

在前两个环节的基础上，可以着手制定战略了。在这个环节里，主要的任务是提出战略的具体方案，具体方案的核心内容是为实现组织战略目标，对组织内外的可用及可开发的资源的配置和主要行动举措。出色的战略方案是创造性思考与系统分析结合的产物。需要特别注意的是战略方案

---

① 李军：《管理学基础》，101 页，北京，北京交通大学出版社，2006。

的可操作性。

4. 实施战略

这个环节的主要工作就是把制定出的战略付诸实施。成功的战略实施首先需要进行周密的准备；其次是较为准确地把握该项战略的实施，需要组织进行那些必不可少的变革等问题。

5. 战略控制

战略一旦变为行动，战略管理就进入战略管理的最后环节，即战略控制阶段。战略控制的目的是通过监测和评估组织内外环境来改进和提高战略运行的效果，为战略调整提供依据。战略的实施总是伴随着组织内外环境的变化，重大变化要求重新检视战略目标体系和具体方案，避免变化使战略实施偏离目标。另外，战略控制也可以在实施中及早发现战略中隐含的严重缺陷。

三、战略管理在中国教育领域受到重视的原因

战略管理在我国教育领域受到重视的原因，主要有以下四个方面：

第一，在中央政府向地方政府放权、各级政府向学校放权的教育行政体制的改革中，学校获得了一定的办学自主权，同时也肩负起相应的自主和有效管理的责任。

1949 年后的教育行政体制是按照苏联的模式建立起来的，这种高度集中的计划管理体制，在初期的特殊社会历史条件下，曾起过一定的积极作用。但是，由于它包揽过多，束缚了地方和学校的办学主动性；也由于它排斥商品货币关系，否定市场机制的作用，随着教育的发展，这种体制的弊端日益突出。教育领域实施改革开放的切入点，就是通过简政放权，调整中央与地方、政府与学校的关系，进而更新教育运作方式、规章制度，更换思想观念、行为方式等。在这一改革中，各级各类学校也获得了一定的、在教育法规、政策约束下、在上级教育行政部门控制下的办学自主权，这是学校办出个性、特色、活力的前提条件。同时也要求学校肩负起相应的责任。

第二，随着社会主义市场经济的建立，学校管理活动中引入市场机制，逐步形成了对"顾客需求"及"效率、效益"的观念。

在原高度集中的计划教育行政体制下，学校管理的一个突出弊端是，不计投入产出，不讲效益，不重视资金、人力消耗与毕业生数量与质量的比例关系，因此教育资源浪费严重，效益低下。随着社会主义市场经济的建立，"顾客需求"及"效率、效益"的观念也逐步在教育界确立起来，适当的引入市场经济的运作机制，形成高效的学校工作系统和管理运行机制，是学校管理体制改革深化的一个课题。

第三，社会的政治、经济、文化、科学技术的迅速发展，及生态环境等问题，向学校提出了挑战，必须实行教育改革，培养21世纪的新人。

改革开放以来，特别是在1983年后，在"教育要面向现代化，面向世界，面向未来"这一教育改革的战略指导方针的指导下，基础教育开始了整体改革。在改革中，针对日益突出的应试教育（唯升学教育）的弊端，探讨了"素质教育"的实施，1993年国务院下发了《中国教育改革发展纲要》，纲要提出了要全面提高学生素质的要求。1998年教育部制订了《面向21世纪教育振兴行动计划》，明确提出实施"跨世纪素质教育工程"。1999年第三次全国教育工作会议，决定"全面推进素质教育"。所谓素质教育就是全面贯彻国家教育方针，以面向全体学生、促进学生全面发展为根本特征，以培养学生创新精神和实践能力为核心内容，注重学生主动精神与个性健康发展的教育。如何全面推进素质教育，是学校教育改革与学校行政改革深化直面的课题。

第四，发展中国家办大教育的现实使我们必须进行教育战略管理。

一方面，我国受教育人口规模庞大。据教育部颁布的数据显示，2010年全国共有各级各类学校53.1万所，各级各类学历教育在校生2.6亿人，非学历教育在学人数为5624.8万人。其中义务教育阶段在校生为9940.7万人。以上数据可以表明，我国是一个教育大国和人力资源大国。另一方面，我国又不是一个教育强国，表现在教育投入不高，学校教育物质基础较薄弱，教育经费不足且存在较多浪费。教育发展水平存在着城乡、区域、校际之间的不平衡。要实现《教育规划纲要》中提出的"到2020年基本实现教育现代化基本形成学习型社会，进入人力资源强国行列"的愿景，必须向管理要发展要效率。

思考题

1. 说明现代教育计划的含义与在教育行政管理中的意义。
2. 教育计划的内容。
3. 编制教育计划的步骤与主要方法。
4. 教育计划与教育决策的关系。
5. 目标管理在教育计划制订与实施中的意义。
6. 战略管理对教育计划发展的作用。

资料链接

基于教育公平的美国补偿教育计划

1. 黑人儿童补偿计划

美国号称全世界法制最健全的国家，但是在第二次世界大战以前，美国境内的种族歧视愈演愈烈，再加上立法上的种种不完善，导致黑人和白人处于不平等的地位。第二次世界大战后，在黑人的社会运动的推动下为全美黑人争取了许多权利。美国政府在运动的推动下，制定出了许多法律、法规，禁止种族歧视和种族隔离，允许黑人儿童和白人儿童同校学习，为黑人儿童进入学校敞开了大门。

2. 更高视野计划

这是对于低阶层家庭的文化剥夺和文化差异所进行补偿的一系列计划的总称。美国联邦政府制定的《1965 年初等和中等教育法》中明文规定政府要给低收入家庭子女数量集中的学区加大财政投入，用于补偿教育。

3. 免费午餐计划

这一计划是为了保证在校的每一个儿童都能吃上营养的午餐。美国联邦政府专门为学校提供的一项拨款就是要求学校利用这些资金为那些低收入家庭的儿童提供免费的或廉价的午餐、早餐。

4. 双语教育计划

美国是一个移民国家，随之而来的多元文化给美国学校带来巨大的挑战。面对众多不同的种族群体和语言，1968 年美国国会通过了《双语教育法》，法律规定如果一个母语不是英语的儿童因为语言障碍而导致学业不良，联邦政府就为拨款为其设置双语课程，帮助他们学习英语并尽快适应新的文化和语言环境。

5. 残疾儿童补偿计划

美国政府为了保证公立学校残疾儿童的权利，1973 年通过了《职业恢复法案》，规定美国残疾儿童有权参加联邦政府资助的任何计划和活动，并可以享受其利益。该法案的第 504 项条例明文规格残障儿童有权利进入公立学校接受教育，假如公立学校拒绝残障儿童入校就读，那么政府有权拒绝为该学校提供资助。1975 年，美国政府又通过了《残疾儿童教育法案》，法案规定学校有联邦政府资助，确保所有学生接受"自由而适当的教育"。到了 1990 年 10 月美国联邦政府又把《残疾儿童教育法案》改为《残疾人教育法》，规定应该为所有儿童提供个人教育计划。

资料来源：吴晗：《美国补偿教育计划对我国基础教育机会公平的启示》，载《西昌学院学报》，2001(9)。

第十章　教育法规

第一节　法的概念

法是体现统治阶级意志、由国家制定或许可、以国家强制力保证实行的行为规则的总和。马克思主义认为，法是建立在一定经济基础之上的上层建筑的重要组成部分，它与一定的经济基础相适应，由一定的经济基础所决定，同时，又对经济基础产生巨大的反作用。

法通常在广、狭两种意义上使用。

在狭义上使用时，"法"指法律。在这里法律是指由国家立法机关制定的受国家强制力保证执行的行为规则的文件。

在广义上使用时，与广义的法规相同，是指法律、行政法规、地方性法规以及规章等，即指国家立法机关制定的和其他国家机关制定或认可的规范性文件的总和。

法作为行政规则，属于社会规范的范畴。规范有模式、规则的意思。社会规范是调整人们相互关系的规则。在人类社会发展的各个阶段中，人们在生产和生活过程中结成了各种各样的社会关系，归纳起来，大体可分为三类：①个人与个人之间的关系；②个人与社会集团之间的关系；③社会集团与社会集团之间的关系。与此相适应，形成了处理与协调这些社会关系的各种社会规范，如政治规范、道德规范、法规范等。

法作为一种社会规范，具有一般社会规范所具有的规范性、概括性和可预测性。

法的规范性是指它明确、具体地规定了人们在一定社会关系中的行为模式、行为标准和行为方向。

法的概括性，一方面是指法具有普遍的约束力，即在国家权力范围之内的人都必须遵守；另一方面，意味着法在同样的情况下可以反复适用。

法的预测性是指由于法的存在，人们可以认识自己或他人行为是否合法，预计国家对这种行为的态度以及这种行为所产生的后果。

法除具有社会规范的一般特性外，还有不同于其他社会规范的特征。具体表现为：法是阶级社会特有的现象，具有国家制定或认可的特殊制定方式和一定的法定程序，并以国家强制力作实施的保证。在对社会关系调整的方式和范围上，是以一定的社会关系中权利和义务（或职权与职责）的赋予、保障、履行的方式进行的。

第二节　教育法与教育行政

一、什么是教育法

教育法是关于教育的法规。具体讲，它是举办教育事业所必须遵循的准则、依据和规范。它是国家权力机关制定的有关教育方面的法律文件的总称，是国家法规的一部分，具有法的一般特征。

二、教育法在法律体系中的地位

法律体系是由不同的法律部门所组成，或者说是以国家根本法——宪法为核心，由民法、刑法、行政法、经济法、婚姻法、国际法等构成的法规系统。

关于教育法在法律体系中的地位问题，实际是探讨教育法在法律体系中是一个独立的法律部门，还是从属于一个法律部门的问题。对这个问题目前有两种观点：

一种观点认为，它从属于行政法，是行政法律部门下的一个小分支。这种观点是以教育法的形成和发展的历史事实为基础的。众所周知，最初的教育是作为教育者与被教育者个人的关系形成发展的，是促进人的观念、智力、道德发展的活动，所以起初它与宗教一样，是与法毫无关系的领域。随着阶级的出现、国家的产生，进行教育与受教育的益处为社会所公认。国家开始重视教育并干预教育活动，从而使教育组织化。近代教育制度的建立，说明教育已成为国家有组织举办的事业了，也就是说，教育活动具有了国家的职能。这样，就使教育成了法的对象。历史上，由于人们把教育作为国家行政组织活动的一个重要内容，因此，教育法的内容是以国家有关教育的行政行为规则为中心的。国外一般把教育法定义为：以国家对教育的组织和作用为主要内容的法规总和。换句话讲，国家与教育紧密联系的领域就是教育法的领域。可以说，将教育法置于行政法下，是历史的产物、历史的必然。其理论基础就是国家的教育权。对于这种观点，从历史发展的观点看，是有其合理性的。但这种观点的不足之处在于忽视了教育法自身的丰富与发展，并把教育法与教育行政法等同起来。

另一种观点认为，教育法是法律体系中的一个独立部门。

第一，教育从本质上讲，它是一种社会活动，那种把教育全部归于国家行政组织活动的观念早已发生了变化。同时，教育活动中产生的各种社会关系也已不能完全由行政法调整了。

第二，教育法在其自身的实践中日益丰富和发展，从世界范围来看，已基本形成了自己较完整的结构体系，即以宪法为母法，以教育基本法为核心，包括各级各类的学校教育法、教育行政法、财政法、社会教育法等内容的不同层次与形式的教育法规体系。在这个意义上看，教育行政法仅仅是其中的一部分。

第三，从教育法与教育行政法的关系来看，二者既有联系又有区别。

总之，教育法从行政法中独立出来的条件日趋成熟，同时，作为独立的法律部门是符合法律体系中法律部门划分的标准和科学依据的。上述观点立足于教育法的发展现状，它有助于教育法在理论与实践上的发展。

三、教育政策与教育法

政策是国家、政党为了实现一定历史时期的路线和任务，根据当前的情况和历史条件制定的具体行为准则。政策是以利益为基础的。

在我国，党和国家的政策集中体现了人民的意志和利益。社会主义法的实质就是共产党的主张和人民意志的统一。因此，从这个意义上说，政策和法是一致的，而法是政策的具体化、定型化、条文化。也可以说，教育法是以法律程序和手续确定下来的教育政策。从内容上讲，教育政策是教育法的渊源。从教育法的形成过程来看，教育政策是制定教育法的指导思想和依据。从贯彻实施上来看，教育法又是教育政策得以贯彻的有效形式。

不过，教育政策和教育法是不同的。

第一，教育政策是由党中央和中央政府所授权的部门或地方政府制定的，不经过立法程序，对教育机构和个人教育行为都具有指导性。这体现着一种意向，回旋余地较大，在具体贯彻中常常可以因人、因事、因条件而异。就是说，教育政策具有较多的灵活性和弹性。而教育法是经过立法手续制定的，有制约性。它体现为一种规范，明确规定教育机构、个人在一定情况下可以做什么，应当做什么，或不应当做什么，并以这种规范来作为评价集团、个人行为的标准。这种规范有确定的质和量的界限，具有强制性的约束力。同时这种约束力又具有概括性，即具有普遍性和反复适用性。

第二，教育法与教育政策相比，具有明显的稳定性和连续性。就是说，教育法一旦建立就不能随意更改，或者说以教育政策代替、取消、改变教育法是绝对不能允许的。教育法的修改、补充乃至解释，都必须依据法定的程序。当然，教育法的稳定性和连续性是相对的，因为随着情况的不断变化，教育法也要有相应的废止、修改。但这种废止、修改也必须由法定机关依据法定程序进行。

四、教育法在教育行政管理中的作用

教育法在教育管理中的作用，是指教育法对教育行政管理活动发生影响的方式、手段和结果。教育法在教育管理中的作用与教育法的本质、目的和特征是密切相关的，可以说，是教育法本质属性的外在表现。

(一)教育法保证国家对教育的领导和管理

从本质上讲，教育法是国家教育意志的体现，即占统治地位的阶级通过国家机关表现出来的教育方面的意志。教育法建立的根本目的，就在于借助教育法这个工具来建立、维护和发展统治阶级在教育领域中的社会关系，并通过对教育领域中各种社会关系的法律调整，形成良好的教育秩序，从而顺利地实现国家对教育的领导和管理。

（二）教育法保证必要的教育行政管理秩序

任何管理系统都是按照一定结构组成的多因素复合体，教育行政管理系统也不例外。教育法的建立，可以使教育行政管理系统中的子系统（或者说各级各类教育行政机构、成员）依据法律规定明确自己的职责、权利、义务、利益。从而使它们各自的职能获得正常的发挥，使彼此间的活动有条不紊的开展，进而使整个教育行政管理系统得以有效地运转。这一作用取决于教育法的规范性。

（三）教育法加强了教育行政管理系统的稳定性

正常、稳定的教育行政管理秩序是国家实现教育管理的需要，也是教育发展的需要。建立正常稳定的教育行政管理秩序，需要运用包括教育法在内的社会规范对教育行政管理系统内部各种管理因素之间关系及各种教育行政行为的调节与控制。教育法具有法的基本特征即规范性、强制性和稳定性。运用教育法进行教育行政管理，有助于把符合客观规律、行之有效的管理制度、方法、形式规范化、条文化，把它明确固定下来，并严格加以执行。从而可以大大加强教育行政管理系统的稳定性，有利于排除管理中的突发因素的干扰，保证教育行政管理系统内部关系的正常化。

（四）教育法促进了教育行政管理系统的功效

提高管理活动的效率，增加管理系统的功效是现代管理理论和实践所追求的目标之一。由于反映事物客观规律的法，能抑制管理系统间各种不合理的沟通，保护和促进合理的沟通，有助于建立起一种正常、协调稳定的管理秩序，并能及时有效地调节所出现的矛盾及预测管理行为的后果。故正确地运用教育法，可以提高教育管理活动的效率，增加教育行政系统的功效，促进教育行政管理系统的发展。

第三节　教育法体系

教育法和其他法规一样，从形式上，可以分为成文法和不成文法。

成文法是指以文书的形式制定的法规。在我国成文法一般表现为国家制定的宪法、法律、法令、条例、规则、规定、决议、命令等规范性文件。作为成文法的教育法规就是教育的成文法。成文法是法的主体，特别是在现代国家中，不管在哪一个国家里，成文法都是法的中心，因此，教育的成文法也是教育法的中心部分。

不成文法就是不具文字形式或者说不经过立法程序，没有被条文化的但在社会中却起着法作用的法规。在世界范围，它一般由国家认可的惯例、判例等表现出来。作为不成文法的教育法规便是教育的不成文法，也就是关于教育的惯例法和判例法。

教育的成文法，根据法规制定机构的不同，又可以分为国家的教育法规和地方教育法规两类。

所谓国家的教育法规是指由国家制定的关于教育的成文法。它由宪法和关于教育的法律，国务院、教育部发布的决定、指示、命令、暂行规定、暂行办法、通知、条例、章程等构成。宪法是确定国家统治的组织及活动的根本的法的总括体，是国家的最高法规。在宪法里有对教育的规定，明示着国家教育的基本方针和政策。从广义上说，法律是与法在同一意义上被使用的。而狭义地说，法律仅指全国人民代表大会制定的法规。在我国，法律又分为基本法律和法律。二者效力同等，区别仅在于基本法律由全国人大制定，需经过半数以上的全体代表通过。而法律则由全国人大常委会制定，主要是在解释、执行国家宪法过程中形成的规范性文件。目前我国关于教育的法律数量很大，大量的是国务院、国家教委（教育部）发布的有关教育的决定、指示、条例、章程等行政性法规。

地方教育法规是由各级地方人民代表大会、各级政府制定的教育成文法。主要有各级地方人民代表大会制定的关于教育的地方法规、自治条例、单行条例等；各级人民政府制定的关于教育的章程及发布的决议和命令等。这些地方教育法规必须以与宪法、教育法律、教育行政法规不相抵触为前提。

总之，不同机构制定的教育法，其内容及效力范围是不同的，在整个教育法体系中的地位也是不同的。可以说，教育法体系就是由以上这些不同类型、规格的教育法规所构成的相互关联、合理有序的多层次的系统。

由此引申出一个问题，即从教育法的体系上讲，通常人们把教育法的含义分为广、狭两层。

广义的教育法是指国家机关包括立法机关和政府机关制定和发布的一

切有关教育的规范性文件。

而狭义的教育法是指，行使国家立法权的全国人民代表大会或它的常务委员会，按照一定的民主程序制定、讨论和通过的有关教育的法律。

如果说以上是从教育法规的形成上来阐述教育法体系的话，那么从教育法的内容上来看，教育法体系又可以说由以下几个主要的教育法规所构成：

1. 宪法中有关教育的条款；

2. 与教育制度相关的教育法规；

3. 与教育行政组织机构的设置、职权范围划分相关的法规；

4. 与各级各类学校教育相关的法规；

5. 与学术、科研相关的法规；

6. 与社会教育相关的法规；

7. 与教育经费相关的法规等。

以上这些教育法规是以教育的客观规律与教育实践的不同领域为分类依据的，它们的任务是调整教育同政治、经济、文化等各社会领域的关系，调整教育内部各个方面的关系。

第四节　教育法的制定与实施

实现教育行政管理的法制化，是以教育法的制定为开端，通过教育法的实施得以实现的。

一、教育法的制定

(一)教育法制定的含义

教育法的制定简称为教育立法。它是指国家机关制定、修改、废止教育法规的专门活动。

在我国进行教育立法，它意味着：

第一，国家将自己的教育政策及人民群众的教育意愿上升为法律，变为国家意志的基本方式。

第二，教育立法是国家机关把党的教育主张及全体人民的教育意愿，根据法定权限和程序，制定、修改和废止教育法规的专门活动。

第三，教育立法和一般立法一样，有广、狭两种含义。广义的教育立法是泛指有关国家机关依法定权限和程序制定各科具有不同法律效力的规范性教育文件的活动。狭义的教育立法是专指人民代表大会及常务委员会依法定权限和程序制定教育法规的活动。

(二)教育立法权限的划分

不管哪个国家的立法工作，都有一个权限的划分问题。也就是通常所说的立法体制问题，其核心问题是立法权，即在国家机构体系中，各级各类国家机关制定和颁布具有不同效力的规范性文件的权限如何划分的问题。不同性质的国家或同一国家的不同时期立法权限的划分不尽相同，教育立法权限划分问题也不例外。

在我国教育立法权限是通过宪法和有关的组织法加以规定的。具体为：

全国人民代表大会有权制定和修改教育基本法；

全国人民代表大会常务委员会有权制定和修改全国人民代表大会制定的教育法律以外的其他教育法律；

国务院有权依据宪法和教育法律制定教育行政管理法规，发布教育方面的决定和命令；

国务院所属各部委可依据教育法律和国务院的教育行政法规、决定、命令，在本部门权限内发布有关教育方面的命令、指示和规章；

省、直辖市人民代表大会和他们的常务委员会有权制定地方性教育法规，发布有关教育的决定、命令等；

民族自治地区的自治机关有权根据该地区政治、经济、民族文化教育特点，制定有关教育的单行条例；

县级以上的各级人民政府和民族自治地方的教育行政机构由政府授权并经政府批准，可以制定和发布规定、办法、通告等执行性的教育行政管理法规。

任何超越自己权限制定的教育法规，都是不合法的，也是无效的。

(三)教育立法程序

教育立法程序是指国家机关在制定、修改和废止教育法律规范活动中，必须履行的法定步骤和手续。只有经过法定程序所制定、修改的教育法才是合法的、有效的。

立法程序，虽因不同国家、同一国家不同机关制定的法律规范文件的不同而不同，但立法程序，特别是各级权力机关在制定法律规范性文件时，通常都需经过法律草案的提出、法律草案的讨论、法律的通过及法律的公布四个步骤。教育立法程序也一样。

教育法规草案是由法定的机构、组织和人员（即具有法律提案权的国家机关和人员），依据法律规定的办法，在对相应问题进行详细调查，并会同有关团体、人员进行讨论协商的基础上拟定并提出的。其他的机关、团体、企事业单位和公民也可以随时提出制定某些教育法规的建议。

教育法规草案的讨论是指法律制定机关对列入议事日程的教育法草案进行正式审议和讨论。这是教育立法民主化的重要环节，也是教育法规通过的基础。

教育法规通过是指法律制定机关对教育法规草案经过讨论后表示正式同意，从而使教育法规草案变为教育法，这是教育立法过程中最具有决定意义的步骤。

教育法律公布即法律制定机关将通过的教育法规用一定的形式予以正式公布。一般说来，法律公布与法律效力有密切关系，也就是说，法律被通过之后，如果没有按照法定程序和方式通知公民和国家机关，那么这一法律就不具有法律效力。因此它是制定立法程序的最后一环。

（四）教育法规的修改和废止

教育立法除了教育法的制定外，还包括教育法规的修改和废止的专门活动。其具体表现形式为教育法规的废止、撤销、变更和消灭。

教育法规的废止指由于情况上的变化，教育法规失去效力。即原来的教育法规已不适应新的需要，不能继续生效。废止一般采取在法规中直接明确规定，以废止某一教育法规的方式，或以修改前法的方式间接废止某一教育法规。

教育法规的撤销是由于教育法规在制定时含有不当或不符合宪法的因素，不能继续生效，故由上级机关或原制定机关予以撤销。

教育法规的变更是指教育法规含有废止或撤销的因素时，由上级监督机关或原制定机关将其内容改变。

教育法规的消灭，是指除上述的废止、撤销和变更的原因外，由于教育法规所规定的社会事实已不存在或效果已达到，引起实际上教育法规的消灭。

(五)教育法制定的基本原则

任何一个立法过程，都是在一定原则指导下进行的。依据我国60多年以来在立法实践基础上形成的一些具有中国特色的立法原则和教育活动的客观规律，教育法制定的原则，除坚持四项基本原则这一根本指导性原则外，主要有：

1. 实事求是的原则

这一原则要求制定的教育法规，必须符合我国的国情，适应教育的整体水平。只有满足这一要求，才能使教育法起到应有的效用。

2. 民主立法的原则

由于教育法的制定涉及教育、教学等专门性的业务与技术，所以在制定教育法的过程中，要充分了解广大教职工及干部、专家、有关机构团体、学校的意见，并充分发挥他们在制定教育法活动中的积极作用。

3. 系统性原则

教育从制度上看是一个整体，具有系统性。因此要求教育法也要与此相适应，形成系统。并从教育客观规律出发，也要求教育法规的种类、规格齐全、配套，形成系统。

4. 稳定性与实时变化相统一的原则

法的特征要求教育法一经公布，就要使之相对稳定，不能朝令夕改，但是也要随着国情的变化和教育的发展做及时的补充、修改。

5. 本国与外国教育立法经验相结合的原则

新中国成立以来，我国在教育立法工作中虽有教训，但也有成功的经验，这些是我们制定教育法规的宝贵财富。另外，世界上许多国家已具有较为完备的教育法规体系，值得借鉴。应该把二者结合起来，以建立具有中国特色的社会主义教育法体系。

二、教育法的实施

教育法的制定并不是目的，最终目的是运用它来规范人们的行为，调整教育领域中的各种社会关系，维护和发展教育事业。制定教育法规仅仅是事情的开始，重要的是使教育法规在实际教育活动中发挥作用，使其得以实现。所以我们既要重视教育法规的制定，更要重视教育法的实施。

教育法的实施是指教育法规在现实教育活动中的具体运用和实现。

教育法作为一种意志，它自身不能自动转化，不能自我实现。就是说，教育法要在教育活动中得以实现，需要人们自觉地以一定形式的活动来完成这一转变。教育法实施的具体方式主要有：

(一)教育法的遵守

教育法的遵守其含义为一切国家教育行政机关、教育组织、教育公职人员、公民按教育法规定的要求去行为。

第一，教育法的遵守是教育法规得以实施的基本方式之一，是实现教育管理法制化的基本环节，所以一切有关的教育组织和个人都应严格遵守教育法规。

第二，教育法规的遵守也是公民应尽的法律义务。

第三，教育法的遵守有利于国家对教育的领导与管理，推动教育的发展。

第四，教育法的遵守也是整个国家文明程度的表现。因此，要积极进行教育法的宣传教育工作，并采取必要措施，使人人懂法，并遵守法。

(二)教育法的适用

教育法的适用也可以称为教育法的执行，即国家教育行政机关及其公职人员依据法定权限和程序，将教育法运用于各种具体的与教育有关的人或组织的专门活动。它是教育法实施的又一基本形式。有效地适用教育法是国家教育行政机关及教育公职人员的神圣职责。

在我国教育法的适用过程中，第一，强调以事实为根据，以法律为准绳。以事实为根据是正确适用教育法的出发点，以法律为准绳是表明衡量教育案件、纠纷的是非曲直的标准和尺度只能是教育法而不能是别的。这是正确有效的适用教育法的保证。

第二，教育法的适用同其他法律一样具有平等性，也就是说，对任何公民只要是教育法所赋予的权利，都要平等地予以保护，对教育法中所规定的义务，也要平等地予以监督。对任何公民的违法行为，都要无一例外地进行追究，不允许有任何超越法律之上的特权。

第三，由于不同形式、不同种类的法规，在法律体系中的地位效力不同，就形成了法律适用中的法律次序原则。具体为：

1. 法规形式效力原则

在我国规定的不同形式的法规效力次序为，宪法是最高法规，以下依次为法律，国务院制定的行政法规、决定、命令，国务院各部委在本部门权限内发布的命令、指示，地方性法规等。按次序，这些法规在内容上，后者与前者不能相抵触；在效力上，依次递减。

2. 后制定的法规优先的原则

即在于形式上具有同等效力的法规，执行中若在内容上发生矛盾，应以后制定的法规为准。

3. 特别法优先原则

这是法律适用中处理一般法与特别法的关系问题，要求在适用一般法律时，如遇有特定地区、特殊情况和人员需按特别法规进行处理时，特别法规优先于一般法规。一般法规只有在与特别法规不相矛盾时，才能适用。教育法规的适用也必须遵循以上的法律次序原则。

最后要指出的是，不论哪种形式的教育法的实施，都需要实行监督，目的是防止教育法规实施不当及滥用教育法规的现象，以确保教育法规的有效施行。通常采用的监督形式主要有：各级国家权力机关的监督、国家行政机关的内部监督、审计监督和人民群众的社会监督。

第五节　教育改革、发展与教育法规建设

一、教育法规建设应紧密配合教育改革与发展要求

教育在改革中发展，教育改革又是教育事业发展的需要，说到底是国家经济、社会发展的要求。

中外经验表明，教育改革与发展要求教育法规建设与之紧密配合。其原因是：

第一，教育法规可以确认和维护教育制度。这是由教育法规所担负的

使命所决定的。我国教育法规的使命是保护符合国家利益和要求的教育制度。

第二，它可以促进依据教育的客观规律组织教育、发展教育。因为教育法的本质是教育客观规律的法律化、条文化。

第三，能保证和促进教育改革。具体表现为：教育法可以为教育改革提供依据，指明方向；它是巩固教育改革发展成果的有效手段，就是说，教育法可以把教育改革中出现的新关系、新秩序规范化、制度化，并加以确立和推广；还可以成为促进教育改革的工具。因为教育的客观规律反映到教育法律中，并得以规划化、制度化后，必然反作用于教育实践活动。

所以在教育改革与发展中，应加强教育法规建设，即加强教育立法和教育法的实施工作。这项工作包含的内容有：

第一，要将成功的教育政策、教育改革的成果用法律形式固定下来；

第二，借鉴成功的历史经验及利用科学的教育发展预测成果，提前立法，以引导和促进教育的改革与发展。

第三，建立和完善教育法的实施措施和步骤，并使之制度化。

新中国成立以来，我国的法制建设经历了一个曲折的过程。自新中国成立之日起，就开始着手进行社会主义民主法制建设，并取得了巨大的成绩。然而由于"左"的错误的严重干扰，在相当长一段时间里，这一建设停滞不前。

1978年，在我党清理了自己的错误，吸取"文化大革命"教训的基础上，党的十一届三中全会确立了"发展社会主义民主，加强社会主义法制建设"的基本方针。从此，我国的法制建设获得了极大的发展，教育法制建设的发展也是其中的一部分。

众所周知，1978年以前，由全国人民代表大会或常务委员会通过的教育法律，一项也没有。十一届三中全会后制定了：《中华人民共和国义务教育法》(1986年4月12日)，《中华人民共和国教师法》(1993年10月31日)，《中华人民共和国职业教育法》(1996年5月15日)，《中华人民共和国教育法》(1995年3月18日)，《中华人民共和国高等教育法》(1998年8月29日)，《中华人民共和国学位条例》(1980年2月2日)，《中华人民共和国民办教育促进法》(2002年)。同时，1978年以来，国务院和原国家教委及地方政府也制定了几十部教育的行政法规，使我国教育法规体系初步形成。

2003年以来，由于社会发展需要和教育发展面临的新情况、新问题，我国开始了对一些教育法律法规进行有针对性的修订。① 与此同时也确立了依法进行教育行政的制度，可以说这标志着我国教育走向了依法治教。下面，以《中华人民共和国义务教育法》为典型案例来看我国教育法律的修订程序和内容。

例：《中华人民共和国义务教育法》的修订

1986年4月12日，六届全国人大四次会议审议通过了《中华人民共和国义务教育法》。义务教育法自1986年施行以来，对基本普及九年制义务教育、提高全民族素质，发挥了重要作用。但是，进入21世纪，随着经济社会的快速发展，义务教育出现了一些新情况、新问题，包括义务教育经费与收费问题、教育公平问题、教育质量问题、师资队伍建设问题、教育管理问题等许多方面，人民群众和社会各界的反映比较强烈。因此，各界认为有必要完善有关义务教育制度，对现行义务教育法进行修订。

2003年，在十届人大一次会议上，有近600名代表强烈要求修订《义务教育法》。2004年和2005年，每年又都有22件议案涉及修订义务教育法，签名的代表分别是727名和740名。有近1/4的人大代表连续3年为一部法律的修订提出议案，这在全国人民代表大会的历史上是罕见的。

2003年6月，十届人大常委会将修订《义务教育法》列入立法计划，《义务教育法》修订工作随即启动。

2004年6月，教育部将《义务教育法》修订送审稿报请国务院审议。国务院法制办随即征求全国人大教科文卫委员会、财政部、人事部等37家中央单位，以及上海、黑龙江、深圳等47家地方政府的意见，并多次进行调研。

2005年6月，国务院法制办在对送审稿进行三次修改的基础上，形成《义务教育法》修订征求意见稿，还就征求意见稿向曾提出过议案、提案的740名全国人大代表、44名全国政协委员以及有关中央单位、地方政府、义务教育学校和专家学者征求意见。

① 储召生：《义务教育法修订大事记》，载《中国教育报》，2006-08-30。

2005 年 8 月，侯自新、乔守玮等 22 位领衔提出修订《义务教育法》议案的人大代表应邀到京，与全国人大教科文卫委员会委员以及国务院法制办、教育部、财政部等有关部委的领导同志，共同商讨有关修订《义务教育法》的问题，开创了全国人大立法史上的一个先例。

2005 年 12 月，国务院下发了《关于深化农村义务教育经费保障机制改革的通知》，逐步将农村义务教育全面纳入公共财政保障范围，建立中央和地方分项目、按比例分担的农村义务教育经费保障新机制，为义务教育立法打下一个良好的基础。

2006 年 1 月 21 日，国务院常务会议讨论通过《义务教育法》修订草案，提请全国人大常委会审议。会议提出义务教育法修改的主要内容包括：

◆ 保障义务教育经费，要求制定适应义务教育基本需求的有关经费标准，中央和地方各级政府根据职责共同负担义务教育经费并负责落实；

◆ 实施素质教育，规范教学内容，严格课程管理，将德、智、体、美有机统一在教育教学活动中，培养学生独立思考和创新能力；

◆ 合理配置义务教育资源，经费投入要向农村学校和城市薄弱学校倾斜，引导和鼓励高校毕业生和教师从事义务教育工作，特别是到农村任教，采取措施促进学校均衡发展；

◆ 加强学校管理，保障学校安全，规范学校收费；

◆ 加强教师培养和管理，提高教师思想道德和教学业务水平，改善其工作和生活条件；减少教科书种类，提高教科书质量，降低教科书成本，防止利用教科书非法牟利；

◆ 草案还规定要建立实施义务教育的目标责任制，并对违反义务教育法的行为规定了严格、具体的法律责任。

2006 年 2 月 25 日，十届全国人大常委会第二十次会议首次审议义务教育法修订草案。

2006 年 6 月 29 日，十届全国人大常委会第二十二次会议通过新修订的《中华人民共和国义务教育法》。全国人大常委会委员、教科文卫委员会委员柳斌同志认为，修订后的义务教育法主要有七大方面的转变：[1] ①义务

---

① 施芳：《义务教育将进入新阶段：政府预算来保障》，载《人民日报》，2006-01-18。

教育将由多渠道筹措经费、依靠人民办教育，向主要依靠政府财政投入办教育转变。由义务教育人民办转变为义务教育政府办。②义务教育将由收费义务教育逐步向免费义务教育转变。首先从农村做起、从中西部地区做起，在原来免除学费的基础上，现在再免除杂费，使义务教育逐步成为名副其实的免费义务教育。对贫困家庭的学生，还给予住宿津贴、困难补贴并形成制度。③义务教育体制由"地方负责、以县为主"，向"经费省级政府统筹"、"管理以县为主"转变。同时，中央财政加大对省财政的转移支付力度。④义务教育经费由在预算中与其他经费混为一体向单独列项转变。义务教育经费单列，可以增加透明度，便于审核、监督。⑤中央和省对县级的财政转移支付由内部操作向公开透明转变。中央转移支付资金直接拨付到省财政国库，专项储存，封闭运行。由县教育财政部门依法分配到校。⑥经费投入各级政府分担体制由责任不明确向责任清晰和明确转变。中央和地方各级政府将明确划分责任，分项明确各自的分担比例。⑦义务教育监督由无从问责向逐步建立问责制转变。新的义务教育法加强了督导、审计工作，加强了监督力度。设专章确立"监督"和"依法行政"机制，就公民、社会组织对教育的监督，各级人大对各级政府、上级政府对下级政府的监督，以及责任追究、对违法者的制裁等方面进行细致而明确的规定。总的来看，修订后的义务教育法出台并开始实施后，我国义务教育的管理体制得到进一步理顺，更加注重政府在举办义务教育过程中的责任与义务、更加注重教育公平与更加注重提高教育教学质量，并强化了问责制，这为举办人民满意的教育奠定了重要的基础。以义务教育法的重新修订为标志，我国的义务教育将迈进一个历史新阶段。

二、完善教育法制建设

(一)中国教育法制建设尚须完善

就我国教育法制建设的整体而言，尚须进一步完善，才能更好地适应教育改革和发展的要求。具体问题主要在立法方面：

1. 教育法规体系尚不完备，特别是教育法律的制定任务还很繁重，目前需要制定的主要有《教育经费法》、《成人教育法》、《社会力量办学法》、《教育行政法》等。

2. 教育法律实施细则出台滞后。我国《义务教育法》实施五年零八个月后，《义务教育法实施细则》才面世。《教师法实施细则》的颁布也迟于《教师法》实施一年零十个月。法律实施细则的制定是立法的一个重要环节，每一部颁布的教育法都应该通过相宜的实施细则，去实现它的法律规范在教育活动中的具体落实。教育法规实施细则滞后出台，必然会造成有法难依，依法规范教育行为难的局面。

3. 教育法律本身的质量有待提高。主要是从立法技术上提高教育法律的可操作性，我国出台的教育法律法规的条文内容多为原则性，语言多为描述性的，缺乏明确具体、定量化的规范。因此，其功能难以在教育活动中充分发挥。

（二）中国法律实施尚须加强

在法律实施方面，总体讲，问题就是教育法规实施不力，即有法不依、执法不严、违法不究的现象还很普遍。教育法规必须在其贯彻实施中，才能促进教育的改革与发展。若不把制定的教育法规变成"现实的教育法规"，那么，教育法规的制定就只能是纸上谈兵，教育法规也只是一纸空文。从这个意义上说，教育法规的实施比其制定更有意义。

在实际中教育法规得不到有力实施的原因，分析起来主要是：

1. 公民的法律观念不强，守法意识差。教育行政人员执法意识淡薄，依法治教的行为不自觉。

2. 行政执法制度不够健全，特别是教育法规实施的监督制度、惩罚制度不完备。因此，在教育法规的实施中，常常使教育法规提供的教育行为规范失去它本应有的强制实施性。例如，《教师法》的颁布为教师的地位和待遇提供了法律保证，但是，《教师法》至今已实施 20 年，教师基础工资偏低、社会地位偏低的问题依然没有得到彻底解决。新修订后的义务教育法实施六年多以来，义务教育阶段的经费投入仍存在较大的缺口，教育公平、择校问题依然存在，教育乱收费问题屡禁不止等。所以，加强行政执法监督制度、惩罚制度的建设是当前我国教育法制建设的最最关键的环节。目前，应主要通过加强各级人大对教育法律执行情况的监督检查和教育督导活动实现对教育法律实施的检查、督导、评价、指导作用的发挥。

思考题

1. 为什么现代教育行政管理要求法制化？
2. 一个完整的教育法规体系应包括哪些教育法规？
3. 教育法规与教育政策的异同是什么？
4. 阐述教育法规实施的主要方式及当前我国教育法规有效实施的举措。
5. 我国教育法制建设中，当前必须着力解决的问题是什么？

资料链接

中国台湾地区"家庭教育"相关规定节选

第二条

本法所称家庭教育，系指具有增进家人关系与家庭功能之各种教育活动，其范围如下：

一、亲职教育。二、子职教育。三、性别教育。四、婚姻教育。五、伦理教育。六、家庭资源与管理教育。七、其他家庭教育事项。

第六条

各级主管机关应遴聘（派）学者专家、机关、团体代表组成家庭教育咨询委员会，其任务如下：

一、提供有关家庭教育政策及法规兴革之意见。

二、协调、督导及考核有关机关、团体推展家庭教育之事项。

三、研订实施家庭教育措施之发展方向。

四、提供家庭教育推展策略、方案、计划等事项之意见。

五、提供家庭教育课程、教材、活动之规划、研发等事项之意见。

六、提供推展家庭教育机构提高服务效能事项之意见。

七、其他有关推展家庭教育之咨询事项。

前项家庭教育咨询委员会之委员遴选、组织及运作方式，由各级主管机关定之。

第七条

直辖市、县（市）主管机关应遴聘家庭教育专业人员，设置家庭教育中

心，并结合教育、文化、卫生、社政、户政、劳工、新闻等相关机关或单
位、学校及大众传播媒体办理下列事项：

一、各项家庭教育推广活动。

二、志愿工作人员人力资源之开发、培训、考核等事项。

三、国民之家庭教育咨询及辅导事项。

四、其他有关家庭教育推展事项。

资料来源：http://www.haixiababy.com/News.aspx/T－1938。

第十一章 教育督导

第一节 教育督导意义

一、教育督导的含义

教育督导是对教育工作(包括教育行政工作和学校的组织领导、教育、教学、总务、人事工作)进行视察、监督、指导、建议的活动。具体讲,教育督导机关和人员依据党和国家的教育方针、政策,按照督导的原则和标准,使用科学的方法,对教育行政工作和学校工作通过精密的观察、调查和考核,进而做出审慎的分析和评价,指出成绩和缺点,并提出积极改进意见,使教育工作质量得到不断提高的活动。

教育督导也常被称作教育视导。教育督导和教育视导经常在同一个意义上使用,但严格地讲,两者是有所不同的。比如,英国中央一级的教育督导机构叫作视导机构,其成员称为教育视导员。又如,日本战前,在中央与地方教育行政组织中没有督学与视学官。战后,随着教育行政的指导建议职能的强化,在文部省内设置了视学官,在地方教育行政组织中设置了指导主事。从中我们可以看出两种提法是有区别的。区别在于,两词的英文词源不同,督导译自 inspection,视导译自 supervision。在使用上前者通常是在强调突出监督、检查作用时使用,而后者常常是在强调指导、建议作用时使用。一般说来,监督、检查活动要为权力所支持,而指导建议多为非权力性的。

教育督导虽然较之教育视导更强调监督检查作用,但并不排斥指导建议作用。反之亦同。实际上两者是辩证统一的。

在世界很多国家,行政监督作为行政管理的一种职能已有很久的历史了。它作为维持、提高行政活动对象的正常进行及整体水平的有效手段而被重视。作为防治和纠正法规、政策的实施不当及权力滥用，保证行政管理正常进行的必要条件而被制度化。

从教育行政是国家行政的组成部分的观点出发，教育行政系统中的督导活动，是随着教育行政的产生而出现的，是在现代教育行政发展中制度化的。它是教育行政的一个职能，是教育行政中的一个重要组成部分。由于它对教育行政效率及教育的发展具有保障作用，因此，教育督导制度的改革和完善已成为当今各国教育管理机制中的一个课题。

二、教育督导的性质

(一)教育督导的实质是行政监督

原国家教育委员会颁发的《教育督导暂行规定》第一条就明确指出："为建立教育督导制度，加强对教育工作的行政监督，制定本规定。"这里所说的"对教育工作的行政监督"，就已指明了教育督导的性质就是行政监督。

所谓行政监督，就是指国家行政机关内部，如行政领导机关或专门监督机关对行政管理对象实施监督，其价值取向主要是秩序和效率。更确切些讲是一般的行政监督，即行政管理机关的监督。它是依行政管理权和行政隶属关系而产生的，由行政机关对所属部门和下级政府的监督，是上级政府部门对下级政府部门实施的监督。这种监督实际上是行使行政管理职能的一种手段。行政管理过程一般包括决策、咨询、执行、控制、监督、反馈、修正等环节，监督就是整个行政管理链条中的一个环节。可以说，它是行使国家行政管理权力实施的监督，它是一种自上而下的直接的规制性的监督，集中反映了传统的行政管理强调权力作用的本质特征。

(二)作为行政监督的教育督导所具有的指令性、执法性和权威性

1. 教育督导工作所具有的指令性是有限的行政指令性

教育督导活动是教育督导机构或督学，运用同级政府或教育行政部门授予的行政权，对下级政府、教育行政部门及学校的教育工作进行的检查、监督和指导等。这是一种国家监督，它不仅为国家的行政权力所支持，而且是上级对下级的自上而下的，以领导与被领导的关系为前提进行的。因此督导关系不是以被督导者的自愿为基础建立的，不管被督导者是否愿意，

都必须接受督导。特别是有时要制止被督导者的错误或不当时，没有一定的指令性是不行的。例如，被督导单位违反国家教育方针、政策、法规的行为，督导机构或督学要求其限期改正的意见就具有行政指令性。当然，由于教育活动是培养人的专业性活动，受多种因素制约，十分复杂。加之，现代管理理论的影响，教育督导的专业性、民主性日益受到关注。因此，在教育活动中，指令性行政行为的作用范围越来越小，通常情况下，教育督导机构或督学对被督导单位所提出的意见和建议都是指导性的。在这个意义上我们说教育督导工作的指令性是有限的行政指令性。

2. 教育督导工作具有执法性

作为行政监督的教育督导工作的内容主要是对下级政府、教育行政部门、学校及人员对有关法规、政策和方针的实施进行监督、检查与指导。因此它具有明确的执法性。教育督导的执法性表现在教育督导机构与人员依法进行督导活动中。一方面是在编制督导评估指标时将有关的政策、法规的内容、精神纳入其中，以引导被督导者给予重视并加以贯彻，达到保证执法的目的。另一方面是通过各类督导活动的经常性的检查，及时发现并纠正其违法行为以达到有效实施法规的目的。

3. 教育督导工作的权威性

作为行政监督的教育督导的权威性，与行政监督一样来自其凭借的职权和法纪。由于教育督导是对掌握和运用着一定权力的下级政府或下级教育行政部门以及学校的教育工作进行督导，所以，教育督导机构或督学拥有着比被督导者更高的权威。只有这样才能对被督导者进行检查、督促与指导。《教育督导暂行规定》中也规定了督学在其督导工作中具有的职权，例如，"要求被督导单位提供与督导事项有关的文件并汇报工作"，"对在督导工作中，对违反方针、政策、法规的行为，督导机构或督学有权制止"等。要有效地进行教育督导工作，必须通过职权赋予他们相应的权威。但以往在仅仅依靠职权权威去开展督导活动时，常常使被督导者感到被动、压抑以致讨厌督导人员、督导活动，对上级的督导采取不合作的态度与行为。受到现代领导理论的影响，在教育督导活动中越来越强调督导人员不仅依靠职权去影响被督导者，更要依据自然权力即个人所具有的知识、品行、性格魅力、领导艺术等引导被督导者。

三、教育督导的意义

教育督导是教育行政过程的主要部分，也是教育行政的重要功能，它关系到整个教育行政系统（体制）的效能。显而易见，教育督导的重要性和意义就在于能加强与提高教育行政的领导与管理，以保证教育方针政策的有效贯彻，推动教育工作的改进，提高教育工作的质量，促进教育的健康发展。因此，教育督导在现代各国的教育行政中受到相当的重视并占有重要地位。一些教育发达国家都建立了系统、健全的教育督导组织机构，这些组织机构在推动各国教育事业的发展中起了重要作用。如法国建立了从上到下的完整有效的督学制度，各级督学辅佐各级教育行政首长视察、监督和指导学校的教育及组织管理工作。这构成了法国教育管理的一大特点。英国，在中央与地方两级设立了教育督导机构与人员，中央教育督学机构为女皇督学团，其成员称为督学，地方设教育视导机构，成员为教育视导员。苏联在地区、市国民教育部、地方州国民教育部、共和国教育部、联邦教育部设立了视导机构和视导人员。日本，在其文部省的初等、中等教育局及大学学术局中设置了一定数量的视学官，地方上，在作为地方教育行政机构的地方教育委员会内设置了指导主事。

我国教育视导人员的设置始于 1906 年，经过了长时间的发展变化，到新中国成立之后，在国家进一步强调视察工作重要性的同时，在中央及地方教育行政部门中设立了相对独立的教育视导机构。但由于独立设置的视导机构和人员往往不很熟悉业务主管部门处理问题的详情，不能与业务部门密切配合，加上 20 世纪 50 年代末"左"倾思想的影响，到 1951 年年底独立的视导机构和人员便被撤销，而把视导工作交给了职能司、处。"文化大革命"结束不久，随着教育战线的拨乱反正，及党的十一届三中全会的改革开放决策的推行，恢复和发展教育督导制度被提到教育改革和发展的日程。其根本意义在于：①发挥教育督导宏观调控的功能，以利我国简政放权、转变行政职能的管理体制的改革。②实现依法治教的需要。③推动教育管理的科学化。

第二节 教育督导的基本职能与具体任务

一、教育督导的两个基本职能——监督和指导

教育督导的职能，是指教育督导所具有的能力和作用，又指教育督导机关及人员为执行其任务所进行的职务活动。

"督导"一词的字面含义即监督和指导。若进一步分析督导的内涵，我们可以认为，监督包括观察、检查、调查、访问、监察、考核、督促等作用。指导包括指示、引导、辅导、帮助，鼓励、启发等作用。由此推去，是否我们可以说，监督、指导是组织化、制度化了的教育督导活动的两个基本的或者说是主要的职能活动。

对教育督导职能的概括，在以往的研究中有好多种，如在刘问岫主编的《普通教育行政概论》中，被分析归纳为：预防性功能、补救性功能、完善性功能、评价性功能、沟通性功能、反馈性功能。孙绵涛在其编著的《教育行政概论》中，指出教育视导的职能为沟通评价职能、检查监督职能、指导推广职能。这些概括虽然是从不同的角度加以归纳分类的，但有一个共同点，即着力反映教育督导活动的发展，也就是教育督导活动内容的扩大、作用的变化。这不能不说是以上概括的出发点和特色。对此，若从强调揭示教育督导职能活动的变化上讲，是必须给予肯定的。但我认为，就教育督导职能活动的内容而言，主要的就是监督和指导。其他的均可看做是这两种职能活动的延长、作用、结果或者方式、手段。比如，反馈、评价就是视察、监察活动的延长，预防、补救、完善等可视为监督、指导活动的作用或结果，沟通、协调是监督或指导的活动方式、手段。因此，在这里，将监督与指导作为两个基本的职能活动。

我们说，教育督导的职能活动就像一个复杂系统的任何一部分，可以从不同的角度进行考察，也可以采用不同的理论参照系进行分析。为了进一步分析认识教育督导的监督、指导职能，以下试从行政监督行为、管理过程的控制行为角度进行一点探讨。

(一)作为行政监督行为的教育督导制度的职能活动

在世界很多国家，行政监督作为行政管理的一种职能已有很久的历史

了。它作为维持、提高行政活动对象的正常进行及整体水平的有效手段而被重视，作为防治和纠正法规、政策的实施不当及权力滥用，保证行政管理正常进行的必要条件而被制度化。

从教育行政是国家行政的组成部分的观点出发，教育行政系统中的督导活动，是随着教育行政的产生而出现的，是在现代教育行政发展中制度化的。它是教育行政的一个职能和重要组成部分。由于它对教育行政效率及教育的发展具有保障作用，教育督导制度的改革、完善已成为当今各国教育管理机制中的一个课题。

从实质上讲，教育督导就是行政监督，更确切些讲是狭义的行政监督。其含义可分为两层：第一层，是行政机构内部的领导部门设立的监督系统。第二层，是上级行政机关、领导对下属组织及其人员的监督，是行政机构内部的监督。

而广义的行政监督是指对行政管理活动进行监督的所有形式，即法律监督、政党监督、群众监督。这些监督的组织系统不论大小，都独立于行政机构之外，因此也称为外部监督。

与广义的行政监督相对，狭义的行政监督的最突出特点是以上下隶属关系为监督行为的基础，所以可以说，它是一种自下而上的直接的规制性的监督，集中反映了传统的行政管理强调权力作用的本质特征。实践中，这样的监督行为主要凭借权威和纪律来对下级组织及人员进行监察、考核，并且是消极的，就是说它以考核办事成绩为检查的目的，办事努力者予以奖励，不努力者予以惩戒。这种监督行为只对上级负责，检查结果只向上级汇报，是单向的反馈。另外，其特点还表现在行政监督的内容上，主要是对下级组织及人员，对有关法规及政策的实施进行监督。

正如"监督"一词的原意所表示的那样，是上级行政部门对下属部门及人员的查看、监督、考核。从这个意义上讲，教育督导活动也必然是居高临下的视察、考核活动，是有督无导的消极监督。

随着管理理论的普遍化，行政活动进入了管理理论的对象范畴。受一般管理理论的影响，现代行政监督活动，已逐步走向以指导（包括激励、辅助等）为主，重视发挥人的积极性。因此现代行政监督的内涵不仅包括查看、监督、考核，还包括指导、建议、协调、沟通等内容。教育督导活动尽管接受这种影响较晚,是在20世纪中叶出现了这种变化。

(二)作为管理过程要素的控制行为的教育督导制度的职能活动

管理理论是继资本主义国家行政学之后出现的。它以企业内部的管理活动为主要对象,强调管理活动的技术性、效率性及合理性,主张限制权力的作用。管理理论对管理活动的动态研究表明,管理是一种持续不断的过程,这个过程由几个不同的要素或者说环节所构成。对过程所包含的要素至今虽有多种研究成果,但若仔细对这些成果加以分析,就不难看到各家的研究实无多大区别,只是在应用的词汇上,或者说环节、步骤划分的细密程度上有所不同而已。

一般把管理过程(包括行政管理过程)划分为五个要素,即计划、组织、指挥、协调和控制。具体说,这种观点认为,任何工作的实施要首先制订计划,实现计划必须建立组织。组织既经成立,就需要命令、指挥组织中的成员分别进行,并随着协调人力、物力、集中意志进而控制努力的方向。控制在管理活动中是不可缺少的一环,其内涵,是从组织内部的微观管理活动来加以阐明的,被表述为根据组织管理决策的目标与计划,对组织活动及其成果进行监督检查,为消除目标实施与预期目标之间的差异所进行的管理活动。这样说来管理过程中的控制活动就其目的作用而言无异于行政管理过程中的行政监督行为。

"控制"一词源自希腊文,原意为舵手,舵手的根本任务就是保证航船的行驶始终朝向目的地。从控制活动的内涵出发,其首要特点就是与目标紧密相连。管理过程中的控制活动主要是保证使组织或成员的行为始终不偏离目标。为此,控制活动主要是通过反馈和指令来保证实际行动过程与所订目标计划保持一致。

反馈就是将本来要求按照计划去进行的行动过程的实际情况与计划目标比较的结果(即信息)返送回决策和执行机构的活动。反馈是控制活动的主要部分,没有反馈,就无从实行控制。为了获取反馈信息,必须追踪实际过程,检查实际过程与原定计划、目标、政策是否一致。从这里去理解作为控制行为的教育督导活动对反馈的重视,一方面是重视以获取反馈信息为目的的检查、监察、调查职务活动,而不是以消极考核为目的的监督活动。另一方面,重视双向的信息反馈,就是说,信息反馈不仅是对上级决策部门，而且也对实施、贯彻部门及人员，这也是一种信息沟通。传统的教育督导活动重视向上级部门和主管人员进行信息反馈，表现为给上级的教育督导部门呈报有关材料。这种反馈是单向的，也缺乏即时性。当然，对上的信息反馈是控制活动不可少的，但对下传递和交换信息，报告视察结果，分析其原因也是重要的。从整个控制过程来说，信息的传递、交换是控制活动的核心，离开了信息系统，控制就不能发挥对下的评价、信息传递、咨询及服务功能。因此教育督导活动不仅要重视对上的信息反馈以尽参谋职能，而且要重视对下的信息反馈。

实施控制除了反馈之外，一般还通过发出指令去进行。指令是一种指导性命令。指令的作用在于改变人和组织的行为，使之符合计划的要求，以利于行为过程朝向目标。指令在发挥改变人和组织的行为作用时，不能简单地理解为限制人们的某种行为，强制人们采取另外的行为，由于人的行为是受思想支配的，人的思想发展有其自身的规律性，因此指令要力求为个人、组织所接受、所理解，以形成共同的价值观，在共同价值观下达到行为的协调一致。因此，在管理理论指导下的教育督导活动强调以指导为重要的职能活动内容，并要求突出指导活动的启发功能、激励功能、协调功能。在这个意义上，我们可以认为，许多学者提出的教育督导的激励功能、协调功能、启发功能等都是由指导这种根本职能活动派生出来的行为和作用。当然，在实施控制时，要求组织成员协调一致的因素也总是存在的，对于这种情况，控制也起着某些抑制、限制的作用。

二、国外教育督导的监督与指导职能的发展变化趋势

第二次世界大战之后，摆在各国政府面前的已不是应否重视教育督导工作、要不要建立教育督导制度的问题，而是如何提高教育督导制度的效能问题。在这个问题的解决上，引起人们极大关注的是教育督导制度的职能如何发挥。而如何发挥教育督导的监督与指导职能，在不同的国家、不同的历史时期有不同的选择。

(一)改善监督职能

第二次世界大战之前与之后相比，世界上许多国家特别是发达国家的教育督导职能活动呈现了改善监督职能，强调、强化、扩大其指导职能的

变化趋势。所谓改善监督职能，主要意味着尽可能减少职能活动中的监督命令行为，突出监督不是以考核为终极目标。而要为指导提供信息、依据。

第二次世界大战之前，督导活动作为指挥监督行政的一个环节，是从维持教育活动的正常运转的根本目的出发，为使中央的教育政策、上级的教育意图浸透到学校去，并为检查落实的情况而对学校进行的视察活动。同时，为达到教育政策在学校得到贯彻的目的，从教员管理方面也采取了一定的措施。故而，一些国家的督导常常被赋予了教员评定权。通过对教员的勤务考评，即依据行政当局制定的标准或评价项目对教员进行考核，直接插手或间接影响教师的经济报酬、晋升、奖惩等人事工作。另外，督导代表教育行政当局，代行其教育视察、评定、指导等行政行为。因此督学要受教育当局的领导，同时对教员又作为上司，传达当局的政策、命令，并对政策命令的贯彻行为进行自上而下的监督。这些是第二次世界大战之前教育督导主要的职能活动内容。

(二)强调、强化、扩大指导职能

第二次世界大战之后，在日本、法国、联邦德国可以看到，对以上的督导职能活动的改革动向、改革的基本方向，就是强调、强化、扩大教育督导制度的指导职能，即强调在现代教育督导的职能活动中应以指导性活动为主。通过减少、限制督导活动中的直接的、消极的监督、命令行为以加强指导性职能活动，并不断扩大指导性职能活动的范围，改革指导活动的方式。这一变化趋势的具体内容可以归纳为：

1. 以改革、发展教育为根本目的，从单纯对下级教育行政部门及学校对上级教育政策执行情况的视察考核，转向在视察考核的基础上，开展积极的指导建议活动。

2. 从直接或间接的插手、影响人事管理转向提高专门职业能力的各种活动的组织与协助。

3. 以指导学校的教育、教学特别是教师的具体教学的专业性活动为指导职能活动的中心内容。

4. 改善以上下级从属为前提的督学与被督导者的关系。代之以平等合作的关系，改善监督命令的督学方式，代之以协商、激励的方式。

日本指导主事制度的建立，英国开展的督学人员的"教师商谈者、学校职员协作者"化活动，西德重视视学人员的情报提供、建议、激励作用的发挥，法国的教育活化、督导活动活化等实践活动都是这种变化的反映。

随着 20 世纪 90 年代世界性的教育改革风起云涌，一些国家进一步积极改变现行的教育督导体制，努力建立民主高效、服务性强的新式教育督导。

比利时在维持原教育督导制度不变的前提下，再根据教育改革的实际需求增加了一个教育咨询服务系统，这样原教育督导系统仍然维持监督和检查的功能，具体将对学校的法律实施政策落实特别是经费使用情况予以监督，而教育咨询服务系统将以全新的管理理念为学校提供各种教育咨询。比利时的教育咨询系统始建于 1991 年，目前已经初具规模。教育咨询系统已经在中小学和非大学系统的高等职业教育机构中普遍开展，咨询的内容有心理咨询、学科教学咨询。

英国尝试性地将市场原则引入教育督导之中，1993 年的教育法规中规定"如果某一注册督学认为一所学校办学失败，则在其报告中提出整改措施，经学校总督学批准即具有法律效力"。

美国非常强调教育督导的指导性和服务性，20 世纪 90 年代以来对教师实行了"发展性督导"，即督导人员在教师自我设计和自我发展的基础上发挥作用，使督导工作的开展以教师的需求为出发点。[①]

(三)如何认识教育督导的监督与指导职能的发展变化趋势

系统理论告诉我们，教育督导活动也是一个系统，并且是一个开放的系统。而所谓系统是由相互联系、相互作用的若干要素组成的有机整体。"系统中的各要素对系统整体的作用是不同的，而且是不断变化着的。系统在其运动过程中会出现'中心化'趋向，即某些要素的地位和作用越来越突出，其他要素相对处于从属地位。当然这种情况也不是凝固不变的。系统的'中心'会随着内部条件的变化而转移。"这一点在教育督导活动中表现得也十分明显。

因此，必须从这种变化的历史条件，即从教育观念、教育活动、教育行政活动的发展变化中，从社会的发展变化中特别是国家所面临的形势、

---

① 洪成文：《90 年代国外教育督导发展轨迹初探》，载《比较教育研究》，2001(6)。

任务的变化中去认识这一教育督导职能主次关系的强调、侧重点的选择，也就是基于关系与其外部环境的联系，对强调、强化、扩大教育督导制度的指导职能趋向进行宏观的考察与把握。

三、教育督导的任务

《教育督导暂行规定》第二条规定，教育督导的任务是：对下级人民政府的教育工作、下级教育行政部门和学校的工作进行监督、检查、评估、指导，保证国家有关教育的方针、政策、法规的贯彻执行和目标的实现。

（一）从教育督导职能角度看教育督导的任务

对上述规定，若从教育督导职能的角度理解、概括，教育督导的任务即：

1. 监督和检查

监督和检查下级政府、教育行政部门和学校贯彻执行国家的有关方针、政策、法规的情况，教育、教学和教育管理工作的情况，以及其他有关事项。

监督和检查是指领导对下属的监察和督促，其目的在于使下属能够迅速、准确、有效、积极主动地贯彻执行教育方针及各项政策，完成教育、教学和教育管理等方面的工作任务。教育方针与各项政策的贯彻执行，仅仅靠通知和指令，常常得不到切实的贯彻落实。又由于各个地区经济条件的不同，教育事业发展的不平衡，加之各个地区、学校的领导和教师，在思想认识、政策水平、教育观念、实际经验上存在着较大的差距，因此，在贯彻方针、政策的实践中，往往会出现很大的差别。这就需要教育督导机构及督导人员专门承担起国家对教育行政机关及学校的工作质量、教育质量等方面的监督、监察任务。

2. 评价

评价下级政府、教育行政部门和学校的管理水平、办学水平和教育质量。

评价下级政府和教育行政机关工作成效及学校教育实施的成果，系教育督导的一项主要任务。从现代教育行政管理的观点和发展趋势中看，积极开展教育评价，对于提高教育管理质量、贯彻教育方针政策和推动教育事业的发展，有着巨大作用。教育评价的内容是很广泛的，概括起来主要是，对教育行政部门管理水平的综合评价，对学校办学水平的综合评价，对教师的教育、教学工作的评价，对学生学习质量的评价。

3. 指导和帮助

指导和帮助下级政府、教育行政部门和学校的工作。

指导是相对于监督、指挥而言的。有指点、引导的意思。指导的目的在于帮助下级行政部门和学校更有效地完成任务。第二次世界大战之后，世界许多国家对教育督导工作的改革，其内容之一就是扩大教育督导机构的指导建议职能。指导的开展，注重人的潜在积极性的调动及启发诱导方法的运用，并强调发挥指导的激励、辅助作用。从督导工作的过程来看，指导是其中重要的一个环节。成功的指导是以调查的事实和基于事实所做的评价为依据的，以督导人员与被督导人员之间相互信任为条件的。

4. 反映

反映下级部门、教育工作者的意见和要求，并向政府和教育行政部门提出反映意见和建议。

教育督导系统被视为教育管理的反馈系统。就是说，教育督导机构及人员通过反映下级教育部门、教育工作者的意见和要求，实现上级各项方针、政策、指令任务、执行情况及方针政策本身问题的"反馈"。反馈是检查决策（包括方针、政策、指令、任务等）是否正确、执行是否有效的依据。与此相联系的一个问题是教育督导机构及人员在分析反馈信息的基础上，通过向政府、教育行政部门、学校领导及教师提出意见和建议，实现其参谋职能。

5. 鼓励、协助

教育督导人员应鼓励并协助下级教育行政部门、学校管理人员及教师，就日常管理、教育、教学活动中遇到的问题进行合作性的调查及研究，以寻求解决问题的方法及改革的依据。

我们常常感到，教育研究部门及大学中有关学者，对教育管理、学校教育中实际问题的研究，往往对实际问题的解决助益不显著，而实际工作者又很少有意识地对所遇到的问题进行研究，这是一件很遗憾的事情。因此，教育督导人员就评价结果及调查中发现的实际问题应组织、协助、参与有关专家、实际工作者的合作研究，以推动教育工作的方针教育质量的提高。

（二）从教育督导的对象看教育督导的任务

如果从教育督导的对象而言，教育督导的任务主要是两个方面，一方面是督导政府包括政府设置的教育行政机构，简称督政。另一方面是督导学校，主要是中小学校简称督学。督政与督学密切相关，督政离不开督学，督学是督政的基础。我国教育督导实践就是既督政又督学，20世纪末期以督政为主，进入21世纪教育督导的重心逐步转向督学。这是由我国的国情决定的。

督政即把督导下级政府的教育工作（包括教育行政部门的工作）作为主要任务，这在世界其他国家里是不存在的，他们的教育工作主要是督学。应该说这是我国新型社会主义督导制度的一个特点，是我国的政体与教育管理体制所决定的，也是教育体制改革、发展教育的需要。具体来说：

第一，我国现行的教育行政体制，从教育行政与一般行政的关系上讲，属于从属制，而非独立制。就是说教育行政是国家行政的一个组成部分，各级教育行政机关必须接受各级政府的直接指挥与监督。我国现行政治体制的根本特点，决定了我国各项事业发展的宏观决策权，人力、物力、财力的统筹和调控主要由党委和政府领导所掌握。教育的发展，教育行政部门的合作都离不开政府的重视和领导。这也是社会发展规律和教育自身发展规律的反映。就社会发展全局来看，现代经济和社会的发展要求各级政府干预教育；从教育自身的规律看它又不能离开社会的政治、经济、文化而发展；教育所固有的经济功能、政治功能、文化功能决定了其必须与社会的政治、经济、文化的发展保持同步。因此重视和加强政府对教育的干预是现代社会、现代教育的发展趋势之一。

第二，十一届三中全会以来的教育管理体制改革，旨在通过简政放权，实现中央教育行政管理职能向宏观调控的转换，建立基础教育地方化、由地方负责的管理体制。《中华人民共和国教育法》第十四条规定："国务院和地方各级人民政府根据分级管理、分工负责的原则领导和管理教育工作"、"中等和中等以下教育在国务院领导下，由地方人民政府管理"、"高等教育由国务院和省、自治区、直辖市人民政府管理。"因此，各级政府特别是各级地方政府对教育工作的认识和教育管理的水平，对办好教育事业尤其是基础教育有着决定性的作用，那么建立专门机构了解和监督各级政府的教育工作也就成为必须。《教育督导暂行规定》把代表同级政府对下级政府的教育工作，依法进行综合性监督、检查、评价、指导确定为教育督导机构的任务和职责，是我国建立有中国特色的社会主义督导制度的有益探索。根本上是教育管理体制的改革和发展教育的需要。

第三，国际上普遍将加强教育作为增强综合国力和提高国际竞争力的重要砝码。我国改革开放以来，党和国家政府也把教育摆在优先发展的战略地位上。1994年江泽民同志在全国教育工作会议上指出："我们这样一个有近12亿人口、资源相对不足、经济文化比较落后的国家，依靠什么来实现社会主义现代化建设的宏伟目标呢？具有决定意义的一条，就是把经济建设转到依靠科技进步和提高劳动者素质的轨道上来，真正把教育摆在优先发展的战略地位，努力提高全民族的思想道德和科学文化水平。这是实现现代化的根本大计。""只有把教育搞上去，才能从根本上增强我国的综合国力，才能在激烈的国际竞争中取得战略主动地位。""教育能否优先发展责任首先在各级政府，关键也取决于各级政府的诸如落实有关教育方针政策法规、对本地区教育事业发展的规划及实施、教师队伍的建设、教育经费的投入、引导各行各业支持教育等方面的工作情况。"邓小平同志曾尖锐指出："一个地区，一个部门，如果只抓经济，不抓教育，那里的工作重点就是没有转移好，或者说转移得不完全。忽视教育的领导，是缺乏远见的、不成熟的领导者，就领导不了现代化建设。各级领导要像抓经济那样抓好教育工作。"建立督导制度、开展督政工作正是为了加强政府对教育的管理，实现教育的优先发展。

学校的教育、教学和管理活动直接关系到所培养的学生的水平，进入21世纪我国深入开展的教育改革已把提高教育质量提到了教育发展目标上来。因此，督学即督导学校的各项工作也倍受重视。特别是随着教育改革的深入发展、督导制度的不断完善，督学也成为我国教育督导工作任务选择的侧重点。2012年8月国务院颁发了《教育督导条例》。《教育督导条例》第十一条，明确指出教育督导的工作内容，第一为：学校实施素质教育的情况，教育教学水平，教育教学管理等教育教学工作情况。

第三节　教育督导机构与人员

一、教育督导机构

(一)教育督导机构的设置

1983 年，教育部在《关于建立普通教育督学制度的意见》中，提出在中央教育部，省、市、自治区教育厅(局)，地、县教育局内设置四级督学机构。1986 年国务院批准教育委员会重新设立教育督导机构——督导司。1987 年原国家教委转发了《国家教委督导工作座谈会纪要》，并发出积极稳妥地建立督导机构的通知。1988 年 9 月 14 日原国家教委、人事部下发《关于建立教育督导机构问题的通知》，要求县级以上人民政府建立教育督导机构或配备专职教育督导人员。此后，有许多省市自治区在其教育厅(局)内设置了督导机构，但就全国来讲，尚未形成健全、完善的自上而下的四级教育督导机构系统，特别是地县两级的教育督导机构的设置还有大量的工作要做。

1991 年原国家教委颁布的《教育督导暂行规定》，使我国教育督导机构设置获得了新的发展。其表现在两个方面：一是基本形成了中央、省、市、县四级教育督导机构网络。特别是到 1998 年年底，全国 31 个省(自治区、直辖市)已全部建立了省级教育督导机构。全国有 99.7% 的地(市)和 97.3% 的县(市、区)也都建立了督导机构。二是部分教委督导机构改建为政府督导机构。政府督导机构是各级人民政府在教育行政部门内建立的对教育工作进行监督、检查、评价、指导的专门机构。虽然其工作机构多设在教委内，日常工作由教委管，但它可直接代表政府去监督下级政府的教育工作。教委督导是各级教育委员会(或教育行政部门)在其内部设立的相对独立的职能部门。它在监督下级政府教育工作时需由同级授权。

2000 年 1 月，经中央编制委员会审核，国务院批准，原国家教委教育督导团正式更名为"国家教育督导团"，这对地方加强教育督导机构产生了直接的影响。

2001 年，《国务院关于基础教育改革与发展的决定》颁布后，各地在督导机构建设方面取得了新的进展，主要表现在省地两级教育督导机构改革已基本完成。截至 2005 年年底，全国 31 个省（自治区、直辖市）全部成立了人民政府教育督导团（室），98.5％的地（市）建立了教育督导机构，其中91.1％是人民政府教育督导机构。全国共有 2716 个县建立督导室，其中人民政府称谓的占 82.7％。

2012 年 8 月国务院办公厅以通知形式宣布成立"国务院督导委员会"其主要职责是研究制定国家教育督导的重大方针政策；审议国家教育督导总体规划和重大事项；统筹指导全国教育督工作；聘任国家督学；发布国家教育督导报告。国家督导委员会的成立进一步健全了我国教育督导制度。

（二）教育督导机构与教育行政部门及其职能处（科）室的关系

教育督导工作任务的广泛性和综合性决定了教育督导机构在履行其职责的过程中要与其他职能部门发生关系。主要是：与教育行政部门及其职能处室的关系，与教育科研的关系，与群众团体之间的关系，地方三级教育督导机构之间的关系等。其中教育督导机构与教育行政部门及其职能处室的关系是影响和保证教育督导工作顺利进行的重要方面，必须理顺和正确处理。

就我国现行的教育行政体制而言，教育行政部门和教育督导机构都是人民政府领导下的教育行政管理的职能部门，其工作的终极目标是共通的，即根据国家的教育方针、政策、法规，维持教育工作的良性运作，推进教育的改革与发展，使教育更好地为社会主义现代化建设服务。其工作的对象是下级教育行政部门和学校。因此，教育督导机构与教育行政部门及其有关职能单位有着必然的联系。这就要求在履行职责过程中互相沟通、密切合作。

但是，教育督导机构和教育行政各职能部门又是人民政府领导下的两个独立部门，在整个教育行政体系中具有不同的职责、任务，发挥着不同的功用。教育督导是教育行政管理体系中的监控部门，是行政管理过程中的检查反馈环节。其主要职责是对下级、学校贯彻执行国家的教育方针、政策、法规的情况，教育改革与发展的状况，进行监督、检查、评估、指导；对上进行参谋、反馈；不参与行政管理的日常工作和决策计划的执行。教育行政部门机构内部的职能单位是教育行政管理体系中的决策、执行部门，主要职责是根据所辖区域的实际，组织贯彻执行国家的教育方针、政策、法规等，提供必要的教育设施、经费、人员、提供教育教学的专业指导，以维持教育的良性运转，推动教育工作的发展。在履行以上职责时，教育行政部门要遵循教育管理过程的一般规律，即计划（决策）、实施（执行）、检查总结、反馈调整。就是说，在具体的行政行为过程中，除了计划和组织实施外，通常也进行为本部门的计划与实施服务的自我检查、自我反馈、自我调节的工作。因此说，教育督导机构与教育行政部门及其内部职能单位各有其职能范围，他们必须各司其职，各负其责，各尽所能。

尽管教育督导机构与教育行政部门及其内部的职能单位，是在同级政府领导下分别独立设置，但在工作对象、任务、目的方面有着极大的共同部分，因此在实际工作中不可避免地发生交错重叠、多头指挥等问题。所以，处理好教育督导机构与教育行政部门及其内部业务部门的关系，解决好它们之间沟通、联系、分工合作的问题，就成为完善教育督导组织机构、理顺教育督导机构与其他相关机构的关系、提高教育督导机构的效率的一个必须面对的问题。在1995年原国家教委拟定颁布的《普通中小学督导评估工作指导纲要》及关于实施《指导纲要》试点的意见中，就提出了在试点中要研究督导评估学校与督导评估政府教育工作的关系，并处理好督导机构与教育行政部门内有关单位的关系。

这个问题也是世界许多国家在完善教育督导机构中遇到的问题。为解决这一问题，各国采取了不同的方法。如法国，规定了中央一级教育督导部门由教育部长直接领导，负责对全国的教育情况进行了解、分析、评价与咨询，并完成由教育部长委派的其他特殊任务。而地方教育督学则由同级教育行政最高长官兼任。美国的教育督学也采用兼职制，即由地方行政长官兼任。日本则采用分任制，并通过有关教育法规规定，地方教育指导主事不能参与人事工作，必须接受上级命令指示，主要对教学业务进行指导。英国将教育督导部门与教育行政部门进行分设。这些对策不同程度地解决了以上问题，对我们有着一定的借鉴作用。

采用什么样的对策，如何借鉴国外的做法，最终取决于我国的实际。一些国内的有关研究结果表明，应注意采用以下的举措：逐步将剩余的教委督导室改建为政府督导室，以提高其权威性，统筹安排，主动协调。教育行政部门在做教育工作计划、确定各阶段的工作任务、进行人员分工、拟订工作日程时，在总结工作后教育督导机构制定督导评估方案时，以及在评估完成后，要互相主动听取对方的意见，并互相提供工作安排及工作进展情况及问题等方面的信息，以统一认识、统一行动，避免多头指挥，重复工作。建立必要的规章制度，如双方主要领导的联席会制度，双方合作的检查评估制度等，以保持相互间的经常联系、信息传递和相互支持。

二、教育督导人员

我国把教育督导人员称为督学。

(一)督学的条件，即督学的素质要求

由于督学是代表同级政府、教育行政机构对下级政府、教育行政部门和学校进行检查、督促、评价、指导工作，所以对什么样的人才能做督学从素质到资格是有一定要求的。教育的发展与改革及教育督导制度的发展变化，也对督学的资格和素质不断提出新的要求。

在中外督导史上，对督学的资历和素质的研究始终是个重要的内容，同时也均有相当严格的要求。如柏奇和邓莱(Burch & Danley)就十分强调督导人员的十项能力，即：

1. 视导人员应具备公开场合主持会议及演说的能力，且能给人留下良好的印象。

2. 视导人员能代表政府或机关，提供有关的信息给相关的个人或团体，以利沟通的进行。

3. 视导人员能与教育界及非教育界的相关人员保持良好的关系，同时也鼓励组织中的成员，能与其他人维持良好的互动。

4. 视导人员能广泛阅读，随时吸收新的知识与信息，并乐意与其他人分享相关的信息。

5. 视导人员能有效分配个人的时间，并适当运用相关的人力、物力资源，以发挥最大的成效。

6. 视导人员能协助教师获得所需之专业知识、能力，能编制教学指引及教材，也能设计、执行教师在职教育方案，并针对课程内容项目、教育活动加以客观地评估。

7. 视导人员在视导学校时，能主动解说学校教育目标，并客观评估教学上进步的情况。

8. 视导人员能运用适当方法介绍新观念，以激励教师提出创新的想法；能有效影响学校教师做必要的变革；能对教学努力及成效卓越者，给予奖励。尤其应在个人工作及专业态度上，能成为教师的典范。

9. 视导人员能分析危机形成的原因及背景，能圆满处理人际间的冲突，也能与他人沟通协商，以获得圆满效果。同时，为应付未来可能遭遇系统之危机，能发展出一套危机处理的办法。

10. 视导人员能圆满处理例行性工作，并对各项问题做进一步的追踪研究。

20 世纪三四十年代我国的视学理论研究也有对视学人员的任职条件及素质的探讨。如孙爱棠就认为，一个好的视导人员，必须具备下列条件：

品格方面：诚挚不欺；公平无私；富同情心；勤劳谨慎，不操切疏忽；坚毅忍耐，能任劳任怨，不为环境所左右；虚怀若谷，沉着踏实，不自满足，不自矜炫；光明磊落，无不道德行为；有专业之自觉心，力求工作与成绩之表现。

经验方面：对于教育有深刻之研究与浓厚之兴趣；在教育休整与教学训导等方面，有实际的经验；具有丰富的普通常识，同时有专门的学术研究；有健全合理的人生观；明了国内外之情势，及教育状况与教育思潮；深切了解本国教育宗旨，与实施政策和方式；有合乎科学精神的视导方法与办事方法；明了一般的视导原则与标准；对事接物，有虚心研究精神和精密的研究方法；能介绍新学说、新方法与新出版之书刊等刊物于被视导者。

才能方面：精明强干，遇事应付裕如；机警敏断，能即洞悉事体之是非曲直与缓急轻重；熟悉世故人情，无扞革隔膜之感；办事有条不紊；注意周到，并能持久；记忆力强，并善记载；有发表的能力，无论文字的或口头的皆能畅所欲言；能指示教师教学之优点与缺点，鼓舞其努力进步，或暗示其改进途径，并能示范教学。

体态方面：强健的体魄，面貌端正，感官健全；语言清晰，能说国语；精神振作，举动敏活；态度和蔼、诚挚，举止大方，令人可亲；有文雅之体貌而无官僚之习气；衣履朴素整洁。

孙爱棠认为："人要具备以上条件，固云不易，然视导人员为一切教育工作人员之楷模，不仅代表上级教育行政机关，而一举一动，一言一笑，影响于教育效率者。实至深且巨，故不可不特予注意而慎选之。"

在自 1983 年开始的恢复重建我国教育督导制度的过程中，督学的任职条件、督学的选拔等问题也始终受到重视。1991 年原国家教委颁发的《教育督导暂行规定》，就对督学的任职基本条件作了明确的规定：

第一，坚持四项基本原则，坚持改革开放，忠诚于社会主义教育事业；

第二，熟悉国家有关的教育方针、政策、法规有较高的政策水平；

第三，具有大学本科学历或同等学力，有十年以上从事教育工作的经历，熟悉教育教学业务；

第四，深入实际，联系群众，遵纪守法，办事公道，敢说真话；

第五，身体健康。

以上五条是选聘督学的基本条件，也是对督学人员应具备的基本素质的规定。

随着我国教育逐步走向全面依法治教的轨道，中等及中等以下教育的改革与发展，以及教育行政机构管理职能的转变，对教育督导工作不断提出新的任务，对教育督导人员也提出了更高的要求。为此，1996 年 5 月制定颁发了《督学行为准则》，该准则是规范督学行为的主要依据，也集中体现了国家对教育督导人员的基本要求。

《督学行为准则》的具体内容是：

1. 深刻了解国家的教育宗旨，热爱教育事业，发扬奉献精神，克尽监督、指导之责。

2. 认真学习国家有关的法律、法规和方针、政策，增强依法治教观念，提高督导水平。

3. 钻研教育理论，熟悉教育管理工作，掌握教育督导与评估的理论、方法和技术，探求教育规律，支持教育改革，促进教育发展，在工作中精益求精。

4. 坚持原则，依法办事，敢讲真话。对违反法律、法规和违背教育规律的行为，态度明确，及时制止、纠正或引导解决。

5. 深入基层，深入群众，了解真情，实事求是。对被督导单位的评价，客观公正，言之有据。提出的督导建议中肯、确切。

6. 作风民主，对人热情、坦诚，尊重被督导单位，热心地为地方和学校服务。保障被督导单位的正常工作秩序，维护被督导单位的合法权益。与其他有关部门密切配合，团结协作。

7. 遵纪守法，秉公办事，崇尚俭朴，拒腐倡廉。严于律己，以身作则。

(二)教育督导人员的配备

1995 年颁布实施的《中华人民共和国教育法》已将教育督导制度定为我国教育的一项基本制度。为此，建设一支与教育督导任务相适应的教育督导队伍，做到数量足，结构合理，素质较高，是使教育督导制度有效执行的根本保障。

教育督导人员的配备主要解决的是督导人员的结构合理问题，具体是专职督学与兼职督学的构成、官员型督学与专家型督学构成、督学的年龄构成。

1. 专职督学与兼职督学

教育督导工作不仅政策性、专业性强，而且涉及面广、工作量大。教育督导人员的职务应以专职督导为主，并根据需要聘用一定数量的兼职督导。《教育督导暂行规定》对此作了明确的规定："行使教育督导聘任权的机构应设相应的专职督学……""行使教育督导聘任权的机构根据工作需要可聘请兼职督学。"1996 年 5 月原国家教委颁发的《关于加强教育督导队伍建设的几点意见》中，再一次强调了专兼职督学相结合的配备原则："县以上督导机构均应配备相应数量和职级的专职督学；同时，根据工作需要，聘请一定数量的兼职督学……实行以专职督学为骨干，专职督学与兼职督学相结合的配备原则。"专职督学的数量取决于各级教育行政部门的管理范围的大小、学校数量布局及本机关人员编制等情况。兼职督学主要由各级教育行政部门中的业务部门的干部、教学教育研究室的教研员、经验丰富的老校长、老教育局长、民主党派成员和无党派人士兼任。兼职督学按聘用的时间长短可分为相对稳定的兼职督学和临时抽调的兼职督学。

不管是专职还是兼职督学(临时兼职的人除外)都应给予相应的职务名称，并通过相应的干部任免程序按审批权限给予任免。督学的职级，在中央分为总督学、副总督学和督学三级。在地方分为主任督学、副主任督学和助理督学。专职督学的"任免按有关人事管理权限和程序办理","由本级人民政府或教育行政部门颁发督学证书"。兼职督学"具有专职督学同等的职权",一般由各级教育督导机构聘用。

2. 行政干部型督学与专家型督学

我国的督学队伍是以教育行政干部为主体的。现代多数有督学制度的国家,一般在督导人员的配备上都是行政干部型(官员型)督学与专家型督学并设。由于教育督导内容的广泛,指导建议职能的扩大,以及教育改革及提高教育督导水平的需要,出现了对督学人员资格要求更高、更严格的趋势,才产生了督学人员专业化的现象,即出现了不同教育阶段、不同教育领域的督导的专门化。因此,许多国家配备了行政督学(行政干部型督学)和教学督学(专家型督学)。如法国将其中央一级所设的督学分为行政督学和教学督学;地方督学分为普通教育督学、技术教育督学、情报督学和行政督学四类。随着我国教育督导制度的不断完善,在督学的配备上专家型督学会得到发展。

3. 督学的年龄构成

原国家教委 1996 年 5 月颁发的《关于加强教育督导队伍建设的几点意见》中提出:"督导人员的整体应该是年富力强的。专职督学必须以中年为主,实行老、中、青结合。兼职督学的年龄可以适当放宽,但必须身体健康,能完成督导任务。"

(三)教育督学的职权

我国《教育督导暂行规定》的第十四条、第十五条对此做了明确的规定。具体内容为:

1. 列席被督导单位的有关会议;

2. 要求被督导单位提供与督导事项有关的文件并汇报工作;

3. 对被督导单位进行现场调查;

4. 对违反方针、政策、法规的行为,督导机构或督学有权予以制止。

(四)教育督学的培训

督导工作是一项专业性很强的工作,它要求督学具有他们即将工作的那个领域的丰富知识与经验,还要有适合这个职务的个人素质。对督学应给予一定的专门培训。我国规定，专职督学在履行其职责前须经系统的督导专业课程的岗位培训。

进行培训的条件是设置培训机构和开设有关课程。培训机构可单独设立，也可以委托师范大学教育学院或教育管理学院等机构兼之。所开设的课程主要应为教育基本理论（包括宏观与微观教育管理理论）与方法，以及教育内容、方法等方面的各类课程。

另外，由于科学技术、经济的发展，教育总是处于变化之中；教育的民主化与科学化对教育督导的任务、重点、范围、方式方法产生了极大的影响，所以需要不断地通过各种形式，如召开督导工作会议、参观访问、经验交流、专题讨论，特别是通过"各地教育督导部门建立日常业务学习制度，及时组织督学学习有关法律、法规和政策文件，有计划地开展教育督导业务研究活动，不断提高督学的理论水平和业务能力"。① 以适应教育的发展、督导工作的变化。

第四节　教育督导评估②

教育督导评估是教育督导过程中的一个不可或缺的环节。

教育督导评估是教育督导部门进行的教育行政评估，它是代表政府和教育行政部门按照国家教育法律、法规和方针、政策，对有关部门、学校的教育管理工作、教育质量、效益，以及发展水平进行价值判断的过程。督导评估也可以称为评估性督导，是督导与评估的有机结合，评估既是教育督导的重要手段，又是教育督导的一项重要的职能。其特征：

1. 从评估主体上讲，它是以教育督导机构为评估主体的，代表同级政府对下级政府及教育行政部门和学校的教育工作进行评估活动。

2. 从其存在的状态讲，它是作为教育督导工作的任务、内容、环节、手段而存在和进行的。

---

① 引自原国家教委颁发的《关于加强教育督导队伍建设的几点意见》。

② 参考国家教育督导团办公室撰写：《发展中的我国教育督导》，载《中国教育报》，1999-11-30；及国家教育督导团撰写：《在实践中创建有中国特色的教育督导与评估制度》，见《邓小平理论指引下的中国教育二十年》，福州，福建教育出版社，1998。

3. 从其目的、运作的程序与方法手段讲，它是评估活动，是从评估主体进行区分的一种评估活动。

因此，开展督导评估工作应该遵循评估活动的规律，采用科学的评估方法，才能确保督导评估的效能。

一、中国教育督导评估制度的建立

我国自恢复建立教育督导以来，在认识上非常重视教育督导评估，因为它不仅是教育督导的一项基本的内容和主要任务，同时又是增强教育督导工作科学性的重要工具和手段。在实践上，开展了许多教育督导评估活动，至今已初步建立起了"两基"督导检查和评估验收制度、对普通中小学校进行督导评估的制度，也开始了对地方教育行政工作督导检查的试点工作。《中共中央国务院关于深化教育改革全面推进素质教育的决定》提出："进一步健全教育督导机构，完善教育督导制度，在继续进行'两基'督导检查的同时，把保障实施素质教育作为教育督导工作的重要任务。"据此，确定的今后教育督导与评估工作的具体目标和任务是：努力创建适合中国国情的教育督导与评估制度。

(一)"两基"督导检查和评估制度

党的"十四大"在我国基础教育有了较大发展的基础上，进一步提出了在 20 世纪末全国基本普及九年义务教育，基本扫除青壮年文盲的目标。为保障"两基"目标的实现，《中国教育改革和发展纲要》中提出，要建立义务教育的检查、监督和奖励制度。原国家教委决定从 1993 年起建立对普及九年义务教育和扫除青壮年文盲县(市、区)进行评估验收的制度。具体到实践上，自 1986 年开展了多次义务教育发展的检查，如 1989 年原国家教委受国务院委托在全国各省、自治区、直辖市开展了中小学教育五项内容督导检查(内容是：德育工作、教育经费政策和教师工资待遇、危房改造、制止流失生源、制止乱收费等)；1990 年又对六个省进行了"五查"的复查。1995 年至 1996 年又开展了一次"五查"(内容是："两基"规划实施情况，教育经费落实情况，教师工资拖欠问题，德育工作和减轻中小学生过重课业负担的问题)。在这些实践的基础上逐步形成了省负责评估验收，国家负责对省级"两基"工作进行指导和抽查，并对省上报的县级"两基"验收材料进

行审查，合格者公布名单等工作制度。截至 1998 年年底，教育部已公布了
5 批，总共 2242 个县(市、区)实现了两基。还公布了 116 个完成"普初"的
县。现在，全国"普九"人口覆盖率已达 73%。

为了表彰"两基"工作先进县(市、区)，原国家教委建立了"两基"工作
先进县(市、区)表彰奖励制度。制定 1996 年、1998 年、2000 年分三批按
已验收县数的 10%评选先进表彰奖励的措施性政策。第一批于 1996 年颁布
表彰 150 个县(市、区)为"两基"先进县。1998 年第二批表彰奖励了 77 个
"两基"工作先进县(市、区)和 11 个"普初"先进县。

地方在国家组织实施"两基"评估验收工作中，为推动本地区"两基"工
作，巩固"两基"成果，也逐步建立起"两基"复查制度，内容是对已通过"两
基"评估验收的县(市、区)进行"两基"工作的复查。

这些制度的建立及实施，有力地推动了"两基"工作的开展。但"两基"
工作是我国提高国民素质的基础工程，是全面推进素质教育的基础，是教
育发展战略中的"重中之重"，而从我国国情看，"两基"的全面实现和巩固
提高将是一项长期的历史任务。因此，还需要进一步加强"两基"工作的督
导检查和评估验收，进一步完善"两基"督导检查和评估验收制度。2006 年
颁布实施的新《义务教育法》第八条明确规定：人民政府教育督导机构对义
务教育工作执行法律法规情况、教育教学质量以及义务教育均衡发展状况
等进行督导，督导报告向社会公布。这一规定的落实将把"两基"督导检查
和评估工作推向新阶段，使"两基"督导检查和评估验收制度得到新发展。

(二)普通中小学校督导评估制度

1991 年原国家教委下发了《普通中小学校督导评估工作指导纲要》及其
试点意见，各地陆续开展了试点工作，总结和积累了不少经验。在此基础
上，1997 年又下发了《普通中小学校督导评估工作指导纲要》(修订稿)，并
要求在全国全面推行对中小学校的督导评估。此后，各地根据《指导纲要》
的精神相继制定或修订了评估指标体系和评估方案，开展了对学校的督导
评估。在实践的基础上，一些地方也形成了初步的制度。这标志着我国督
导评估普通中小学校的制度初步建立。

对普通中小学校的督导评估，从内容上看，包括了办学方向、管理体
制和领导班子、教师管理与提高、教育教学管理、行政工作的常规管理、

办学条件、教育质量诸多方面。它有力地规范着中小学校各方面的工作，引导每一所学校健康、有效地发展。在贯彻落实《中共中央国务院关于深化教育改革全面推进素质教育的决定》中，中央和各地都在努力探索建立全面推进素质教育工作的督导评估制度，全面建立和完善对普通中小学校的督导评估制度，以促进学校全面实施素质教育。

国家根据《中共中央国务院关于深化教育改革全面推进素质教育的决定》中的要"建立自上而下的素质教育评估检查体系，逐级考核省、市、县乡各级党委和政府及其主要领导干部抓素质教育工作的情况"的规定，将制定对地方全面推进素质教育工作进行督导评估的指导性文件，并要求各地结合本地区的实际，制订实施方案。

地方在原国家教委下发的《关于当前积极推进中小学实施素质教育的若干意见》和《普通中小学校督导评估工作指导纲要》(修订稿)的指导下，努力尝试着建立学校自评制度，建立有关各部门相互配合，开展以综合督导评估为主的工作制度，拓宽督导评估的工作范围，推进对中专学校、职业学校、技工学校、幼儿园、特殊教育学校、社会力量举办的中等及中等以下学校和其他教育机构的督导评估。这些实践将发挥出教育督导评估对深化素质教育的导向、激励、规范和保障的作用，同时也将使普通中小学校督导评估制度得到进一步的完善。

(三)地方教育行政工作的督导检查制度

各地在开展、总结、推广"两基"督导检查和普通中小学校督导评估工作过程中，相继进行了县、乡两级教育行政工作的督导检查活动，有些地方，如北京、上海、湖南、重庆等地，已基本建立起对县(区)、乡教育行政工作进行督导检查的制度。这一制度的建立不仅是实现"两基"目标的保障机制，也是我国教育督导职能有效发挥的前提。2004 年 1 月国务院办公厅转发了《教育部关于建立对县级人民政府教育工作进行督导评估制度的意见》，标志着这一制度在全国范围上的推进。目前这一制度尚需巩固与完善，有大量而艰巨的工作要做，如建立对地方各级政府贯彻执行《中华人民共和国教育法》《中华人民共和国义务教育法》《中华人民共和国教师法》《国务院扫除文盲工作条例》《社会力量办学条例》等有关教育法律、法规的督导检查制度。建立对区域性教育综合水平的督导评估制度，建立以地方教育中心工作、教育发展中的热点问题、难题为内容的专项督导评估制度等。

二、提高教育督导评估活动的科学性

教育督导评估活动具有很强的科学性，在组织实施督导评估活动中充分实现其科学性，是使督导评估产生积极效应的基础。那么，如何保证督导评估组织实施的科学性呢？

(一)确立正确的督导评估目的

在一次督导评估活动启动之际，操作者都必须回答这样一个问题，即该次督导评估活动要达到什么目的。不管是哪一个领域的督导评估，如教育行政督导评估、学校教育工作督导评估，还是哪一类督导评估，如综合督导评估、专项督导评估，从实施上讲，概无例外。

选择确立督导评估的目的一般从两个角度入手：

一是督导评估功能的内容。因为管理理论认为，管理活动的职能(或称功能)是与其目的有着密切的关系的。而理论研究结果表明，督导评估的功能是多方面的，这是由教育督导评估内容的不断扩大，作用的发展而决定的。当今，组织实施教育督导评估活动，在其功能的选择上主要考虑检查、鉴定、评比及指导、改进、发展两个重要功能的处理问题，即以哪一个为主导或根本功能的选择确定的问题。因为两个功能是有着一定联系的，特别是指导、改进、发展功能的实现是需要以检查、鉴定为前提、为条件的，所以不是二者择其一的问题。其实也不可能二者选一，严格地讲只能是以哪一个功能为主，或者为最终目的的选择确定的问题。

二是督导评估功能作用领域。教育督导评估的理论研究成果显示，就教育的整体而言，教育督导评估是为了端正教育思想，提高教育质量。但是，对教育不同领域活动的督导评估，其要求不同，具体目的也不同，尽管，它们的最终目的也是为教育质量的提升服务。到目前为止，教育督导评估研究把教育诸领域的督导评估的具体目的概括为以下四个方面：(1)为指导教育、教学活动服务；(2)为学生学习服务；(3)为教育调查、研究服务；(4)为教育管理活动服务。

教育督导评估目的决定着所进行的督导评估采用什么样的评估标准，决定着评估工具、手段的选择，影响着督导评估实施的一些具体做法，因此十分重要。

(二)编制有效的督导评估指标体系

教育督导评估指标体系是督导评估的纲领和准则,它从质和量两个方面规定着督导评估的内容和标准。具体从构成上讲,督导评估指标体系是由最能反映督导评估对象状态、属性的若干指标及反映每项指标在整个指标体系中的角色地位的权重构成。教育督导评估指标的科学与否,有效性如何,直接影响着督导评估结果的客观性、准确性、可信度。至今的研究提示我们,有效的督导评估指标应具有以下特点:

1. 和教育目标相符合,即必须体现教育工作的社会主义方向和教育方针、政策、法规及培养目标的要求。反映评价对象的目标、任务应达到的水准。

2. 能反映教育工作的客观规律,以体现它的客观性和科学性。

3. 要切实可行,即标准要定得适当,不宜过高或过低。

4. 明确具体,就是各项指标要有准确的科学含义。

为保证督导评估指标体系的有效性,在编制时,要注意采用科学的方法,遵循其客观原则。

(三)全面而有重点地收集督导评估资料

收集督导评估各项指标内容所必需的资料,是督导评估过程中的一项具有基础性的工作,信息资料越全面越有利于做出科学的督导评估结论,因此信息资料的收集要力求全面。但是,由于现代教育活动十分复杂,在有限的人力和条件下,试图毫无遗漏地收集有关资料是不可能的。因此,必须在全面收集的努力之上,有重点地收集重要的信息资料,才能保证督导评估的顺利而有效地进行。

为全面而有重点地收集信息资料,在方法上要解决好两个问题,一是到什么地方或利用什么机会去收集所需资料;二是用什么样的工具收集资料即收集资料的工具的选择和使用的问题。一般地,前者主要通过自然观察(对自然场合的活动的观察)与实验性、规定性的条件下或环境中的调查、测试等两种途径,去获取督导评估所需的质的和量的信息资料。后者多选用诸如查阅资料法、座谈法、观察法、交谈法、问卷法、测试法、典型调查法等多种方法并用,以保证信息资料的尽可能地全面、可靠、适用。

(四)迅速而又比较准确地整理、分析、解释督导评估资料

比较准确而迅速地汇集、分析资料是督导评估活动中的一项带有全局性意义的工作,它直接影响到评估资料的解释。一般地,主要通过定量与定性两种方法去整理分析资料,具体多用打分、计算等统计方法和归类、描述、建档等方法。

现今,给予关注的一是如何把定量与定性方法有机结合的问题;二是如何更多地发挥计算机在资料统计、整理中的作用。对督导评估资料进行解释,目的是要得出明确的结论。

而要实现这一点,则需要一个进行价值判断的参照基准即评估基准,而所依据的评估基准不同,其解释也会不同。目前多用绝对解释、相对解释和个体差异解释,其中又以前两种为主。这三种解释各有利弊,因此在实际运用中,常常是两种或三种解释并用。需要探讨的是三种解释如何有机结合并用。

最后,要写好督导评估报告,督导评估报告是以文书形式表现出来的对督导评估资料的解释。由于它是督导评估结果得以利用的媒体,对督导评估工作的效益具有重要影响,所以必须给予充分的重视。

(五)充分利用督导评估结果

首先要重视教育督导评估结果的利用,充分发挥其效能。

其次是坚持在督导评估活动结束后,督导机构向被督导单位和有关部门反馈督导评估情况,定期发布教育督导公报,努力使督导评估结果成为被督导单位维持、改革、发展工作的依据,成为政府和教育行政部门决策和考察被督导单位的依据。成为教育科学研究的信息资料。

(六)积极开展"元评价"

所谓"元评价",是对评价活动的评价,也就是在一次评价活动实施之后,对评价活动的再评价,作用是向原评价者提出他们工作中的问题,即查明评价工作中出现的偏向,目的是推动评价工作的改进、完善,以提高评价工作的质量。特别是在评价体制不够完善,评价人员素质不够整齐的情况下,进行一点"元评价"是非常有意义的。教育督导评估也应如此。

⚠ 思考题

1. 如何认识教育督导在教育行政活动中的意义？
2. 怎样认识教育督导的性质？
3. 教育督导活动的主要任务是什么？
4. "督政"指什么？在我国实施"督政"的意义何在？
5. 教育督导的基本职能是什么？
6. 教育督导评估的含义是什么？
7. 你认为应该如何提高教育督导评估的科学性？

📖 资料链接

教育督导中的督学"默会知识"

提高教育督导工作的效能，无疑有赖于一支高水平、专业化的督导队伍，而这支队伍的建设，既需要教育理论的支撑和引领，又离不开督导"默会知识"的丰富和充盈。所谓督导"默会知识"，就是指督导人员，尤其是资深督学，在长期的督导实践活动中积累的丰富经验。主要包括四个方面：档案资料的利用、课堂观察、校园观察和个别访谈。

学校档案是广大教职员工在长期教育教学工作、学校管理和学生学习等活动中直接形成的具有保存价值的原始记录，包括文书、声像、电子、实物、专业、科技等多种形态。它直接记录了学校的历史、现状及各项活动情况，能反映学校的发展轨迹、管理水平、文化积淀和办学特色等。为了提高档案资料的利用效率，应注意加强沟通，明确档案资料的呈现目的；改进技术，深度挖掘档案资料的利用价值（看整体、看重点、看细节、看发展）；优化方法，全面提高档案资料的处理水平（多角度观察、多主体交流、多层面思考）。

中小学督导的课堂观察一般包括上课观察及课前、课后观察（指上课前后十分钟）。上课观察的内容主要包括：学生学习情况、教师教学情况、课堂沟通与互动、课堂资源的应用、课堂环境、课堂管理、教学常规落实情况等。课前、课后观察内容主要包括：教室环境布置布局、卫生，学生行为规范，抽样作业，个别访问学生，访问上课教师等。在进行课堂观察前，应做好充分的准备如考虑督导学校的校情。观察时定量观察和定性观察要相结合，相互补充使用。观察的方式可概括为四个字"听、看、记、思"。

校园观察是自然观察法的一种。它是指教育督导评估者依照督导评估方案和目的，在一定时间内，对校园环境、校风建设、校园设施设备进行观察、考察、分析，获得第一手的事实材料，做出基本的价值判断的信息收集方法。在此过程中，注意分层观察，整体把握；敏锐观察，关注细节；与个别访谈、课堂教学观察等方式有机结合。

教育督导个别访谈是指教育督导人员在督导活动中，通过有计划、有目的、有步骤地与受访者沟通、对话，了解其教育思想与行为，并进而对学校发展情况做出理性判断的一种信息收集方法。个别访谈具有四个方面的优点：可以进行双向沟通；具有可控制性；适用性广；成功率相对较高。

资料来源：《教育测量与评价》，2010(5 上)。

第十二章　教育信息管理

第一节　教育信息管理概述

一、教育信息与教育信息管理

21世纪是一个信息时代，人们的日常生活、科学研究、金融和工商业活动都离不开信息，信息逐渐成为与物质、能源同等重要的资源，信息浪潮冲击着人类生活的各个领域。美国管理大师彼得·F. 德鲁克认为，当我们还在对"未来的办公室"猜测纷纭的时候，未来的组织——一种以信息为中心和核心支撑的组织——正在迅速成为现实。

到底什么是信息呢？至今也没有形成统一的说法，国内外学者见仁见智。哈特莱（L. R. V. Hartley，1928）最早使用信息这个概念，他在《贝尔系统电话》杂志上发表一篇题为"信息传输（Transmission of Information）"的论文，区分了消息和信息。他认为："信息是指有新内容、新知识的消息。"将信息理解为选择通信符号的方式，并用选择的自由度来计算这种信息的大小。信息论的奠基人申农（C. E. Shannon，1948）认为，"信息是用来消除不确定性的东西"，在申农看来，信息在通信领域起到了消除不确定性的作用，但这仅仅是信息的一种功能而不是本质特征。控制论创始人维纳（N. Wiener，1948）认为："信息是人们在适应外部世界，并使这种适应反作用于外部世界的过程中，同外部世界进行互相交换的内容的名称。"此后，对信息的解释日益丰富，如意大利学者郎高（G. Longo，1975）在其专著《信息论：新的趋势与未决问题》的序言中指出："信息是反映事物的形成、关系和差别的东西，它包含在事物的差异之中，而不是在事物本身。"美国经济学家波拉特（Mac Uri Porat）认为信息是经组织化而加以传递的数据。美国管理大师彼得·F. 德鲁克（P. F. Drucker）提出信息是有目的性和关联性的数据，把数据转换为信息需要知识。

我国学术界对信息的解释也是多样化的。有人认为信息是反映事物运动状态和方式，以文本、数值或多媒体等形式存在的数据、事实或见解。[①]有学者提出，信息是物质存在和运动状态、过程及其结果的表征，它可以通过存在物之间及存在物内部构成要素之间的相互作用表现出来，是物质存在、运动的状态、轨迹、趋势的连续性、完整的数据集合。人类可以捕获、认识和理解信息，并用这些信息来消除人类思想和行为中的各种不确定性。[②] 还有人主张，信息是经过加工处理后对管理决策和实现管理目标或任务具有参考价值的数据，它是一种资源。信息是和决策密切相关的，正确的决策有赖于足够的可靠的信息，信息又是通过决策来体现其自身价值的；信息可影响甚至决定组织的生存，能够给组织带来收益；获取和利用信息时往往要花费一定的费用成本；信息往往具有很强的时效性，延迟的信息可使其功效减少或全部消失，甚至可能起到截然相反的作用。[③] 信息是经过整序后在传递和交换过程中具有某种潜在或现实价值的数据、事实和知识。信息应该体现以下内涵，即信息须经过整序后达到有序，否则无法利用；信息是有价值的，而其价值是通过传递、交换得以实现的；信息包括数据、实事和知识等。信息是对客观事物内在规律的反应。[④]

由于人们对信息的认识角度不同，得出的结论存在差异，但这些都是对信息内涵的有益探索，是从不同角度或依不同理论对信息本质、规律、表征的揭示，有利于我们多元的认识、利用信息。

教育信息是信息的一种，是指教育组织在从事教育活动及教育管理活动中产生、获取和持有的信息。教育信息的内容广泛，大到国家的教育方针或政策、教育改革发展的趋势和方向、国家或地区教育经费的投入等，小到学校的招生、招聘、职称评定等都属于教育信息的范畴。

---

① 钟佳桂：《信息资源管理》，11～12 页，北京，中国人民大学出版社，2008。
② 王英玮：《信息管理导论》，10 页，北京，中国人民大学出版社，2010。
③ 胡华：《现代信息管理》，5 页，杭州，浙江大学出版社，2007。
④ 裴成发：《信息资源管理》，2 页，北京，科学出版社，2008。

信息，如同人才、原料和能源一样，是组织生存发展的重要资源，为了有效地开发和利用信息资源，需要对信息进行管理。随着信息管理实践的发展，信息管理理论的研究从 20 世纪 40 年代开始，到 80 年代，经历了发育阶段走向成熟，标志是形成了多种思想流派，不同流派对信息管理的解释也有不同。但进入 21 世纪，对信息管理内涵的界定，多数学者主张，信息管理（Information Management，IM）是人类以现代信息技术为手段，对信息资源进行计划、组织、领导和控制的社会活动。简单地说，信息管理就是人对信息资源和信息活动的管理。

对于上述定义，需要注意从以下几个方面去理解：

1. 信息管理的对象是信息资源和信息活动，信息管理的研究，单纯地对信息资源进行管理而忽略与信息资源紧密联系的信息活动是不全面的。

2. 信息管理是一种社会规模的活动，它反映信息管理活动的普遍性和社会性。它是涉及广泛的社会个体、群体、国家参与的普遍性的信息获取、控制和利用活动。

3. 信息管理是以现代信息技术为手段的。

基于信息管理的含义，教育信息管理就是指各级各类教育行政机构及学校（包括各种各类教育机构）对教育信息及教育信息活动的管理。

二、教育信息的分类

从不同的角度阐释信息，丰富了我们对信息的认识，同样的，学者们也按照各自的标准对信息进行归类。在教育领域，一些研究按照以下四个标准对教育信息进行分类。

（一）按照主体的认知精度，将教育信息分为定性信息与定量信息

定性信息是指用语言文字进行相关描述的教育信息，如学生中毒、学生伤亡、校舍倒塌、教师性侵犯学生、校园暴力等。定量信息则是指用数据进行相关描述的教育信息，如教育经费投入、学校危房减少量、大学生就业率、文盲率、高等教育毛入学率、九年义务教育达标率等。在教育信息管理过程中，定性信息和定量信息是相互补充的。

(二)按照事物的产生、成长至结束的发展过程，将教育信息分为预测性信息、动态性信息和反馈信息

预测性信息是指事物的酝酿、萌芽等阶段产生的信息，它对管理人员把握事物的发展、及时采取有效决策至关重要。如国家教育发展规划，地方教育发展规划，各地教师的需求与供给，各地生源等。动态性信息一般是指在事物的发展、成长阶段产生的信息，为决策者及时掌握决策实施情况起到及时修正决策的作用。反馈信息是在事物结束或者某一阶段完成后产生的信息。如教育决策执行的效果、招生录取的结果、事故处理的结果、招聘结果等。

(三)按照信息所反映的事物的性质，将教育信息分为正面信息、中性信息和负面信息

正面信息反映教育领域当中所取得的成绩与良好的效果，如教育改革取得的成效、教育质量的改进、西部教育所取得的成效等。负面信息反映的是教育活动、行为的失败或失误，如教育质量不达标、挪用教育经费、乱收费、违规补课、违规招生或招标中的暗箱操作、办学条件不达标等。除开正面信息和负面信息，可以笼统地称其他教育信息为中性信息，如升学考试、招生就业、职称评定、课题招标、政策制定、会议讲话、投资办学、绩效考核、行政审批等。无论是正面信息、负面信息还是中性信息都帮助我们更加全面地了解教育。

(四)按照信息的受控程度，将教育信息分为公开信息和保密信息

公开信息是指那些传递和使用的范围都没有限制、可在国内外公开发表的信息，如教育部门户网站以及各级各类教育部门网站上的教育信息就属于公开信息。而保密信息是指那些必须严格限定使用范围的信息，不能公开的原因可能与国家利益相关，也可能与某些公共利益有关，或者涉及个人隐私等。教育改革与发展中对一些信息是属于公开信息还是属于保密信息存在争议，例如学生的考试成绩、排名等。

(五)其他

此外，还有其他一些分类方法，如按照信息所反映的事件发生的状态，将教育信息分为常规信息与危机信息两类。常规信息是指正常教育工作中所产生的信息；危机信息反映的是突发事件中的各种信息。按照信息的运动状态分类，将信息分为动态信息和静态信息。动态信息是指反应物质处于相对运动状态的信息，这种信息具有较为明显的相对性、变化性、过程性，所以有时也把动态信息称为过程信息；静态信息是指反映事物相对静止状态的信息，这种信息具有相对稳定性、确定性、变化缓慢等特点，也被称为结果信息。

三、教育信息管理的价值

在进入知识经济、信息社会、终身教育时代的今天，教育信息管理的意义越来越突出。从教育信息管理的职能与目标出发、教育信息管理是实现教育事业改革发展不可或缺的功能，可以为教育科学决策提供充分、准确的理论与事实依据；为教育行政、学校管理及教育、教学活动的有效维持、改革、创新提供信息支持。教育信息公开为公民的知情权的实现提供保障，为教育行政和学校管理的民主化提供条件。

第二节 教育信息管理的过程

过程是事物存在的状态，反映了事物发展变化的轨迹，同样的，教育信息管理的动态存在形式即是教育信息管理的过程。教育信息管理过程主要由教育信息的采集、教育信息的加工、教育信息的公开几个环节构成。教育信息管理过程是使教育信息真正成为一种资源，提高教育信息产品的价值和使用价值的过程。

一、教育信息的采集

信息采集是教育信息管理过程中的起点，是做好教育信息管理工作的前提和基础。教育信息采集是根据教育信息管理的目标和要求，将分散蕴含在不同时空域的有关教育信息，通过特定的手段和措施进行采集和会聚的过程。

（一）教育信息采集的原则

随着信息技术的迅猛发展，信息正以爆炸式的速度在增长，而且信息交流速度飞速提高，导致信息老化、信息污染、信息分散的现象日益严重，这就给信息采集工作增加了难度。所以，为了保证教育信息采集的质量，减少人力、物力、财力的浪费，信息采集过程中必须坚持以下几个基本原则。

1. 针对性原则

采集教育信息的目的是很好地利用这些信息，因此，必须根据目标有针对性地确定教育信息采集的范围和重点。为了确保针对性，须认清教育信息需求，了解可能的信息来源。

2. 系统性原则

所谓系统性，是指要了解和掌握信息源的动态变化，全面系统和连续地采集和积累有关的信息。保持教育信息的连续性和系统性是教育信息发挥其效用的前提条件，具体可以通过纵向和横向加以采集，纵向按专题进行积累，横向则按教育信息的载体进行积累。一般来说，专业性的教育信息偏重于纵向采集，而综合性的教育信息偏重于横向采集，同时也可以将纵向和横向采集结合使用。

3. 预见性原则

当代教育信息的增长和老化不断加速，因此在教育信息的采集过程中不仅要充分关注现存的信息源和信息渠道，还要着眼于未来，预见可能产生的新的信息源和信息渠道。只有这样，才能既满足当前的教育信息需求，又适应未来发展所带来的教育信息需求。

4. 科学性原则

教育信息的数量庞大、形式多样、内容重复分散、品种繁杂，给教育信息的选择和采集带来了极大的困难。因此，需要采用科学方法研究教育信息的分布规律，选择和确定教育信息密度大、含量多的信息源。

5. 计划性原则

任何一个教育信息机构要用有限的人力、物力和经费获取最有效的信息，就必须事先制订比较周密详尽的信息采集计划，以便按计划有目的、有步骤地收集信息。教育信息采集计划从时间的角度可分为长期、中期和短期计划或年度和季度计划；从内容的角度可分为综合计划、专题计划、补配计划。采集计划的项目一般包括：收藏信息的内容范围、重点信息和一般信息的划分及其比例、补缺配套的信息种类及起讫时间、经费预算、完成计划的主要措施和保证等方面。另外，教育信息采集计划要留有充分的余地，保持计划的动态性。要能够根据形势的发展变化、需求的发展变化做出相应的调整和修改，使计划尽量符合客观实际。[①]

6. 及时性原则

时效性是教育信息的一个重要属性。根据教育信息的时效性，其价值与获取时间成反比。只有及时采集到所需要的教育信息，才能使教育管理者不失时机地对组织运营做出反应和决策。不及时的教育信息不仅会失去对决策的支持作用，甚至有可能给组织带来重大损失。因此，教育信息的采集人员在掌握必要的采集技巧的同时还要具备强烈的时间观念、敏锐的教育信息意识、高度的观察能力和快速的反应能力，及时地为组织提供所需要的教育信息。

7. 可靠性原则

教育信息的采集必须坚持调查研究，通过比较、鉴别，收集真实、可靠、准确的教育信息，切不能将个别当做普遍，将局部视为全局；要实事求是，善于去粗取精、去伪存真、由此及彼、由表及里，深入细致地了解各种教育信息资源的信息含量、实用价值以及可靠程度。

8. 经济性原则

由于教育信息数量的迅猛增长，如果不加限制地滥采信息，不仅造成人力、物力、财力上的巨大浪费，还会因为采集的教育信息参差不齐、主次不分，最终造成所有的教育信息都无法发挥其社会效益。因此，在教育信息采集过程中必须坚持经济性的原则，根据教育信息采集的最终目的，选择合适的信息源和适当的信息采集途径、方法。[②]

（二）教育信息采集的来源

1. 文献型教育信息

文献型教育信息的类型包括图书、政策、命令、通知、条例、办法、

---

①　张凯：《信息资源管理》，26～27页，北京，清华大学出版社，2007。

②　孙建军：《信息资源管理概论》，88页，南京，东南大学出版社，2008。

章程及规定的文本、报纸、科研报告、专利文献、会议文献、学位论文、档案文献等。其中，图书、报纸等属于公开发行的出版物，通过向出版社订购或者在书店购买，对于专利文献、学位论文等可以通过特定的管理部门查询获得。

2. 人物型教育信息

人物型教育信息是存在于人脑记忆中的信息，因为其存在形式的独特性，采集途径也是非常独特的，只能通过与个人的交谈、谈论或引发其用文字的形式表述出来，如一些教育访谈节目或者单独的任务采访。

3. 实物型教育信息

实物型教育信息作为一种特殊的教育信息，其采集途径也是多方面的。它需要采集人员深入到教育信息产生的现场，如学术研讨会、各种科研部门、学校等。

4. 电子型教育信息

电子型教育信息源包括广播、电视、数据库和网络。广播、电视节目都有一个整体的规划，具体每一个时间段播放不同的节目，广播、电视信息的采集需要根据采集的目的选择信息采集源，即广播、电视的具体节目，然后在具体的时间注意收听、收看节目，或笔录或录音。数据库作为教育信息存储的主要工具，其存储形式有光盘数据库、网络数据库，其内容有引文数据库、文摘数据库、全文数据库、题录数据库等，在采集教育信息的过程中可以根据实际的设备和需求选择光盘数据库或网络数据库，在数据库中利用各种检索方法检索教育信息。网络教育信息依地理位置分布在世界各地，但它有直接的工具可以采集到遍布世界的信息，如搜索引擎、FTP 文件传输协议、Telnet 远程登录、E-mail 等。

(三)教育信息采集的程序

教育信息采集的过程一般可以分为以下几个步骤：教育信息需求分析、确定采集策略和途径、实施采集和结果评价、整理数据和编写报告。如图所示：

```
┌─────────────────────────┐
│ 教育信息需求分析，确定    │←──┐
│ 采集系统或工具           │   │
└─────────────────────────┘   │
            │                 │
            ↓                 │
┌─────────────────────────┐   │
│ 确定采集策略和途径        │←──┤
└─────────────────────────┘   │
            │                 │
            ↓                 │
      ╱─────────────╲         │
     ╱ 实施采集和结果评价 ╲────┘
      ╲─────────────╱
            │
            ↓
┌─────────────────────────┐
│ 整理数据和编写报告        │
└─────────────────────────┘
```

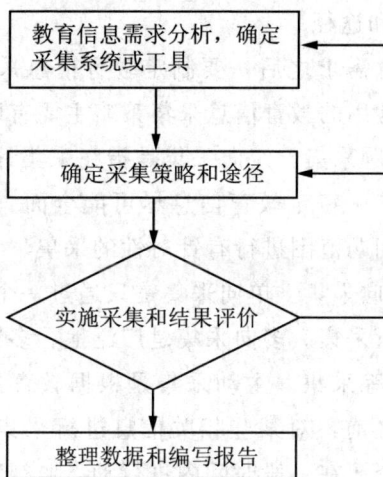

图 12-1　教育信息采集程序图

资料来源：根据钟佳桂：《信息资源管理》，34、35 页，北京，中国人民大学出版社，2008，相关资料绘制。

1. 教育信息需求分析

需求分析是整个信息采集的出发点，也是整个信息采集工作效率高低和成败的关键。教育信息采集的需求分析主要包括以下 4 个方面的内容。

(1)确定教育信息服务的对象。进行教育信息采集必须首先明确服务的对象，根据服务对象的不同，教育信息采集的内容也不同。家长、教师、学生、教育管理者对教育信息的需求是不同的。

(2)确定教育信息采集的内容。在确定了教育信息采集服务对象的基础上，进一步确定采集的内容。采集的教育信息不可能完全满足需求主体的要求，要兼顾重点和全面，合理确定采集的内容。

(3)确定教育信息采集的范围和量。明确教育信息采集范围，才能使采集工作有的放矢；确定采集量，才能合理分配采集工作所需的人员、时间和费用。

(4)其他因素。除了上述因素，在需求分析中还要根据需要考虑其他一些因素，比如，教育信息的语种要求、著者要求，对差准、查全的要求等。①

---

① 张凯：《信息资源管理》，29 页，北京，清华大学出版社，2007。

2. 确定采集策略和途径

在明确了教育信息需求之后，要制定教育信息采集策略，知道教育信息采集的具体行动。常用的教育信息采集策略主要有以下几种：

(1)定向采集与定题采集。定向采集是指在采集计划范围内，对某一教育事件、教育政策或某一特定教育信息尽可能全面、系统地采集。定题采集是根据主体需求的问题范围进行有针对性的采集。

(2)单向采集与多向采集。单向采集是只通过一个信息传播渠道，如文本，对一个信息源进行采集。多向采集是广泛地、多渠道地进行采集。

(3)主动采集与跟踪采集。主动采集是根据教育信息采集人员的预测，在教育信息需求提出之前，对某些相关信息进行采集。跟踪采集是根据需要，对有关教育信息资源在一段时间内进行动态监视和跟踪。

(4)实地采集。即教育信息采集人员深入到有关的科研部门、学校、学术报告会等，在现场采集教育信息。

(5)委托采集。由于时间、精力有限，可以将教育信息采集任务委托给某一信息机构或者信息采集人员，按照教育信息采集的难度与结果的质量支付费用。

由于教育信息采集策略的不同，以及信息源和信息传播渠道的不同，教育信息采集人员需要选择不同的采集途径进行采集。目前常用的教育信息采集途径主要有以下几种：采购、交换、索取、接收、征集、申请、复制和检索。[1]

3. 实施采集和结果评价

前面进行了教育信息采集需求分析，确定了采集策略和途径，接下来要进行采集实施。对采集实施要注意监控，采集实施所得到的初步结果要及时进行评价。监控信息与评价结果可作为调整采集途径和策略，甚至采集系统调整和修改的依据。要不断地对采集途径、策略以及采集系统进行调整，确保得到比较满意的结果。[2]

4. 整理数据和编写报告

得到采集的教育信息之后，要对教育信息进行整理，对信息源、采集

---

① 王英玮：《信息管理导论》，172~173 页，北京，中国人民大学出版社，2010。

② 钟佳桂：《信息资源管理》，35 页，北京，中国人民大学出版社，2008。

策略、采集途径以及采集过程中存在的问题进行说明。还要进行原始文献的获取、检索报告的编写等，以便形成综合性报告。

二、教育信息的加工

教育信息加工是指将采集到的教育信息（可称为原始教育信息）按照一定的程序和方法进行筛选、分类、整理、编制等，使其具有可用性。信息加工是教育信息管理过程中不可缺少的环节，它对教育信息具有优化、序化作用。教育信息加工有利于信息的进一步存储、检索、传递和利用。

（一）教育信息加工的步骤

1. 教育信息的筛选

（1）筛选的步骤。教育信息的筛选是指对原始的教育信息有无作用的检查和挑选。教育信息筛选的基本程序包括信息整理、浏览审阅、再次审核三个步骤。在教育信息的筛选过程中，应该着重关注、防止不良的教育信息混入其中，然后造成错误信息、错误的判断与决策。不良信息主要包括：虚构信息、添加信息、拼凑信息、变形信息、偏颇信息、残缺信息、模糊信息和走样信息8类信息。其中，添加信息虽有一定根据，但其中某些情节和内容是信息采集者、传递者通过想象添加进去的。

（2）筛选的方法。在对教育信息进行筛选时，可以选择使用以下方法中的一种或者几种：感官判断法、分析比较法、集体讨论法、专家裁决法、数学核算法和现场核实法。

2. 教育信息的分类

教育信息的分类是指根据特定的标准，对杂乱无章的原始信息进行分门别类。教育信息的分类有助于教育信息的科学管理。首先，需要确定分类标准，在前文中我们给出了教育信息的几种分类方式，除此之外，还可以采用内容分类法、主题分类法、时间分类法、地区分类法以及综合分类法等，根据具体情况灵活使用。其次，根据确定的信息分类标准对教育信息资料进行分拣。最后，通过教育信息的排序使之成为井然有序的教育信息体系。

3. 信息的评价

对教育信息进行评价，就是对掌握和利用的信息源是否合适，采集、选择教育信息是否对用户有价值的进行判断。一般教育信息评价的内容主要有三个方面。

(1)对信息源的评价。通常运用直接评定法和间接评定法两种方式。直接评定法就是按照对信息源的一般要求制定一些标准或者指标,从不同的角度和侧面对信息源的价值给予评分评定。这种方法的特点是简单易行,带有主观色彩。直接评定法一般采用下列指标进行评价:报道及时性、信息完整性、技术新颖性、科学可靠性、叙述简明性。评价结果常采用 10 分制,即对各个指标进行评分后,将得分相加,获得该信息源的总分。如果考虑到各个指标的不同重要性,还可按重要性程度给各个指标一个权值,每个指标的得分分别乘以权值后再相加所得的总分将更能说明信息源实际被利用的情况和价值。

(2)对信息准确度的比较评价。可以从两种角度来入手。第一种是对不同的信息源获得某一教育信息进行比较性评价,一般用的方法是:①定期地、系统地收集某一教育信息,调查过去同种教育信息是否出现并和新获取的教育信息进行比较评价;②从多种信息源收集、分析同种教育信息和相关信息,与切题的教育信息进行比较评价。第二种角度是从教育信息所含的六个要素出发评价信息的准确度,即内容(What),原因(Why),时间(When),地点(Where),人(Who),方法、途径、状况(How),即"5W1H"。

(3)对信息的经济性评价。教育信息的采集、加工和运用需要人力、财力、时间。由于教育信息分布的广泛性和教育信息利用的时效性之间的矛盾,信息采集受到一定的约束和限制。一般都要求迅速、准确、廉价地获取所需信息,但是对于迫切需要的信息,有时也不惜高价获取。为了经济而有效地采集教育信息,可以从下述要点出发来评价信息:所需信息存在率的评价、所需信息适合率的评价和所需信息可信性的评价。

(二)教育信息加工的方法

教育信息加工是按照一定的规则、根据一定的内在或外在的特征对教育信息进行排序。信息加工方法,可根据加工对象的范围分为信息宏观加工方法和信息微观加工方法;针对信息的形式、内容、效用三个基本方面,可将信息加工方法,分为依次性的语法信息加工法、语义信息加工法和语用信息加工法；根据信息加工的内容，信息加工方法可以分为信息描述方法、信息揭示方法、信息分析方法和信息存储方法。[①]

三、教育信息的公开

教育信息公开是教育信息管理的不可或缺的环节，在我国民主政治建设、深化政治体制的进程中，教育作为与公众切身利益相关的公共事业，其信息公开的社会需求日益高涨。

(一)教育信息公开概述

教育信息公开的含义以及教育信息公开的现实意义，可从信息公开的历史渊源中进行考察。

1. 教育信息公开的含义

(1)信息公开的渊源及含义

自从第二次世界大战结束以后，随着凯恩斯主义的流行，世界各国政府普遍加强了对国家事务的干预，从社会的经济、文化到公民的教育、福利，几乎无所不包，可以说公民从摇篮到坟墓，一刻也离不开行政作为。随着行政组织职能的日益扩大，行政机构的规模也是日甚一日，行政职能的有效、公正、公平的履行呼唤社会监督，为此，信息公开提上了各国的立法日程，一些国家陆续制定了信息公开方面的法律。

信息公开这个概念最早出现在美国，也是美国第一个以法律的形式确立起信息公开制度。

1966 年，美国制定并实施《信息自由法》(Freedom of Information Act, 简称 FOIA)，1976 年美国国会又通过了《阳光照耀下的政府法》，即联邦公开会议法。该法涉及约 50 个联邦部门、委员会和机构，规定这些单位应公开举行业务会议。直到 1999 年，西方许多国家也都先后制定了同类的法律，较晚颁布这一法律的日本，名为《关于行政机关保有的信息公开的法律》(1999 年 4 月通过，2001 年 5 月施行)。这些法律规定，国家各级权力机构有责任向公众提供政务活动的真实情况，每个公民都有知道政府政务

---

① 孙建军：《信息资源管理概论》，93～94 页，南京，东南大学出版社，2008。

活动的权利。①

由此可见，信息公开的历史是与公民权利的实现分不开的，保障公民权利是信息公开的本质和最终目的。就信息公开的主体而言，从宏观角度考察是指所有的公共组织，从微观角度考察则指政府。因此，信息公开，广义上指社会一切公共组织依法向社会公开所持有的信息，狭义则指政府依法向公众公开所持有的信息，其核心内容是保障公民的知情权。②

（2）教育信息公开的含义

根据信息公开的内涵，我们可以把教育信息公开的含义解释为，指各级教育行政机构及各级各类学校组织依法向公众公开所持有的教育信息。

2. 教育信息公开的意义

（1）是保障公众教育知情权实现的必要条件

知情权或称"了解权"、"知悉权"，一般认为，广义的知情权，是指公民、法人或其他组织依法享有的、要求义务人公开一定的信息的权利和在法律允许的范围内获取各类信息的自由；狭义上的知情权，即知政权，是指公民、法人或其他组织对国家机关掌握的信息享有的了解的权利。什么是教育知情权呢？简单讲就是公民、法人或其他组织依法享有的、要求义务人公开一定的教育信息的权利和在法律允许的范围内获取各类教育信息的自由。我国现行宪法虽然没有明确规定公民拥有知情权，但是宪法规定的人民主权原则及宪法赋予公民的基本自由和政治权利的规定，为公民知情权制度的建立提供了法律依据。

（2）是教育行政必须履行的职责、义务

信息是社会的稀缺资源，大部分掌握在政府、教育行政机构及学校领导者手中，由于教育行政部门及学校管理者是运用国家的行政权对教育事业及学校的教育、教学进行管理，所以有责任和义务，通过信息公开、信息流动，去满足社会不断增长的及多元化的对教育质量、公正公平等诉求。《政府信息公开条例》已经在我国正式开始实施，按照《条例》规定，各级教育行政部门、各级各类学校、教育系统具有公共管理职能的直属事业单位

---

① 周建明：《论信息公开》，载《当代传播》，2005(4)。
② 陈刚、刘辉：《信息、信息化与信息公开》，载《浙江传媒学院学报》，2008(5)。

都是教育信息公开的主体。

（3）是实现教育行政机构与公民的沟通、教育行政部门之间沟通的前提

多数国家的教育行政组织的结构是层级、职能型，纵向的中央与地方各级教育机构之间、与横向职能部门之间的信息共同与共享，是实现教育事业功能与发展的必须，但由于部门的利益常常阻碍信息的流动与分享，所以，积极的信息公开制度，可以激励与保证教育行政部门之间的信息沟通。

教育行政部门信息的有效公开、流动、共享还关系到教育行政部门向公众公开信息的完整性、准确性、相关性，所以也决定教育行政部门与公众信息沟通的质量与效率的关键。

（4）有利于教育人员与公众参与教育决策、民主管理

进行科学决策和民主管理是教育现代化的重要内容，其实现的途径之一是教育人员与公众的参与。参与教育决策和民主管理是公民的权利即参与权，公民参与权有广义和狭义之分，广义上的公民参与权是指一国的公民，以国家主人的身份，依照法律的规定，通过合法途径和方式，参与管理国家和社会事务，对国家的政治构成、政治运作、政治决策、政治结果的关心、利益表达和施加影响以推进决策科学化、民主化的权利。它包括政治参与权、行政参与权和司法参与权。而狭义上的公民的参与权一般是指公民在行政领域中的参与权，即行政参与权。公民行政参与是公民政治参与的当然内容，是指行政过程中的公民参与，即公民依法以各种形式和途径参与行政活动中来以推进决策科学化、民主化的权利。[1] 教育必须有各种利益群体的参与，它是教育活动存在的一个基本条件，而教育信息公开是实现各种利益群体与个体参与的必要条件。

（5）有利于教育权力的监督

拥有和使用教育行政权力的一方，往往掌握着较多的信息资源，只有积极的信息公开，才可以杜绝利用稀缺信息谋取部门与个人利益的行为。

---

① 孙秀娟、李颜峰：《论我国政府信息公开中公民参与权的完善》，载《科协论坛》，2010(3 下)。

(二)教育信息公开的内容

教育信息公开的内容的核心问题是，作为教育部门应尽的义务必须公开哪些信息，社会公众对哪些信息有知情权利。由于教育信息非常繁杂，难以一一具体列举出应公开的信息，关键是把握信息公开与不公开的界限。首先，依据《中华人民共和国政府信息公开条例》对信息公开的范围的规定"公开为原则，不公开为例外"，例外就是保密。政府信息只有在下列情况下不予公开：国家秘密，商业秘密，在审议、讨论中的政府信息以及法律、法规禁止公开的其他政府信息，除此五种情况之外，信息一律公开。例如某省教育厅政务信息公开实施办法(试行)中规定了免于公开的信，包括：属于国家秘密的；属于商业秘密或个人隐私的；省教育厅做出具体行政行为前，公开后可能影响国家利益、公共利益或行政执法工作的；省教育厅的请示、报告和应省委、省人大、省政府、省政协及教育部要求报送的文件；省级部门之间商榷工作的函；法律、法规、规章规定免予公开的其他政务信息。其次，信息是重要的稀缺资源，与信息持有方和获取方的利益相关，必须在信息公开的价值与包括国家安全、个人自由、隐私保护等方面找到平衡，避免利益方的冲突或伤害。

(三)教育信息公开的方式

教育信息公开主要有两种方式，主动公开和申请公开。

1. 主动公开

顾名思义，主动公开指的是教育部门在法律规定的范围内通过相应途径，主动向社会提供所持有的教育信息。主动公开教育信息不仅可以减少公众单个申请教育信息公开行为，降低教育部门受理申请公开的工作量，还可以体现教育部门履行教育信息公开义务的主动性。主动公开的教育信息，以某省《教育厅政务信息公开实施办法(试行)》中的相关规定为例，主要包括：规范性文件；教育发展战略、发展规划；事关全局的重大教育决策和出台的相关教育政策；重要教育专项经费的分配和使用情况；政府教育投资建设项目的招标、建设和使用情况；政府教育集中采购项目的目录和采购结果；教育行政许可事项有关文件；重大教育行政处罚决定；重大行政复议的受理以及作出行政复议决定的情况；承诺办理的事项及其完成情况；教育教学重大改革事项；教育收费政策招生政策；认为应当公开的其他信息。

教育信息主动公开的途径有很多，常用的有出版物、网络、新闻发布会、教育听证会、广播电视等公众媒体、设立查询机构等。

2. 申请公开

由于不同的信息与人们的关切程度不同，因此不是所有的教育信息都应公开，一些涉及国家秘密或者个人隐私的信息受法律保护而不予公开，还有一些信息只对部分公众利益产生影响，这些信息则经申请方可予以公布，这个过程就是申请公开。通常没有被政府机构主动公开的任何信息，都属于可以申请获取的信息。据《澳洲人》2008 年 1 月 25 日报道，澳大利亚教育研究委员会对澳大利亚政府 300 亿美元经费投入学校计划提出批评，认为其效率低、政治性强、操作混乱，建议州和联邦教育部长公开各个学校所获经费的数量和来源。这是一个申请公开的例子。我国，公共信息包括教育信息申请公开的制度已初步建立起来，正在完善中。这个制度的内容涉及申请的主体、申请的程序、审批以及申请费用等的方面的规定。下面是某市教育局信息公开申请表的样本：

表 12-1　某市信息公开申请表

申请人信息	公民	姓名		工作单位	
		证件名称		证件号码	
		通信地址			
		联系电话		邮政编码	
		电子邮箱			
	法人或者其他组织	名　称		组织机构代码	
		营业执照			
		法人代表		联系人	
		联系人电话			
		联系人邮箱			
	申请人签名或者盖章				
	申请时间				

续表

所需信息情况	所需信息内容描述		
	选 填 部 分		
	所需信息的信息索取号		
	所需信息的用途		
	是否申请减免费用 □申请 （请提供相关证明） □不 （仅限公民申请）	信息的指定提供方式 □纸面 □电子邮件 □光盘 □磁盘 （可多选）	获取信息方式 □邮寄 □快递 □电子邮件 □传真 □自行领取/当场阅读、抄录 （可多选）
	□若本机关无法按照指定方式提供所需信息，也可接受其他方式		

资料来源：http://www.gdjyedu.com:8080/jyjy/ezwgongkai/2008/0714/info_26.html

（四）中国教育信息公开中存在的问题

近年来，随着我国教育行政职能的转变、教育改革的深化，教育信息公开工作快速发展，国家教育部门户网站以及省、市、县的教育行政部门的网站的建立、新闻发言人制度、教育听证会制度、教育危机管理制度的出台，各级各类学校已经普遍建立了自己的公示栏、公示牌及教育网站，定期对学校的发展规划、教学工作、教师岗位职责、教育收费、财务运行情况、学校大宗物品采购等信息及时公开。特别是最近教育部在全国高校重点推行招生"阳光工程"，使我国教育信息公开工作迈出了一大步。但教育信息公开工作在实践中，还存在诸多问题：

1. 教育信息公开形式化。周汉华教授曾对中国目前的政府网站做出如下评价："形式大于内容，一般多于具体。"

2. 教育信息不透明。

3. 教育信息公开制度规范的缺失。例如，各级各类学校招生录取信息的公开缺乏相应的制度规范，尚未明确各类学校对招生信息具有法定的公开职责及其违反其职责应当承担的法律后果。

(五)教育信息公开的保障机制

教育信息公开是一项信息处理的系统工程，除了要有正确的思想观念与严谨的公开程序外，还需要保密审查、工作考核、责任追究、财政保障等配套制度，需要技术、经费等方面给予实施的保障。

1. 配套制度

(1)保密审查制度

哪些信息必须公开，哪些信息不能公开是信息公开的首要问题。保密审查制度是解决这一问题的有力规则。按照"先审查、后公开，谁制作、谁初审，层层审核"的原则，既保证信息的公开透明和公开信息的真实可靠，又不造成保密信息的泄露。"先审查、后公开"是指所有的信息在公开之前都应该经过审查。审查的内容有两方面：一是审查教育信息的真实性，即拟公开教育信息是否真实可靠；二是要审查拟公开的教育信息是否涉密。"谁制作、谁初审"是指教育信息由哪个部门制作，就有哪个部门给出是否可以公开的初审意见，各部门负责人是本单位信息公开保密审查直接责任人。我国很多省市区教育行政部门建立起了信息公开保密审查制度。

(2)工作考核制度

教育管理机构要把信息公开作为机构、部门及领导工作考核的一项重要内容，将信息公开纳入目标考核体系，明确考核的原则、内容、标准、程序和方式。

(3)社会评议制度

工作考核制度是教育管理机构对信息公开落实情况的内部监督机制，社会评议制度则是社会对教育管理机构信息公开工作的外部监督机制。教育管理机构应组织人民群众对信息公开的内容是否真实、准确、全面，时间是否及时，程序是否符合规定，制定是否落实到位等进行评议，并将评议结果向社会公布。如徽州区教育局政府信息公开社会评议制度中规定评议内容包括：第一，主动公开的内容是否完备；第二，在受理依申请公开的事项过程中，申请人是否满意；第三，政府信息公开在行政责任制评估体系中的情况，即主动公开的内容是否真实，相关程序是否便于操作，办事过程是否透明，相关承诺是否落实等。

规定的评议方式包括：第一，监督员评议，由本局政务公开督查组定期对本单位的政府信息公开工作进行评议；第二，全区中小学评议，由本局政务公开办公室定期组织全区中小学校长进行评议；第三，局领导接待日，通过实施局领导接待日制度，了解群众反映的与政府信息公开工作有关的情况；第四，网上调查，在本局网站上设立专门栏目，定期在网上调查群众对本局政府信息公开工作的评价；第五，平时检查，本局政务公开领导组定期对局机关和各科室政务公开工作情况进行检查。

（4）责任追究制度

《政府信息公开条例》第三十三条规定：公民、法人或者其他组织认为行政机关不依法履行政府信息公开义务的，可以向上级行政机关、监察机关或者政府信息公开工作主管部门举报，收到举报的机关应当予以调查处理。公民、法人或者其他组织认为行政机关在政府信息公开工作中的具体行政行为侵犯其合法权益的，可以依法申请行政复议或者提起行政诉讼。第三十五条：行政机关违反本条例的规定，有下列情形之一的，由监察机关、上一级行政机关责令改正；情节严重的，对行政机关直接负责的主管人员和其他直接责任人员依法给予处分；构成犯罪的，依法追究刑事责任：第一，不依法履行政府信息公开义务的；第二，不及时更新公开的政府信息内容、政府信息公开指南和政府信息公开目录的；第三，违反规定收取费用的；第四，通过其他组织、个人以有偿服务方式提供政府信息的；第五，公开不应当公开的政府信息的；第六，违反本条例规定的其他行为。

以上这些《政府信息公开条例》中的问责规定，由于不够具体，在实践中操作性不强。因此需要细化或通过制定实施细则给予完善。

2. 组织保障

教育管理机构要从组织上来落实信息公开工作，有必要成立专门的教育信息公开工作机构。专门的教育信息公开工作机构，应该履行以下职责：信息公开制度建设；教育信息常规管理；技术支持；开展信息公开培训；协调公开的信息涉及其他机构的关系；公开信息；对各部门的信息公开工作进行考核和组织社会评议；组织编制本机构的信息公开指南、信息公开目录和信息公开工作年度报告等。

信息公开工作在我国是一个较新的工作领域，对教育管理各部门领导及相关工作人员开展思想、法规及业务培训是做好教育信息公开工作的关键。

3. 财政保障

在受理公众的信息申请时，尽管会根据处理信息所需要的时间和人力收取相应的成本，但政府仍然需要给予一定的财政资助。除了投入信息公开工作的直接财政支持外，还有投入到人员培训、购买设备等上面的大量间接财政支持。因此需要很好的财政保障。

4. 技术保障

教育信息公开除了考虑人力与物力的投入外，还要考虑技术上的可行性。必须有一套完备的技术来对教育领域中的各种信息进行系统的管理，包括收集、加工、分析与保存。目前很多教育行政部门和学校由于缺乏技术的支持，信息系统之间不匹配，很多资料没有得到很好的整合与利用，仍然处于"数据丰富，但信息贫穷"的状态。

第三节　教育管理信息系统(EMIS)建设

教育管理信息系统(Educational Management Information System，简称：EMIS)是一个发展的概念，一般认为，教育管理信息系统是一个以计算机和通信网络为基础，对教育教学活动、教育人员、教育经费、教育设施设备的管理信息进行收集、存储、检索、加工和传输的人机系统。该系统能准确、及时地反映各项教育教学、管理活动的当前状态，能利用过去的数据预测未来，能从全局出发辅助管理人员开展教育教学等管理工作。[1]教育管理信息系统简单地说就是一个用计算机来辅助教育教学、人、财、物的管理系统。它是教育管理现代化的重要标志，也是提高教育管理效率与水平的手段。

---

① 张剑平：《管理信息系统及其教育应用》，7页，北京，科学出版社，2008。

一、教育管理信息系统(EMIS)的结构

教育管理信息系统(EMIS)的结构主要由三部分组成：①物理层(硬件基础)：通过计算机网络相互连接的数字化信息基础设施，如数字化的教室、实验室和图书馆等。②应用层(软件基础)：在物理层之上运行的各种软件和资源管理系统，包括：网络办公系统、网上教学系统、开放教育资源管理系统，以及知识库、信息库等。③理念层(管理思想)：是按数字化教育和教育管理要求的教育管理理念指导下的管理方法、管理内容、教学管理和评估方式等理念、规则、方法和行为的总和。理念层决定了应用层的内容、形式和运行方法，也决定了物理层上的各种硬件资源的组织、利用。应用层和物理层是理念层的具体表现。

运用 EMIS 辅助教育管理，为教育管理提供了极大的方便。但在 EMIS 设置和应用上还有许多问题需要注意。

1. 信息技术的整合

虽然教育管理信息系统已经发展了一段时间，大量的应用软件投入使用，但每一种技术和软件都有其针对性，不能满足教育管理信息化的全部要求，所以在建设教育管理信息系统(EMIS)时，应该注意各种信息技术的融合。而一套较为完善的 EMIS 应该至少具备以下信息技术的投入和应用：

(1)通信支持技术。通信支持技术是指队组、组织和多组织之间的相互通信的信息技术。一般包括：电子邮件、计算机会议和视频会议等多种形式。现实中采用的通信支持技术往往是上述多种形式的有机结合。

(2)协调支持技术。协调支持技术指用于协调组织资源、设施和项目(或任务)的技术。

(3)过滤支持技术。过滤支持技术指用于筛选和汇总由基层传递上来的信息的技术，比如目前用于通信和协调支持的技术，包括电子邮件、计算机会议等系统形式。结合了人工智能技术的过滤支持技术，则可以提高系统的信息分类、排序和响应请求的自动化程度、效率和效果。这样，可以大大减轻管理人员的工作负担，而所传递和接收到的信息也能够促进更为有效的工作。

(4)决策支持技术。决策支持技术指用于改善组织及其成员决策制定过

程的效率和效果的一类信息技术。例如：电子会议系统、决策支持系统、群体支持系统、组织决策支持系统等。

（5）监控和保障支持技术。监控和保障支持技术指基于计算机系统的、用于监控和保障系统安全组织运行状况的信息系统环境。例如：执行信息系统、经理支持系统以及各种信息安全技术等。执行信息系统是高层决策者为了对下层人员进行有效的通信、规划、监控而汇总和综合有关信息的一种技术形式。经理支持系统则是面向组织的次高层次和面向个人的信息系统，除以图文、表格等多种形式为学校各部门主管等管理人员的工作提供有意义的内外部信息，还为他们的通信、分析、决策、组织等提供全方位的支持。

（6）智能信息处理技术。EMIS 必须突破当前功能单一、共享性差、对教育管理支持有限等局限性，进入到标准化、集成化、网络化和智能化的高层次，才能对日常教育管理、辅助决策、发展战略等活动提供全面的支持。因此，在 EMIS 建设过程中，要广泛和深入地应用智能信息处理技术，如神经网络、模糊集理论、粗集理论、数据库和数据开采或知识发现技术，与电子商务系统无缝集成，才能发挥 EMIS 的效益。

2. 参照电子政务设置教育信息系统，教育管理具有社会公共管理的基本特性，教育管理信息化建设可以比对公共管理信息化。因此，在具体建设教育行政部门和学校的教育管理信息系统的过程中，可以参照政府公共管理电子政务系统的整体设置和相关技术应用。

教育管理信息系统的网络结构可以采用"三网一库"的模式。

（1）内网：内部办公业务网，这是整个网络结构建设中最关键的部分。主要用于使用机构内部公文、信息处理以及信息传输和共享，提高该机构信息快速反应能力和应急指挥能力，逐步实现各类文件、信息处理的无纸化办公；逐步开发多媒体应用系统，运用电子身份认证技术和网络数据库技术，建立严格的安全保密管理机制和信息交换系统，实现信息在其内部的分级共享。

（2）资源网：办公业务资源网，连接使用机构各级部门之间的办公业务网络。通过资源网进行邮件传输与信息传送，实现远程办公；实现公文管理、档案查询、项目审批等；连接各级部门。

（3）外网：公共信息网，面向社会公众开放和服务的综合类门户网站。扩大机构对外宣传渠道，提高工作透明度。作为网上统一的对外服务平台和窗口，建立一套完善规范的信息发布机制，积极向社会提供大量可公开的社会、经济信息。

（4）资源数据库：针对应用的要求，将各种教育资源数据分类入库存储。建设三个相关平台，应对不同需要方便快捷的为内网、资源网、外网提供相应资源、数据，同时保障库内教育资源与数据的存储安全。

3. 教育管理信息系统（EMIS）的网络安全

网络安全是 EMIS 建设和运行最为基本的前提条件。网络安全包括系统安全（网络设备的硬件、操作系统和应用软件的安全）和信息安全（各种信息的存储、传输的安全）。

我国面临的 6 大信息安全隐患：信息网络的安全防护能力差；对引进技术和设备缺乏安全检测；基础信息产业严重依赖国外；信息安全管理机构缺乏权威；信息犯罪有快速蔓延的趋势；全社会的信息安全意识淡薄。

EMIS 的网络安全一般利用先进的备份、防病毒和安全保护等手段保障网络安全。EMIS 的网络安全建设，需要根据实际情况注重长期安全规划。具体来说，以下几种技术从不同方面配合使用可以达到安全要求。

（1）信息保护技术：信息加密、访问控制和数字证书认证。

（2）安全防御技术：主要指防火墙技术。

（3）安全认证技术：通过数字密码等用户标识技术确定用户身份的技术和标准。

二、教育管理信息系统（EMIS）的规范化

我国教育管理信息化目标确定以来，各级教育行政部门和学校都积极推进信息系统建设，通过购置各种信息系统硬件、软件，聘请大量技术人员，使教育管理信息系统的建设突飞猛进。但快速发展中也有许多缺失，需要规范与完善。

据调查，仅 2005 年我国教育行业信息化投资达到 268.7 亿元人民币，其中软件投资比例达到 23.3%（慧聪教育行业分析报告）。然而各级教育管理部门和学校使用的教育管理软硬件标准差异很大，软件开发平台很多但

互不兼容。教育机构各自为营地进行建设必然会导致整个教育行业内部的紊乱，信息无法交流和共享，形成一个个"信息孤岛"，不仅无法为科学的决策提供有力支持，甚至会造成大量资源的重复建设和信息垃圾。为了解决以上不足，保障教育管理信息系统建设的健康发展，实现全国范围内教育信息资源交流与共享，教育部在 1990 年颁布了国家教委《国家教育管理信息系统软件总体方案》（如图 12-2 所示），以及《普通高校软件一体化解决方案》（如图 12-3 所示）。

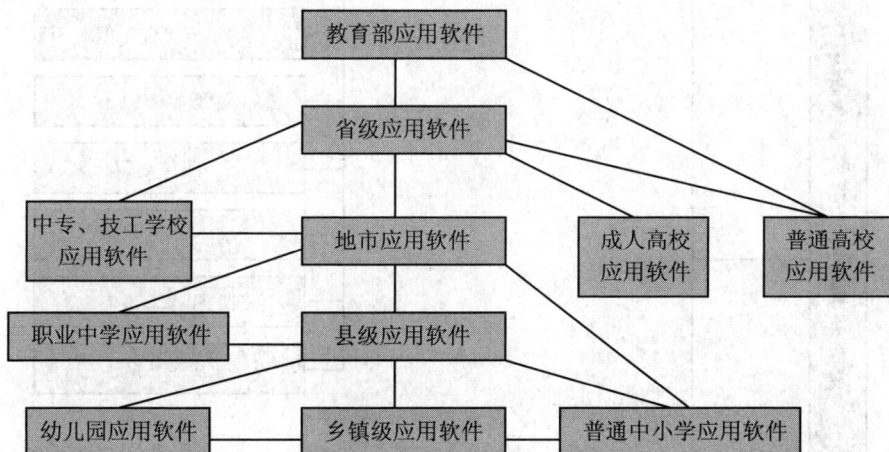

图 12-2 国家教育管理信息系统软件总体方案

资料来源：教育部：《国家教育管理信息系统软件总体方案》。

在以上两个文件基础上，教育部于 2002 年制定颁布了《教育管理信息化标准》，这套标准主要包括五个部分：第一，学校管理信息标准；第二，教育行政部门管理信息标准；第三，信息交换标准；第四，管理软件规范；第五，中国教育卡标准。[1]

1. 学校管理信息标准是指用于学校管理的信息标准，包括我国四类学校（幼儿园、普通中小学校、中等职业学校和高等学校）的管理信息，分为信息集和代码集两部分。学校管理信息包括学校基本情况、学生、教职工、教学管理、科研、体育卫生、办公管理、房产与设施、仪器设备与实验室、

---

① 教育部：《教育管理信息化标准》，2002-09。

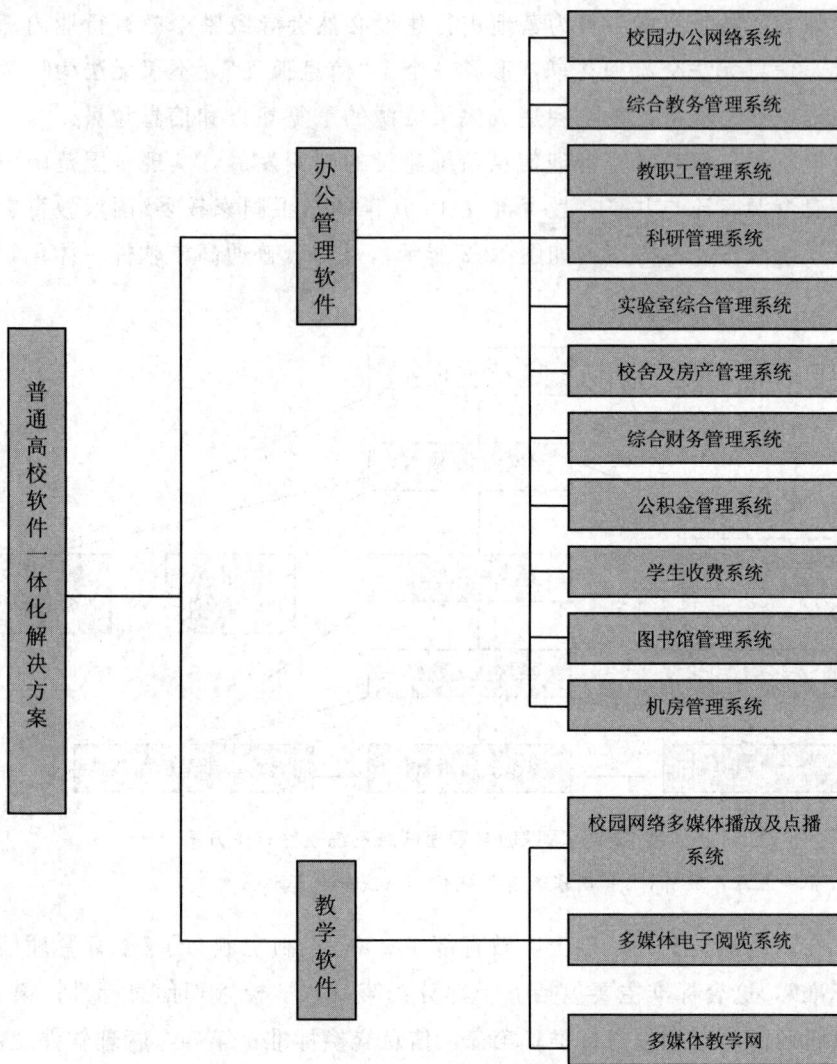

图 12-3　普通高校软件一体化解决方案

资料来源：教育部：《普通高校软件一体化解决方案》。

图书管理等方面信息子集。

2. 教育行政部门管理信息标准是指用于教育行政部门管理的信息标准，包括了我国省、地、县三级教育行政部门的管理信息。由信息集和代码集两部分组成，共包括 16 类信息：基本信息子集、计划与执行信息子集、教育信息化状况与建设信息子集、职工信息子集、科研信息子集、办学管理信息子集、职工卫生医疗保健信息子集、办公管理信息子集、房产与设施信息子集、仪器设备信息子集、图书管理信息子集、中考招生信息子集、继续教育信息子集、教育交流信息子集、信访信息子集、社会信息子集。

3. 信息交换标准指用于教育管理信息交换的标准。

4. 管理软件规范指与教育管理软件有关的规范，包括软件设计平台和软件设计的规范要求等。

5. 中国教育卡标准指由教育部、国家密码管理局、中国银联共同合作制定做的，面向教育管理者、教职员工、学生等对象使用的，具备身份认证、教育管理、金融消费、数据共享与服务功能的 IC 卡——中国教育卡的功能、使用和相关管理制定的标准。

《教育管理信息化标准》颁行，促进了各级教育行政部门对该部门教育管理信息系统（管理软件等）标准化的建设。至今已建立起覆盖全国的教育管理信息网络和教育基础数据库系统，使中央、省、地（市）、县和学校间教育管理信息双向交流逐步实现和全国范围内的教育数据资源的交流与共享，以及教育统计及管理信息的网上收集与发布，并开展有关教育信息的采集与抽样工作，建设《标准》应用示范区。

《教育管理信息化标准》的实施取得了一些成效，如教育机构采用示范软件，进行教育信息的标准化信息管理，采集的数据已经成国家基础教育数据库的重要数据来源，为国家对教育的宏观决策和分析提供有效的数据支持；解决了应用单位以前存在的"信息孤岛"、信息不完整、不规范、重复录入、各种数据不统一等问题。另外，《标准》应用示范区的建设也取得了良好的成效，在各级教育部门中都引起了很好的反响。通过示范区成果的积极带动，其周边地区也都逐步开始采用《标准》，并根据具体的实施情况提出改进和完善《标准》的方式、方法以及更适用信息技术，为其制定、推广、实施、应用及修订起到较大的促进作用。如今完备的、标准的教育管理基础数据已为地方教育部门的宏观决策和分析提供了有效的数据支持，也为今后建立全国的教育管理信息基础数据库打下了坚实基础。

三、教育管理信息系统(EMIS)的具体应用

以教务管理系统、智能卡的应用和学校网络为例加以具体说明。

1. 教务管理系统

教务管理作为学校管理的重要内容，一直是各级各类学校必不可少的教育管理活动之一。学校教务十分繁复，且与学校各个组成要素都紧密相关，进行教育管理时稍有不慎都会出现严重失误。为了使教务管理工作更加规范，提高教务管理效率和教学管理水平，在教育管理信息化建设过程中，教务管理系统的建立受到了极大的关注。

Internet 的普及以及教育网的大规模覆盖，为教务管理系统提供了网络条件。通过该系统可实现教务信息的多种管理、分散操作、信息共享，使传统的教务管理向数字化、无纸化、智能化、综合化的方向发展。而在目前国内许多大学，基于 Web 的教务管理系统已经成为大学教学系统的重要组成部分。因为一个行之有效的教务管理系统，将能大大提高工作效率，并使各环节部门分工合理。能满足学生对自己关心的学籍、选课、成绩、奖罚等信息的查询；能提供给教师录入成绩，上报自己教授课程和教材信息的平台；能方便教务管理来安排各个专业各班的课程，管理教务教学的一些基本信息。可以实现学生、教师和教务管理人员三方面的互动，使整个教学的管理井然有序，最大地满足了教学工作需求。为此一个完善的教务管理系统应该由学籍管理、教务管理、成绩管理、毕业管理等模块组成。[①]

网络化的教务管理系统应能满足规范化、信息化、网络化的需要，具有便捷性、及时性、安全性、实用性，软件操作界面应人性化且简单易学，人机交互性好，能适应高等教育改革的发展趋势以及高校自身发展的需要，并适应对外交流的需要。

针对高校教务管理系统内容复杂、涉及繁多、管理面广等特点，可采用的系统平台模式有：客户器/服务器(C/S)模式，浏览器/服务器(B/S)模式以及两者相结合的模式。C/S 的优点是能充分发挥客户端 PC 的处理能

---

① 程方昭：《教务信息管理系统的建设》，载《福建广播电视大学学报》，2006(3)。

力，很多工作可以在客户端处理后再提交给服务器。对应的优点就是客户端响应速度快，其安全性要求高、交互性强、处理的数据量很大、数据查询灵活且适用于局域网。B/S 的优点是利用单一的访问点，用户可以在任何地方访问 Web 数据库；对于各种资源，无论文本还是图形，都采用同样的界面；对于所有的信息，无论其基于何种平台，都可以采用同样的界面访问。一般在设置系统平台时，充分考虑两种模式的优势和缺陷，可以采用 C/S 与 B/S 相结合的模式。①

　　在进行系统开发时，还要尽可能考虑教务管理人员的需要，营造信息化教育管理的良好环境。功能设置应尽可能采用流程化界面、向导性的简易操作，便捷的信息交流和网络共享能力，真正突破时空的限制，使工作效率得到了很大的提高。

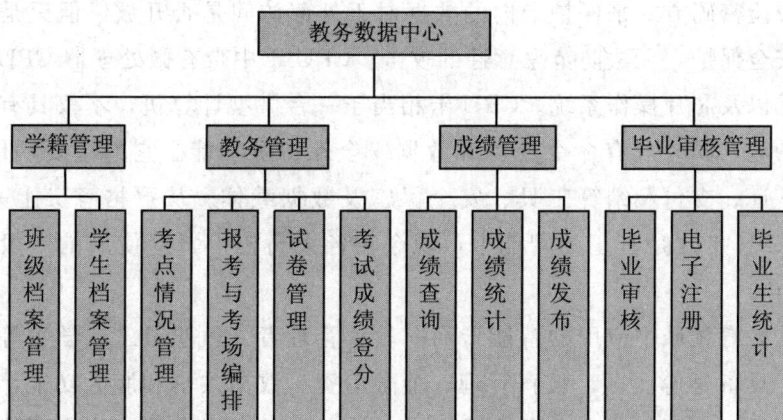

图 12-4　教务信息管理系统图

　　另外，教务管理系统的信息化要求良好的硬件条件与网络技术，保证网络畅通是基于 Web 的教务管理正常运行的基础。教务管理系统信息化是教育管理信息化工作不可或缺的重要组成部分，只有根据学校教务管理的特点完善相关的功能与结构，并能使其贯穿教务管理的全过程，才能使教务管理工作更加方便、高效，从而使教务管理人员从烦琐枯燥的劳动中解放出来，大大地提高了工作效率，节省了人力物力财力。

---

　　①　刘淇：《教务管理信息系统》，载《上海师范大学学报》，2009(1)。

2. 智能卡的应用

智能卡，又称集成电路卡，即我们通常使用的 IC 卡（Integrated Circuit Card）。智能卡因其体积小、存储容量大、安全性能高和使用寿命长的特点在诸如金融、税务等领域已广泛应用。随着教育管理信息化的全面开展，智能卡的应用又开辟了一片广阔的新天地。

智能卡芯片具有写入数据和存储数据的能力，其存储器中的内容根据需要可以有条件地供外部读取、供内部信息处理和判定之用。根据卡中所镶嵌的集成电路芯片的形式和芯片类型的不同可以分成以下三类：非加密存储器卡，逻辑加密存储器卡，CPU 卡。

非加密存储器卡，具有数据存储功能，但不具有数据处理功能和硬件加密功能。逻辑加密存储器卡在非加密存储器卡的基础上增加了密码验证，通过校验密码方式来保护卡内的数据对于外部访问是否开放，但只是低层次的安全保护，无法防范恶意性的攻击。CPU 卡中带有微处理器 CPU、存储单元以及芯片操作系统。CPU 卡相当于一台微型计算机，不仅具有数据存储功能，同时具有命令处理和数据安全保护等功能。它的主要功能有：身份认证、支付和结算工具、安全保密及数据载体。从严格意义上来说，只有 CPU 卡才是真正的智能卡，现今在各大高校中普遍使用的一般都是CPU 卡。

在教育领域中应用的智能卡面向教育管理者、教职员工、学生等对象发放。具备身份认证、教育管理、金融消费、数据共享和服务功能，以及高安全性，高可靠性和方便易用的特点教育应用智能卡的功能主要体现在以下四个方面：[①]

第一，教育管理部门应用：①教师资格认证管理。②学生注册认证。③学历/学位信息管理。④助学贷款管理、就业辅助服务。⑤体育比赛服务。

第二，学校内部应用：①校园管理应用。②校园消费管理。③身份认证管理。

第三，金融应用：①金融卡功能。②一般转账功能。

---

① 侯有利：《校园智能卡应用安全架构设计》，载《学术研究》，2009(7)。

第四，社会应用：①交通票务优惠。②保险。③可信个人数据服务。

教育应用智能卡又因其面向应用对象不同分为：教育管理卡、教职员工卡、学生卡（大中专学生卡、中小学生卡）和毕业生卡。而校园智能卡应用系统由发卡与授权管理、个人账户管理、学籍管理、选课与成绩管理、实验室管理、图书馆管理、食堂管理及医务室管理八个子系统组成。[①]

针对大中专学生卡，在公共数据区与内部数据区的基础上增加了注册数据区与交通应用数据区。

学生注册数据区：记录大中专学生注册信息。

学生交通应用数据区：记录学生可以享受优惠的交通工具的信息，以及优惠交通工具的使用信息。

针对中小学生卡与大中专学生卡类似，只是将交通应用数据区改为考务管理应用数据区，考务管理应用数据区：记录考务管理的基本信息与考试科目的基本信息。

毕业生卡专门针对大中专毕业生，具有其独有的文件结构。毕业生卡主要由四个数据区构成：

第一，基本应用数据区：存放在大中专毕业生卡的整个生命周期内不会改变的信息，被组织存放在智能卡读卡器设计的毕业生的毕业论文下。

第二，可信个人信息应用数据区：可信个人信息是指由学校担保在学生毕业时一次录入的信息，包括学生 TPD（可信个人数据）标识信息、生物特征信息、个人基本信息、课程考试成绩、水平考试成绩、奖惩信息等。

第三，学生就业应用数据区：记录学生的首次就业的信息、跟踪学生就业信息，由教育管理部门维护。

第四，学生贷款应用数据区：记录学生的贷款信息。

各类智能卡选用中应根据实际需求进行选择，能够使其发挥更好的功效，为教育管理工作提供便利。

---

① 　金文、陈琪：《校园智能卡应用系统的构想》，载《天津城市建设学院学报》，1999(2)。

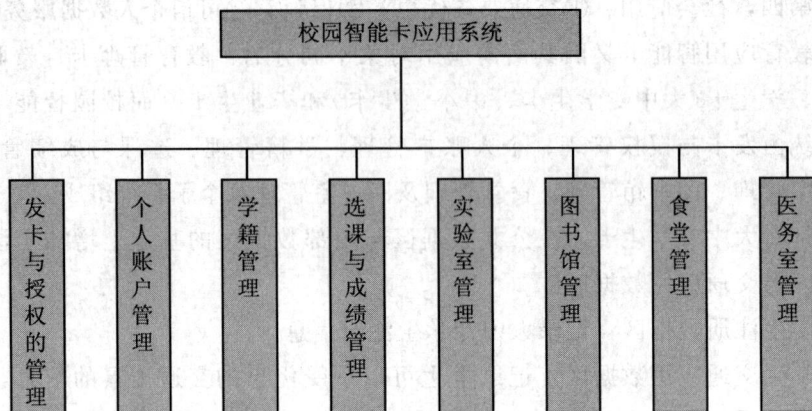

图 12-5　校园智能卡应用系统功能图

（图中方框内容）校园智能卡应用系统；发卡与授权的管理、个人账户管理、学籍管理、选课与成绩管理、实验室管理、图书馆管理、食堂管理、医务室管理

3. 校园网络

校园网络（campus network）简称校园网，它是 Intranet 技术在学校中的一个典型应用。随着我国教育与科研网络（CERNET）的发展，在全国越来越多的高等学校和中、小学校都掀起了一个建设校园网络的高潮，以期通过校园网络这项校园信息基础设施的建立来推动学校教学、科研、管理和对外交流等方面水平的提高。

具体说来，校园网络是指校园内计算机及附属设备互联运行的一类网络，是由计算机、网络技术设备和软件等构成的为学校教育教学和管理服务的集成应用系统，并通过与广域网的互联实现远程信息交流和资源共享。其功能主要有：[①]

（1）学校主页

学校主页犹如学校的一个窗口，学校可以通过这扇窗口向世界各地的人们充分展示学校的形象。学校主页的主要内容可以包括学校历史、院系及部门介绍、专业设置、招生与分配信息、教学与科研信息、学校的各种重大事件、会议安排通知和安排等。

---

① 张剑平：《管理信息系统及其教育应用》，24～26 页，北京，科学出版社，2008。

（2）管理应用

建立在校园网络基础上的管理信息系统可以为学校在人事、教务、财务、日程安排及后勤管理等方面，提供一个先进的分布式管理系统。这个系统将会大大提高原有人工管理或单机管理系统的效率，扩大管理系统的应用领域，能更加及时地收集、统计、分析学校的各种信息，以利于学校的行政管理和教学管理，充分发挥学校的整体功能，更好地为教育工作服务。

（3）教学应用

校园网络给学校教学带来更大的影响是建立在校园网络上的计算机辅助教学（CAI）系统，它使学生可按自己的速度安排学习，做到因人而异，使教学效果和质量得到良好的保证。

（4）科研应用

在科研方面，校园网络可以使用户共享各类计算机软硬件资源及学术信息资源，为科学研究服务，从而提高科研的效率；另外，校园网络还可以降低科研的成本。

（5）数字化图书馆

校园网络的建设对图书馆数字化系统的发展有着绝大影响。图书馆数字化系统可以实现图书馆联机编目、联机借阅、协调采购等功能；同时，还可以为管理人员提供业务数据，及时分析研究，加强宏观管理。更为重要的是，每个用户都可以通过校园网络方便地对图书馆的图书、文献信息进行检索，读者可以访问图书馆的联机数据库，可以在自己家中和办公室里通过校园网络阅读报刊或检索资料。

思考题

1. 对教育信息进行管理的意义。
2. 教育信息的内容与分类。
3. 教育信息管理过程及其各个环节工作。
4. 教育信息公开的意义与方式。
5. 教育管理信息（EMIS）系统的建设。

资料链接

学校危机信息公开策略

学校危机是指在学校内外突然爆发的、干扰和破坏学校的正常教育教学秩序、威胁广大师生生命安全与身心健康、对学校发展造成损失和不良影响的事件。信息公开是学校危机应对的一项非常有效的措施，在危机应对中具有重要作用。

学校危机信息公开应采取以下策略。

1. 第一时间公开信息

平时在传递信息时一般要求做到"5W1H"六要素俱全，但在危机事件中，则应该采取第一时间公开信息的策略。

2. 公开事实信息

公开事实信息包括两方面的内容：一是公开的信息必须是真实的，而不是虚假的。二是公开的信息必须是已经证实的，而不是还需要调查和正在研究的信息。

3. 公开行动信息

学校危机爆发后，除了向社会提供各种事实性信息外，更重要的是向社会提供一些行动信息，即建议他们采取一些简单的应对行动。

4. 多渠道公开信息

随着传播媒介的发展，信息公开的渠道也越来越多，包括电话、电视、网络、邮件、短信、书信、手册等，每一种渠道都有其优点。

5. 全方位公开信息

学校危机事件发生后，会涉及以下不同人群：(1)处于危机事件之中的人群；(2)处于危机事件之外的人群；(3)受害者的亲属；(4)各级领导人，如学校、各级教育行政部门，以及相关部门的领导；(5)各地民众；(6)媒体。全方位公开信息是指要将危机信息向有关人群都公开，公开程度根据人们卷入危机的不同程度确定先后次序。

6. 实时公开信息

实时公开信息是指学校及相关部门对危机信息的随时披露、跟踪披露、全程披露。

7. 统一信息公开口径

统一信息公开口径是指学校及相关部门公开的危机信息应该是上下一致、内外一致、前后一致。

8. 公开的信息要简明扼要

危机期间，学校及相关部门公开危机信息时应当多用通俗易懂的语言，将一些专业信息简化为直观的文字、图表，以保证民众能够准确地理解和接受信息。

资料来源：朱科蓉：《学校危机信息公开策略》，载《教学与管理》，2009(3)。

参考文献

罗廷光. 教育行政. 北京：商务印书馆，1946

萧宗六，贺乐凡. 中国教育行政学. 北京：人民教育出版社，1996

周在人，魏所康. 教育行政学. 南京：南京师范大学出版社，1996

程样国，韩艺. 国际新公共管理浪潮与行政改革. 人民出版社，2007

夏书章. 行政效率研究. 广州：中山大学出版社，1996

江美塘. 制度变迁与行政发展. 天津：天津人民出版社，2004

张国庆. 行政管理学概论. 北京：北京大学出版社，2004

张尚仁. 管理学与管理哲学. 昆明：云南人民出版社，1987

齐振海. 管理哲学. 北京：中国社会科学出版社，1988

张兰霞. 新管理理论丛林. 沈阳：辽宁人民出版社，2001

张国庆. 公共政策分析. 上海：复旦大学出版社，2008

陈永明. 比较教育行政. 上海：华东师范大学出版社，2005

钟启泉，崔允漷，张华. 为了中华民族的复兴《基础教育课程改革纲要(试行)》解读 为了每位学生的发展. 上海：华东师范大学出版社，2001

联合国教科文. 教育—财富蕴藏其中. 北京：教育科学出版社，1996

陈如平. 效率与民主—美国现代教育管理思想研究. 北京：教育科学出版社，2004

朱旭东，胡艳. 中国教育改革30年. 北京：北京师范大学出版社，2009

杨会良. 当代中国教育财政发展史论纲. 北京：人民出版社，2006

孙绍荣. 教育信息学. 北京：人民教育出版社，2001

中华人民共和国教育部人事司. 全国中小学人事制度改革工作指导. 北京：教育科学出版社

赵中建. 全球教育发展的研究热点——90年代来自联合国教科文组织

的报告. 北京：教育科学出版社，2004

江芳盛，钟宜兴. 各国教育行政制度比较(第四版). 台北：五南图书出版股份有限公司，2006

[日]名和弘彦. 教育行政学. 福村出版，1982

[日]上原贞雄. 教育行政学. 福村出版，1991

[日]木田宏. 教育行政. 东信堂，1991

[日]崛内孜，小松郁夫. 现代教育行政的构造与课题. 第一法规出版，1989

[日]三轮定宣. 教育行政学. 八千代出版，1996

[日]青木薰. 教育经营学. 福村出版，1990

[日]中谷彪，浪本胜年. 现代の学校经营を考える. 北树出版，2002

[日]日本教育大学协会. 世界の教员养成. 学文社，2005

[日]文部科学省. 21 世纪の教育改革. 财务省印刷局，2004

[美]丹尼尔·A. 雷恩. 管理思想的演变. 李柱流等译. 北京：中国社会科学出版社，1997

[美]彼得·圣吉. 学习型学校. 杨振富译. 台北：天下远见出版股份有限公司，2002

[美]迈克尔·D·波顿. 大话管理100 年. 文岗译. 北京：中国纺织出版社，2003

[美]Jane Bumpers & Kristine Kiefer Hipp. 学习型学校的文化重构. 贺风美等译. 北京：中国轻工业出版社，2006

陈国铁. 当前英国地方基础教育体系比较. 福建师范大学，2005

谌启标. 国外基础教育行政改革新进展. 外国中小学教育，2004(04)

程斯辉. 教育行政组织机构改革刍议. 湖北大学成人教育学院学报，1999(01)

关浩峰. 英国教育行政的特色与改革. 外国中小学教育，1999(06)

李帅军. 法国教育行政管理体制的考察与启示. 外国中小学教育，2003(01)

李帅军. 当代发达国家教育行政管理体制改革与发展的趋势. 外国中小学教育，2004(12)

马丽娟. 20 世纪 90 年代以来英国教育督导制度的改革与借鉴. 河北大学，2004

申燕，闫艳. 改革开放以来我国课程改革的回顾与展望. 当代教育论坛，2006(18)

基础教育课程改革纲要(试行). 中国教育报，2001(7)

毛建华，林良夫. 课程改革的理念与策略——课程专家崔允漷教授访谈录. 教学月刊(小学版)，2003(4)

改革开放以来我国基础教育课程改革评析. 华东师范大学 2004 届博士学位论文

后　记

　　在我国改革开放以后，自管理学及教育管理学恢复研究与设置本科专业之始，我就在北京师范大学教育系（学院）承担了《教育行政学》这门课程的设计与教学，至今已三十多年。其间，1990 年在陈孝彬主编的《教育管理学》中，我执笔了"教育行政"篇，1999 年进行了部分修订。此后，在这基础上，我整理编写了这本《教育行政学》，一是对我教授这门课程的总结，二是为独立设置的《教育行政学》这一课程的学习与教学提供方便。

　　在本书的编写过程中，我的多位研究生：吕宝、黄运红、戴蕾蕾、王艳荣，曾理等在收集、整理相关资料中做了很多工作，向他们表示感谢。在本书里参考和引用了一些作者的论点和资料，在此也一并致谢。

　　还要感谢北京师范大学出版社对本书出版的大力支持。

北京师范大学　刘淑兰